な巨大仏

の大仏たち

半田カメラ

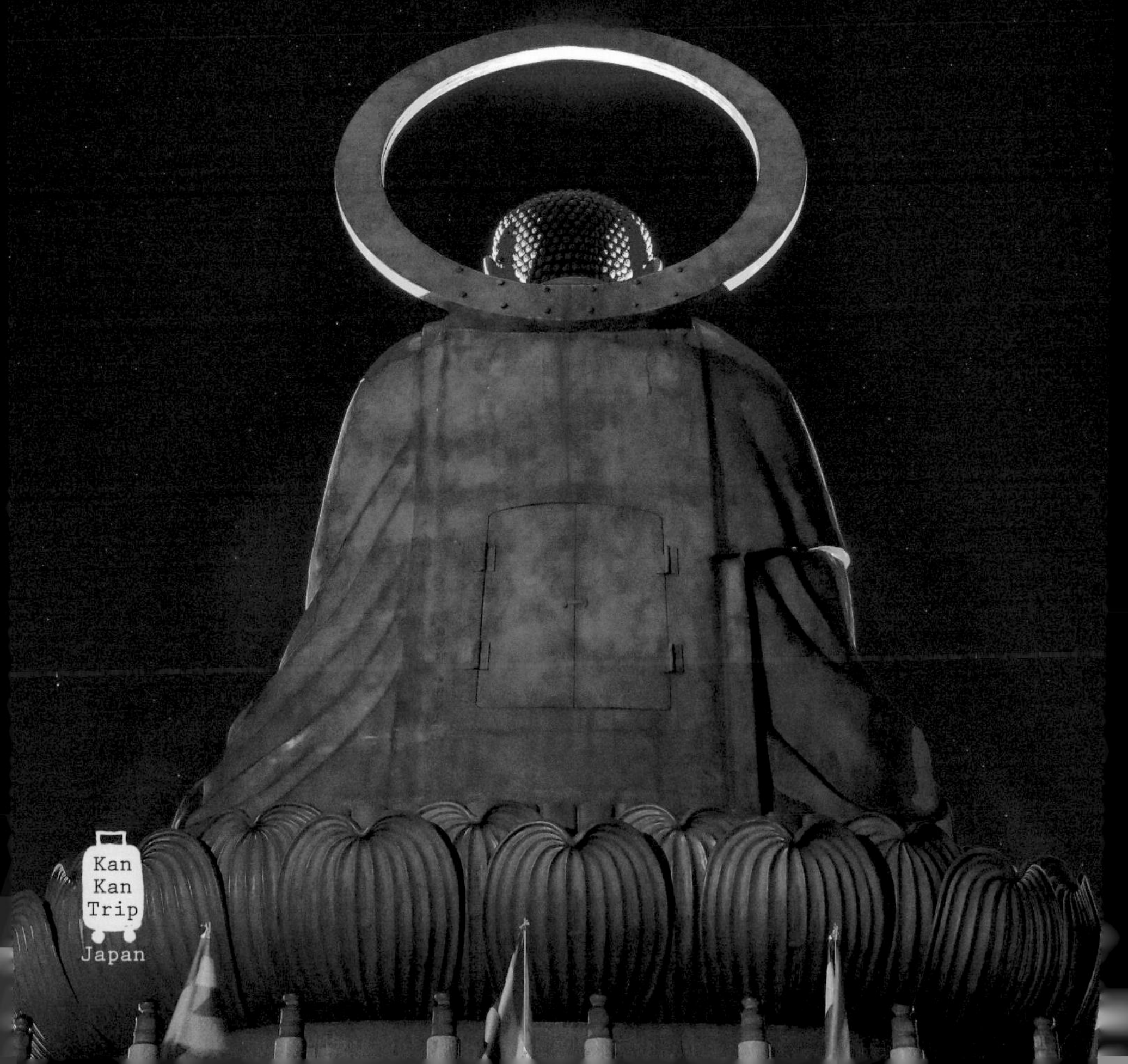

Kan Kan Trip Japan

はじめに

今から10年前。何気なく訪れた茨城県にある日本一大きな大仏、牛久大仏との出会いが私にそれまでない強烈な衝撃をあたえました。ありふれた日常の風景を切り裂くように忽然と現れる巨大な仏さま。瞬時にそれが現実のものとは受け入れられず、目と頭との間でいつもより念入りに情報交換が行われ、頭がこれは現実だと受け入れてからやっと体が動き出す感じ。私はこの時が止まる数秒間を「劇的瞬間」と呼んでいるのですが、この感覚が忘れられなくなりました。この劇的瞬間を体験するため私はそれ以来ずっと日本各地の大仏さまを追いかける日々を送っています。

もちろんそんなある種の中毒者のような理由だけでなく、大仏というものには他にも追いかけるべき魅力があります。古代においても近代においても、これだけ大きなものを作る、しかも仏さまを作ることには、それ相当の背景

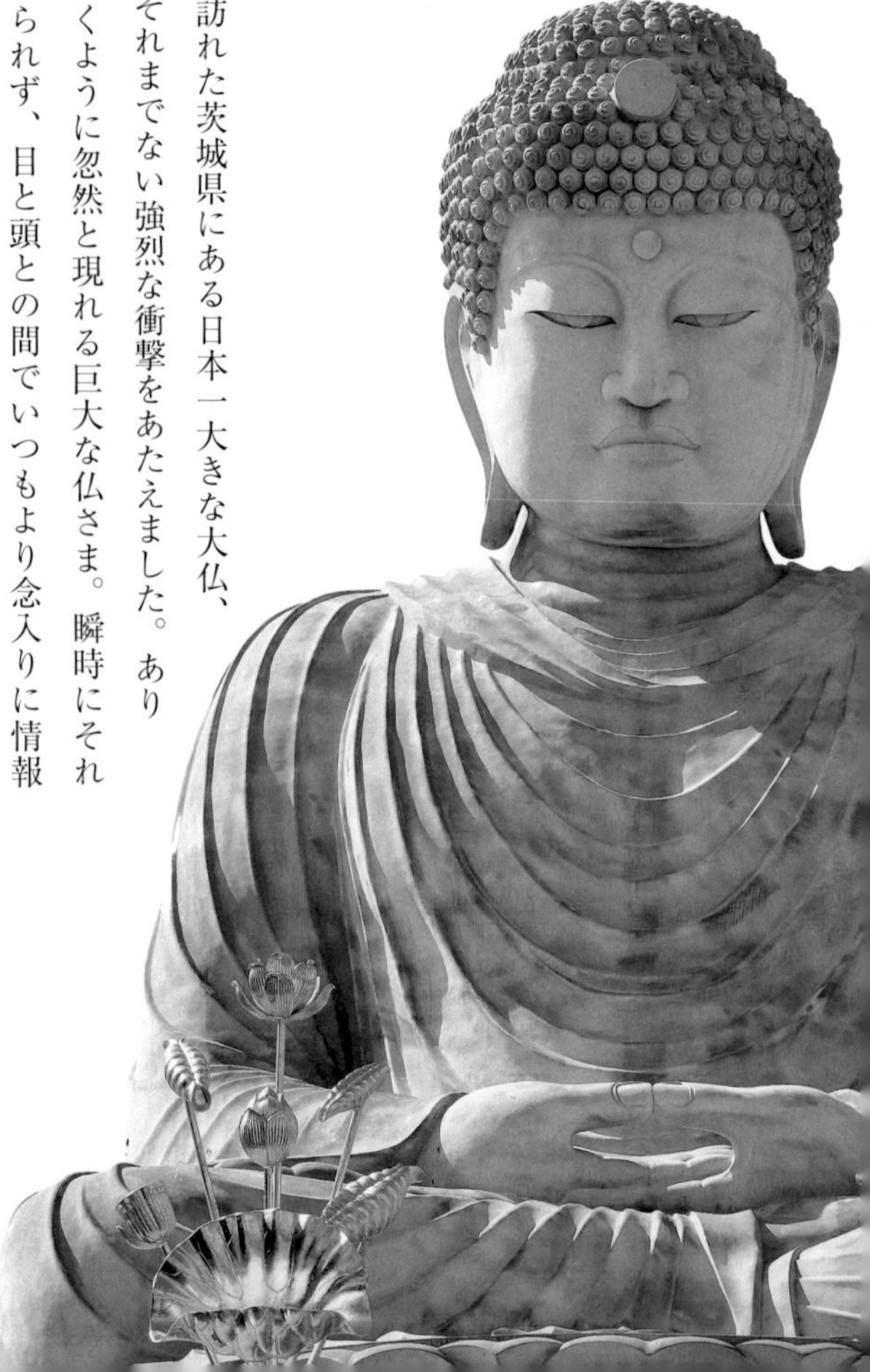

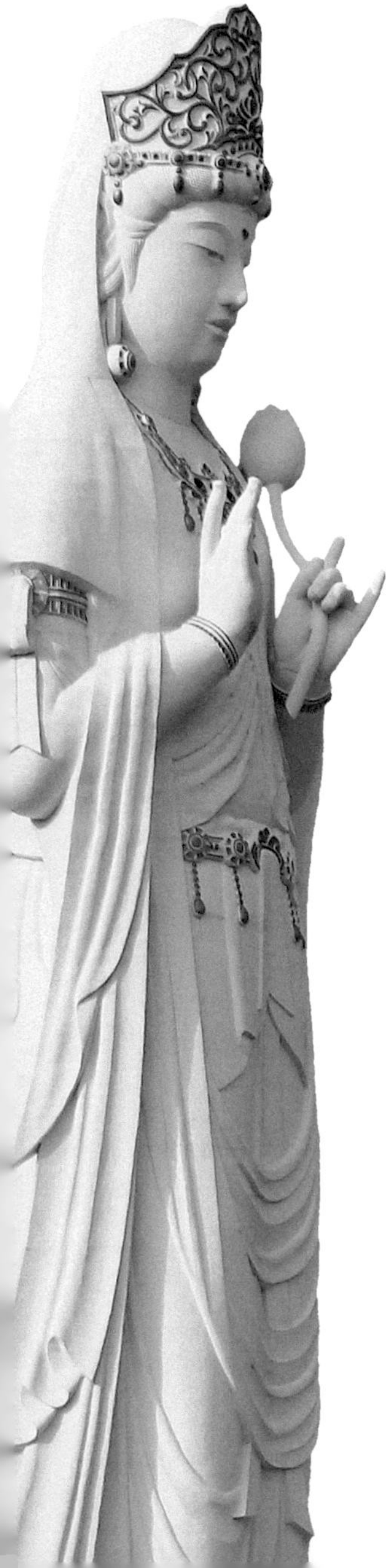

があるのです。常人では抱えきれないような熱い情熱と信仰心で大仏さまを作った人。またそれを受け継ぎ後世に伝えようとしている人。そんな人々の話を聞くうち私はさらに大仏さまが好きになりました。そしてそんな人々を無条件でリスペクトするようになりました。

仏教のぶの字も知らない小さな子どもにも、言葉の通じない外国の方にも、大仏さまの偉大さは見れば伝わります。「大きい」ということはただそれだけで人に何かを伝えるパワーがあると思います。本書はこの10年間「大きいことはいいことだ」を合い言葉に西日本各地をまわり私が出会った大仏さまと「巨」なるものをまとめたものです。皆さまの旅の目的地に加えていただき「大きい」のパワーをぜひ体感してみてください。「大きい」はきっと皆さんが想像する「大きい」をさらに上回ってやって来ます。

巨大仏と「巨」なるものたちの世界へようこそ。大仏さまはいつも変わらずただ静かに、あなたを待っています。

目次

近畿

中国・四国

九州

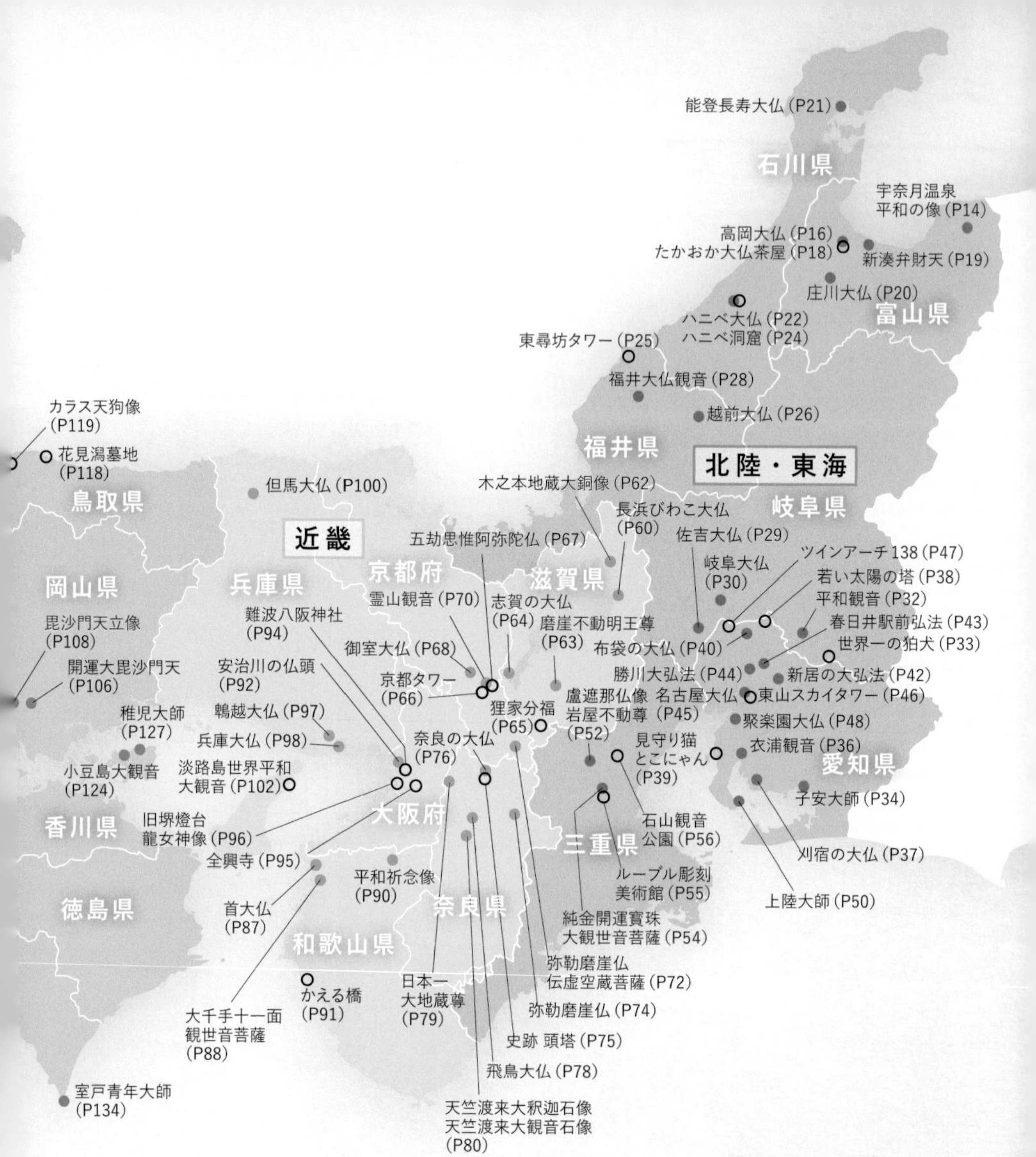

能登長寿大仏（P21）
石川県
宇奈月温泉
平和の像（P14）
高岡大仏（P16）
たかおか大仏茶屋（P18）
新湊弁財天（P19）
庄川大仏（P20）
ハニベ大仏（P22）
ハニベ洞窟（P24）
富山県
東尋坊タワー（P25）
福井大仏観音（P28）
越前大仏（P26）
カラス天狗像
（P119）
花見潟墓地
（P118）
福井県
北陸・東海
鳥取県
但馬大仏（P100）
木之本地蔵大銅像（P62）
長浜びわこ大仏
（P60）
岐阜県
近畿
五劫思惟阿弥陀仏（P67）
佐吉大仏（P29）
ツインアーチ138（P47）
岐阜大仏
（P30）
若い太陽の塔（P38）
京都府
滋賀県
岡山県
兵庫県
平和観音（P32）
霊山観音（P70）
志賀の大仏
（P64）
難波八阪神社
（P94）
磨崖不動明王尊
（P63）
春日井駅前弘法（P43）
毘沙門天立像
（P108）
布袋の大仏（P40）
世界一の狛犬（P33）
御室大仏（P68）
開運大毘沙門天
（P106）
安治川の仏頭
（P92）
勝川大弘法（P44）
新居の大弘法（P42）
京都タワー
（P66）
盧遮那仏像
名古屋大仏
東山スカイタワー（P46）
稚児大師
（P127）
鵜越大仏（P97）
狸家分福
（P65）
岩屋不動尊（P45）
（P52）
聚楽園大仏（P48）
兵庫大仏（P98）
奈良の大仏
（P76）
見守り猫
とこにゃん
（P39）
衣浦観音（P36）
愛知県
小豆島大観音
（P124）
淡路島世界平和
大観音（P102）
子安大師（P34）
旧堺燈台
龍女神像（P96）
大阪府
石山観音
公園（P56）
香川県
三重県
全興寺（P95）
刈宿の大仏（P37）
平和祈念像
（P90）
ルーブル彫刻
美術館（P55）
徳島県
首大仏
（P87）
奈良県
上陸大師（P50）
純金開運寶珠
大観世音菩薩（P54）
和歌山県
弥勒磨崖仏
伝虚空蔵菩薩（P72）
日本一
大地蔵尊
（P79）
かえる橋
（P91）
大千手十一面
観世音菩薩
（P88）
弥勒磨崖仏（P74）
史跡 頭塔（P75）
飛鳥大仏（P78）
室戸青年大師
（P134）
天竺渡来大釈迦石像
天竺渡来大観音石像
（P80）

西日本大仏マップ

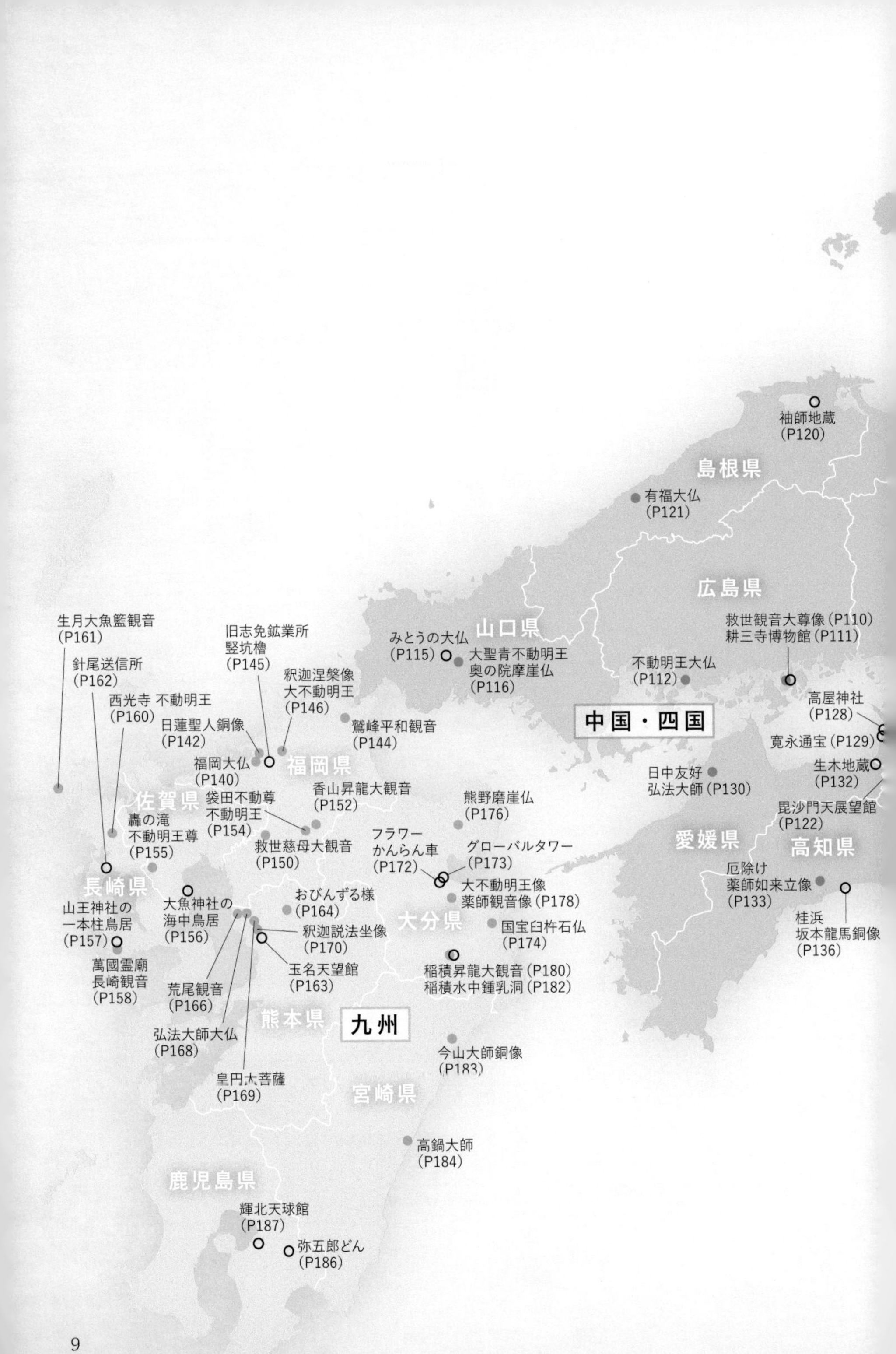

袖師地蔵
(P120)
島根県
有福大仏
(P121)
広島県
救世観音大尊像(P110)
耕三寺博物館(P111)
不動明王大仏
(P112)
山口県
みとうの大仏
(P115)
大聖青不動明王
奥の院摩崖仏
(P116)
中国・四国
高屋神社
(P128)
寛永通宝(P129)
生木地蔵
(P132)
日中友好
弘法大師(P130)
毘沙門天展望館
(P122)
愛媛県
高知県
厄除け
薬師如来立像
(P133)
桂浜
坂本龍馬銅像
(P136)
生月大魚籃観音
(P161)
針尾送信所
(P162)
西光寺 不動明王
(P160)
旧志免鉱業所
竪坑櫓
(P145)
釈迦涅槃像
大不動明王
(P146)
日蓮聖人銅像
(P142)
鷲峰平和観音
(P144)
福岡大仏
(P140)
福岡県
佐賀県
袋田不動尊
不動明王
(P154)
香山昇龍大観音
(P152)
轟の滝
不動明王尊
(P155)
救世慈母大観音
(P150)
熊野磨崖仏
(P176)
フラワー
かんらん車
(P172)
グローバルタワー
(P173)
長崎県
大不動明王像
薬師観音像(P178)
山王神社の
一本柱鳥居
(P157)
大魚神社の
海中鳥居
(P156)
おびんずる様
(P164)
大分県
国宝臼杵石仏
(P174)
釈迦説法坐像
(P170)
萬國霊廟
長崎観音
(P158)
玉名天望館
(P163)
稲積昇龍大観音(P180)
稲積水中鍾乳洞(P182)
荒尾観音
(P166)
熊本県
九州
弘法大師大仏
(P168)
今山大師銅像
(P183)
皇円大菩薩
(P169)
宮崎県
高鍋大師
(P184)
鹿児島県
輝北天球館
(P187)
弥五郎どん
(P186)

大仏の定義と本書の基本ルール

大仏とはその文字通り「大きな仏像」のことです。この「大きい」には定義が存在します。仏教を開いたお釈迦様の身長は一丈六尺（約4・8メートル）あったと伝えられています。例外はあるものの立像で4・8メートル、座像でその半分の2・4メートル以上の仏像を一般的に「大仏」と言います。

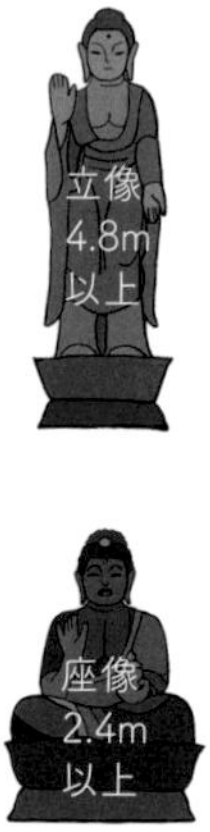

「巨大仏」には明確な定義はありません。私が大仏さまを目の前にして巨大だと感じるのは建物の上からお顔がのぞく時。10メートルあると一般的な二階建て家屋から大仏さまのお顔が飛び出します。ですから私は個人的に10メートル以上の大仏さまを「巨大仏」と呼んでいます。

また観音像や明王像、偉いお坊さんの像なども仏像の種類のひとつです。大きな仏像が大仏ならば、これらの大きな像も大仏と言っていいはず。いろいろな解釈がありますが、私はそれらも含め大きな仏像を総じて「大仏」と呼んでいます。

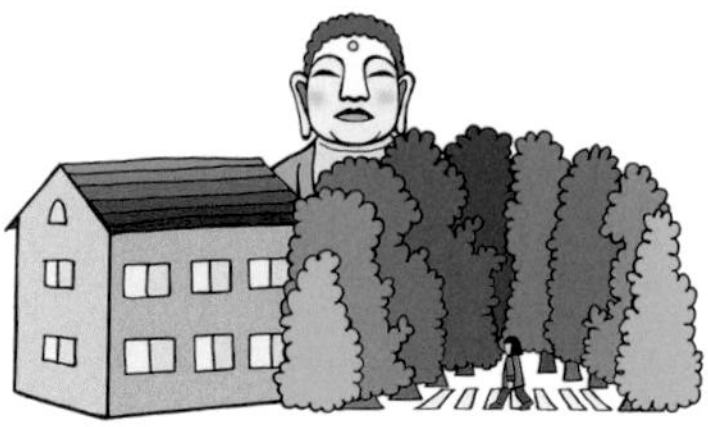

これらの大仏基本ルールに当てはまらない各地の「巨」なるものたちはコラムにまとめています。

大仏さまもコラムも全て私が実際に行っており、その際に感じた注意点を❗マークで表記しています。参拝や観光の参考にしていただければ幸いです。ただしこれらの注意点は執筆時のもので、変わっている場合があります。どうぞお寺さまの指示にしたがいご参拝ください。

神社仏閣の数多し
コンクリート大仏発祥の地

北陸・東海

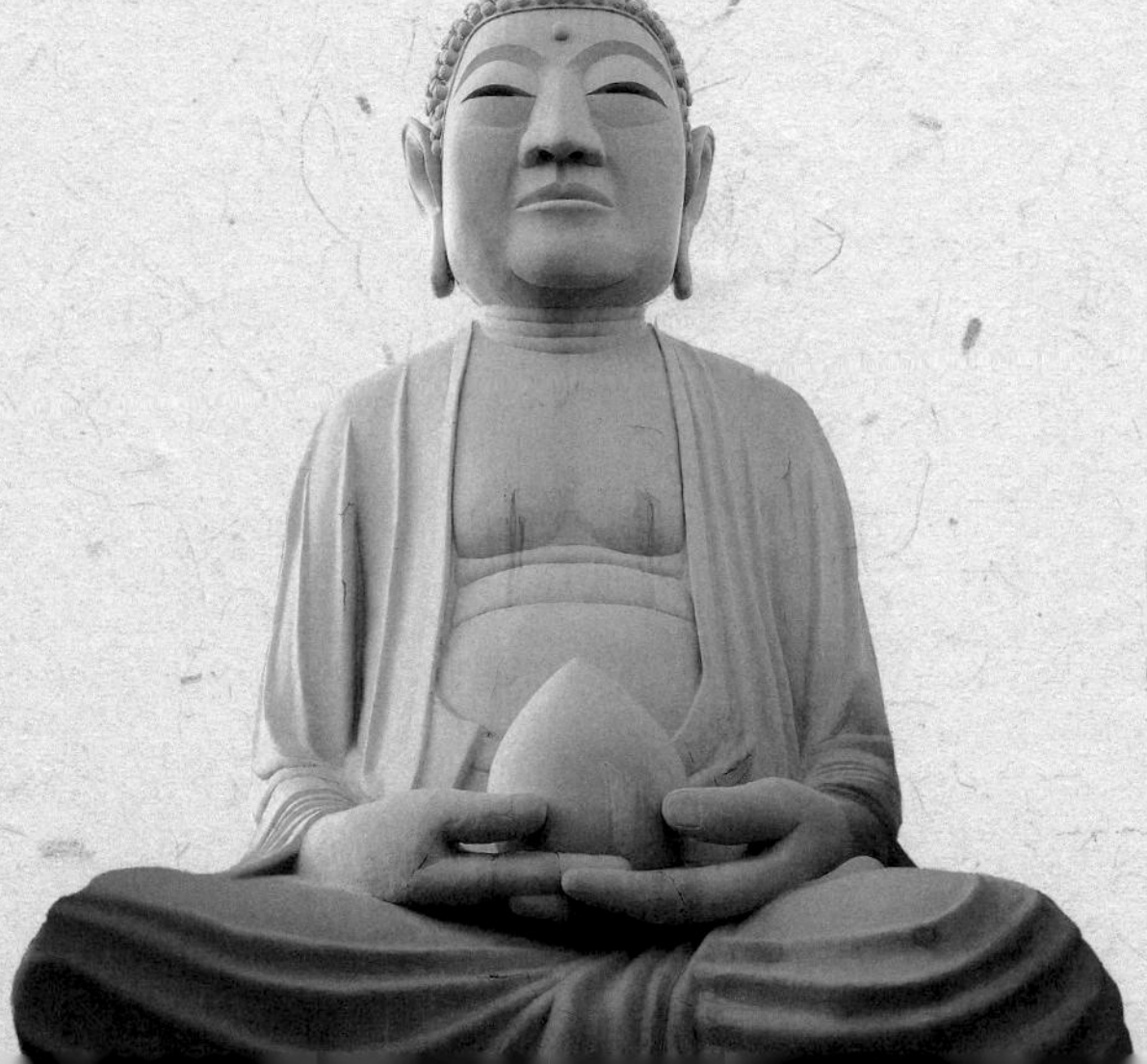

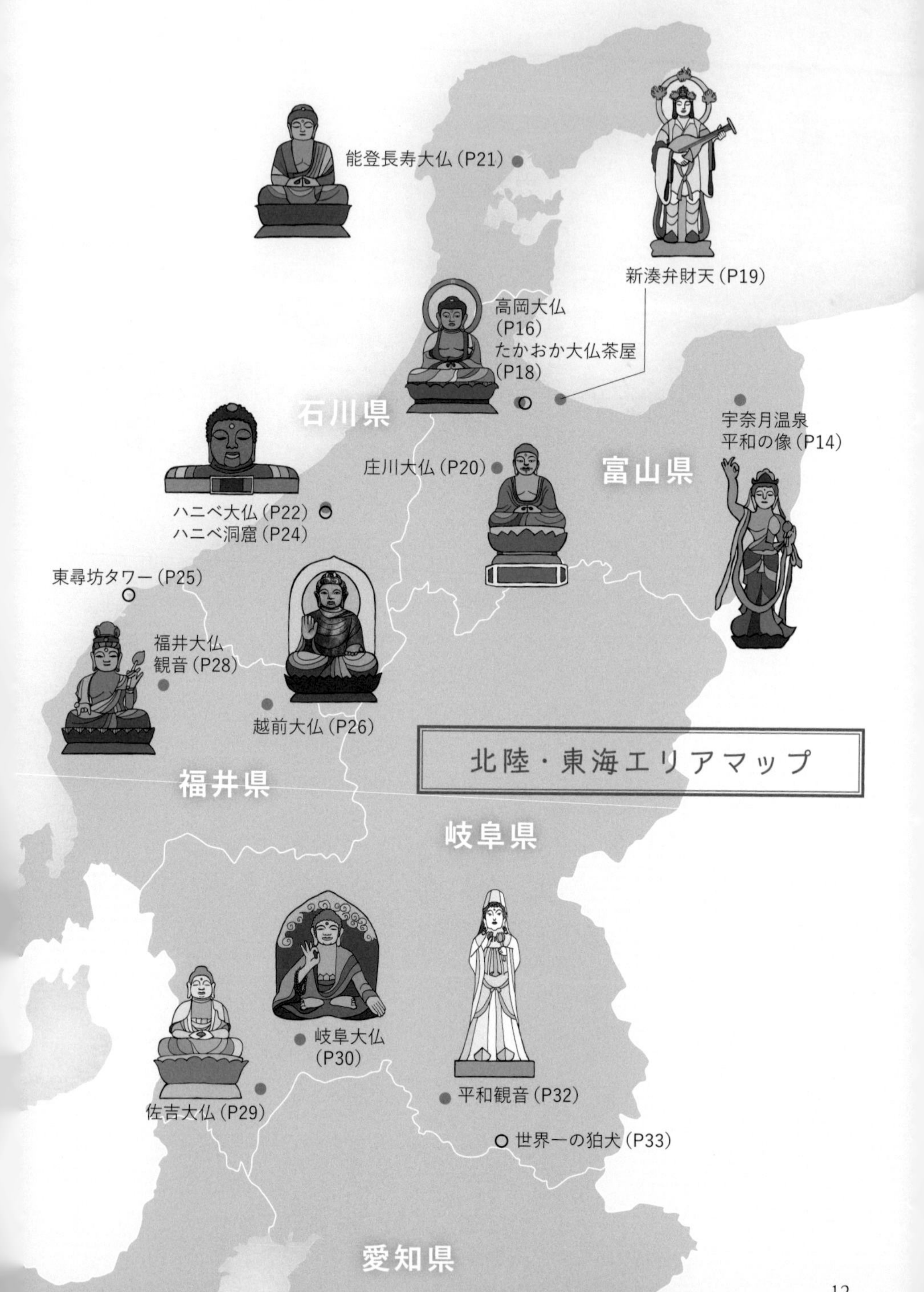
北陸・東海エリアマップ
能登長寿大仏（P21）
新湊弁財天（P19）
高岡大仏
（P16）
たかおか大仏茶屋
（P18）
石川県
宇奈月温泉
平和の像（P14）
庄川大仏（P20）
富山県
ハニベ大仏（P22）
ハニベ洞窟（P24）
東尋坊タワー（P25）
福井大仏
観音（P28）
越前大仏（P26）
福井県
岐阜県
岐阜大仏
（P30）
平和観音（P32）
佐吉大仏（P29）
世界一の狛犬（P33）
愛知県

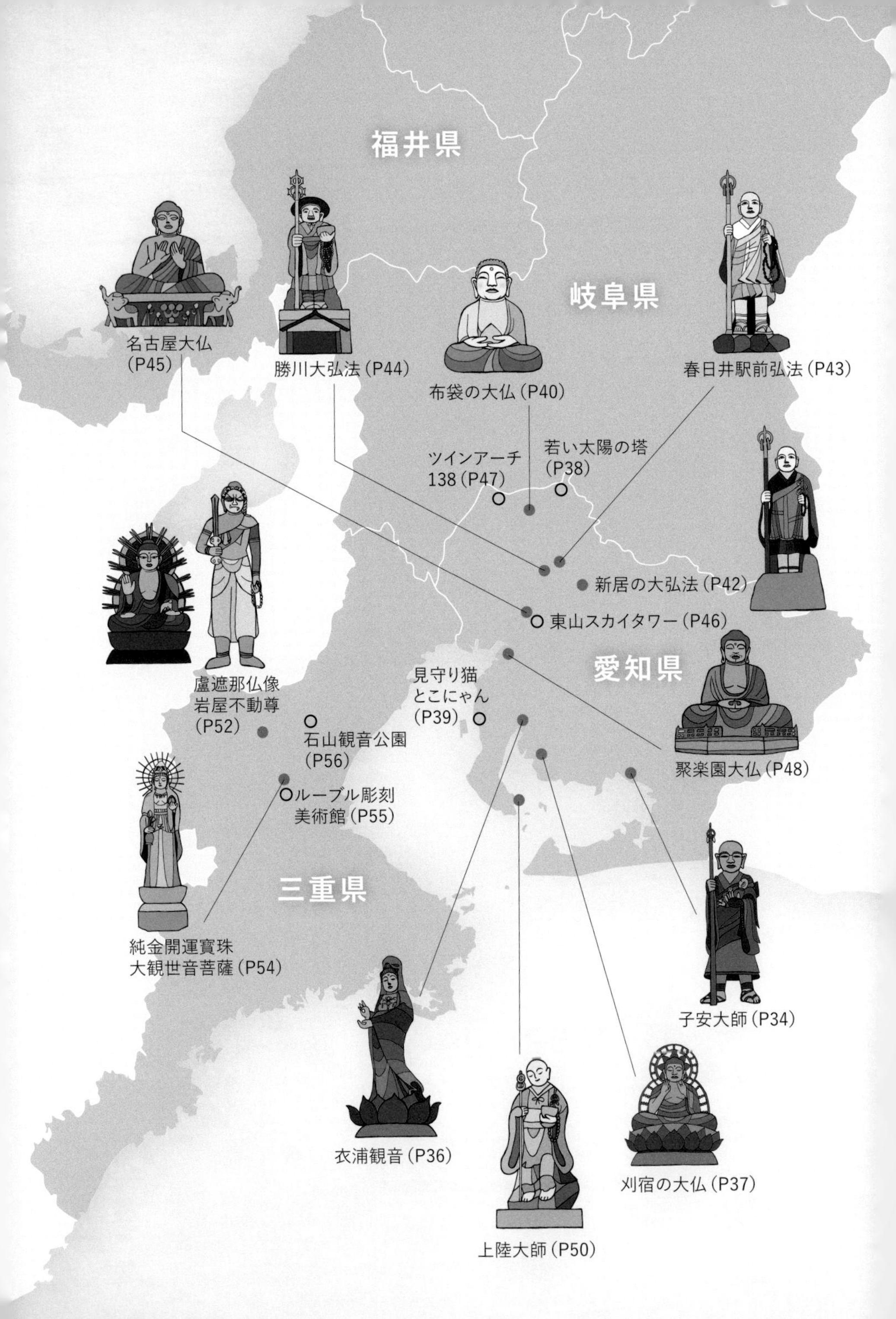

福井県
岐阜県
愛知県
三重県
名古屋大仏
(P45)
勝川大弘法(P44)
布袋の大仏(P40)
春日井駅前弘法(P43)
ツインアーチ
138(P47)
若い太陽の塔
(P38)
新居の大弘法(P42)
東山スカイタワー(P46)
盧遮那仏像
岩屋不動尊
(P52)
見守り猫
とこにゃん
(P39)
石山観音公園
(P56)
ルーブル彫刻
美術館(P55)
聚楽園大仏(P48)
純金開運寶珠
大観世音菩薩(P54)
子安大師(P34)
衣浦観音(P36)
刈宿の大仏(P37)
上陸大師(P50)

天空を舞う観音像

宇奈月温泉《うなづきおんせん》 平和の像《へいわのぞう》

日本三大渓谷に数えられる黒部峡谷は、大自然を走るトロッコ電車が人気です。周辺には富山県随一の温泉峡、宇奈月温泉があり、観光客が多く訪れます。5月の大型連休の最中、トロッコ電車を待つ人々の列を横目に、私は宇奈月温泉スキー場へと向かいました。なぜ5月にスキー場かって？ もちろん、そこに絶景の観音さまがいるからです。

スキー場があるのは大原台という山の中腹で、観音さまが立つのはその山頂だと聞いていました。スキー場からまだ雪の残る山道をさらに登り、途中で野生の猿に遭遇しながら辿り着いた山頂付近。標高５６５メートルもの絶景の展望広場に現れたのは、衣をなびかせて天空を舞うかのような、巨大な観音さまの姿でした。

平和の像という名の観音像は地元出身の彫刻家によるもの。像高は12・7メートル、台座を含めると20メートルにもなります。まず抱くのは、よくこんな場所にこんな大きなものをつくったという尊敬の念。そして見事な像と大自然との融合に、ここまで登って来た苦労をひととき忘れます。

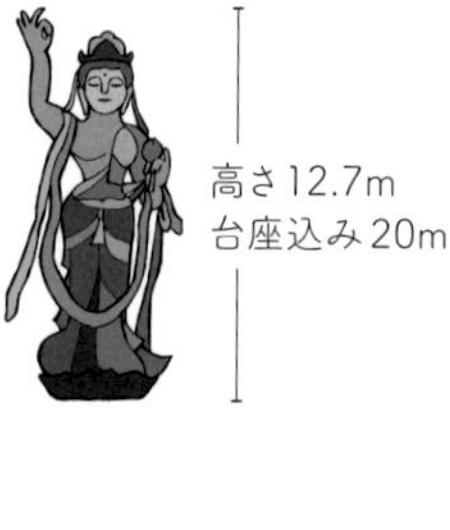

大原台自然公園《おおはらだいしぜんこうえん》

富山県黒部市宇奈月町内山字尾ノ沼
見学自由（冬季は車でのアクセス不可、車での見学は5〜11月）
駐車場あり

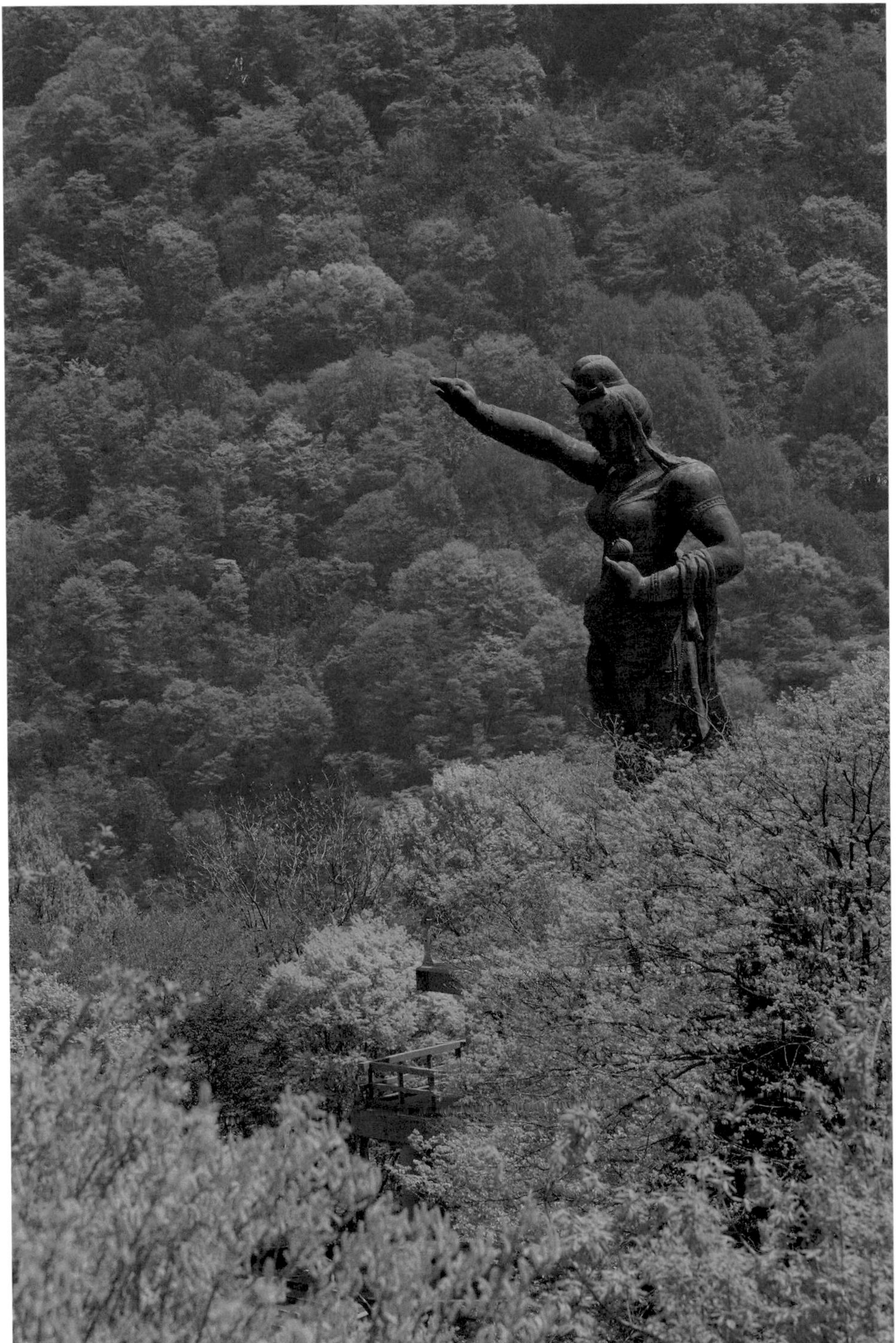

北陸きっての愛され大仏

高岡大仏

たかおかだいぶつ

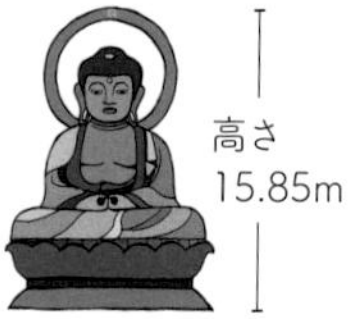

大佛寺
だいぶつじ
富山県高岡市大手町11-29
☎0766-23-9156
開門時間　9:00～17:00
駐車場あり

高岡大仏ほど地元に愛されている大仏さまも珍しいのではないでしょうか。というのも、高岡を歩けば自動販売機に大仏さまがプリントされているなど、街のいたるところに高岡大仏の姿を見つけられるからです。つまりそれだけ人々にとって高岡大仏が当たり前の存在ということなのでしょう。市民から「だいぶっつぁん」の愛称で呼ばれるのも愛されている証です。

　特に毎年9月に行われる「高岡大仏まつり」では、大仏さまの顔の近くまで梯子をかけ、拭き清める「お身拭い」が行われます。境内はきれい

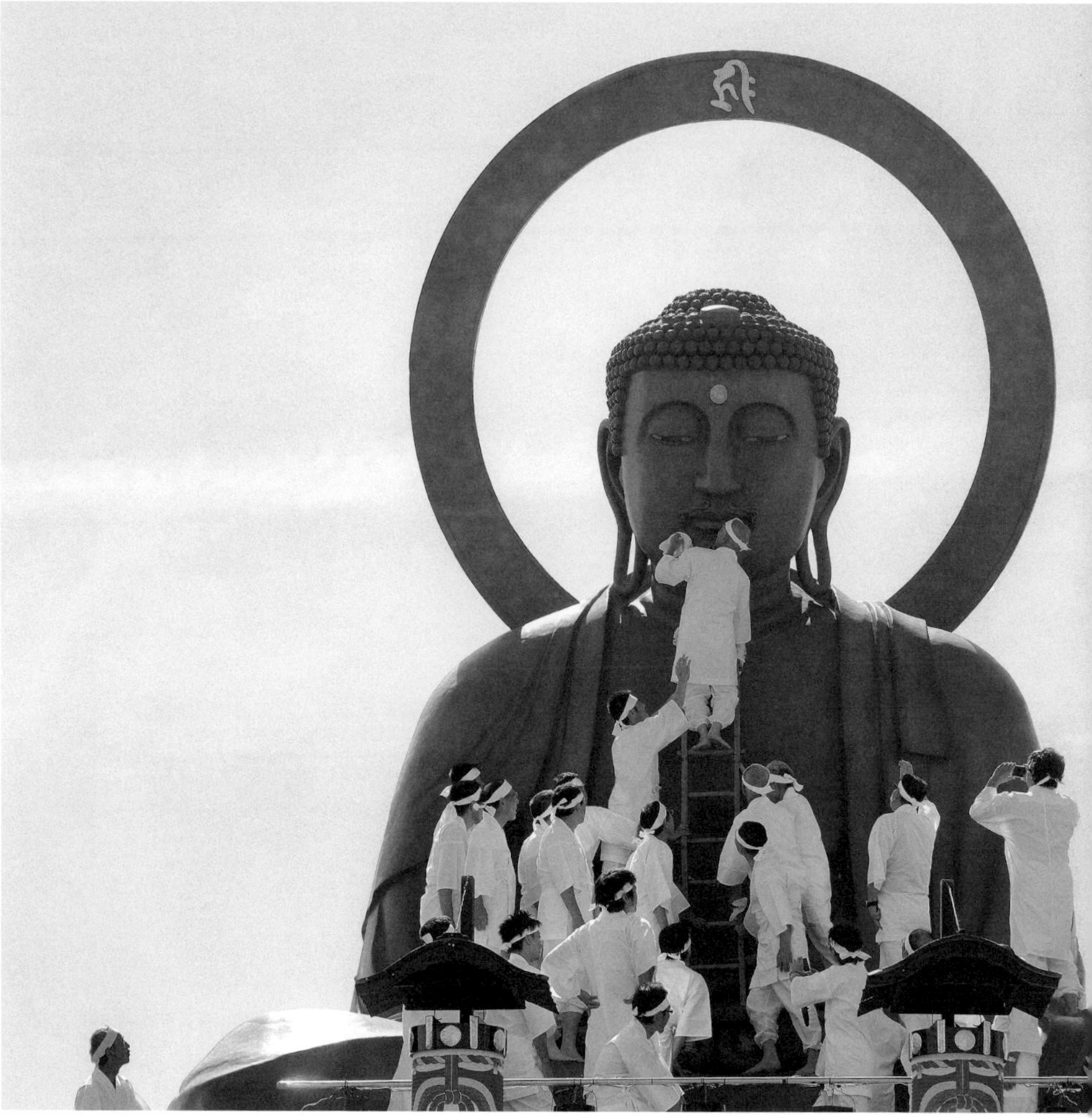

な提灯で飾られ、参道には屋台が並びます。集まったたくさんの人々に見守られ、丁寧にお掃除される大仏さまは気持ち良さげで、嬉しそうに見えました。

　実は、現在ある高岡大仏は三代目にあたります。初代と二代目は木造で火災により焼失してしまいました。「今度こそは！」と、地元の銅器製造技術の粋を集めつくられたのが現在の高岡大仏です。長い時を経て再建された三代目大仏さまには多くの人々の思いが込められているのです。愛されるのも頷けます。

column ①

大仏＋ここに寄るべき

高岡大仏＋たかおか大仏茶屋

たかおか大仏茶屋
富山県高岡市定塚町1200　☎ 0766-54-6678
営業時間 11:00〜17:00　定休日 月曜・イベント特定日

地元に愛される大仏さまには、おのずと可愛い大仏グッズがつくられるもの。高岡大仏はその最たるもので、「高岡大仏まつり」などイベント時には、大仏さまをかたどったお菓子が屋台に並びます。

グッズと言えば、高岡大仏の台座部分の回廊には「高岡大仏まんまるおみくじ」のガチャガチャが設置されています。一般的なおみくじと違うのは「大吉」の上に「大仏吉」というさらなるラッキーくじがあること。全てに缶バッジが付いてくるのも大仏ファンにはたまりません。

ただあまりに人気で、私が参拝したときには、回廊のおみくじは品切れでした。ですが大丈夫！　高岡大仏近くにある「たかおか大仏茶屋」に立ち寄れば、まんまるおみくじが大仏の螺髪に姿を変え、あなたを待っています。大仏茶屋は大仏グッズと高岡周辺の情報が入手でき、小腹も満たされる「お助け茶屋」。そんな茶屋ができるのも、高岡大仏が愛され大仏だからこそ。

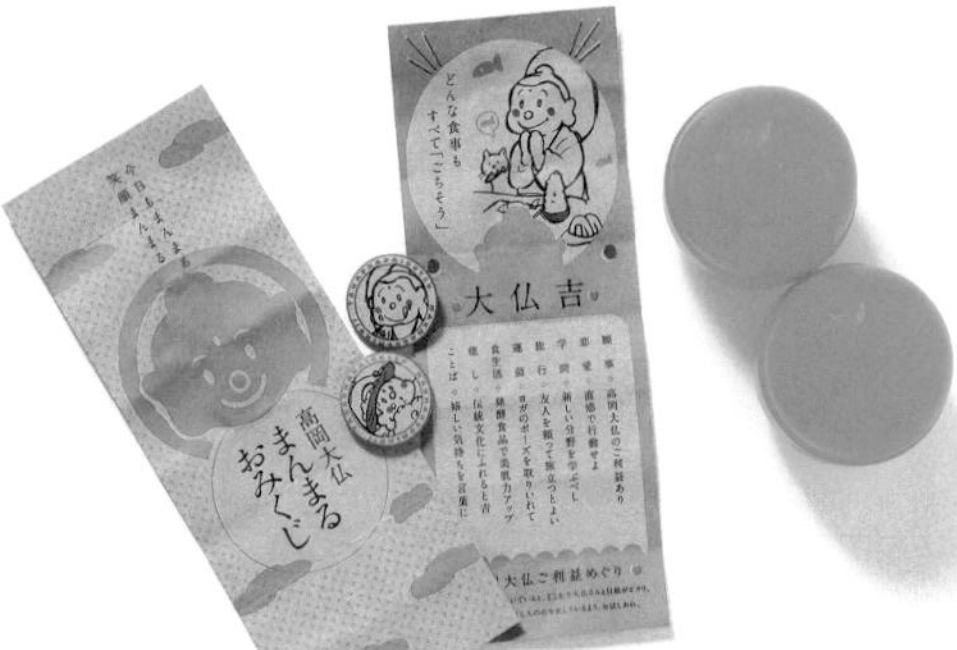

「たかおか大仏まんまる
おみくじ」缶バッジ付き

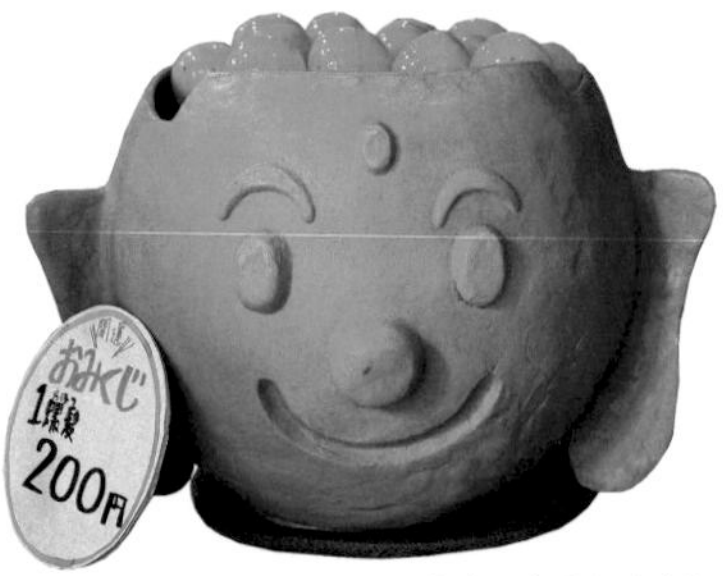

↑まんまるおみくじが螺髪に！たかおか大仏茶屋で販売中

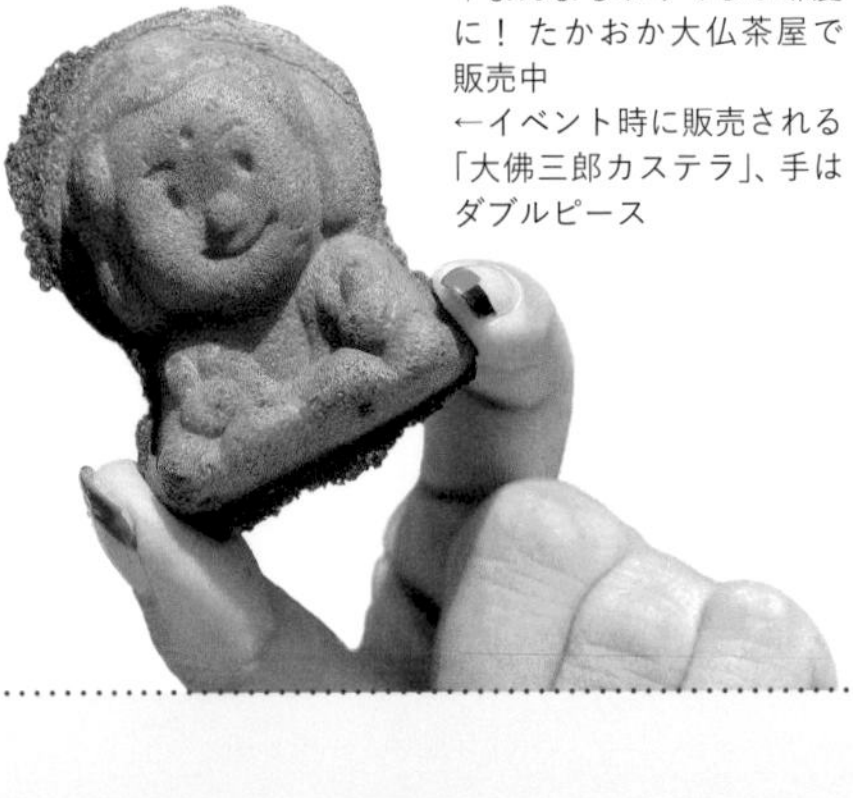

←イベント時に販売される「大佛三郎カステラ」、手はダブルピース

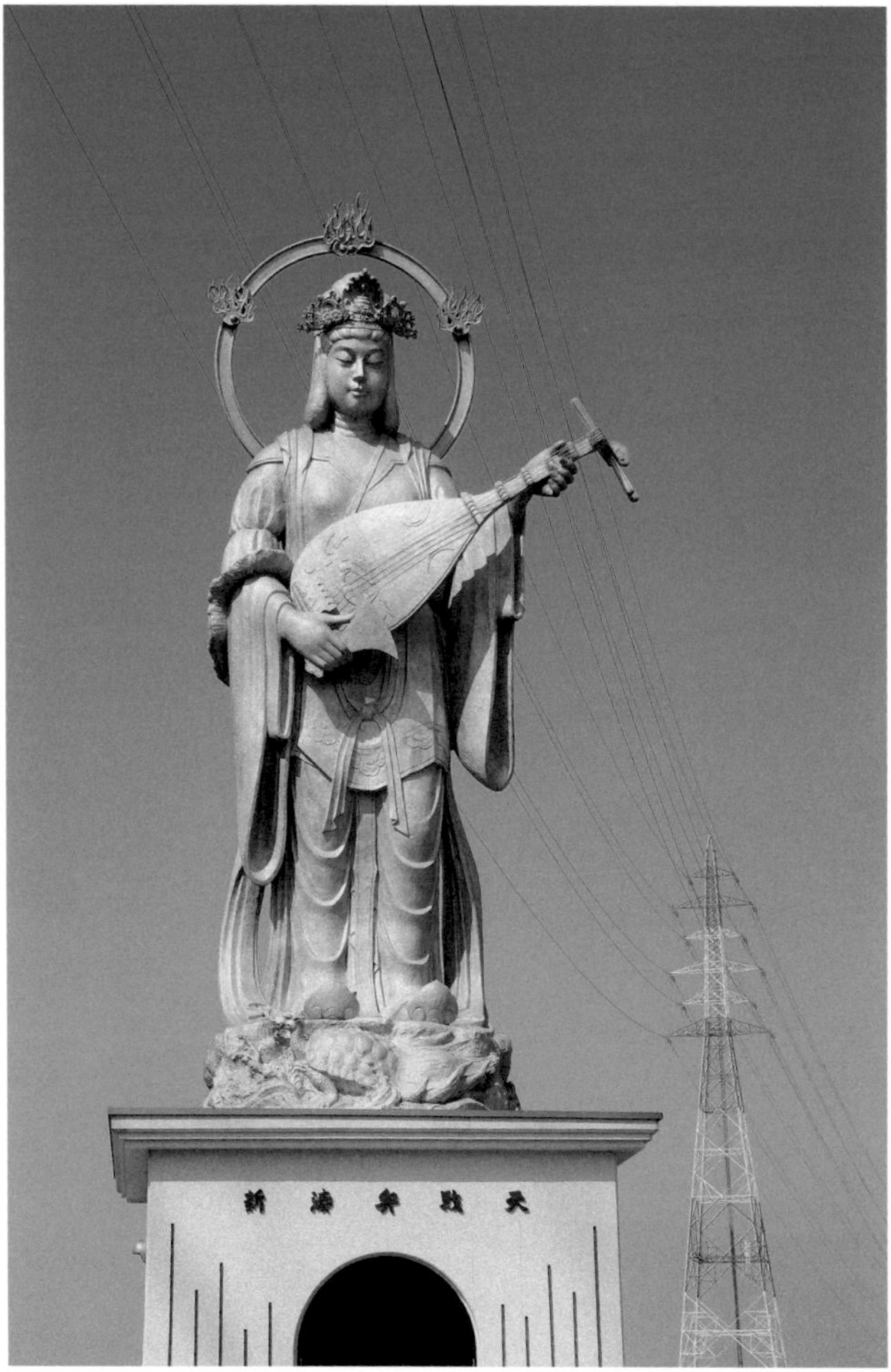

輝く高純度アルミ製の弁財天

新湊弁財天《しんみなとべんざいてん》

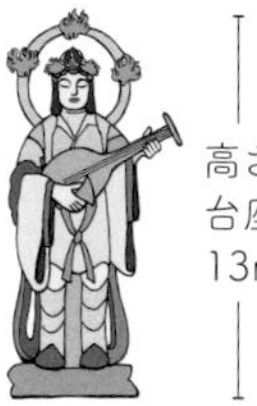

南水路緑地公園内
富山県射水市片口
（近くにある富山新港展望台が目印）
駐車場あり

海の近くにある金属製の像にとって腐食は、避けては通れない大敵のはず。ですが、富山新港近くの緑地公園に立つ新湊弁財天は、建立から30年以上経つ今も、輝きを失うことなくピカピカです。なぜならこの像は高純度のアルミ製。2年に一度水洗いすれば元の輝きを取り戻せるというのです。

　この地域はアルミの加工が盛んで、新湊弁財天はまさに身を持って地元の産業をアピールしています。端正な顔立ちと手に持った琵琶、そして光り輝く姿に、私はオーラを放つカリスマミュージシャンを連想し、憧れの眼差しで見上げます。

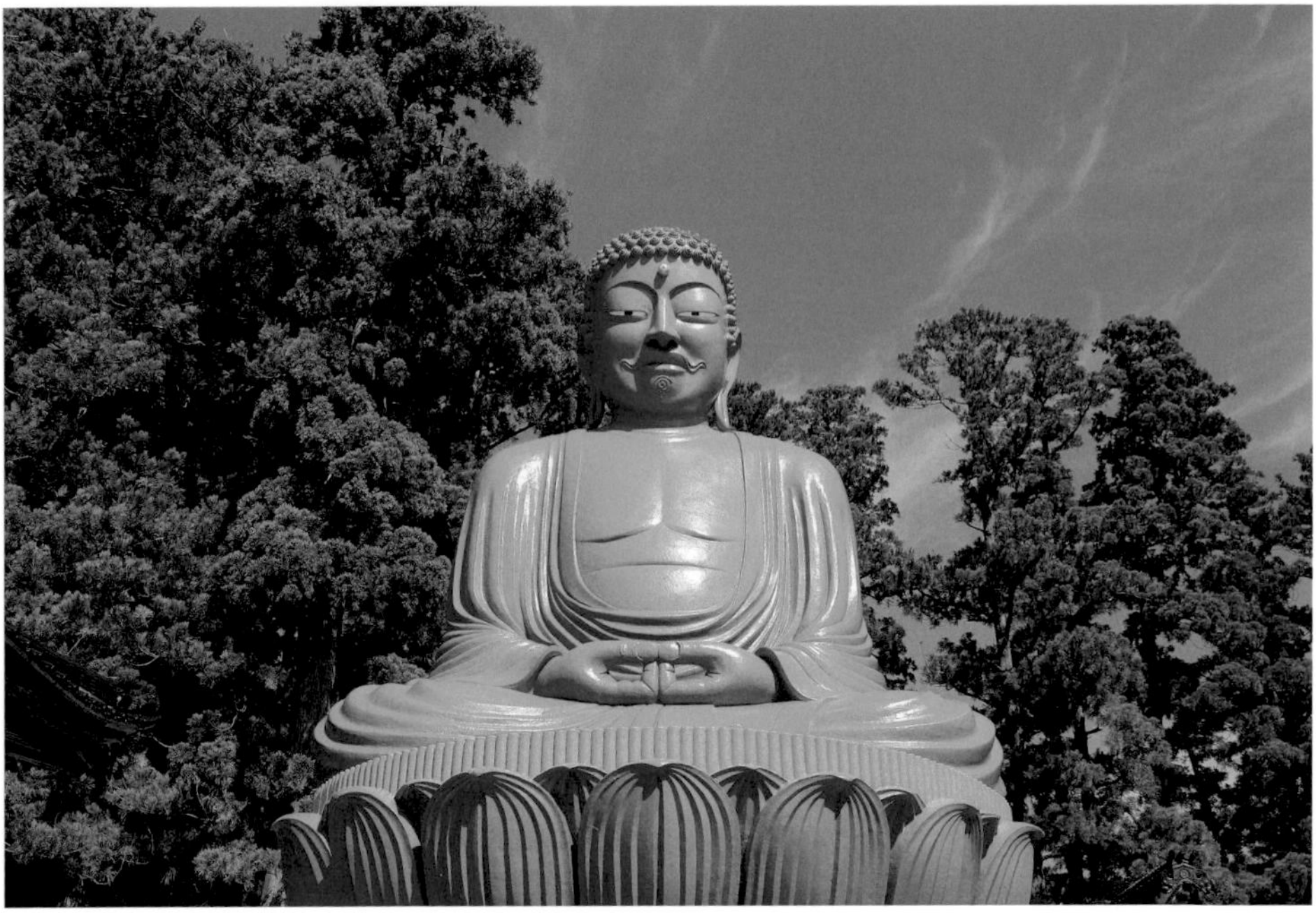

コンクリートの町の生き証人

庄川大仏《しょうがわだいぶつ》

庄川は昭和初期にコンクリートの町として栄えました。そんな庄川の歴史の生き証人のごとく、昭和8年に完成した鉄筋コンクリートの大仏さまが庄川大仏です。

緑に囲まれた静かなお寺の境内に突如現れる大仏さまは10メートルを越えており、近年お色直しされたビビットなカラーリングも目を引きます。そのルックスに目がいってしまいがちですが、台座に刻まれた正式名称は「十万納骨大仏」で、十万人分の遺骨をセメントに混ぜてつくられた「お骨仏」という側面も持っています。

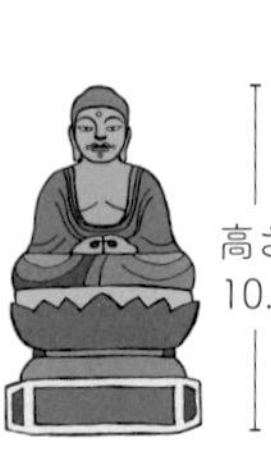

高さ
10.1m

光照寺《こうしょうじ》
富山県砺波市庄川町金屋1870
境内に数台駐車できます

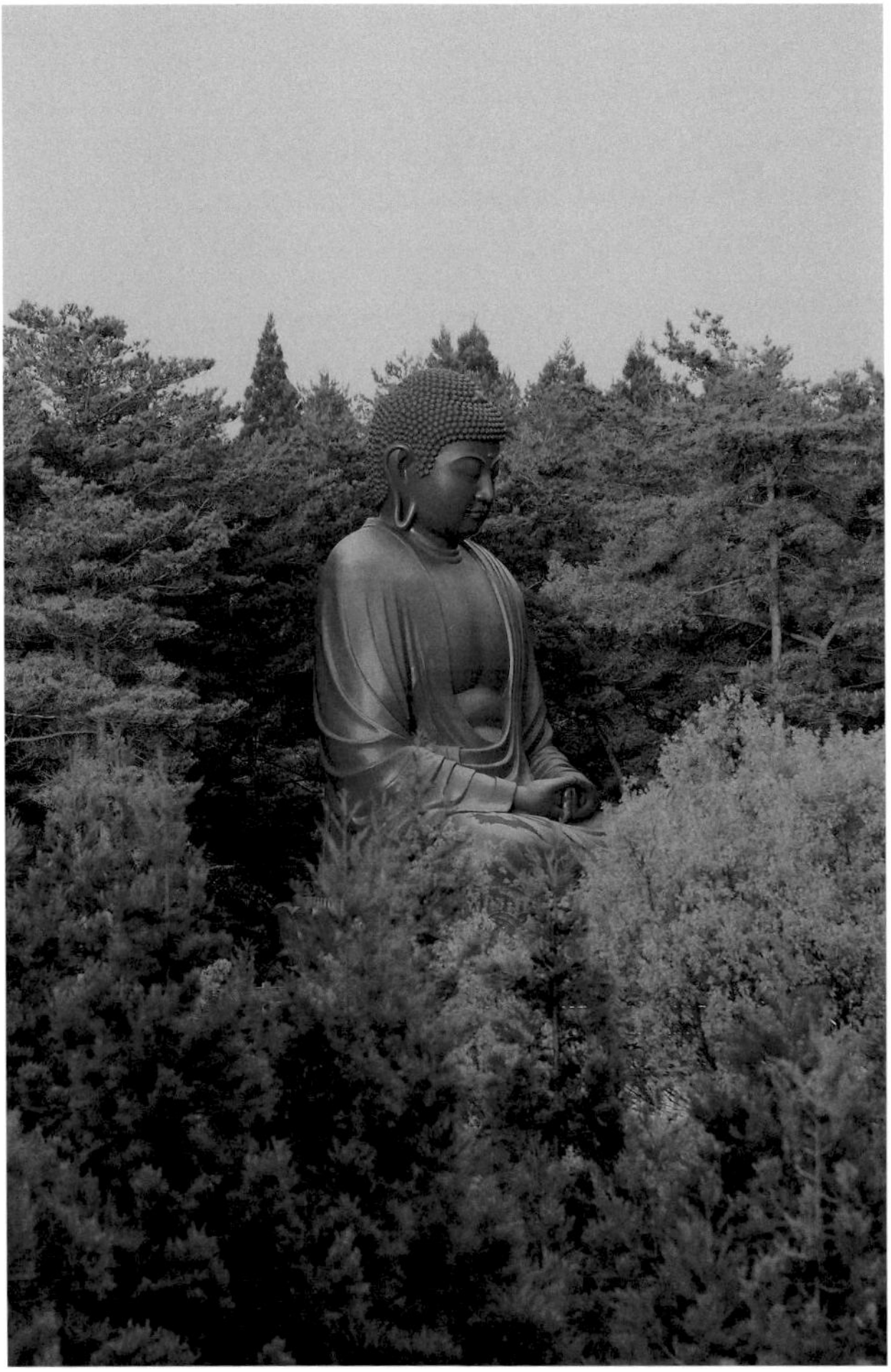

ご長寿さんがつくった真新しい大仏

能登長寿大仏《のとちょうじゅだいぶつ》

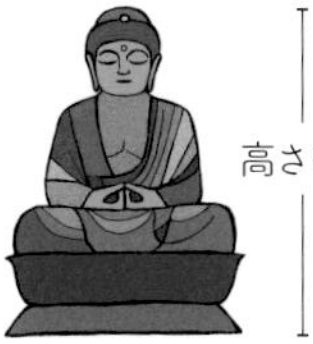

真和園《しんわえん》

石川県鳳珠郡穴水町乙ヶ崎甲66
国道249号線穴水町新崎口から
徒歩6分　駐車場あり

能登半島に平成15年にできたばかりの能登長寿大仏は、誰もが自由に散策できる公園施設、真和園に鎮座しています。私が真和園に着いたのは夕方で、大仏さまは西日を浴びオレンジ色にツヤツヤと輝いていました。その姿は真新しさと同時に、いかにも大仏らしい貫禄を感じさせました。

　能登長寿大仏のある真和園をつくったのは地元の建設会社の社長さん。その方が100歳まで長生きされたことから、長寿大仏という名がつきました。ご長寿さんがつくった新しい大仏さまは、きっとこの先もずっと地元を見守っていくでしょう。

風景を切り裂く 迫力の仏頭

ハニベ大仏《はにべだいぶつ》

ありふれた風景の中に突然ぬっと巨大仏が現れると、一瞬時が止まります。日常とは解離した光景を頭が受け入れるのに、少し時間が必要なのだと思います。ハニベ大仏との出会いは、まさにそんな時間がスローモーションで展開されます。ハニベ大仏のあるハニベ巌窟院の周囲に広がるのは、のどかな農村風景。それを引き裂くように、山を背にした15メートルの仏頭が出現するのです。インパクトはかなりのものですが、決してそれだけではありません。写実的でありながら、螺髪（仏像の丸まった髪の毛）の表現など適度に単純化されていてデザイン性が高い。私は並外れた存在感を放つこの大仏さまが、とてつもなくカッコ良いと思います。

ハニベ巌窟院は石川県出身の彫塑家、都賀田勇馬さんが戦没者慰霊のため、かつての石切り場に仏像を安置したのがその始まり。意志はご子息に引き継がれ、ハニベ大仏は二代目院主の手によるものです。33メートルの座像が完成形で、肩から上までで制作は止まったままですが、現在の状態だからこそのカッコ良さと迫力があるように思えます。

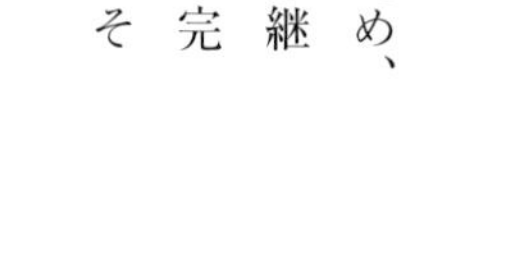

ハニベ巌窟院
はにべがんくついん
石川県小松市立明寺町イ1番地
☎0761-47-3188
開館時間　4～9月 9:00～17:00／10～3月 9:00～16:00
駐車場あり

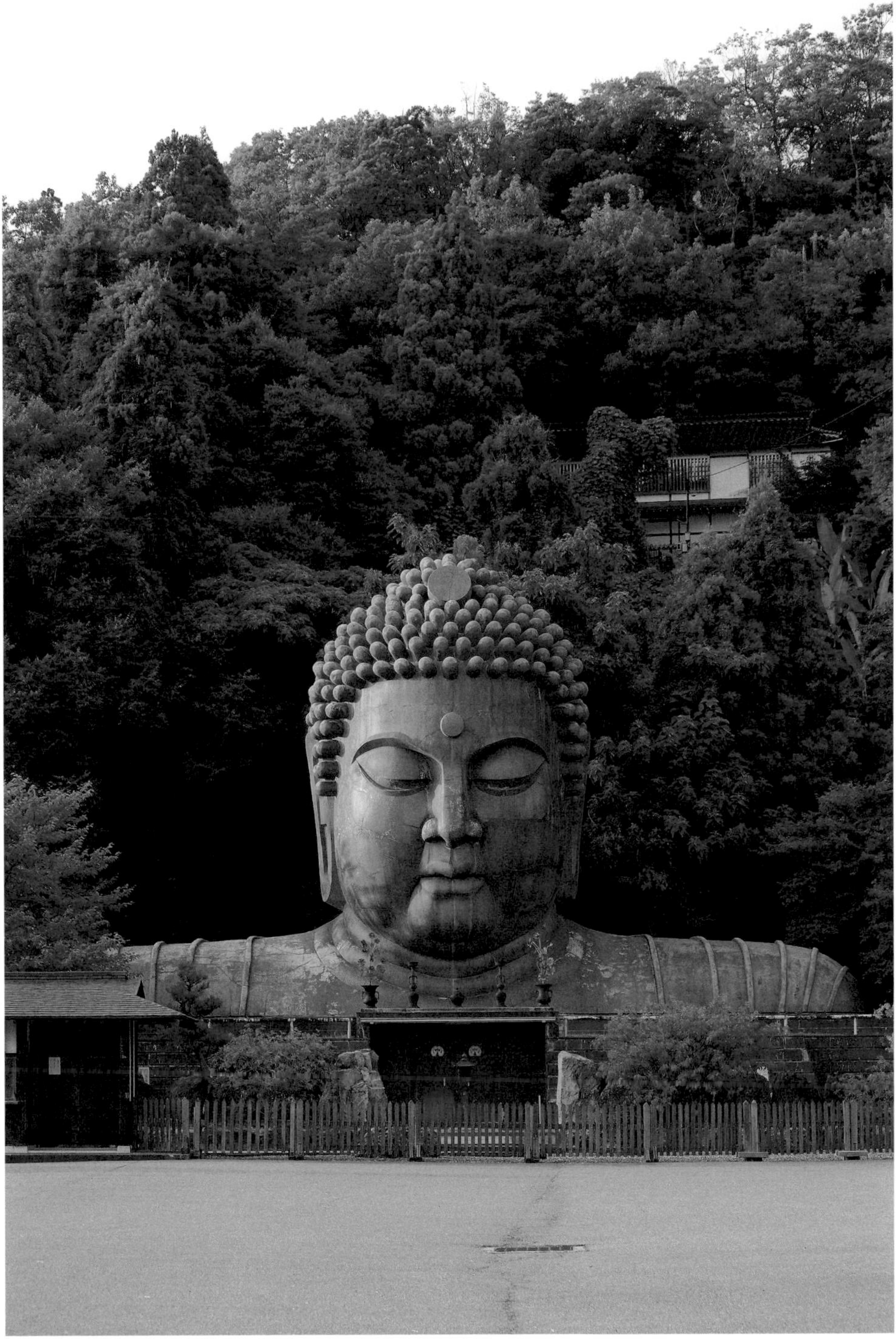

23　北陸・東海−石川県

column ②

大仏＋ここに潜るべき

ハニベ大仏＋ハニベ洞窟

ハニベ巌窟院
石川県小松市立明寺町イ1番地　☎ 0761-47-3188
開館時間　4〜9月 9:00〜17:00／10〜3月 9:00〜16:00
駐車場あり

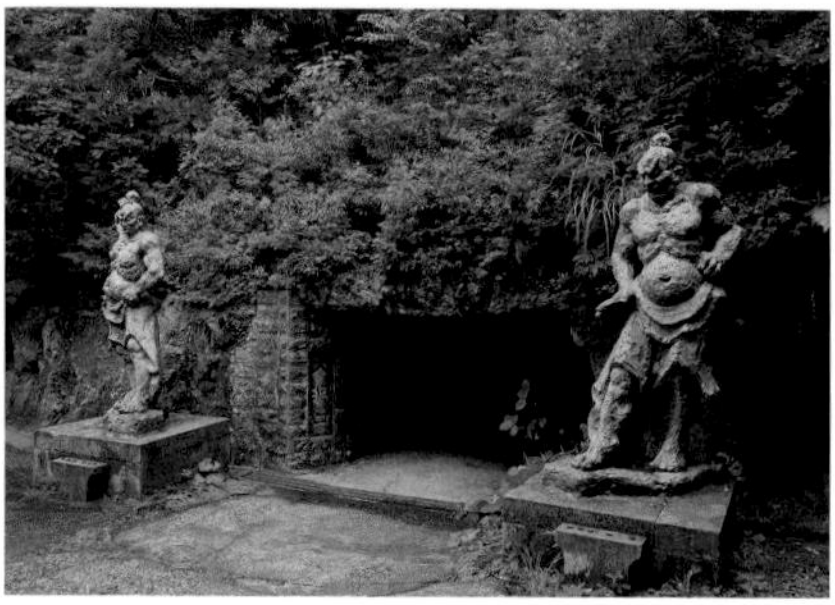
洞窟の入洞口

ハニベ大仏だけを観て満足してはいけません。ハニベ巌窟院の神髄は、大仏さまの背後にある山の石切り場跡を利用した洞窟にあります。洞窟内部はいくつものスペースに分かれていて、それらを縫うように走る通路の長さは約150メートル。そこに初代、二代目院主がつくったおびただしい数の仏像やオブジェが、まるで美術館のように並べられています。

内部は「お釈迦さまの一生」「インド古代彫刻」などテーマごとに分かれていて、特に印象的なのは「地獄めぐり」ゾーンです。罪を犯した人間たちの数々の末路が、時にコミカルに、時にリアルに表現され、洞窟という先の見えない暗さもあって、大人でも不安になります。感受性の強い子どもなら軽くトラウマになるかもしれないレベルです。

ユニークな像に微笑んだり、奇抜な表現に驚いたりしながら、最終的にはまた明日を生きるため、心改めるきっかけを与える場となっています。

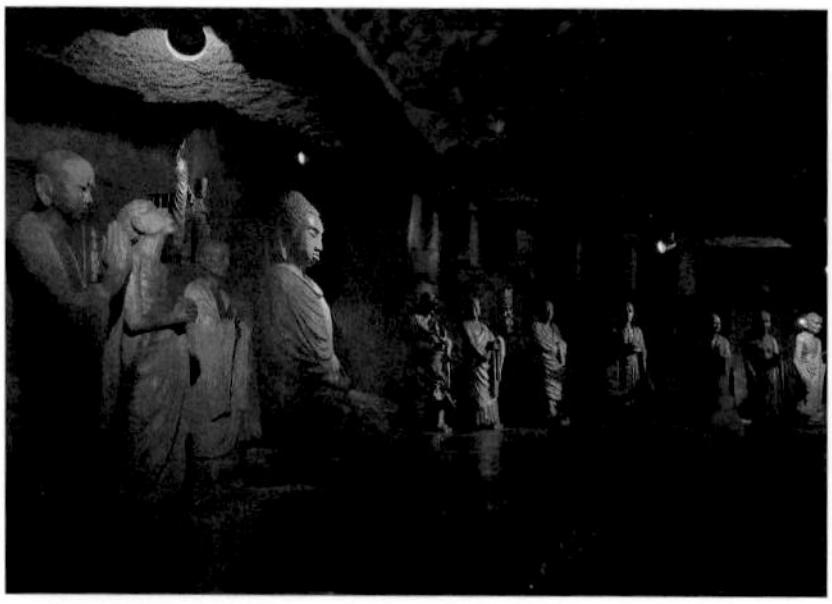
洞窟の最後に登場する本尊の釈迦牟尼仏と十大弟子

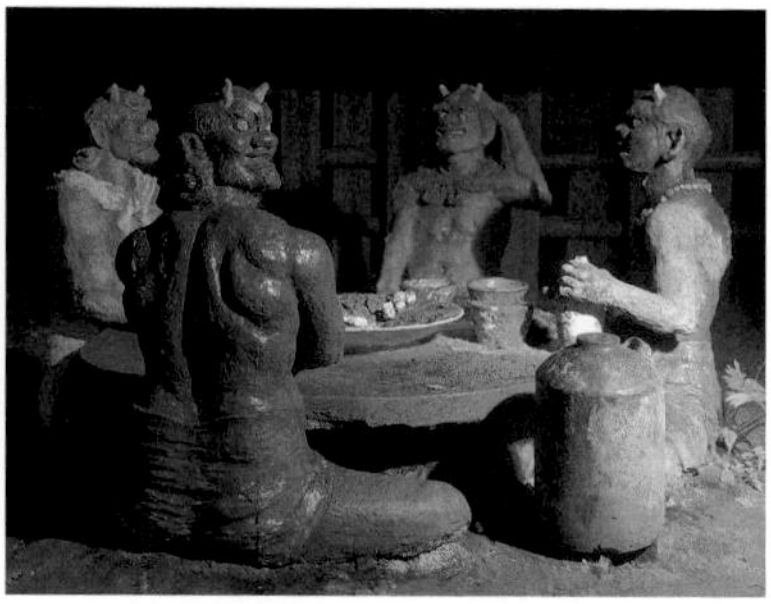
どことなく人間味のある鬼の食卓

column ③

かわいいタワー

東尋坊タワー

高さ55m

波の浸食によって削られた断崖絶壁が約1キロにわたってつづく東尋坊は、国の天然記念物にも指定される、北陸最大の景勝地です。ただこの有名な東尋坊に、世にも可愛らしいタワーが存在することをご存知でしょうか。

東尋坊で一番有名な岩場へ向かう途中には、いかにも観光地らしいお土産屋さんロードがあり、そのすぐ手前に立つのが東尋坊タワー。昭和39年、ひとつ前の東京オリンピックの年に建てられた、海抜100メートル地上55メートルの展望台です。

強調したいのは何といってもタワーの可愛らしさ。四角い展望台がてっぺんにポコッと乗っかったような形状に、赤、青、白のカラーリングが、まるでペーパークラフトのような可愛さでたまりません。このままの形のマスコットがあったなら、私は即座に購入していたでしょう。

タワー内部は「昭和」の懐かしい雰囲気が漂います。展望は360度の大パノラマが広がりますが、東尋坊で一番有名な岩場があまり見えないのが悲しいところ。ですが、それをタワーの案内に書いて貼ってあるという正直さに大変心打たれました。個人的にとても応援したいタワーです。

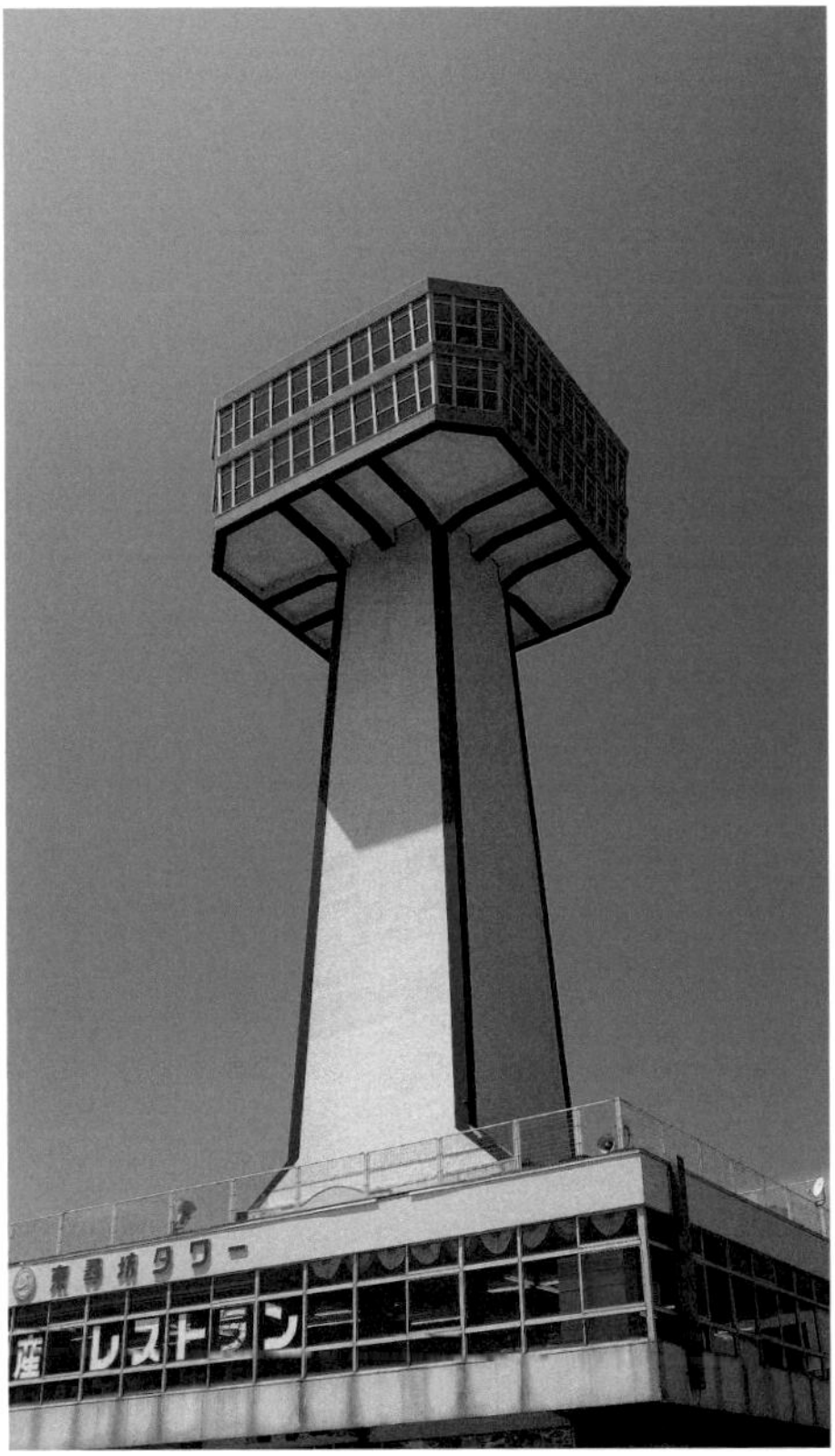

東尋坊タワー
とうじんぼうたわー
福井県坂井市三国町東尋坊　☎0776-81-3700
営業時間　9:00〜17:00（季節・天候により変更になる場合もあります）
駐車場あり

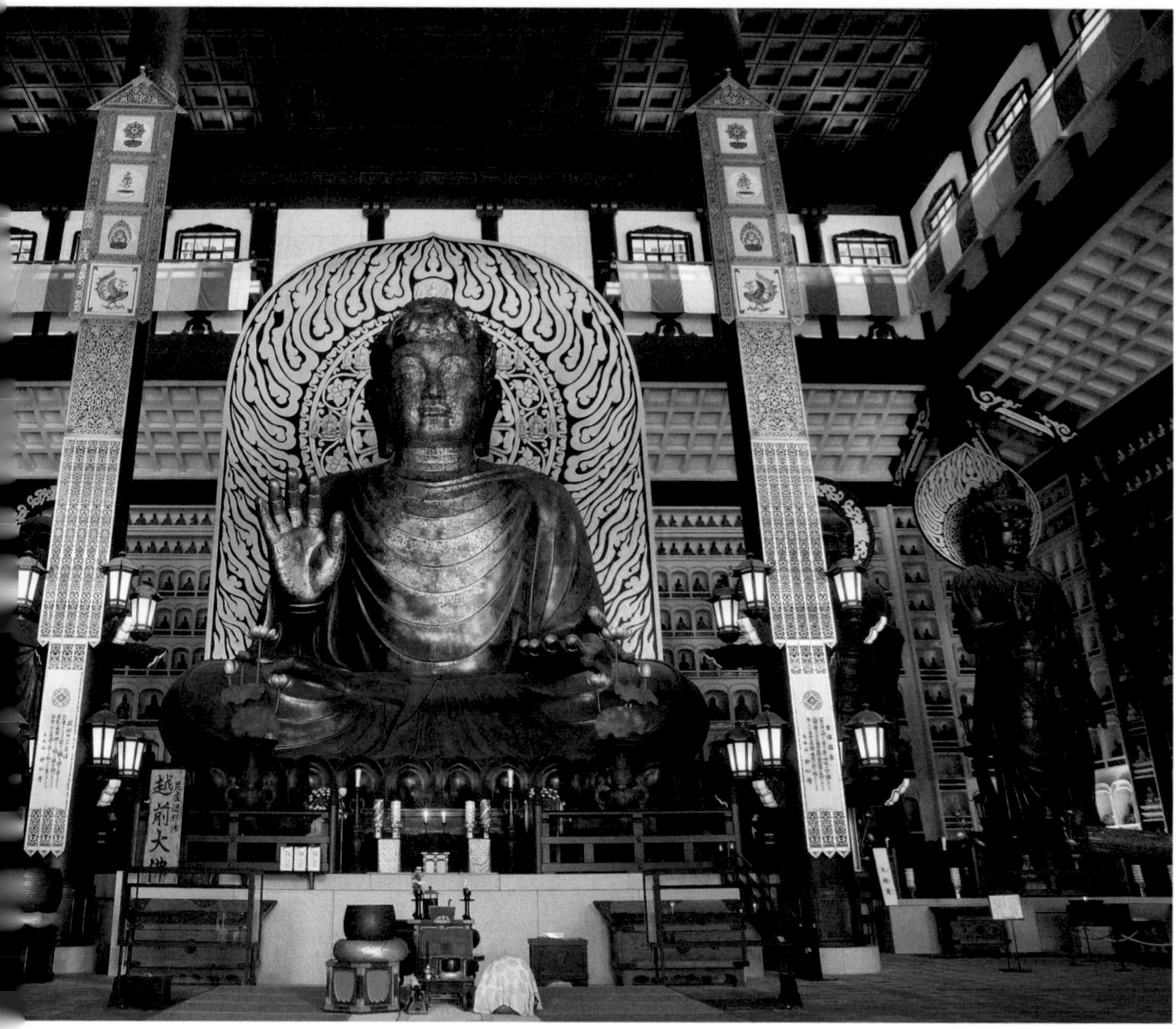

壮大なスケールに現実感を失う

越前大仏《えちぜんだいぶつ》

福井県勝山市は恐竜の化石が多く発掘されている「恐竜のまち」です。恐竜博物館は定番の観光スポットですが、そこから車で10分ほどの場所に、恐竜に勝るとも劣らないスケールの大きなお寺があることを忘れてはいけません。

大師山清大寺は昭和62年に大実業家である故多田清さんにより建立されました。ですが本当に個人の方がつくられたのでしょうか。あまりに規模が大き過ぎるのです。境内に足を踏み入れると、まずは大映画のセットのような門前町に驚き、大門の大きさ、門の左右に立つ仁王像の巨

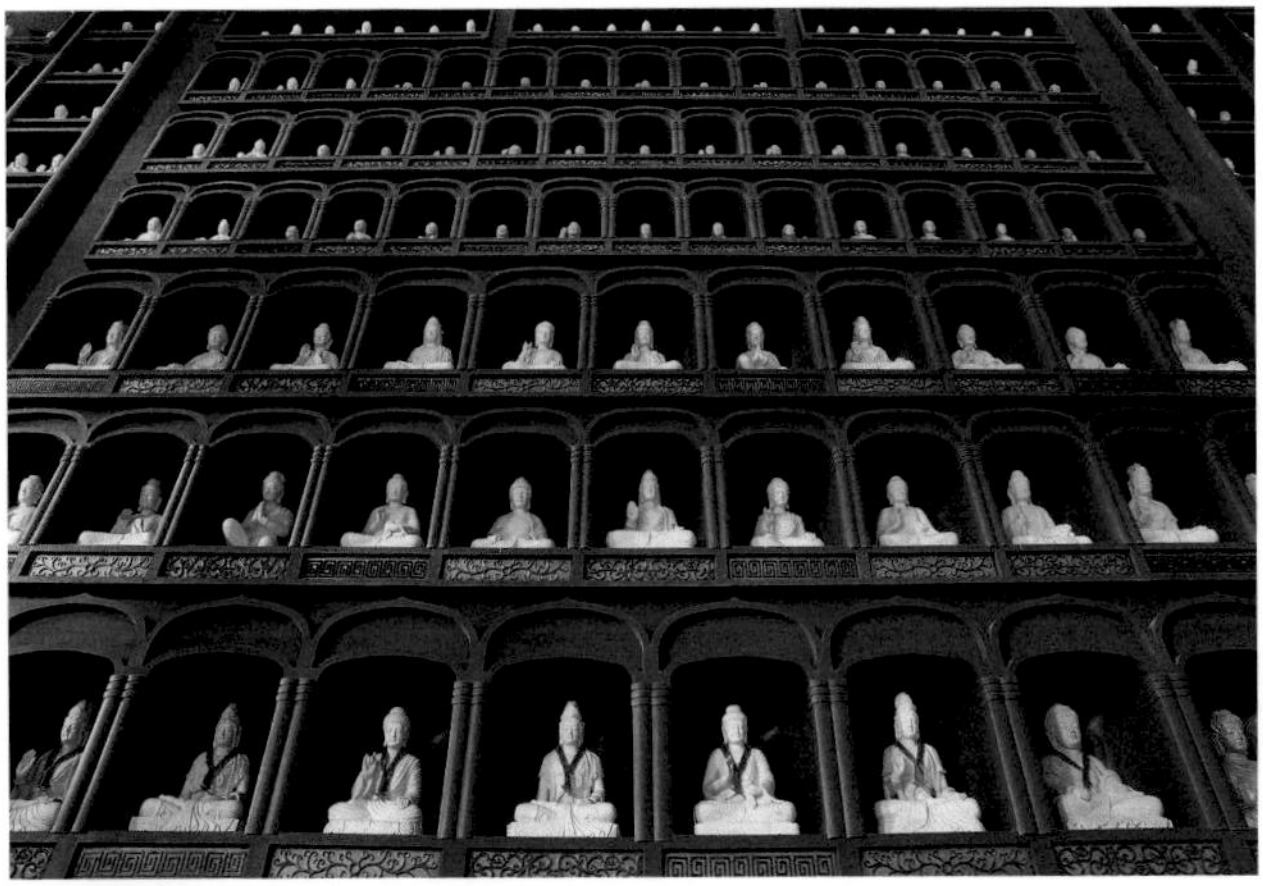

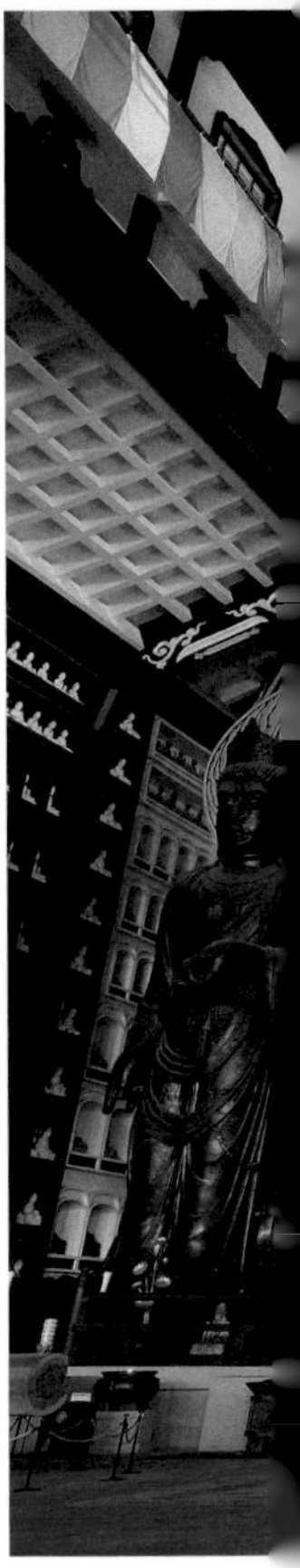

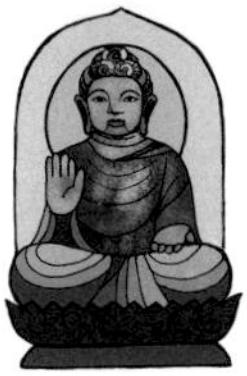

大師山清大寺
だいしざんせいだいじ
福井県勝山市片瀬50字1-1
☎0779-87-3300
開門時間　8:00～17:00（冬季変更あり）
駐車場あり

大さに驚き、75メートルの五重塔にまた驚きます。

　中門を経て現れる大仏殿は高さ52メートル。外観は4階建ての造りですが、内部は吹き抜けで、光背を合わせた総高が28メートルにもなる大仏座像が、中央に鎮座しています。大仏さまの左右には、それぞれ10メートルを超える菩薩像と羅漢像が2体ずつ並び、壁には1メートルの小仏がびっしり1281体安置されているという……もうここまでくると、現実感がなさすぎて、軽く感覚が麻痺してくるほどです。

　こうしていくら言葉を重ねても、実際の越前大仏の壮大なスケール感を伝えることはできません。私に言えることはただひとつ。ぜひ一度ご参拝ください。

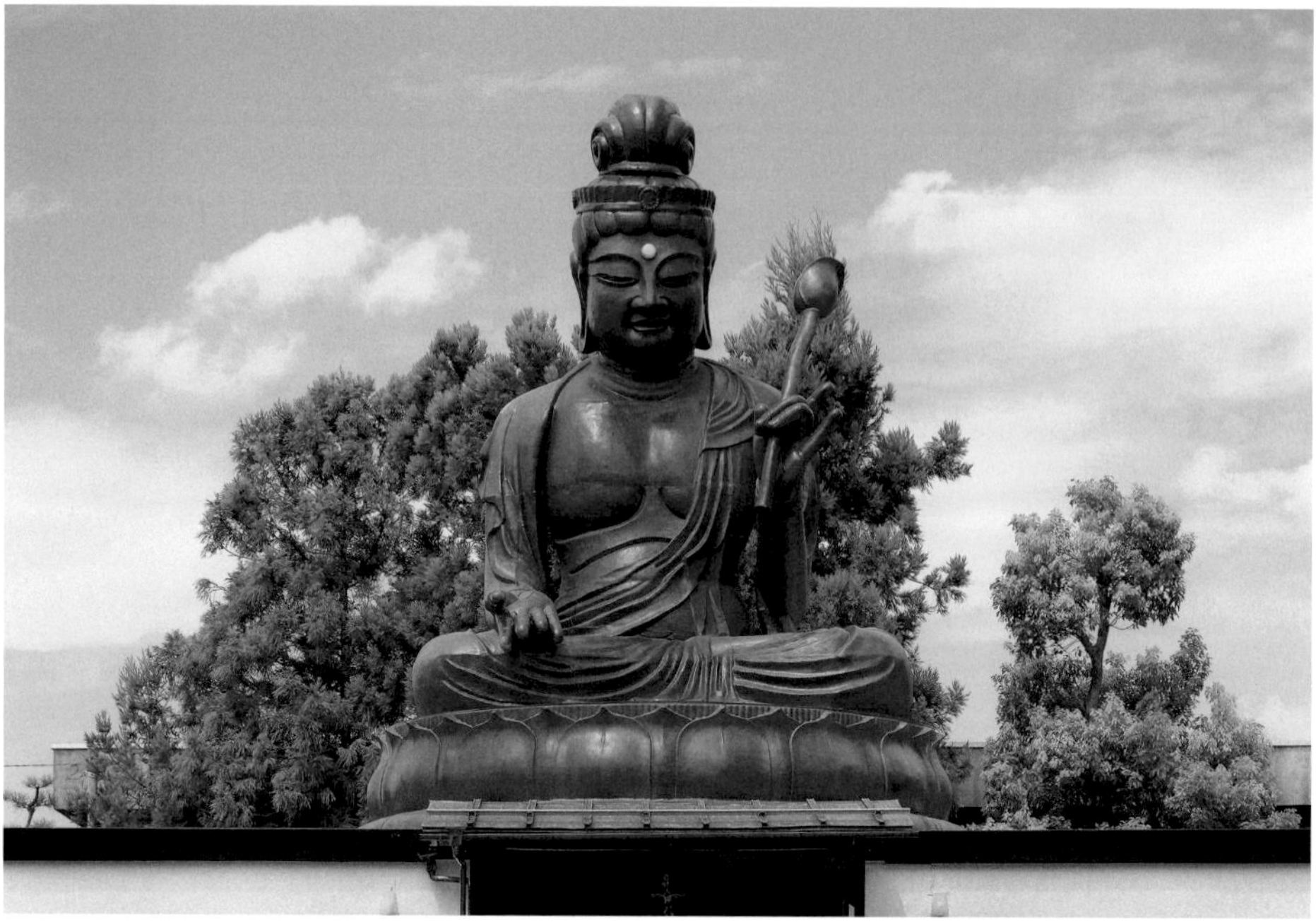

何度でも復活する福井の守り仏

福井大仏観音《ふくいだいぶつかんのん》

福井駅から徒歩15分にある「大仏前」という交差点。福井大仏観音はその角のお寺を囲む木々の上から、町を見守るようにお顔をのぞかせています。

元々の大仏さまは弘法大師作と伝えられる聖観音像をおさめた石大仏でした。それが４００年前兵火により焼失し、その後何度も再建されるも、その度に焼失してしまいます。現在の大仏さまは、もう燃えることがないようにと福井大学工学部に設計を委ね、昭和31年に金剛佛として再建されました。胎内におさめられた聖観音像だけは災害から難を逃れ、今も台座に安置されています。

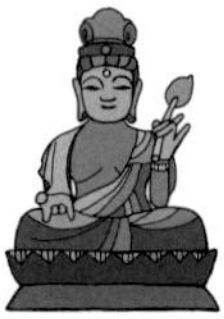

高さ 8m

西山光照寺《にしやまこうしょうじ》

福井県福井市花月1-1-26　☎0776-24-3869
駐車場あり

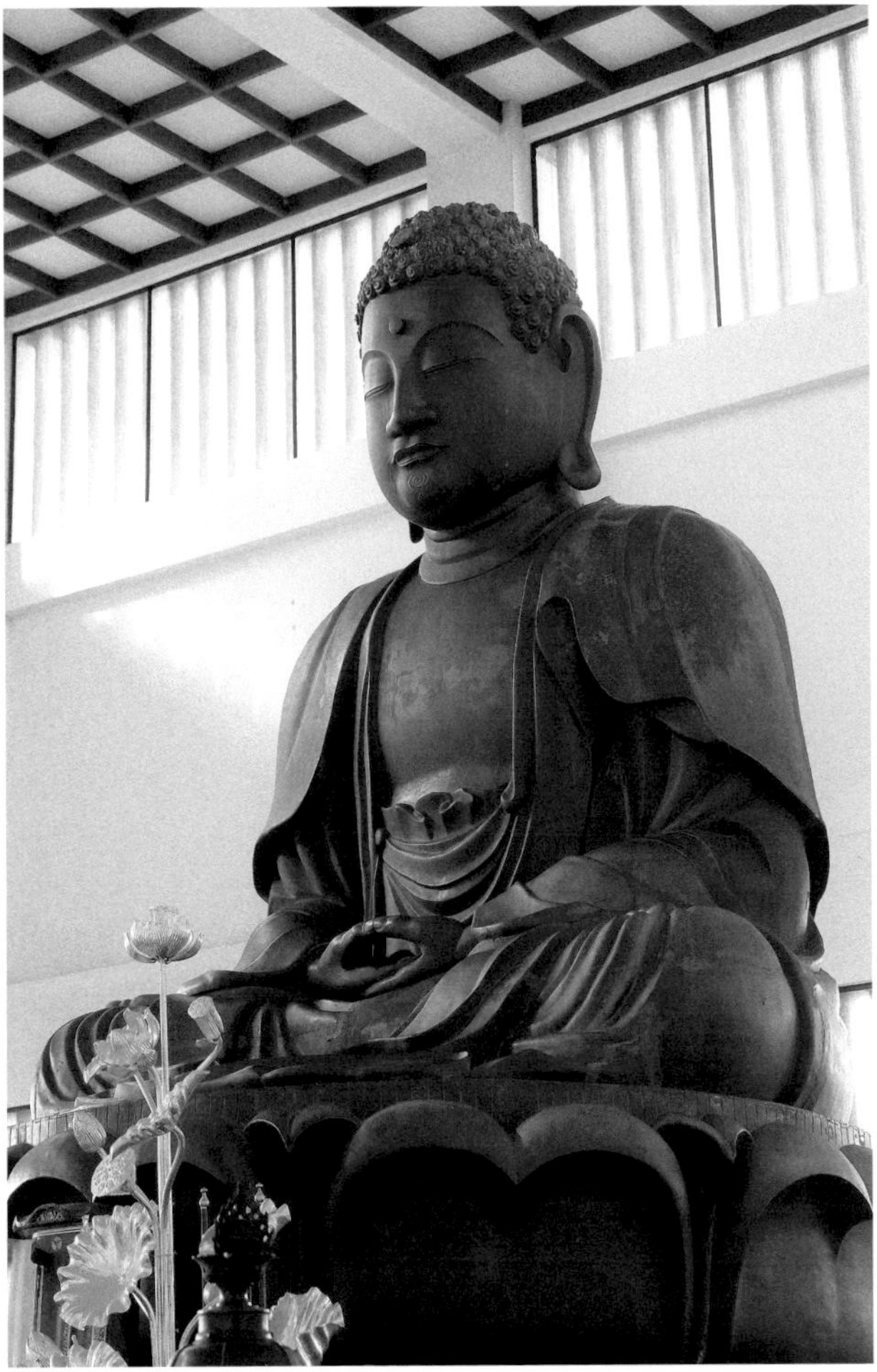

日本で最も気さくな大仏

佐吉大仏《さきちだいぶつ》

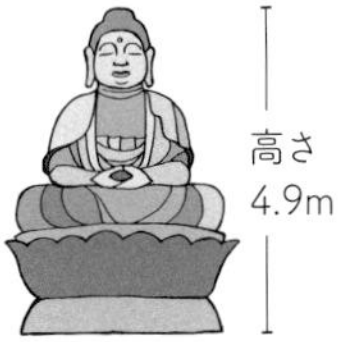

大仏寺《だいぶつじ》
岐阜県羽島市竹鼻町209
☎ 058-391-5032
名鉄竹鼻線羽島市役所前駅より徒歩2分
❗：大仏胎内に入る際はお寺の方に必ずお声がけください

佐吉大仏を建立したのは江戸時代に人々のために尽力した永田佐吉という地元のヒーロー。佐吉さんを慕う後世の人々により佐吉大仏と呼ばれるようになった、人名が名前になっている珍しい大仏さまです。

　佐吉大仏は露座の大仏として野外に置かれた時代があり、当時は子どもたちが遊具のように登ったりお腹に入ったり、まるで「友達のような大仏さま」だったそうです。現在はお堂が建てられましたが変わらず気さくなまま。写真撮影にも気軽に応じ、希望すれば胎内に入ることも出来る、私が知る限り日本一フレンドリーな大仏さまです。

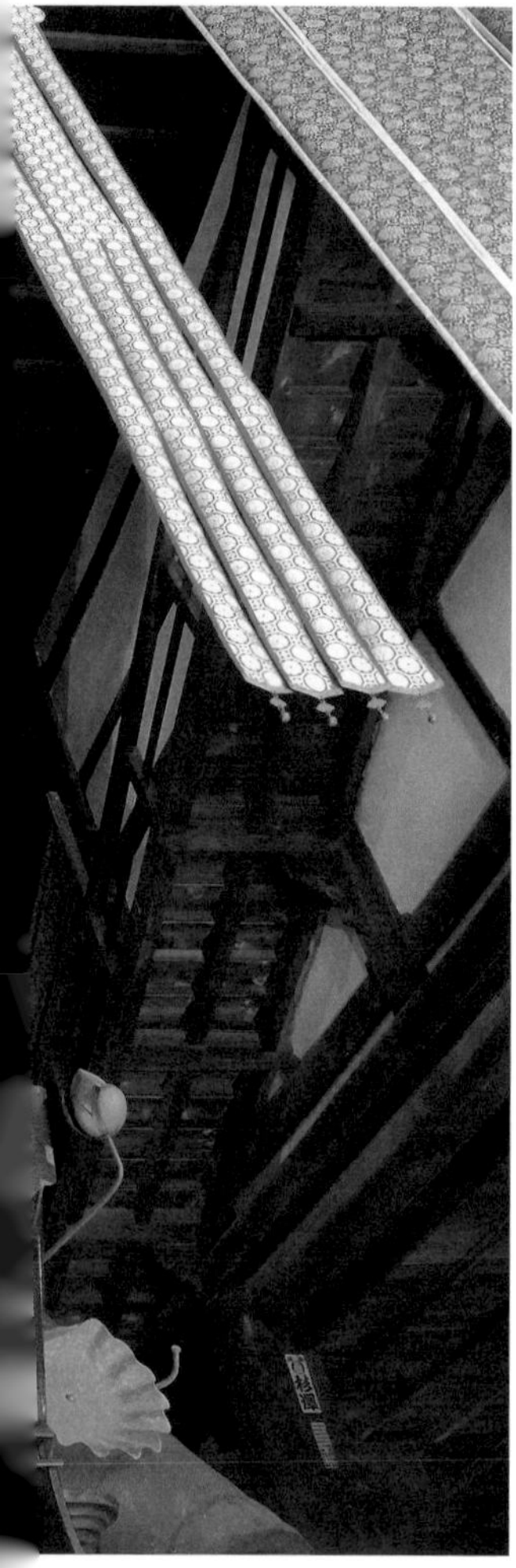

優しく微笑むオッケー大仏

岐阜大仏《ぎふだいぶつ》

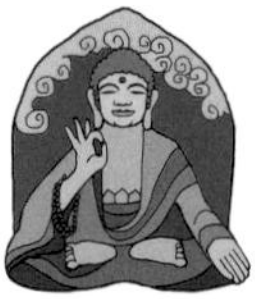

正法寺《しょうぼうじ》
岐阜県岐阜市大仏町8番地
☎058-264-2760
開門時間　9:00〜17:00
駐車場あり

江戸時代後期に建てられた不思議な形をした木造三階建ての正法寺大仏殿。堂内に入ると、高さ13・63メートルの岐阜大仏が、やや身を屈めた姿勢で、建物にぴったり納まり座っています。正面の特等席には椅子が並べられ、そこに座って見上げると、大仏さまの口角が少し上がっているように見えるのです。それはまるで「オッケー、大丈夫だよ」と、こちらに優しく微笑みながら、身を乗り出して話を聞いてくださるようでした。

岐阜大仏は乾漆像で、中が空洞であることから「籠大仏《かごだいぶつ》」の異名を持ちます。骨格を木

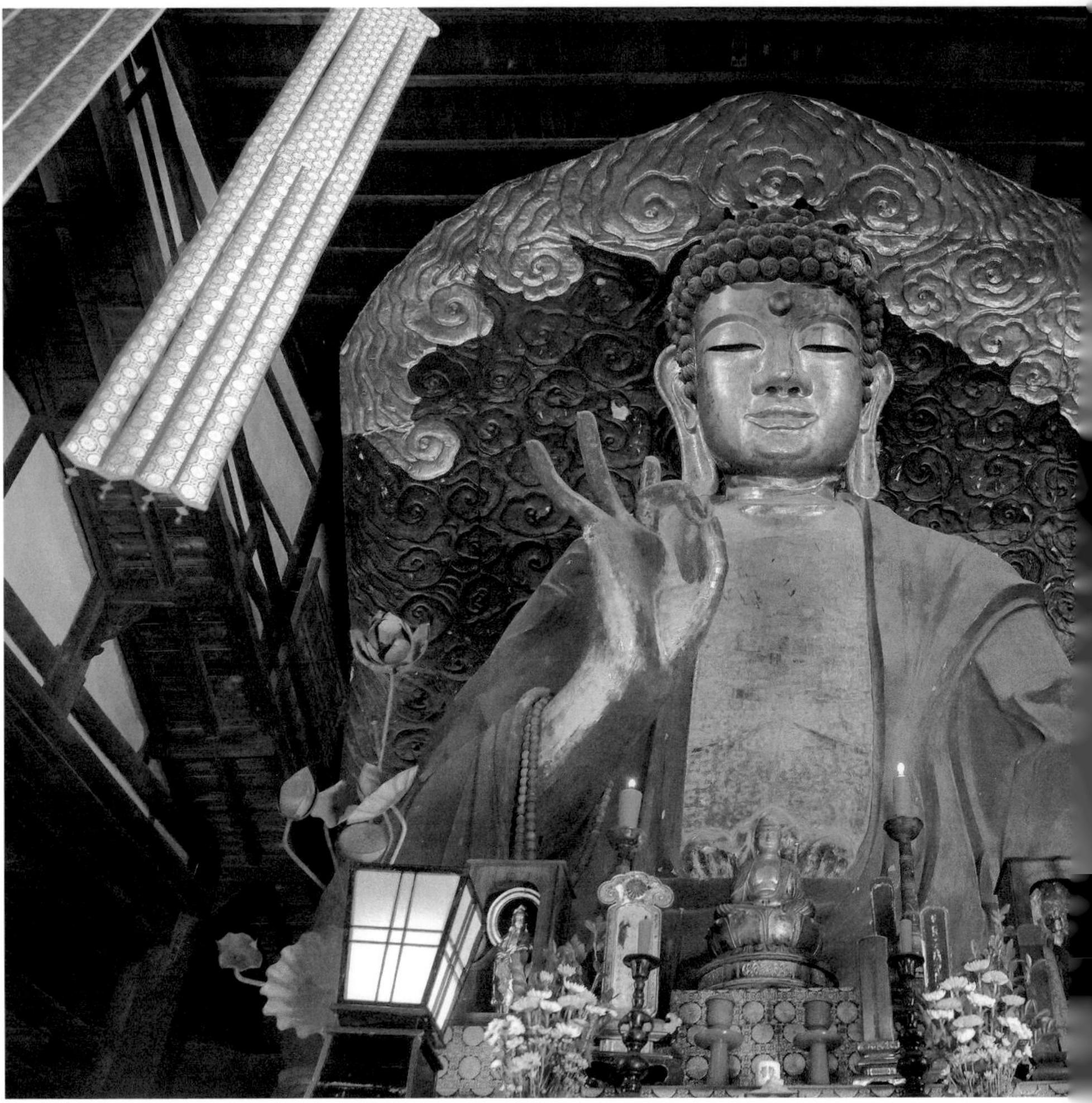

で組み、竹と粘土で形を作り、その上に経文を糊張りし、漆と金箔で仕上げられました。岐阜大仏がまとう優しいオーラは、素材によるところもあると思います。

大仏さまを目の前にすると畏敬の念、つまり「おそれ」という類いの感情を多かれ少なかれ抱くのが普通でしょう。ですが岐阜大仏に感じるのは「おそれ」より圧倒的に「優しさ」です。誰かに優しく話を聞いてほしい、という悩める人がいたなら、ぜひ岐阜大仏を紹介したい。そんな大仏さまです。

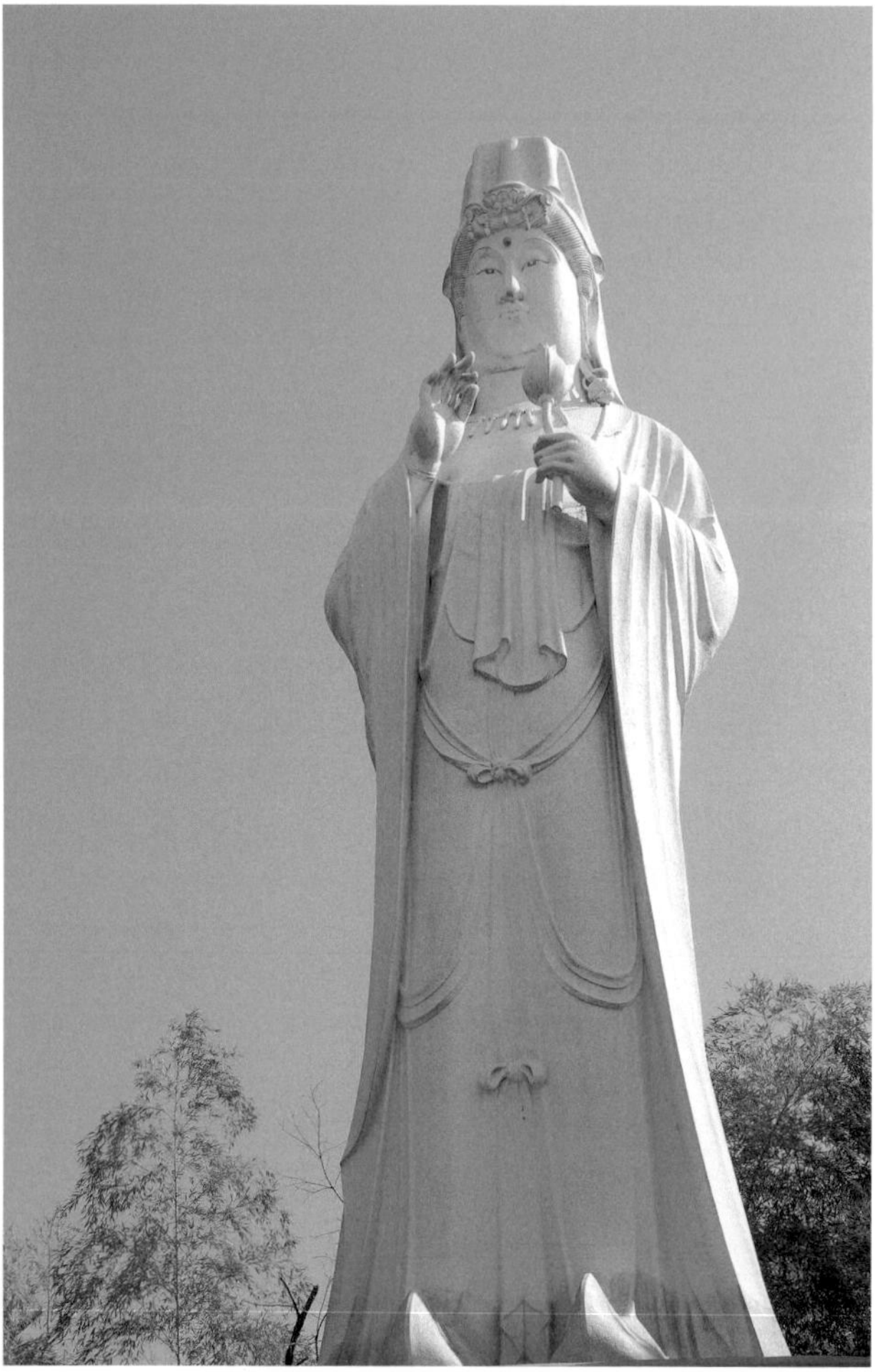

桜の名所で静かに町を見守る

平和観音《へいわかんのん》

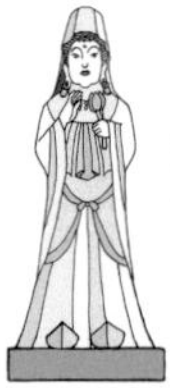

虎渓山永保寺《こけいざんえいほうじ》

岐阜県多治見市虎渓山町1-40
☎0572-22-0351
平和観音は永保寺境内ではなく虎渓公園内の展望台側にあります

多治見の町を一望できる桜の名所、虎渓公園に、戦没者慰霊と、人々を見守る目的で建てられた平和観音があります。福崎日精という昭和に多くのコンクリートの仏像をつくった仏師の作で、ふくふくとしたお顔が印象的。毎年5月に台座部分にある礼拝堂をお参りする慰霊祭が行われています。

　公園からは虎渓山永保寺への参道がつづきます。永保寺の観音堂、開山堂は国宝に、庭園は国の名勝に指定されていて、水墨画のような美しさ。年に一度の慰霊祭にはなかなか立ち会えませんが、この美しい庭園はいつでも観ることができます。

column ④

高さ3.3m

ギネス認定の大きさ
世界一の狛犬

世界一の美濃焼「こま犬」
岐阜県瑞浪市陶町大川

　神社、お寺の入口や、本殿、本堂の左右にある阿吽の狛犬。正式名称は「獅子狛犬」といい、中国の獅子と、日本の狛犬（どちらも想像上の動物）が組み合わさったものといわれます。私にとって狛犬は、可愛かったり個性的だったりすると写真におさめる、という程度のものですが、「岐阜県に巨大な狛犬がいる」との情報を入手し、それはぜひ会ってみたいと、旅の予定に組み込みました。

　瑞浪市陶町の八王子神社を目指し進んで行くと、道が交わる丁字路の角に、阿吽の狛犬が仲良さげに並び、高い場所からこちらをじっと見下ろしているのに気付きました。高さ3・3メートル、重量は一体15トンのギネス公認、超特大サイズ。地元の特産、美濃焼の狛犬コンビです。

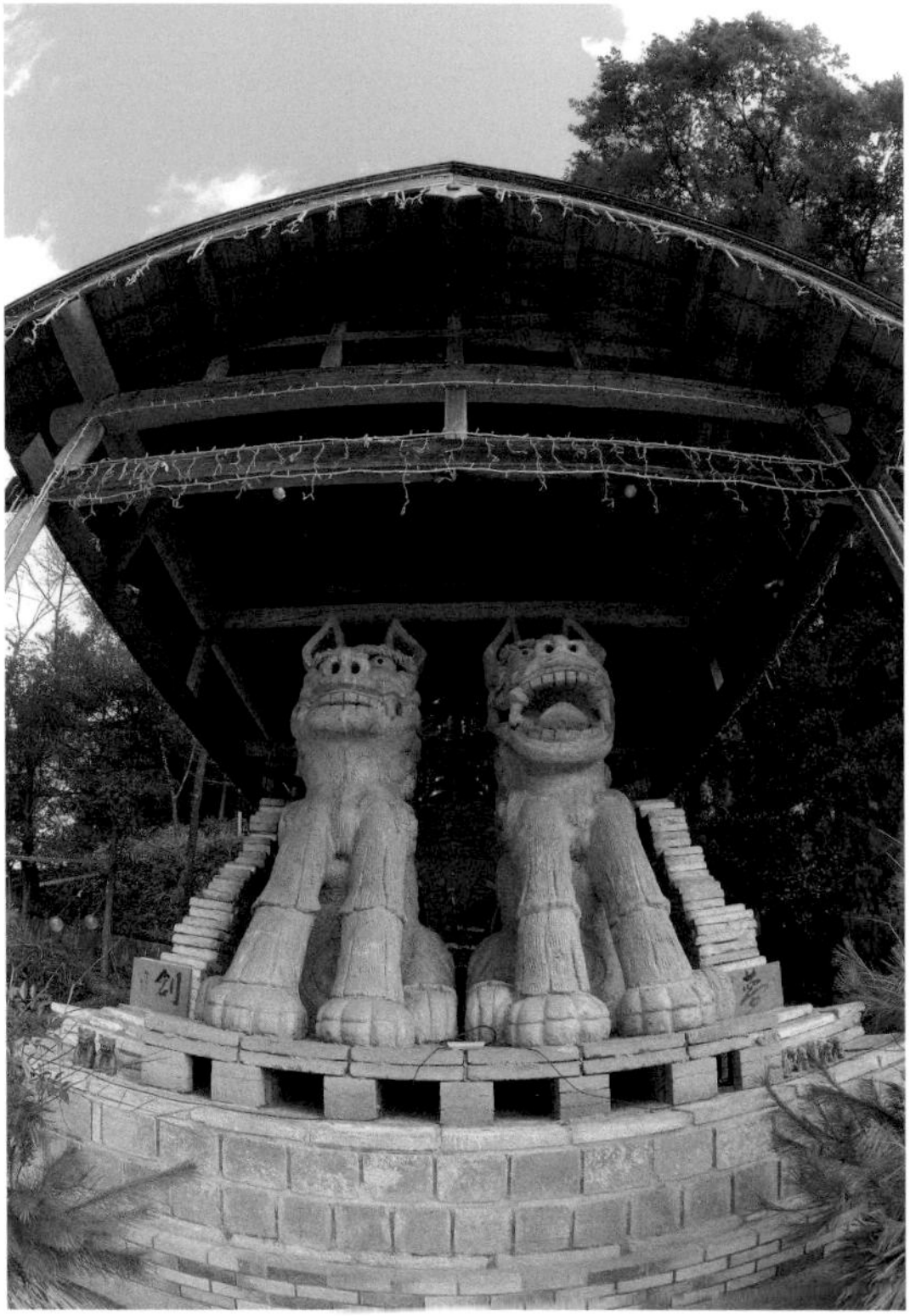

　美濃焼と聞いて思うのは、こんなに大きな狛犬を入れる窯なんてあるの？ということ。実は、まずこの場に窯の床部分をつくり、その上に狛犬をつくり窯で覆い、焼き上がってから窯を撤去したのです。狛犬の台座と背後に残されたレンガ部分は、窯の名残というわけです。

　私が参拝したのはお正月で、狛犬の周囲には電飾が設置され、夜にはライトアップされるようでした。暗くなる前に帰らねばならず、その勇士を拝むことができなかったのが、心残りです。

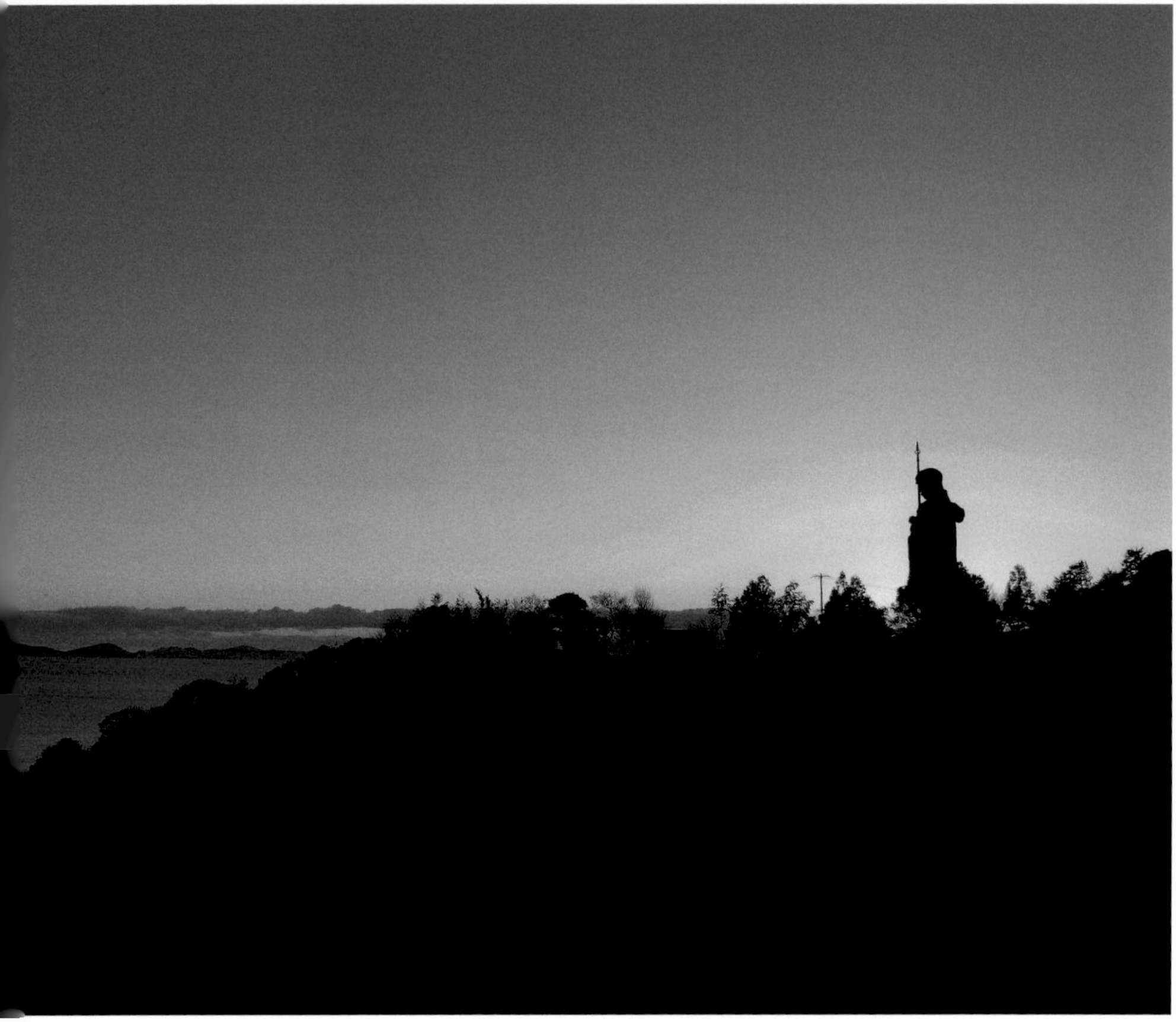

少子化時代の救世主
子授かりの弘法大師

子安大師《こやすたいし》

私が蒲郡《がまごおり》市に入ったのは、もう日が傾き、空が赤く染まりはじめた頃でした。これでは目的の弘法大師像は、すでに暗くてよく見えないかも……と諦めかけたその時です。前方の小高い山の上に、夕日を浴びてキラキラと光る大きな大師像を見つけました。

大師像があるのは標高１００メートルの「弘法山」という小さな山。グルグルと登って行った山頂に鋭い眼光でこちらを見つめる大師像、子安大師が現れるのです。身長19メートル、台座と手に持つ錫杖を含める全高は30メートルにもなり

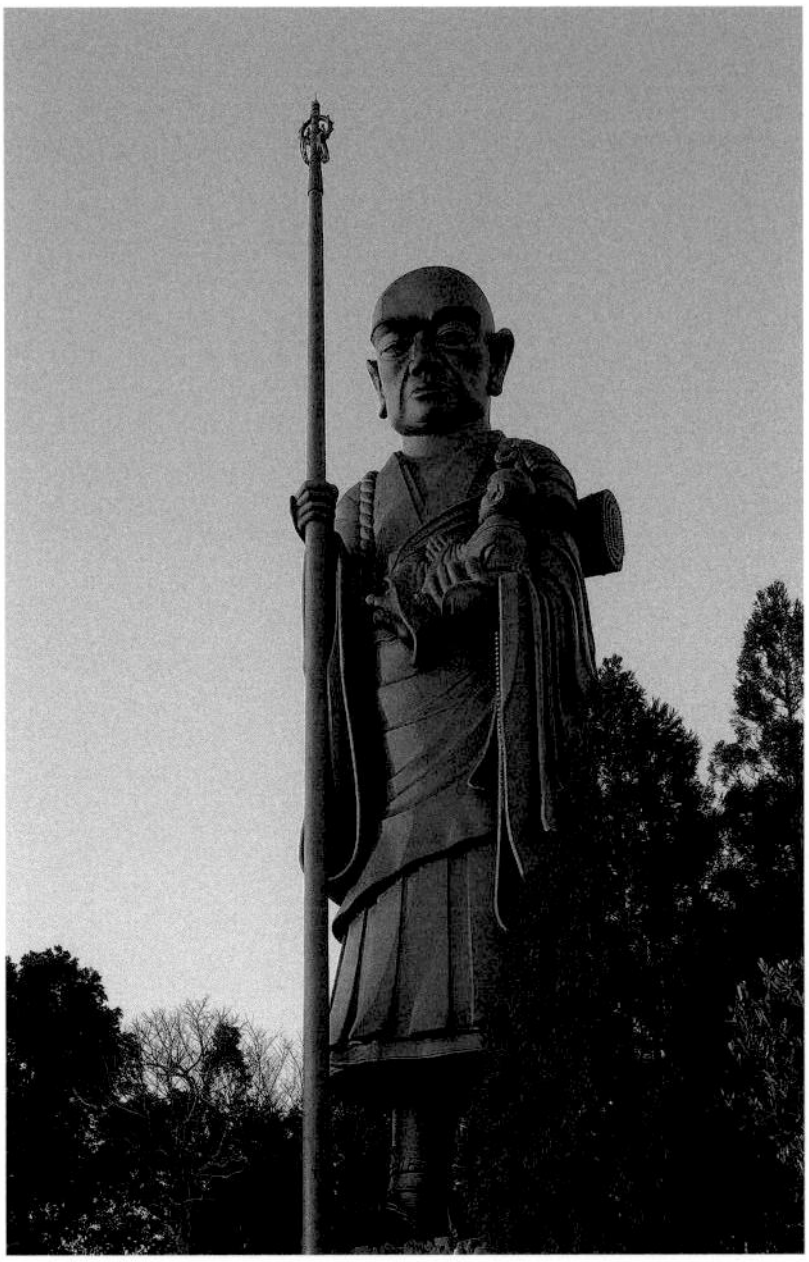

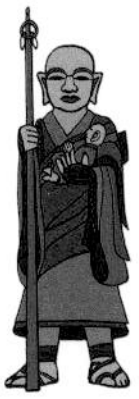

金剛寺
こんごうじ
愛知県蒲郡市三谷町南山14
☎0533-69-7379
子安大師はいつでも参拝可能
駐車場あり

ます。これだけの大きさで高所にあるため、私が辿り着くまで夕日を浴び待っていてくださったのです。

近くで見上げると子安大師は胸に子どもを抱えています。これは弘法大師が難産に苦しむ女性を加持祈祷し安産に導いた伝説の姿を現代に伝えるものです。

昭和のはじめ、名古屋の有力者であった人物が、家が三代つづけて子宝に恵まれないことを嘆き、お大師さまにお願いされました。すると無事子どもを授かり、そのお礼参りとして昭和13年に建立されたのがこの子安大師です。そんな建立秘話があり、子宝や安産にまつわる逸話も多い子安大師は、少子化が進むこの時代の救世主となる存在かもしれません。

瓦のまちの陶製の観音

衣浦観音《きぬうらかんのん》

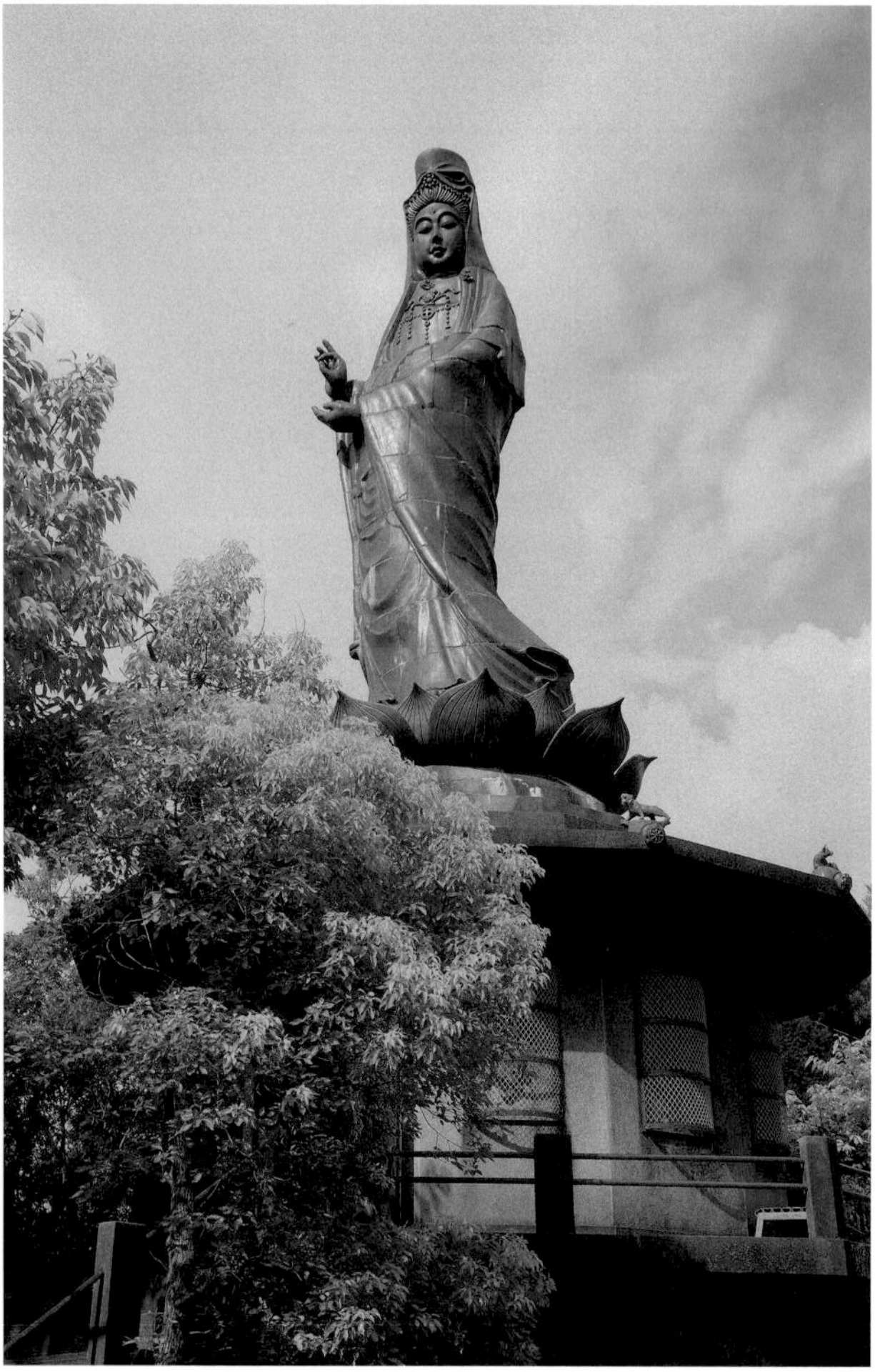

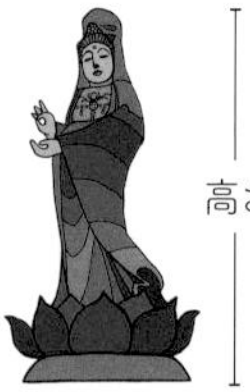

観音寺《かんのんじ》
愛知県高浜市青木町9-7-15

その昔、窯の煙突から出る煙で、外に洗濯物を干すと黒くなったといわれるほど「瓦のまち」として栄えた高浜市。「かわら美術館」のすぐ側にある観音寺には、陶製としては日本一の大きさである8メートルの観音像、衣浦観音がお堂の上から町を見下ろし立っています。

　衣浦観音は、高浜の鬼板師が製作し、陶管の窯元が焼成したという、高浜を代表する職人によってつくられた、地元のシンボル的な存在です。台座部分の壁に埋め込まれたレリーフや大高炉にも、その技術は発揮されていて、よく見ればあちこちに発見のあるお寺です。

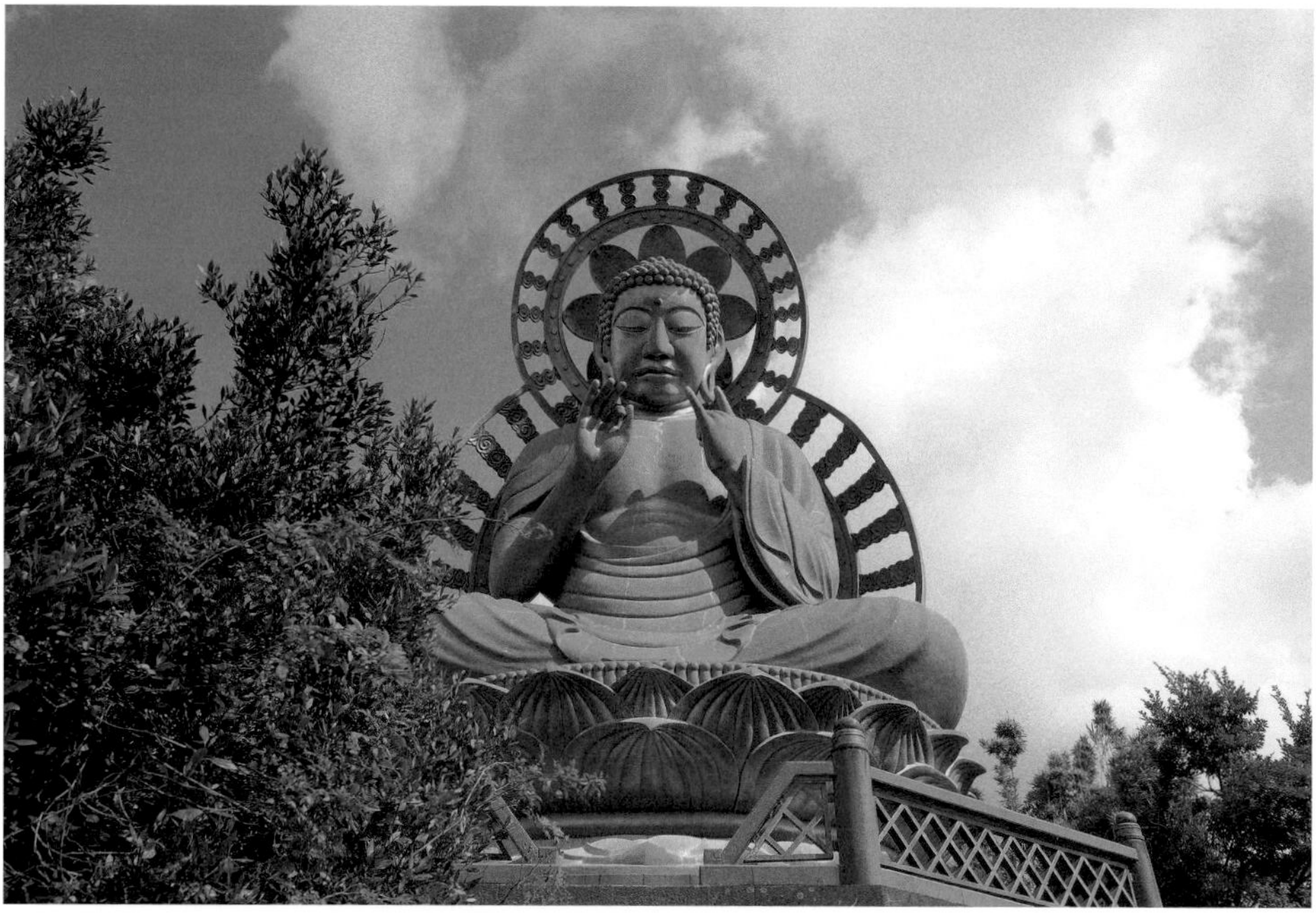

胎内にも入れる偉大で気さくな大仏

刈宿の大仏《かりやどのおおぼとけ》

「刈宿の大仏さん」と親しみをこめ呼ばれる常福寺の大仏さまは、昭和のはじめに建てられた鉄筋コンクリート製。説法印という仏様が説法する時のポーズと、二重に連なる光背が特徴的です。

最大の魅力は胎内拝観ができること。台座後方の扉から中に入ると、正面に阿弥陀三尊、左右に階段があります。階段を上ると、そこは大仏さまの組んだ足の真下部分。明かり取りの窓から説法印を結ぶ大仏さまの指が見えるという、ありがたい構造になっています。様々な理由で現在は胎内に入れない大仏さまが多い中、とても貴重な存在と言えます。

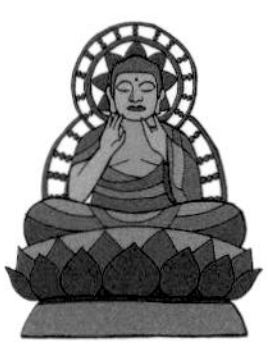

常福寺《じょうふくじ》

愛知県西尾市刈宿町出口50
駐車場あり
❶：台座後方の扉は天候により閉まっていることもあります。胎内拝観の際はお寺にお声がけください

column ⑤

もうひとつの太陽の塔

若い太陽の塔

高さ 26m

日本モンキーパーク

愛知県犬山市大字犬山字官林26　☎ 0568-61-0870
営業時間は季節により異なります。ホームページでご確認ください
駐車場あり

大阪の万博記念公園にある「太陽の塔」は昭和45年の大阪万博の際につくられた、芸術家、岡本太郎の代表作としてあまりにも有名です。それなのに、愛知県にもうひとつの太陽の塔があることを知る人は多くありません。

愛知県犬山市に「日本モンキーパーク」という、人気の遊園地があります。南ゲートをくぐり右手に進むと、観覧車などのアトラクションが並びますが、私はそちらを横目に人気の少ない左手の山道へと進みました。山道をのぼった先に現れるのは、見覚えのある金色の顔を持つ建造物。その名も「若い太陽の塔」、岡本太郎が太陽の塔の1年前につくった作品です。

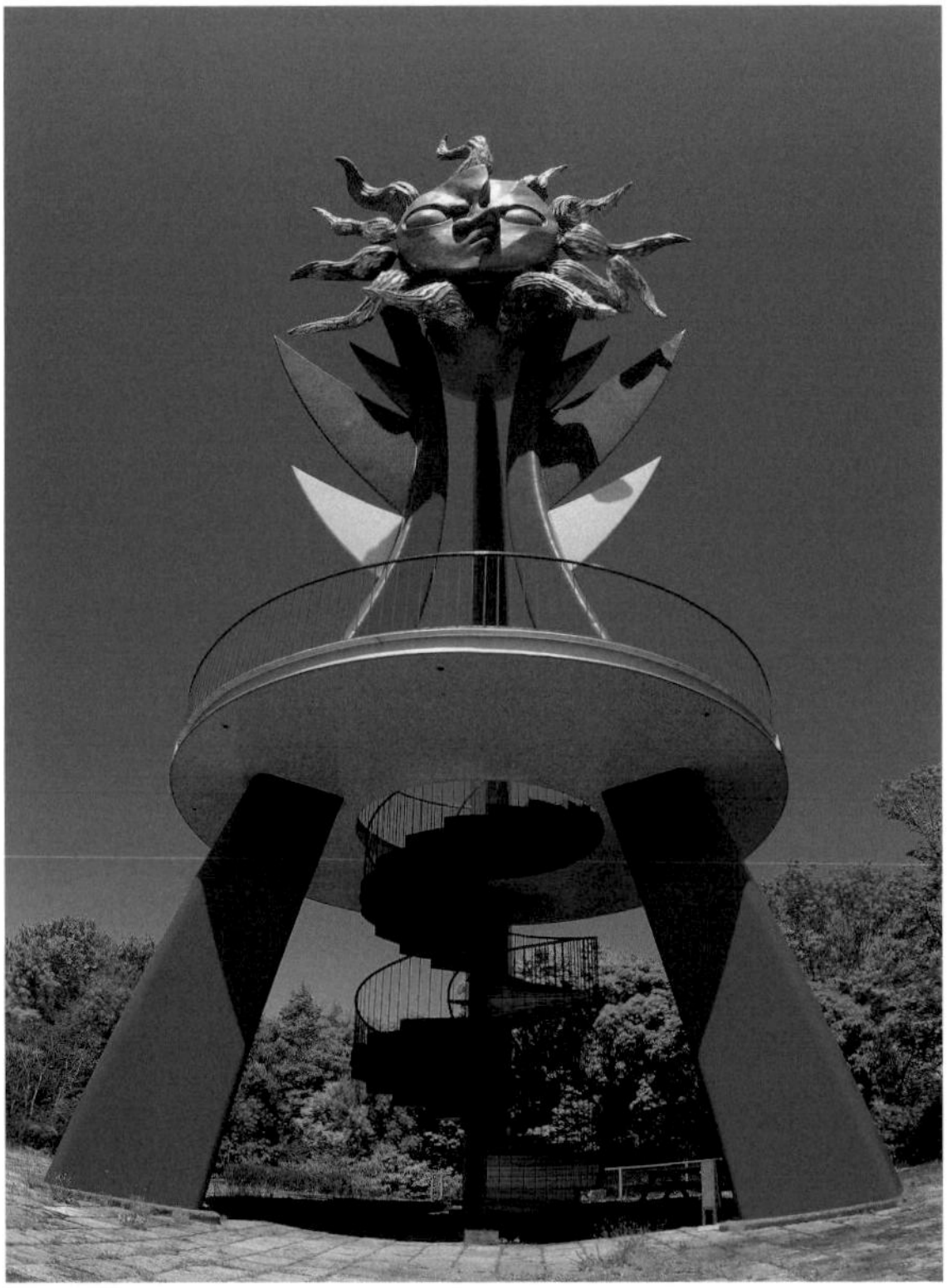

この若い太陽の塔は、老朽化のため8年にわたり閉鎖され、近づくことができませんでした。岡本太郎生誕100周年を機に修復工事が行われ、平成23年、42年ぶりに、建てられた当時の姿に蘇りました。

現在、万博記念公園にある太陽の塔の内部見学は予約必須ですが、若い太陽の塔は展望台にもなっていて誰でも上ることができます。若さと生命感あふれるもうひとつの太陽の塔、これを観るために遊園地に行くのも、個人的にはアリだと思います。

column ⑥

巨大招き猫

見守り猫 とこにゃん

愛知県常滑市栄町2丁目
名鉄常滑駅から徒歩10分

高さ3.8m
幅6.3m

伊勢湾に面する知多半島西岸の常滑市。このまちに「見守り猫 とこにゃん」という招き猫がいるのをご存知でしょうか。名前だけ聞くと、鉄道員の帽子をかぶり名物駅長を任されているような猫を想像しますが、そうではありません。とこにゃんは高さ3・8メートル、幅6・3メートル、迫力満点の巨大招き猫。

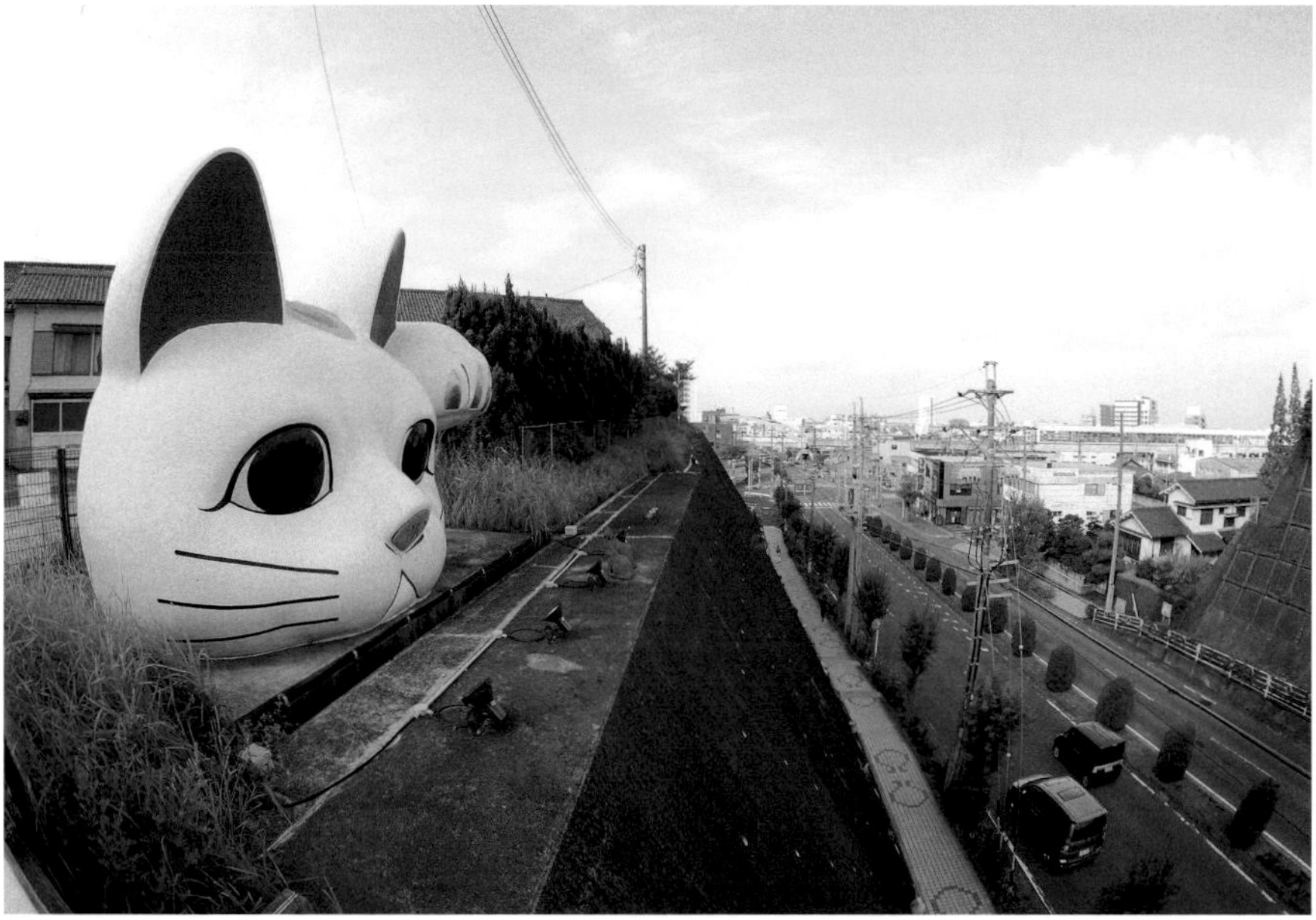

高台からひょっこり顔を出し、人々を手招きしています。

　常滑市は焼き物のまちとして知られており、招き猫の生産が日本一と言われています。常滑駅近くの「とこなめ招き猫通り」にはコンクリートの壁一面にご利益招き猫39体、本物そっくりの猫11体が設置されています。そしてこの通りのボス猫だと言わんばかりに壁の上から大きな顔をのぞかせているのが、とこにゃんなのです。

　ちなみに、招き猫の上げる手には意味があるそうで、右手を上げている猫は金運を、左手を上げている猫は人を招くと言われます。とこにゃんが上げるのは左手。とこにゃんに引き寄せられ常滑までやって来た私は、その思惑に見事はまったというわけです。

軽く記憶がとぶレベルの衝撃的癒し系

布袋の大仏《ほていのだいぶつ》

どうしようもなく心が疲れて癒されたいとき、猛烈に会いたくなる大仏さま。私にとって布袋の大仏はそんな存在です。どこにでもあるごくごく普通の住宅地。その日常の中に現れる18メートルの布袋の大仏は、嫌なことを忘れさせてくれる……いや、忘れなくても良い事柄さえも忘れてしまうほどのインパクトを持って登場します。加えてこの、知り合いに似た人がいるのではと、つい記憶を巡らせてしまうほどの親しみあるお顔です。癒し系大仏の最たるものと言っていいでしょう。

正式には御嶽薬師尊という布袋の大仏は、驚くなかれ、個人がつくった個人所有の大仏さまです。つくったのは地元で鍼灸院を営んでいた故前田秀信さん。43歳のとき夢枕に仏様が現れ、人々を病いの苦しみから救いたいと建立を決意します。終戦直後のまだ貧しい時代に手作業で、整地からコンクリート練りまで行い、5年の歳月をかけ完成しました。大仏さまの背中には鍼灸院の建物がくっついていて、全体のシルエットも超個性的。夜にライトアップの行われる、桜の時期の参拝がおすすめです。

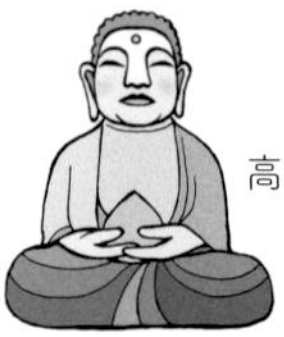

高さ18m

布袋の大仏
愛知県江南市木賀町大門132
見学自由
駐車場あり

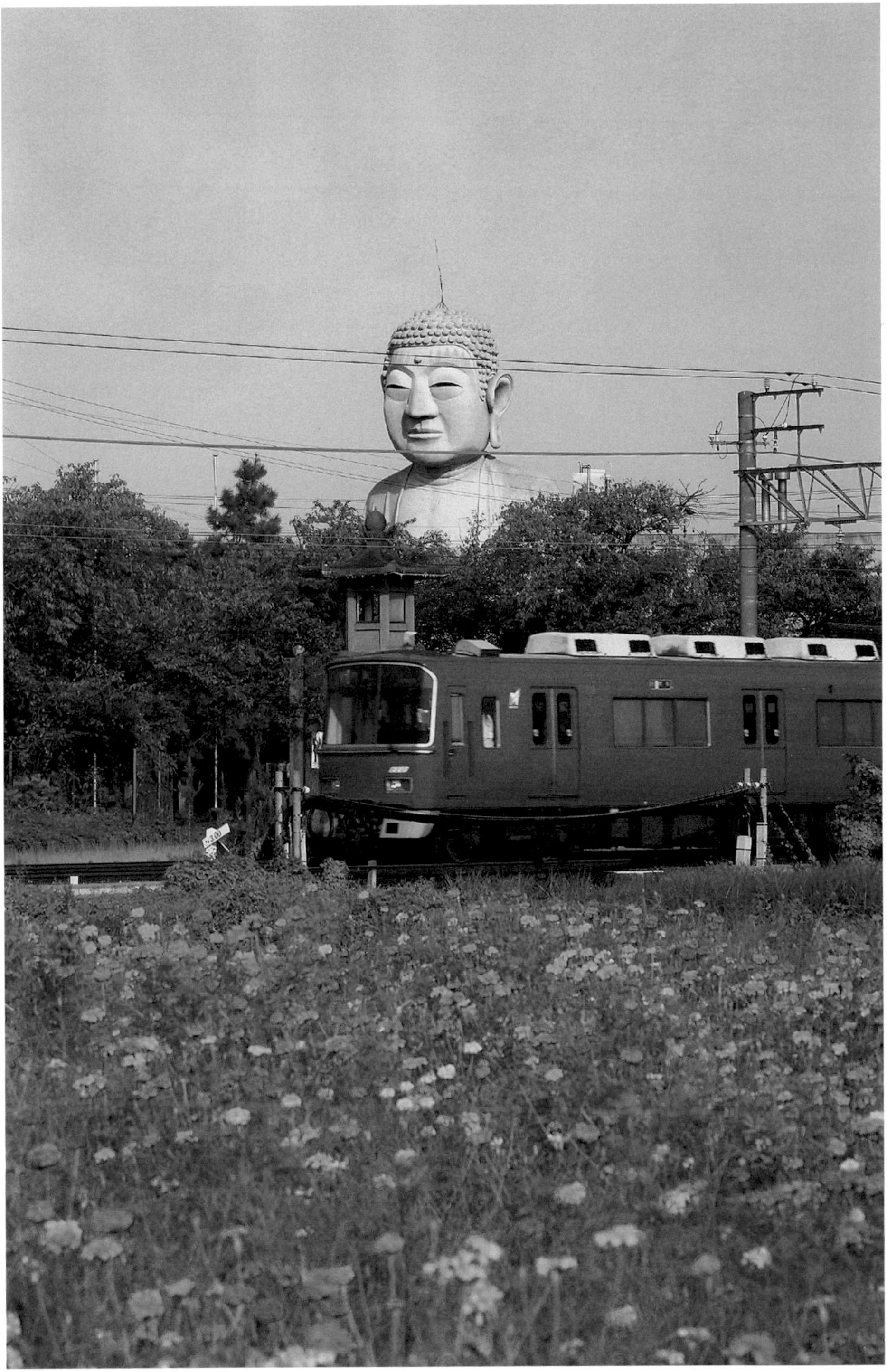

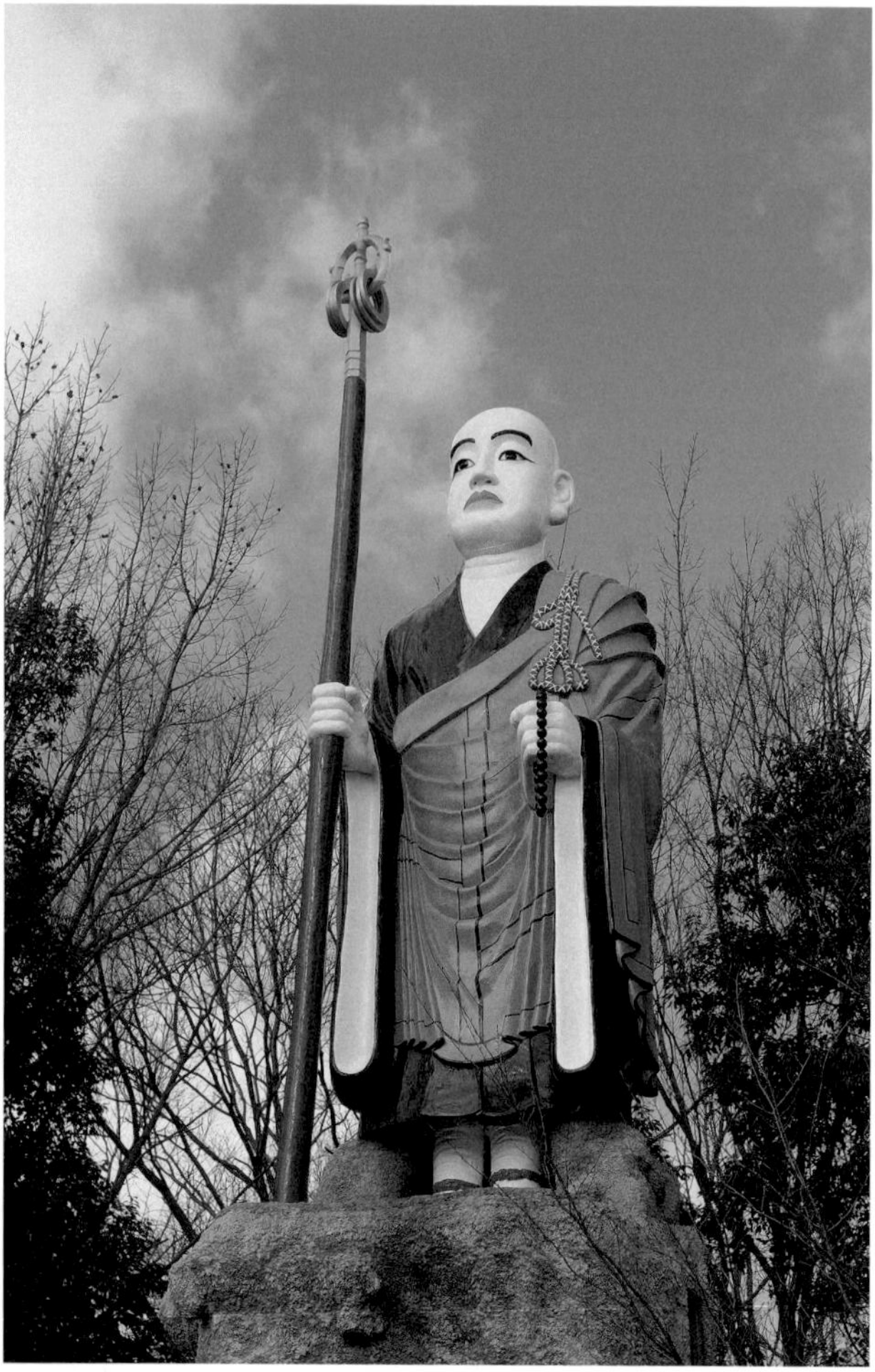

愛されるカラフル弘法さん

新居の大弘法《あらいのおおこうぼう》

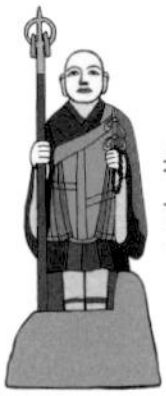

身の丈5.94m
台座込み
16.04m

愛知県尾張旭市新居町寺田
2955-1
退養寺境内の小高い丘に立っています

名古屋を拠点に昭和初期から無数のコンクリート像をつくった造形家、浅野祥雲の最大の作品である、愛宕山厄除弘法大師は「新居の弘法さん」と呼ばれ、地元から愛される存在です。

　昭和６年に観光推進と信仰の目的で「尾張三大弘法」のひとつとして建てられ、これまでに二度の修復が行われています。平成20年から一年間にわたって行われた大規模修復工事では何と約８５０万円もの浄財が集まったそうです。この本の掲載にあたっても、奉賛会の方に連絡するとたくさんの資料を送ってくださり、弘法さんへの愛をひしひしと感じました。

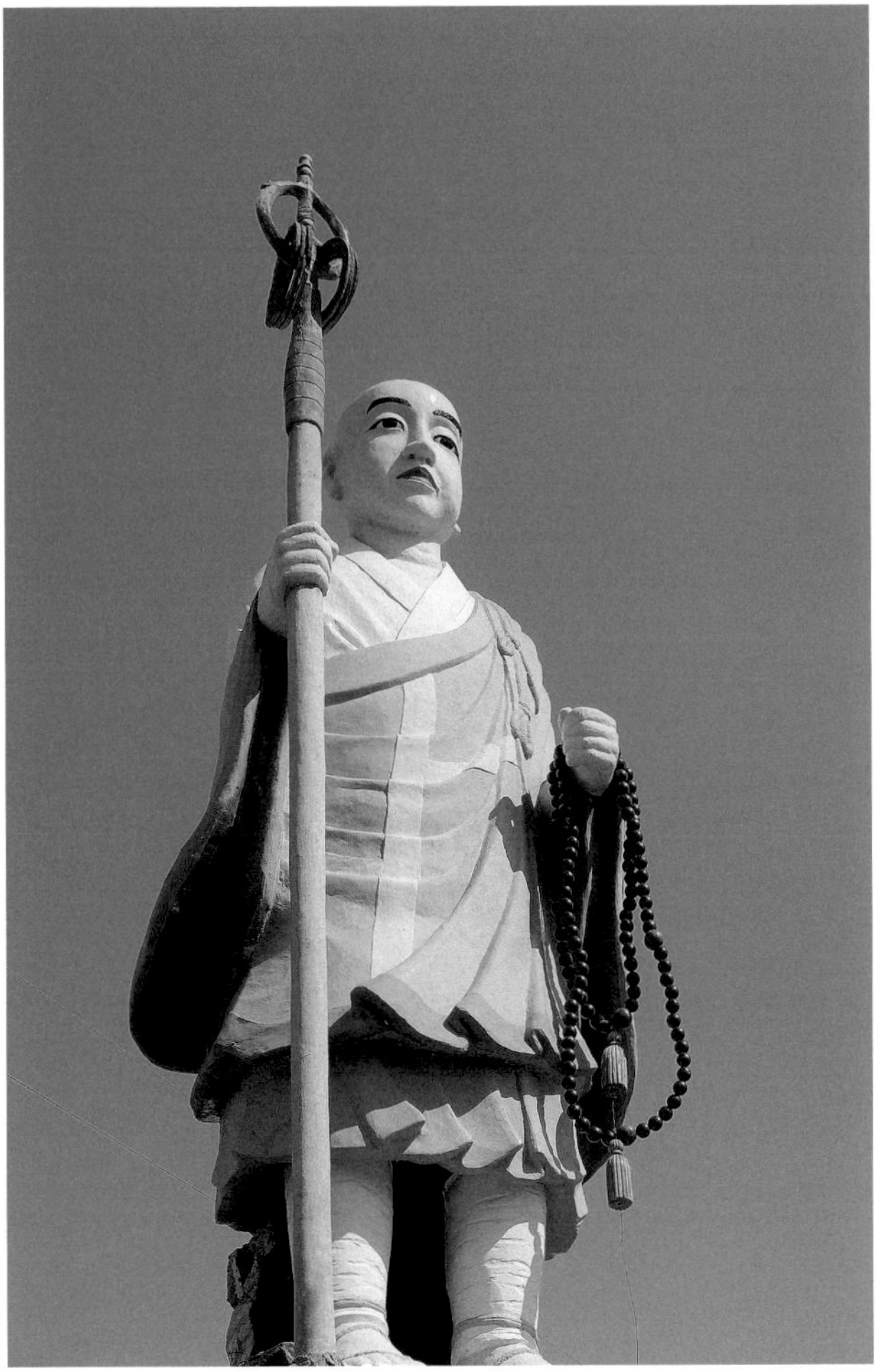

駅前に立ちつづける弘法さん

春日井駅前弘法《かすがいえきまえこうぼう》

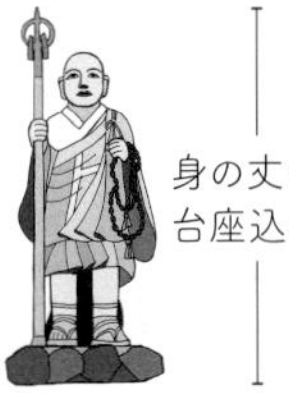

愛知県春日井市中央通
1-102-2
春日井駅から徒歩2分

春日井駅前にも浅野祥雲作の大きな弘法大師像が立っています。新居の弘法さん建立の一年後にあたる昭和7年に、当時新設された鳥居松駅（現春日井駅）のシンボルとして建てられた、春日井駅前弘法です。

昭和の区画整理により一緒に建てられたお堂は取り壊されましたが、弘法さんは人々の訴えによりそのままの場所に残されます。平成19年には像立75年にして初の本格的な修復工事が行われ、建立当時の鮮やかさを取り戻しました。住民の想いに支えられ解体を免れた弘法さん。これからも変わらず駅前に立ちつづけてほしいものです。

商店街のシンボル　地元密着弘法さん

勝川大弘法《かちがわおおこうぼう》

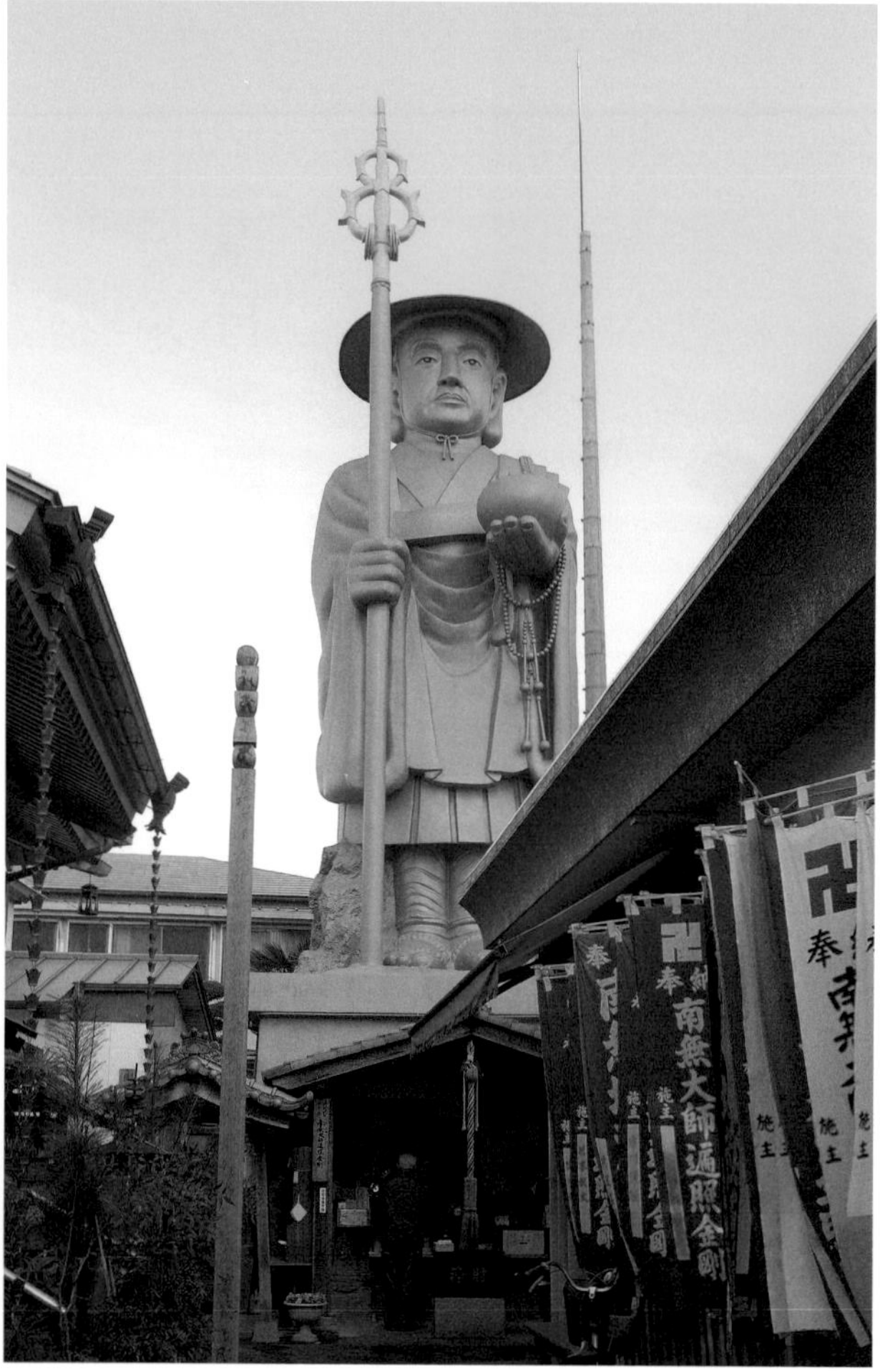

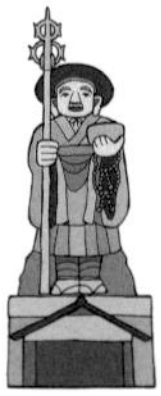

崇彦寺《しゅうげんじ》
愛知県春日井市若草通1-3

そもそも愛知県は弘法信仰の厚いお土地柄。昭和初期には弘法像建立ブームのようなものがあったようで、狭い範囲にいくつもの弘法像がつくられました。ブーム初期と思われる昭和3年建立で、今も商店街のシンボルとして愛されつづけているのが、勝川大弘法です。

弘法さんは商店街から小道を入った崇彦寺というお寺にありますが、商店街の名前がすでに「勝川弘法通り商店街」。商店街のサイトやSNSでも、可愛い弘法さんのイラストが前面に押し出されています。地元とともに歩んできた地元密着の弘法さんで、見ていて嬉しくなります。

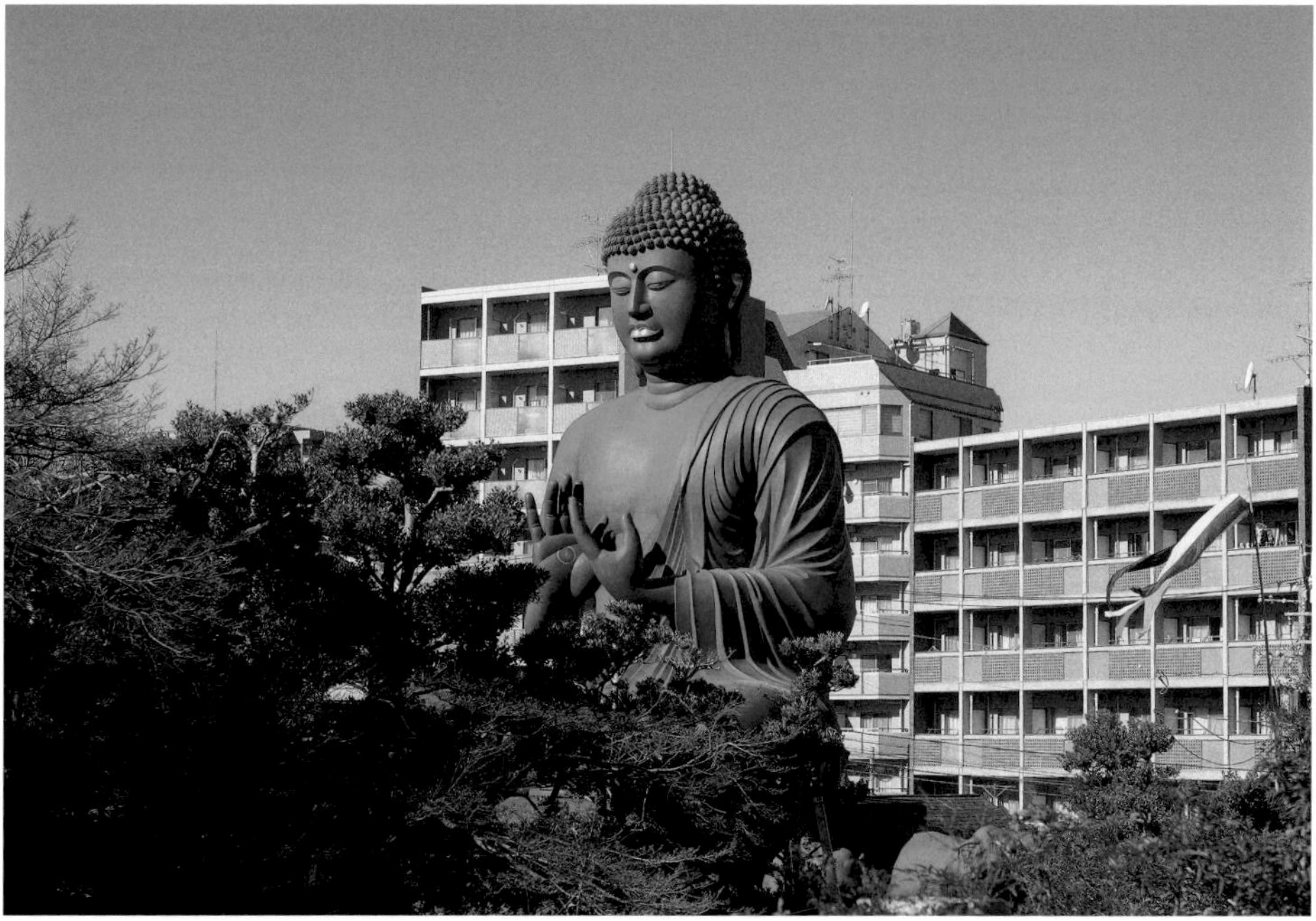

目にも鮮やかな迫力の大仏

名古屋大仏《なごやだいぶつ》

織田信長の父、信秀の菩提寺である桃巌寺は、名古屋市という都心にありながら広い敷地を持ち、境内は緑にあふれています。名古屋大仏はこの歴史あるお寺からはちょっと想像できない個性的なお姿で、木々の隙間から現れます。

目や唇、耳には金箔が施され、全身は鮮やかな緑色で目に眩しいほど。台座もよく見る蓮台ではなく、実にリアルな描写の10頭の象が支えています。日本ではないどこか別の国に来てしまったような、そこだけ違った空気が流れていました。名古屋に行ったらぜひ拝んでいただきたい、迫力の大仏さまです。

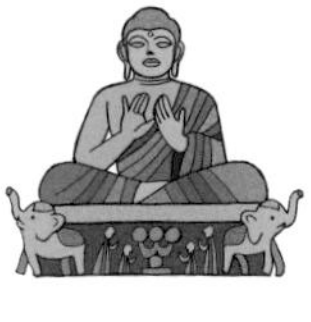

高さ10m
台座込み
15m

桃巌寺《とうがんじ》
愛知県名古屋市千種区四ツ谷通2-16
☎052-781-1427
参拝時間　9:00〜17:00
駐車場あり

column ⑦

愛知の個性あふれるタワーたち

その1

東山スカイタワー

高さ
134m

これはあくまで私の個人的見解で、正確なデータではありませんが、愛知県は個性的なビルやタワーが他県より多いような気がします。特にこれからあげるふたつのタワーは構造がとてもユニーク。私はいつもタワーが美しく見える場所を探し、その周辺をぐるぐるしてしまうのです。

全長134メートルの東山スカイタワーは高台に建っていて、頭頂部の高さは海抜214メートルになります。もちろん展望室からの眺めは美しく、日本夜景遺産にも選出される夜景スポットです。

展望もさることながら、私が着目するのは今にも発射しそうなロケットにも似た外観です。台形型のふたつの塔が円柱状の展望室を取り込んだような形状で、角度によって印象が微妙に変わります。

写真の日は雨が降ったり止んだりで、ずいぶん天候に振り回されましたが、タワーにかかる虹を観たときにはそんな疲れも忘れ、この偶然の光景にしばらく魅入ってしまいました。

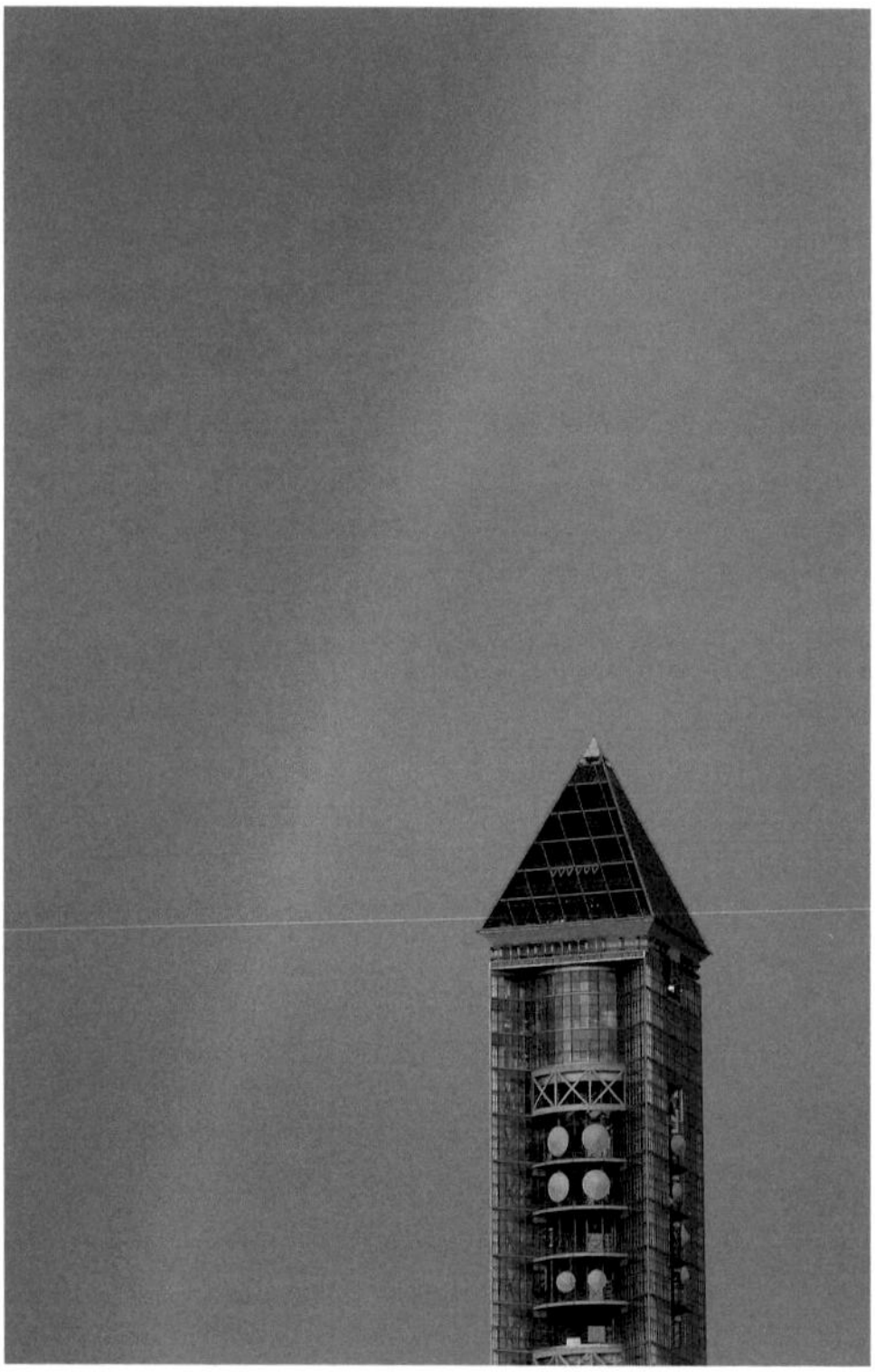

名古屋市東山スカイタワー

愛知県名古屋市千種区田代町瓶杁1-8
☎052-781-5586
開館時間　9:00～21:30（入館は21:00まで）
休館日　月曜日（祝日、振替休日の場合はその翌日）、年末年始

column ⑧

愛知の個性あふれるタワーたち

その2

ツインアーチ138

高さ
138m

2本のアーチと中央のエレベーターシャフトからなる特異な形状が近未来的で、とにかくカッコイイとしか言えない、ツインアーチ１３８。

中央シャフトは「木曽三川の雄大な流れ」を象徴し、高さはタワーの建つ一宮市の「いちのみや」の語呂合わせで「１３８」メートル。と、タワー全体で地域愛を表現しているようです。

夜間はライトアップされ不思議な感じがさらに高まりますが、このライトアップは天気予報になっています。明日の天気が晴れならオレンジ/ピンク、曇りならグリーン/イエロー、雨ならパープル/ブルーに光るのです。

また、様々なイベントも開催されていて、毎年冬にはイルミネーションが点灯します。イルミネーションのむこうに見えるタワーは、さながらSF映画のような近未来感。私が近くに住んでいたら毎日ライトアップ天気予報を活用し、イルミネーションの点灯時には足繁くタワーに通ってしまうでしょう。

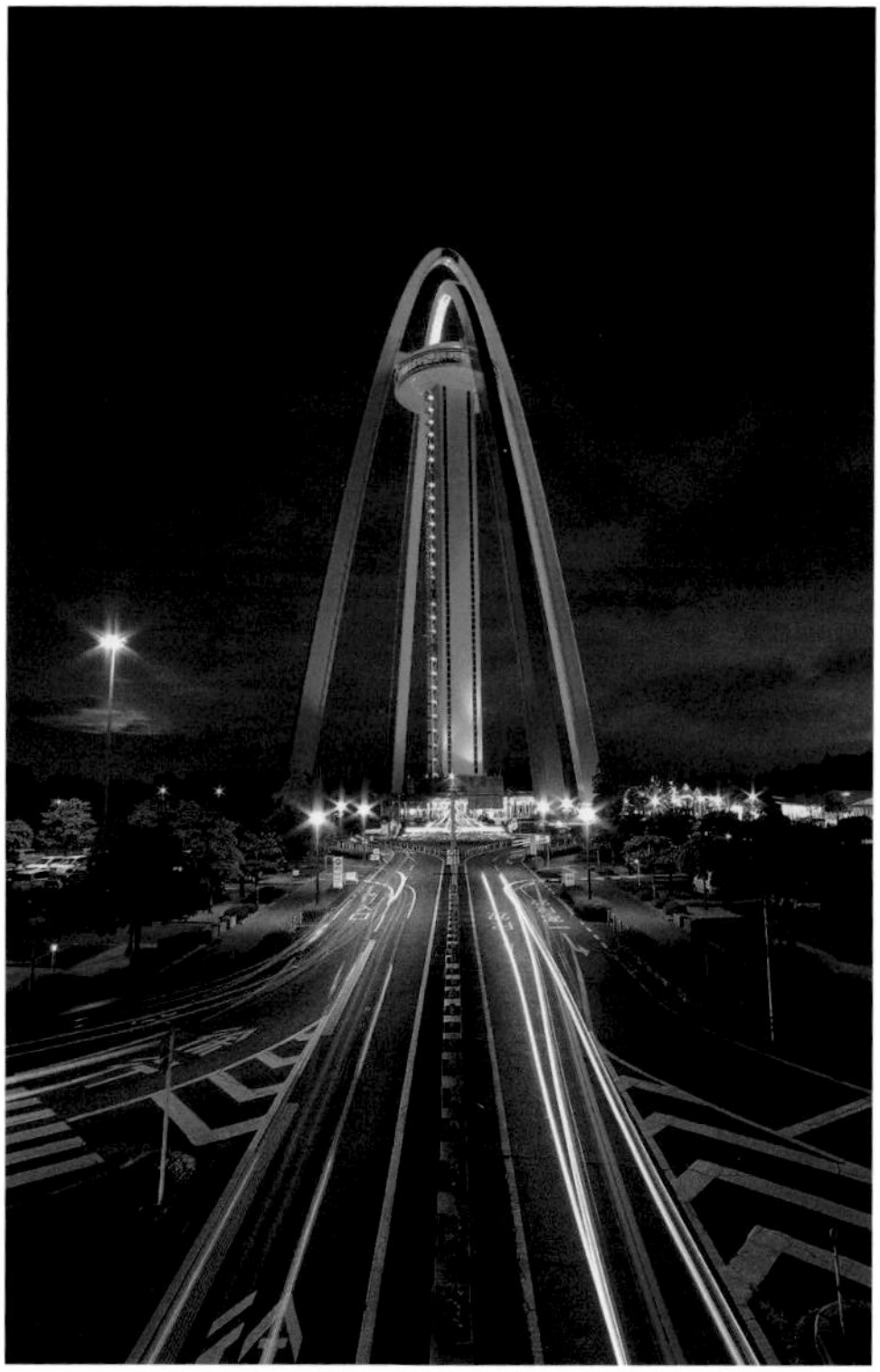

138タワーパーク
愛知県一宮市光明寺字浦崎21-3
☎0586-51-7105
開園時間　9:30～17:00（入館は16:30まで）
休園日　第2月曜日（8、12月を除く/休日の場合は直後の平日）
お盆や年末年始、イベント時には変更になることがあります。ホームページ等でご確認ください

元祖コンクリート大仏

聚楽園大仏《しゅうらくえんだいぶつ》

「大仏の歴史は聚楽園大仏以前と以後に分かれる」と誰か偉い人が言ったかはわかりませんが、おそらく聚楽園大仏の誕生は当時とてもセンセーショナルだったと思います。なぜなら、聚楽園大仏は日本初の本格的な鉄筋コンクリートの大仏さまだからです。

聚楽園大仏は昭和2年、山田才吉という名古屋の実業家によって建てられました。それまでの大仏には地震や火災での焼失という悲劇がつきまとい、耐久性、耐火性に優れた最先端の鉄筋コンクリートは、大仏業界の未来を担う素材でした。高さは奈良、鎌倉の大仏をしのぐ18・79メートル。建立当時は大仏胎内にも入れたそうで、大変賑わっていたことが想像されます。残念ながら現在、胎内拝観はできませんが、大仏さまのある聚楽園公園は桜の名所で、春にはたくさんの人で賑わいます。

実は「大仏廻国」という聚楽園大仏をモデルにした幻の映画があったのですが、それが近年リメイクされ上映されました。聚楽園大仏は建立から90年経った今も、新たな話題を提供しつづけています。

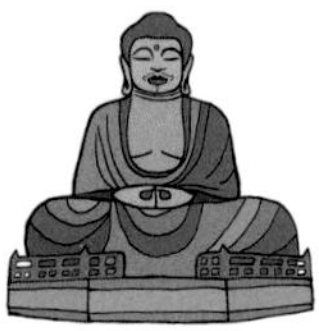

高さ
18.79m

聚楽園公園

愛知県東海市荒尾町西廻間2-1
駐車場の利用は8:30〜21:30の間のみ
駐車場あり

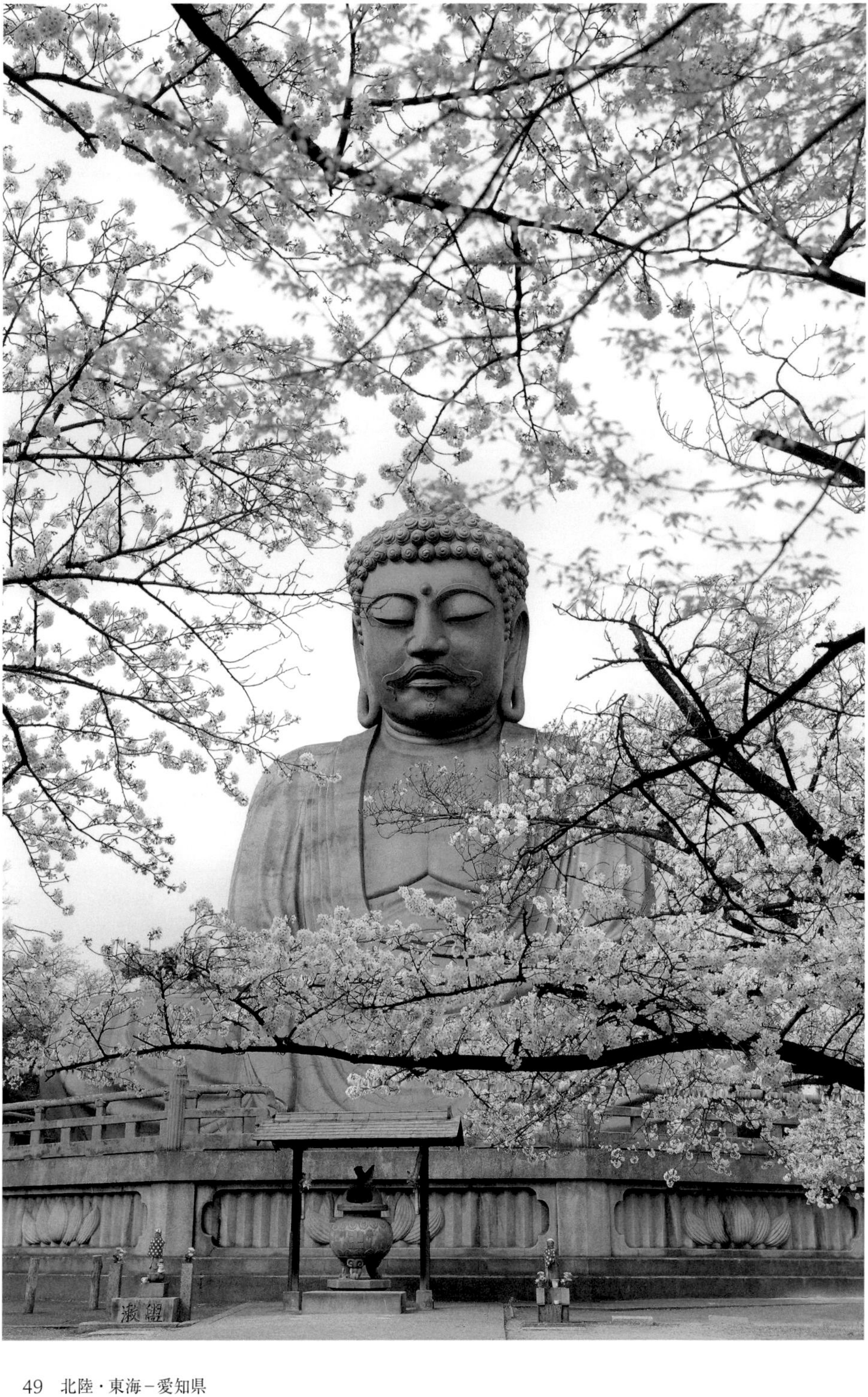

49　北陸・東海－愛知県

上陸大師《じょうりくたいし》

海の中に立つ 孤高の弘法大師

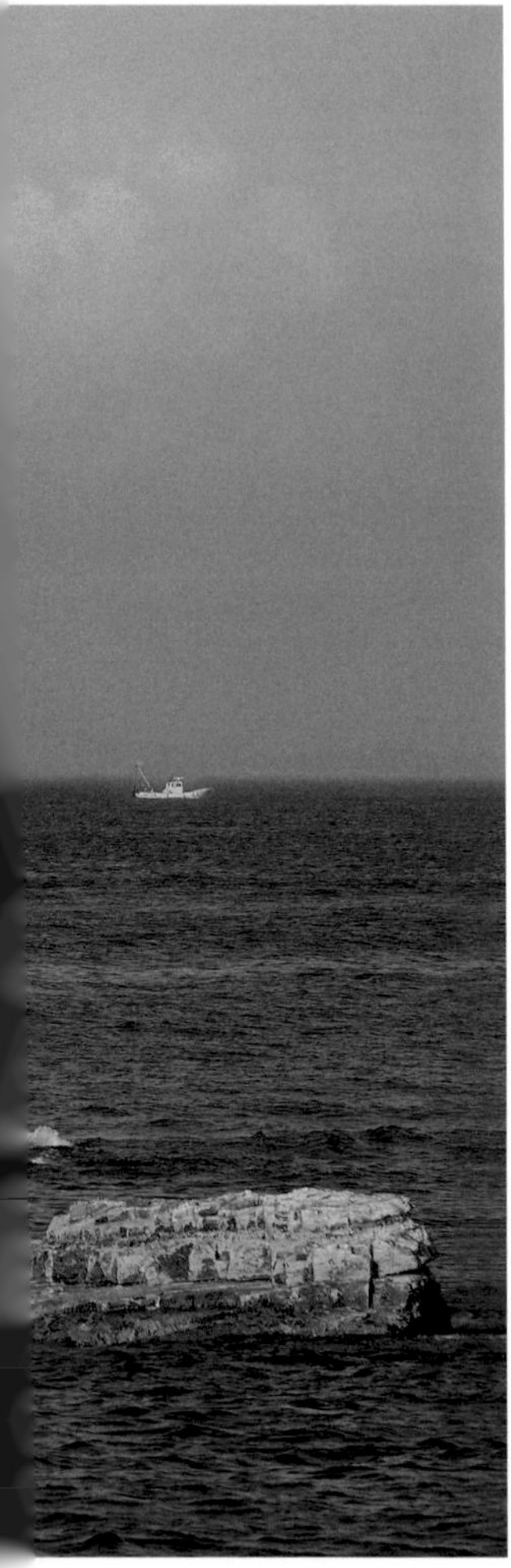

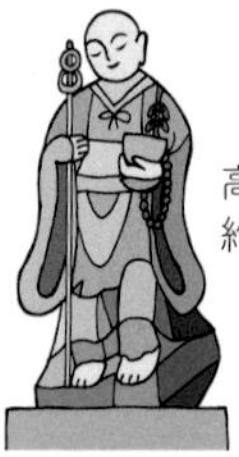

聖崎公園《ひじりさきこうえん》
愛知県知多郡南知多町大字大井聖崎5-4
駐車場あり

ここまで紹介してきたように愛知は弘法信仰が厚く、県内には多くの弘法大師像がつくられています。それは弘法大師空海が尾張、三河（現在の愛知）の地に多くの伝承を残しているから。その伝承の始まりの地がここなのかもしれません。かつて弘法大師が尾張上陸の第一歩を印したとされる聖崎に、その姿を模した像が立っているのです。

上陸大師と呼ばれるこの像は、河津桜で有名な聖崎公園から観ることができます。陸地から60メートルほど離れた双子岩という岩の上で、今まさに上陸しようとしているの

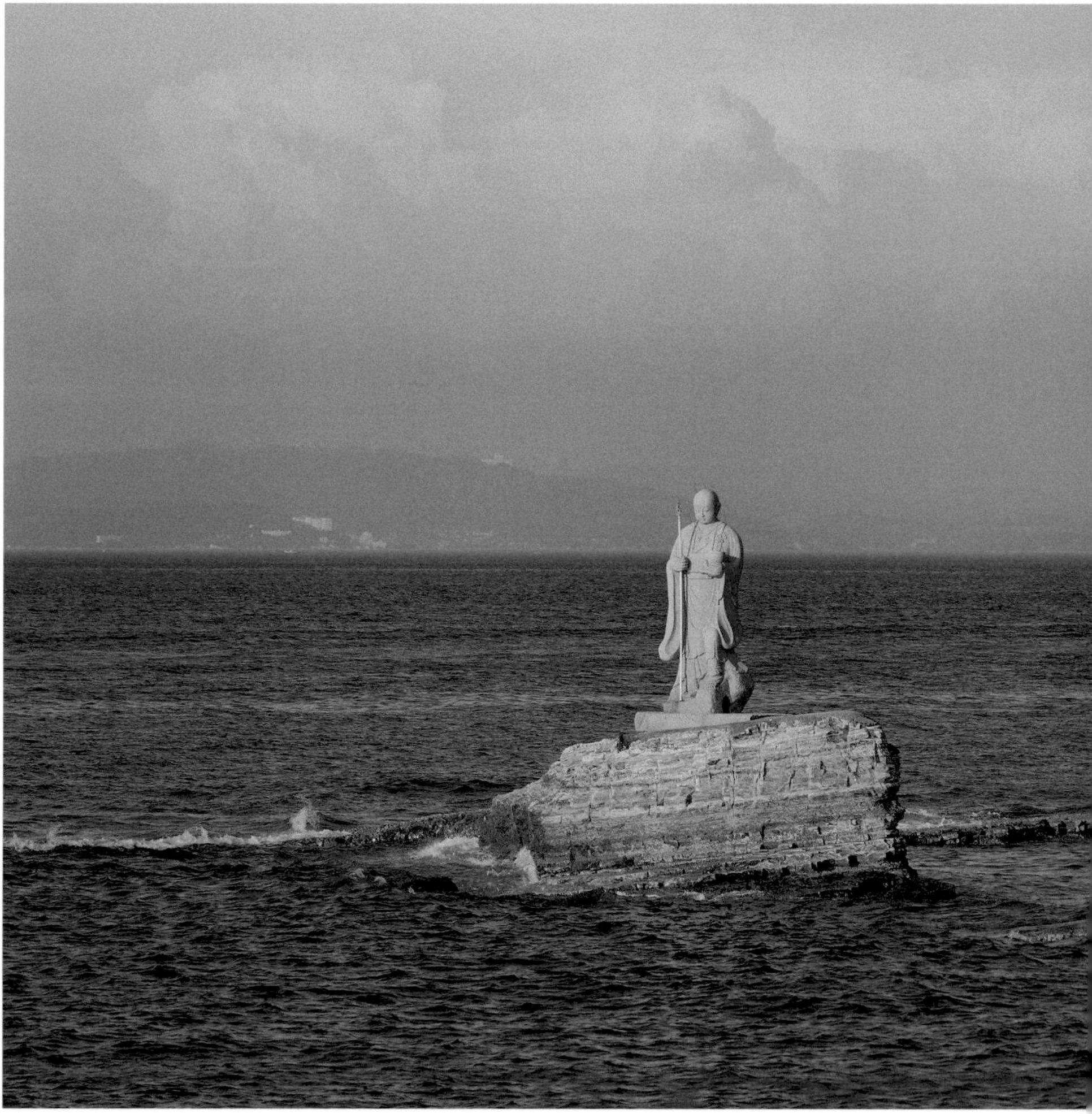

か、左足をやや上げる弘法さん。足元の岩には絶え間なく波が打ち寄せます。

　私はこの日も知多半島の弘法巡りをしていて聖崎に着いたのは夕刻でした。ちょうど空が色づき、弘法さんも眩しそうに見えました。私はいまだかつて見たことのない海の中の孤高の存在に、無心でシャッターをきっていました。

　何とこの双子岩は毎年4月、潮が引いて陸つづきになり弘法さんの足元まで行けるようになるのです。その際にお身拭いが行われ、弘法さんはきれいにお掃除されています。

見所の多すぎる古刹の絶対に観るべき二尊

盧遮那仏像《るしゃなぶつぞう》
岩屋不動尊《いわやふどうそん》

三重県にどうしても行きたいお寺がありました。津市の市街地から車で45分ほど走った山間にある新大仏寺です。奈良の東大寺別所としてつくられたのが始まりという歴史あるお寺で、名前のとおり大仏さまがおられます。自然が美しく広い境内の一番奥にある宝蔵庫。二階に上がると金色に輝く大仏さまが目に飛び込んできて、身が引き締まる思いがしました。こちらの盧遮那仏像は頭部が鎌倉時代の快慶作で、国の重要文化財。地元では「阿波の大仏さん」と呼ばれ親しまれているそうですが、「大仏さん」と呼ぶのを躊躇してしまうオーラを感じました。

宝蔵庫の次は大仏殿へ進みます。文化財が多すぎてパンフレットにも載っていませんが、大仏殿奥からお身丈6メートルの岩屋不動尊を拝むことができるのです。かつては岩面に彫られていたものが崩れてしまい、現在は独立した石造りのお不動さま。非常に見所の多いお寺ですが、宝蔵庫と大仏殿、大仏さまとお不動さまは必見です。

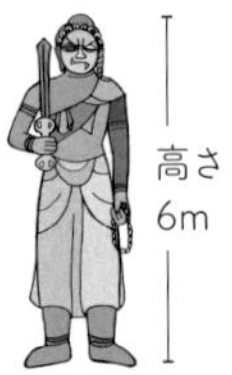

岩屋不動尊

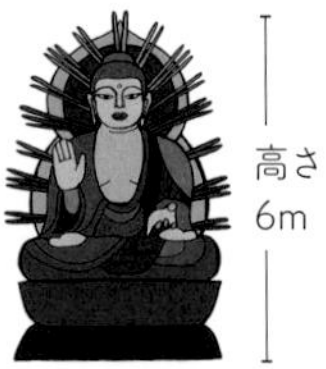

盧遮那仏像

新大仏寺
しんだいぶつじ
三重県伊賀市富永1238　☎0595-48-0211
拝観時間　9:00〜16:00
駐車場あり
❗：大仏拝観は300円の参拝料をお納めください。
お寺の方にお声がけするとご案内くださいます。
宝蔵庫、大仏殿ともに撮影禁止

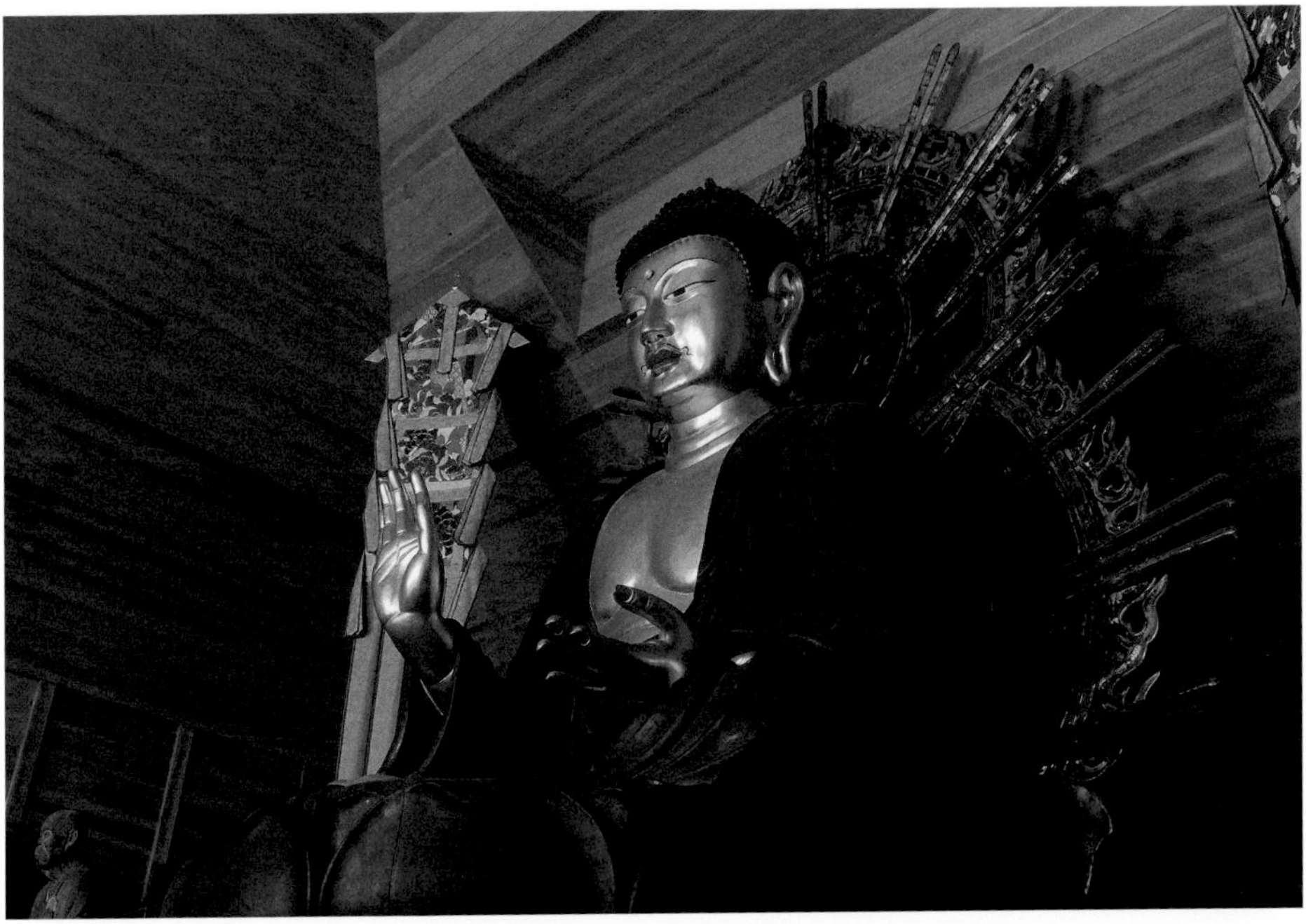

盧遮那仏像

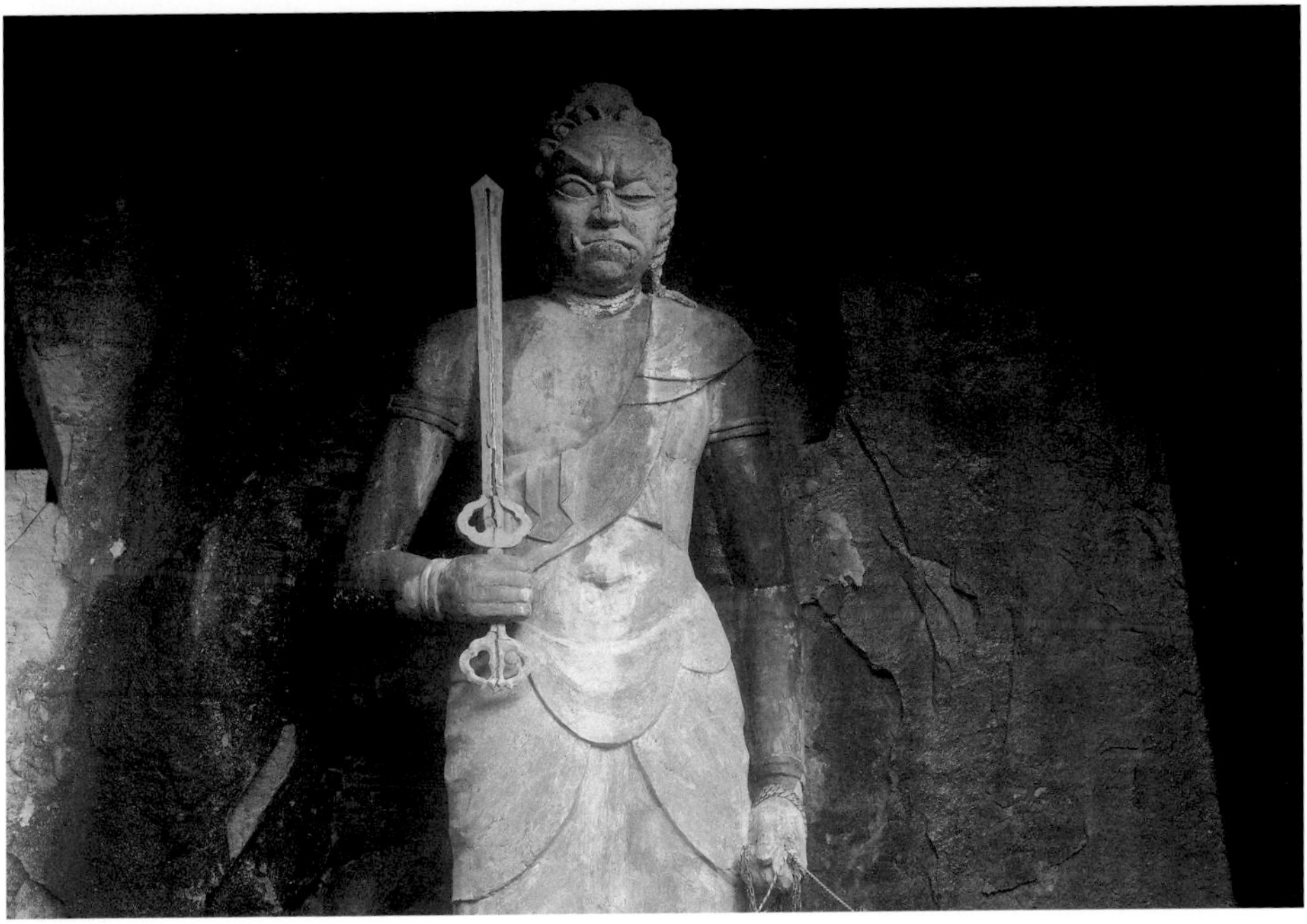

岩屋不動尊

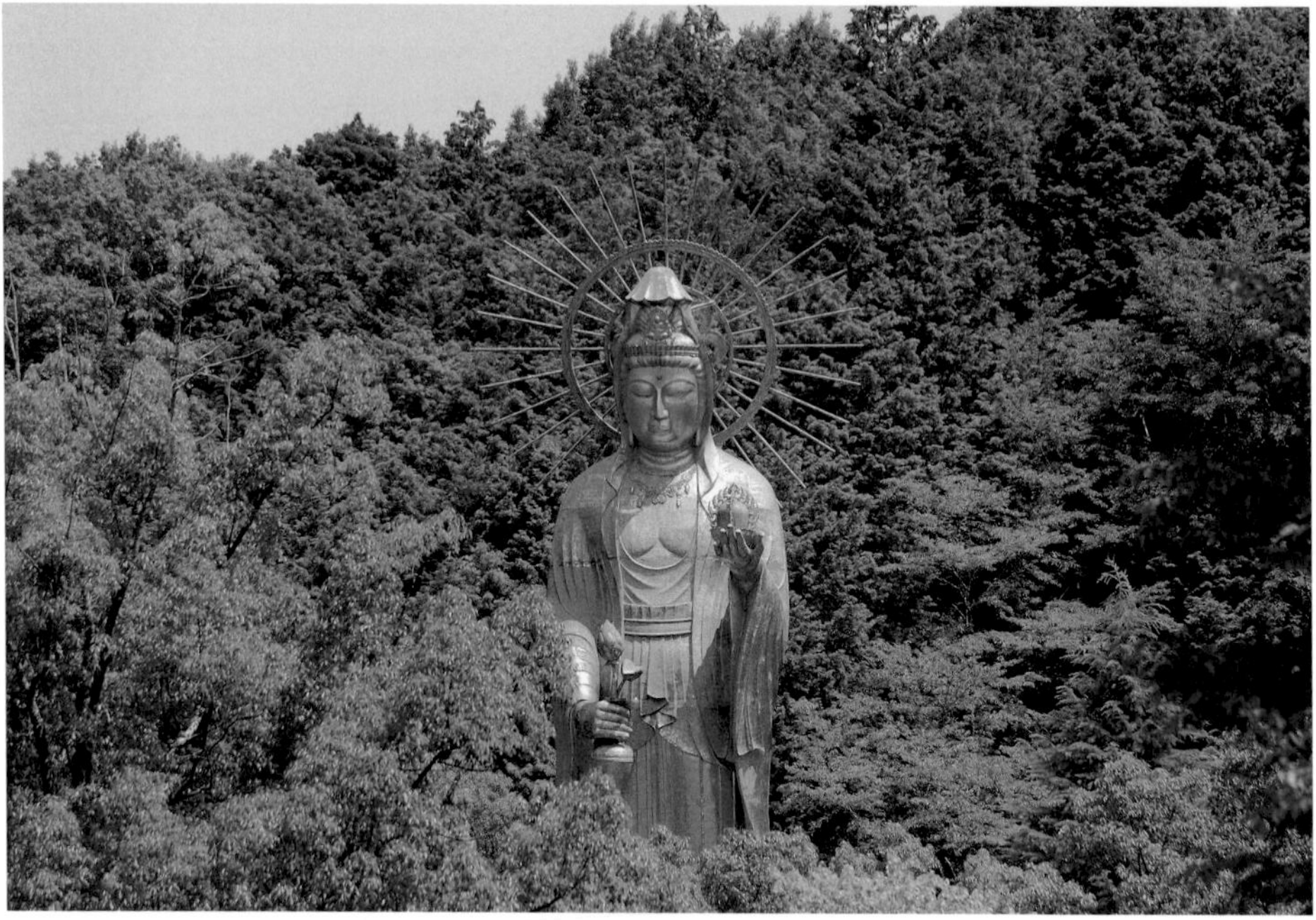

エンターテインメントな寺院のご本尊

純金開運寳珠大観世音菩薩《じゅんきんかいうんほうじゅだいかんぜおんぼさつ》

近鉄榊原温泉口駅前にある大観音寺は、サービス精神にあふれたエンターテインメントなお寺です。入口にカエルや招き猫のオーケストラが登場し唐突さに驚きますが、これも子どもたちに喜んでほしいという気持ちの現れ。参拝客をあの手この手で楽しませてくれます。

そんなお寺ですから、ご本尊も我々の想像を軽く越えてきます。高さ33メートルの純金開運寳珠大観世音菩薩が、中央にそびえ立つようにしてあるのです。衝撃的でありながら、どこか昭和の温かさも感じさせる不思議な空間です。

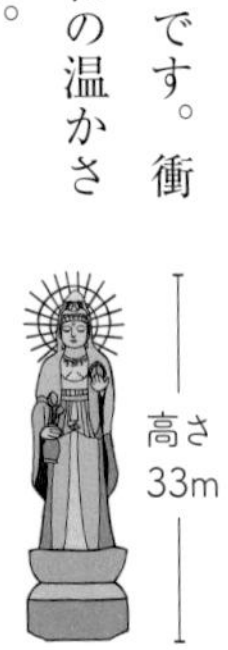

寳珠山《ほうじゅざん》 大観音寺《だいかんのんじ》
三重県津市白山町佐田1957
☎059-262-1717
開山時間　9:30～17:00　年中無休
駐車場あり

column ⑨

大仏＋ここも観るべき

大観音寺＋
ルーブル彫刻美術館

ルーブル彫刻美術館
三重県津市白山町佐田1957　☎059-262-1111
開館時間　9:30〜17:00　年中無休　駐車場あり

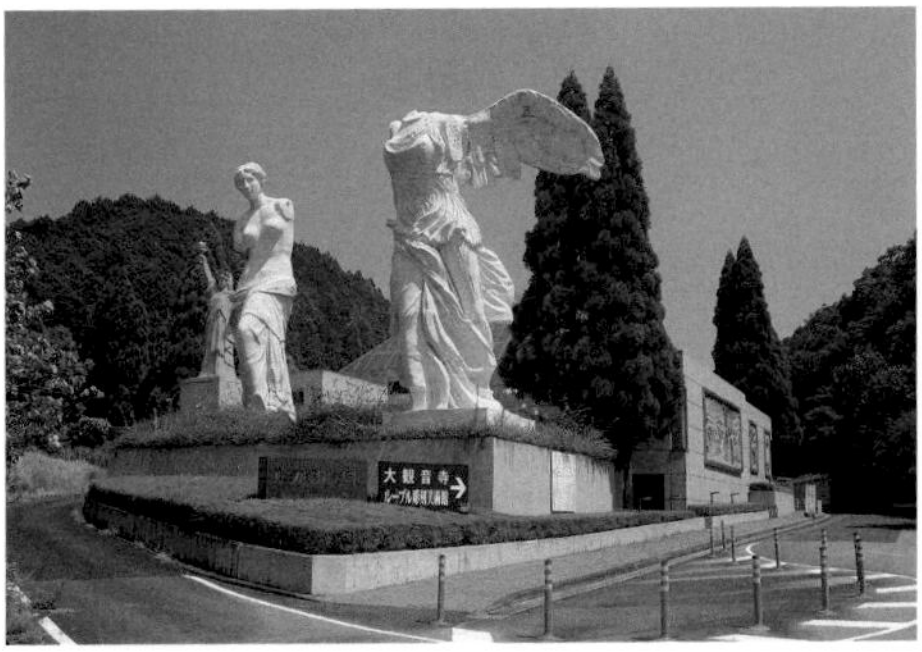

ルーブル彫刻美術館の圧倒的な外観

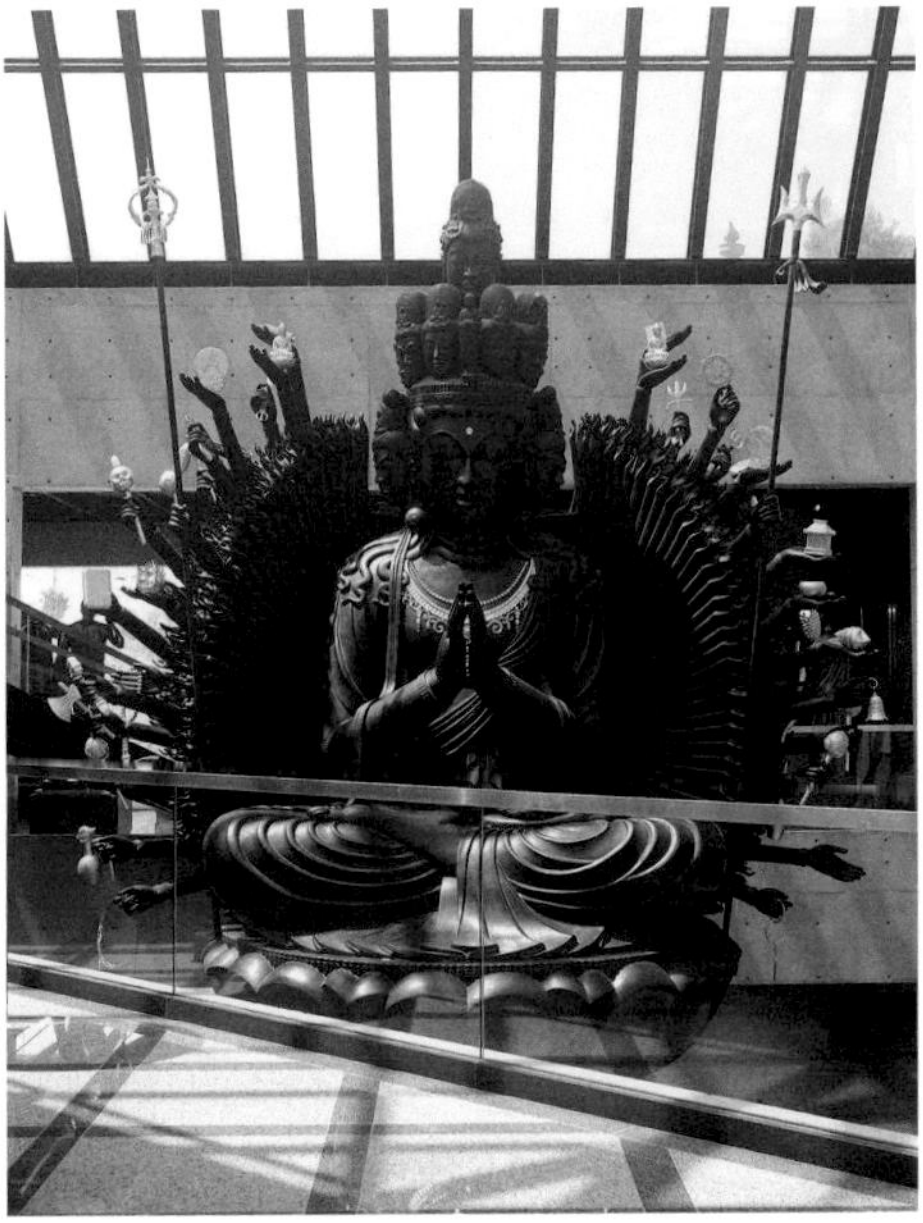
リアル千の手、十一面千手千眼観世音菩

　近鉄榊原温泉口駅からはすでに33メートルある大観音寺の観音さまが見えています。ですがその手前に大きなミロのビーナスや自由の女神像が見えるので、観音さまにというよりは、観音像と女神像という不思議なコラボレーションに驚く人が多いようです。

　なんと大観音寺にはフランスはパリのルーブル美術館の世界唯一の姉妹館である「ルーブル彫刻美術館」が併設されているのです。しかもこの美術館にあるのは本家ルーブル美術館の作品より直接型取りした、実物大の復刻作品だというから本格的。小さな傷まで再現されているわけです。

　ただ館内中央の吹き抜けにどーんと鎮座する「十一面千手千眼観世音菩薩像」はこちらの美術館オリジナル。実際に千本ついている手と、十一のお顔を360度ぐるりと観られるのは、仏像好きならずとも興味をそそられるのではないでしょうか。

　大観音寺に参拝する際は、同時に日本にある小さなパリも堪能することをおすすめします。

column ⑩

山全体が巨大なキャンバス

石山観音公園《いしやまかんのんこうえん》

三重県津市芸濃町楠原字石山
名阪国道 関インターチェンジから南東へ約0.6kmを右折。駐車場まで約1.5km　駐車場あり

私はこの場所に磨崖仏があることを知りませんでした。偶然「石山観音」という看板を見つけ、引き寄せられるように立ち寄ったのですが、これが素敵な出会いでした。

石山観音公園はほぼひとつの石で構成された巨大な岩山に、無数の仏像が刻まれている磨崖仏群です。一山まるごとが巨大なキャンバスのようなもので、国内屈指の規模と言っていいでしょう。

磨崖仏群の中で最大最古のものは像高約5メートル、鎌倉時代作とされる阿弥陀如来立像です。それに3メートルを越える地蔵菩薩立像がつづき、三十三観音など合わせると、約40もの仏像が刻まれています。公園は整備され歩きやすいものの、山登り要素は大いにあります。それに山に潜む仏像を発見する喜びが加わり、ちょうど良いアドベンチャーになっています。そして巨大な岩山の頂上にあたる「馬の背」には、津市の町と伊勢平野が見渡せる絶景が広がっています。

最後にひとつ注意点ですが、この「石山観音公園」に近い場所に、全く別の「観音山公園」という公園もあります。間違いやすいのでご注意ください。

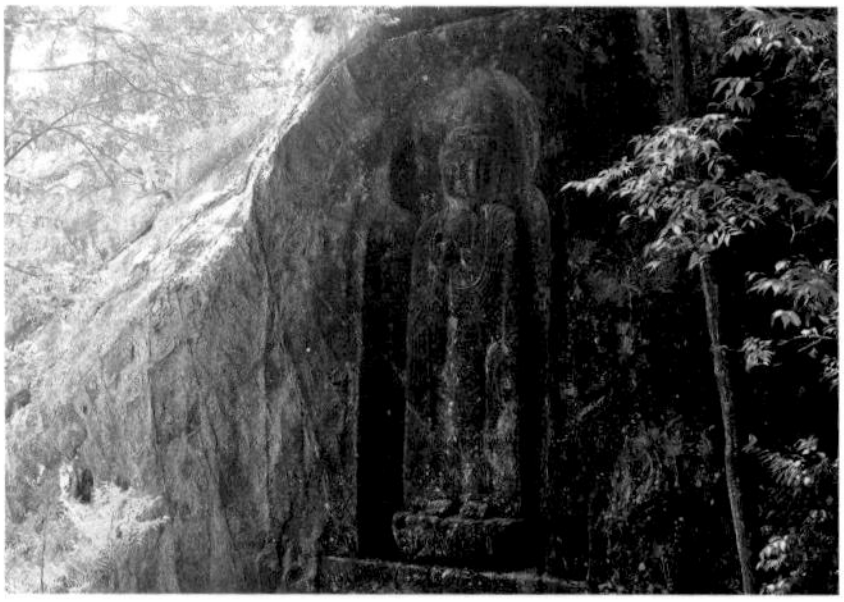
台座込み5mの阿弥陀如来立像

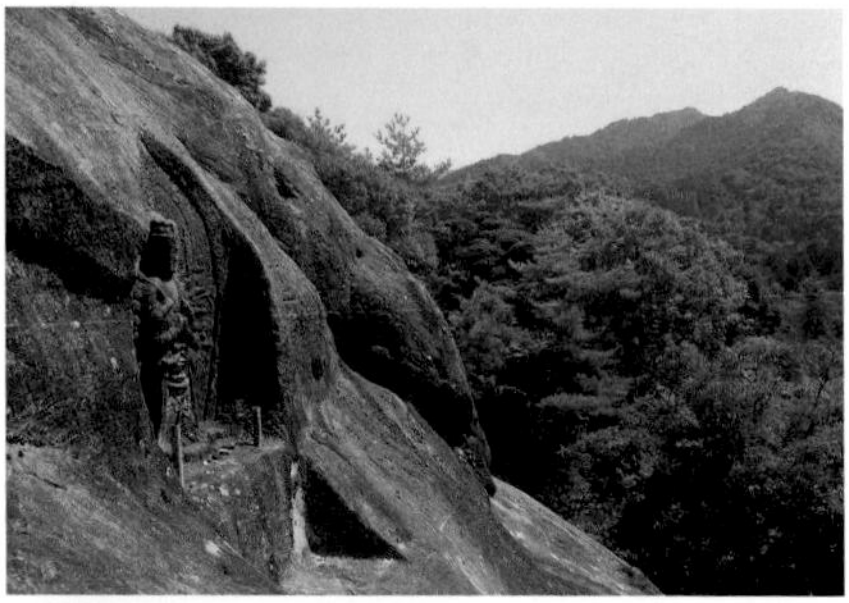
足場の狭い場所にも磨崖仏が

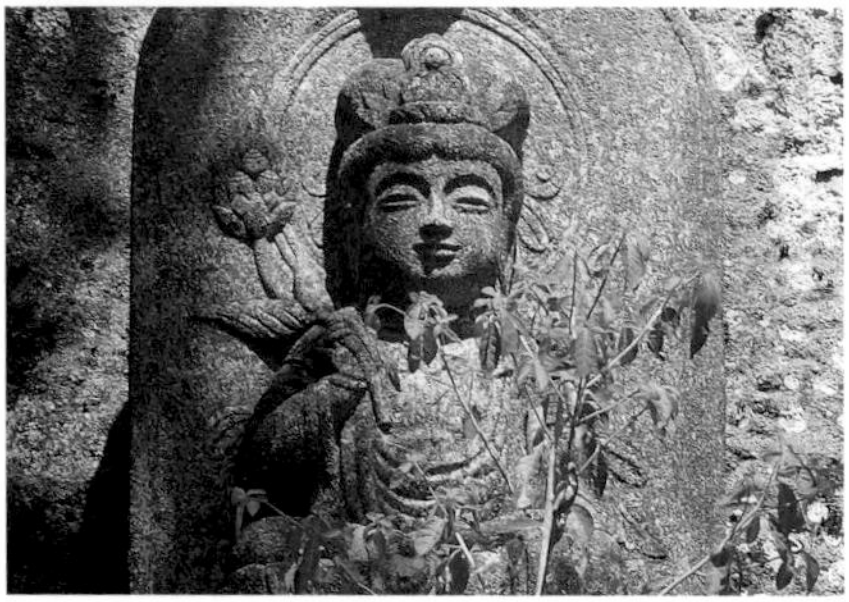
可愛いお顔に癒されたりも

正統派から個性派まで
お寺文化の歴史と心髄をみる

近畿

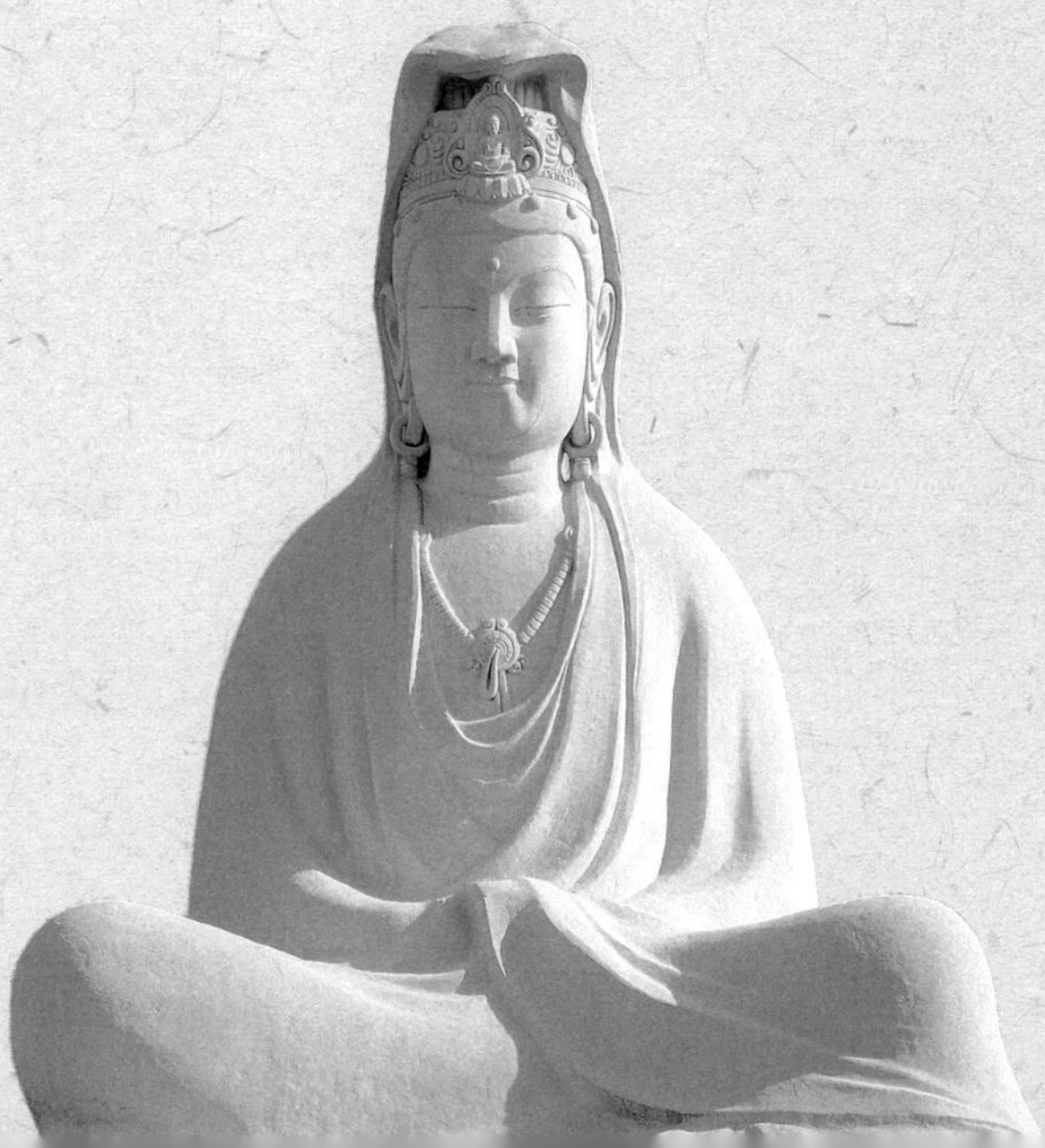

近畿エリアマップ

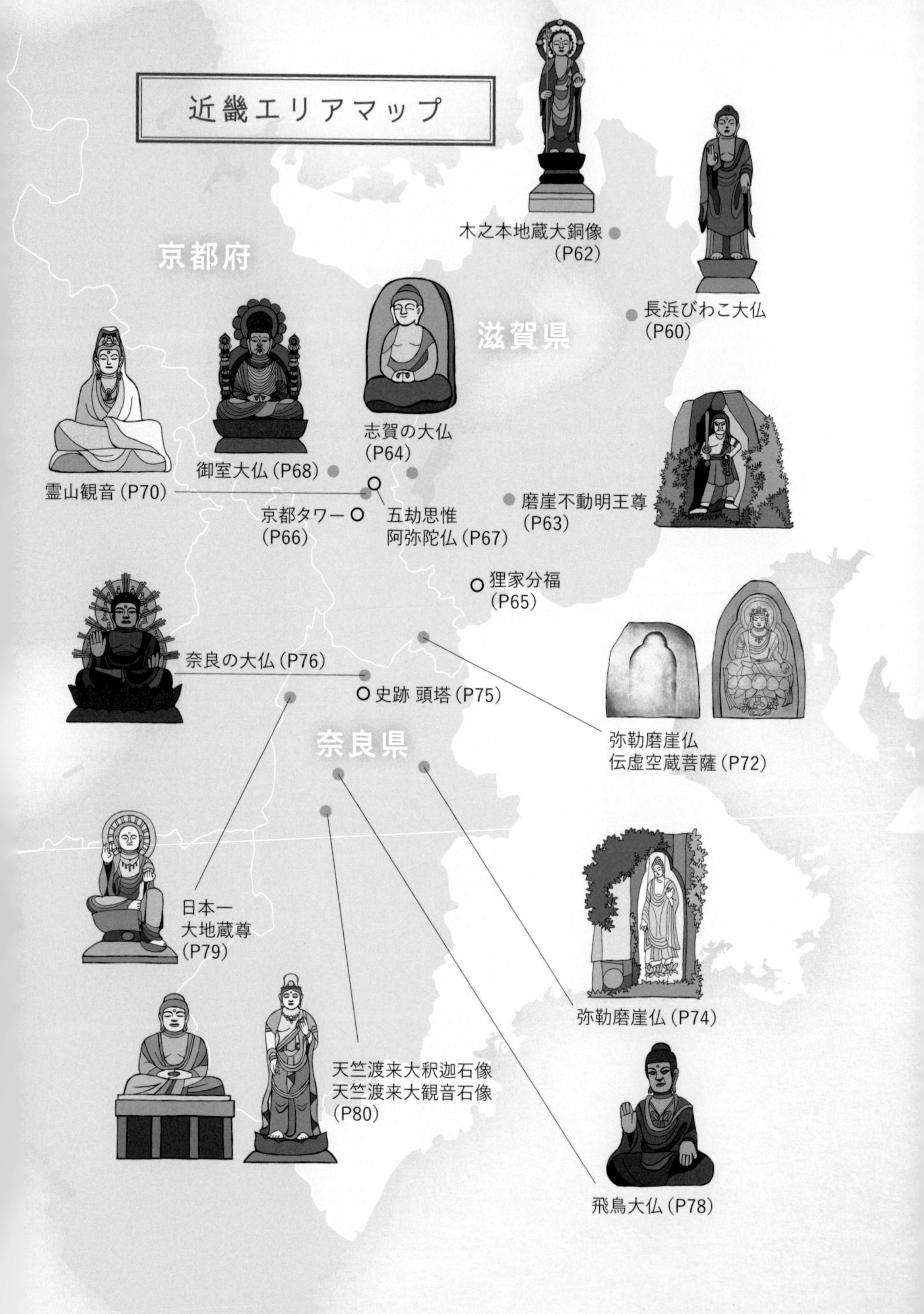

木之本地蔵大銅像
(P62)
京都府
長浜びわこ大仏
(P60)
滋賀県
志賀の大仏
(P64)
御室大仏(P68)
霊山観音(P70)
京都タワー
(P66)
五劫思惟
阿弥陀仏(P67)
磨崖不動明王尊
(P63)
狸家分福
(P65)
奈良の大仏(P76)
史跡 頭塔(P75)
弥勒磨崖仏
伝虚空蔵菩薩(P72)
奈良県
日本一
大地蔵尊
(P79)
弥勒磨崖仏(P74)
天竺渡来大釈迦石像
天竺渡来大観音石像
(P80)
飛鳥大仏(P78)

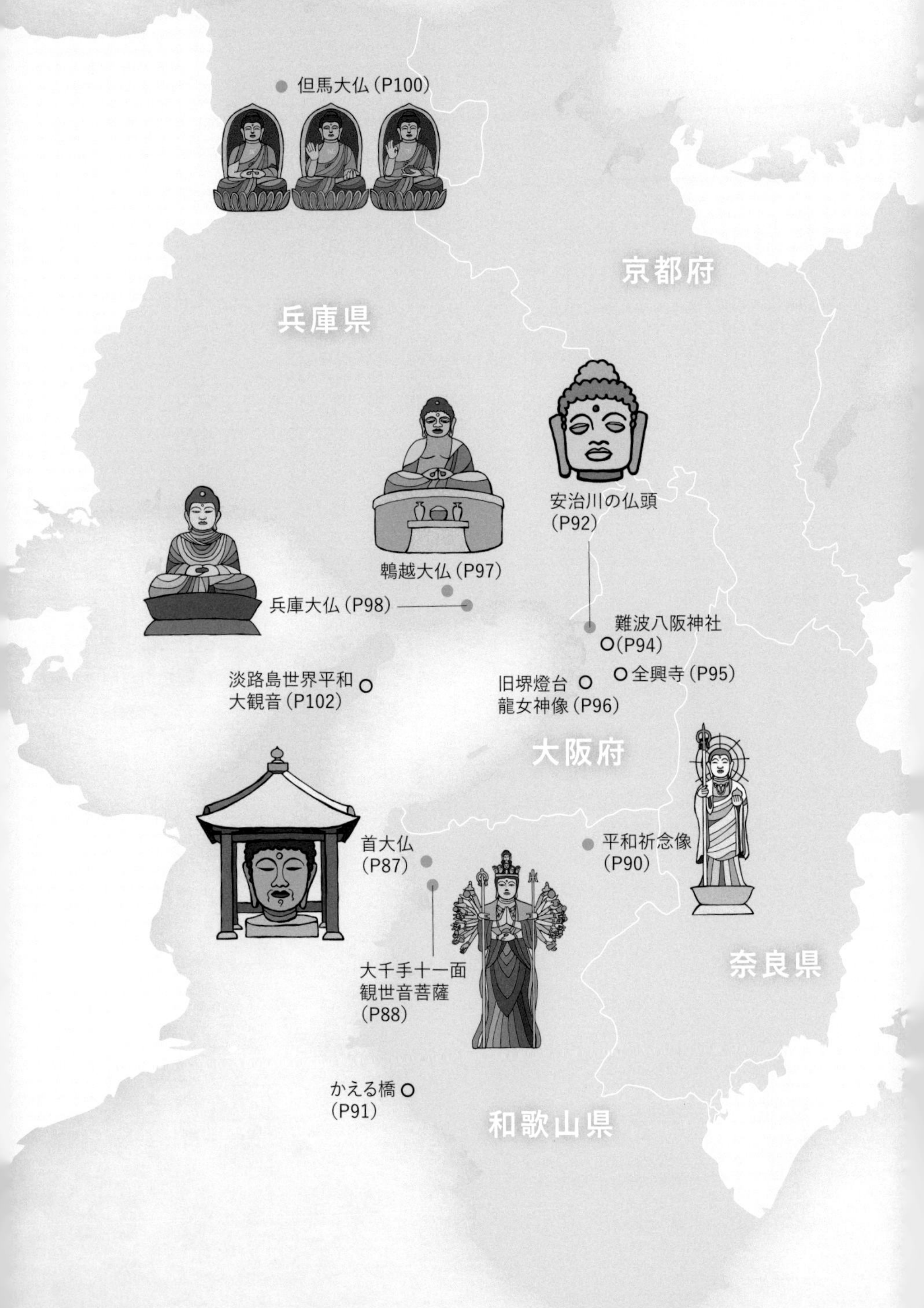
但馬大仏（P100）
京都府
兵庫県
安治川の仏頭
（P92）
鵜越大仏（P97）
兵庫大仏（P98）
難波八阪神社
（P94）
全興寺（P95）
旧堺燈台
龍女神像（P96）
淡路島世界平和
大観音（P102）
大阪府
首大仏
（P87）
平和祈念像
（P90）
大千手十一面
観世音菩薩
（P88）
奈良県
かえる橋
（P91）
和歌山県

琵琶湖を背にする二代目大仏

長浜びわこ大仏《ながはまびわこだいぶつ》

日本一の面積と貯水量を誇る関西の水瓶、琵琶湖。この琵琶湖の湖畔にある良疇寺には青銅製の阿弥陀如来立像、長浜びわこ大仏が、琵琶湖に背を向け立っています。現代風なルックスに端正なお顔立ちの、いわゆるイケメンな大仏さまで、像高28メートルという巨大さのわりにそこまで威圧感を感じない、スマートな印象を受けました。

長浜びわこ大仏は平成6年建立の二代目にあたります。それ以前にこの場所に立っていたのは昭和12年建立の「護国阿弥陀如来」という名のコンクリートの大仏さまでした。護国阿弥陀如来は昭和のはじめ日本各地にコンクリート大仏を建てた大仏界のレジェンド福崎日精の作で、ふくよかで安定感のある、いわゆる昭和顔の大仏さま。老朽化のため泣く泣く解体され、境内に埋められたそうです。大仏さまの台座「大仏殿」には入ることができ、大仏さまの足元近くまで行けるようになっています。大仏殿二階には初代大仏さまの写真と螺髪も祀られています。参拝の際には在りし日の初代を偲び、時代の流れも感じてみてください。

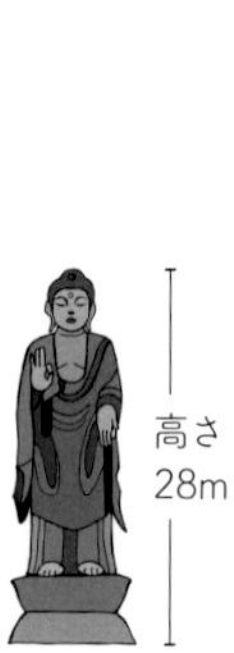

良疇寺《りょうちゅうじ》
滋賀県長浜市下坂浜町86
☎0749-62-1770
駐車場あり
❗：大仏殿の内部に入る際はお寺にお声がけください

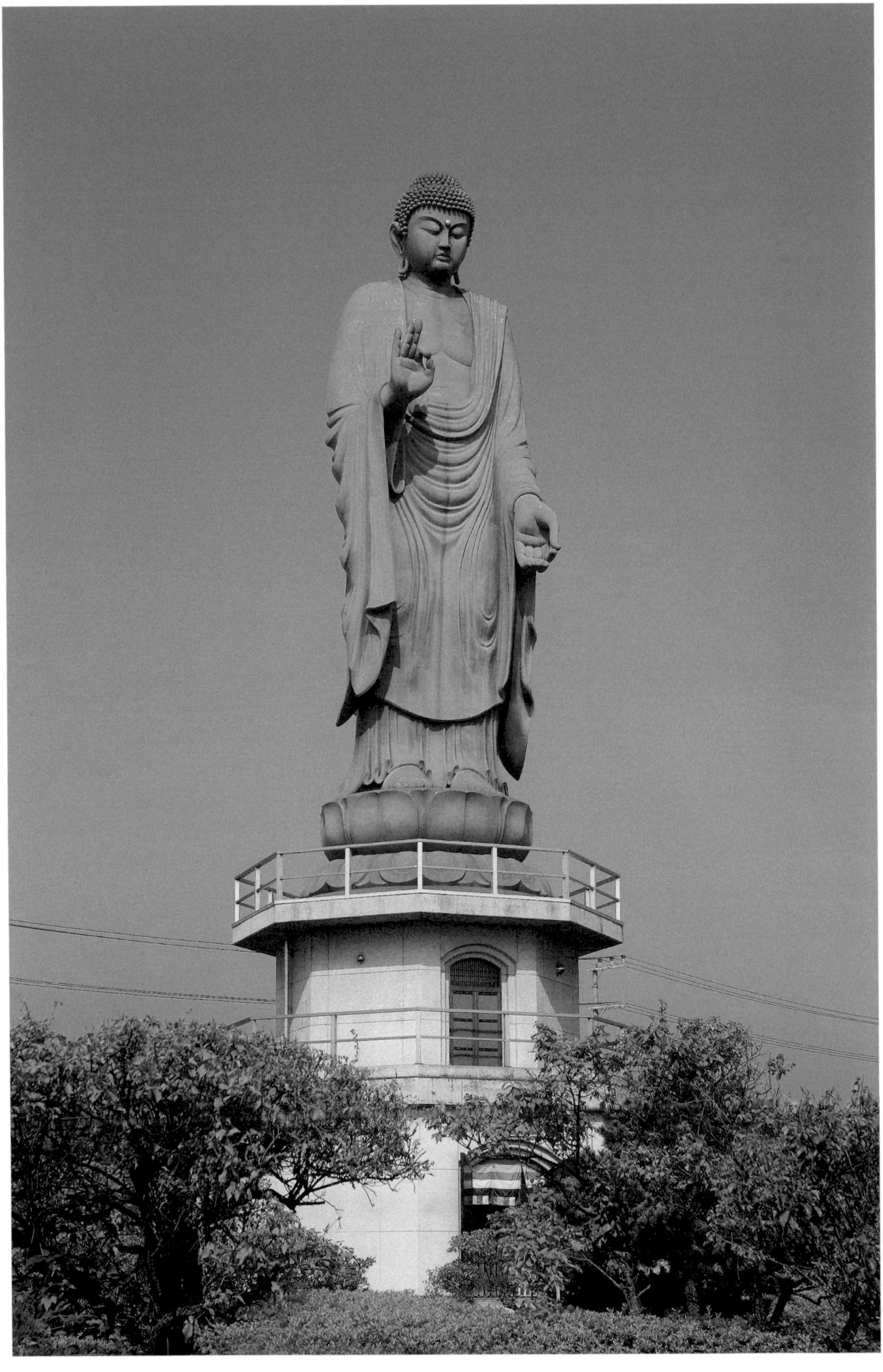

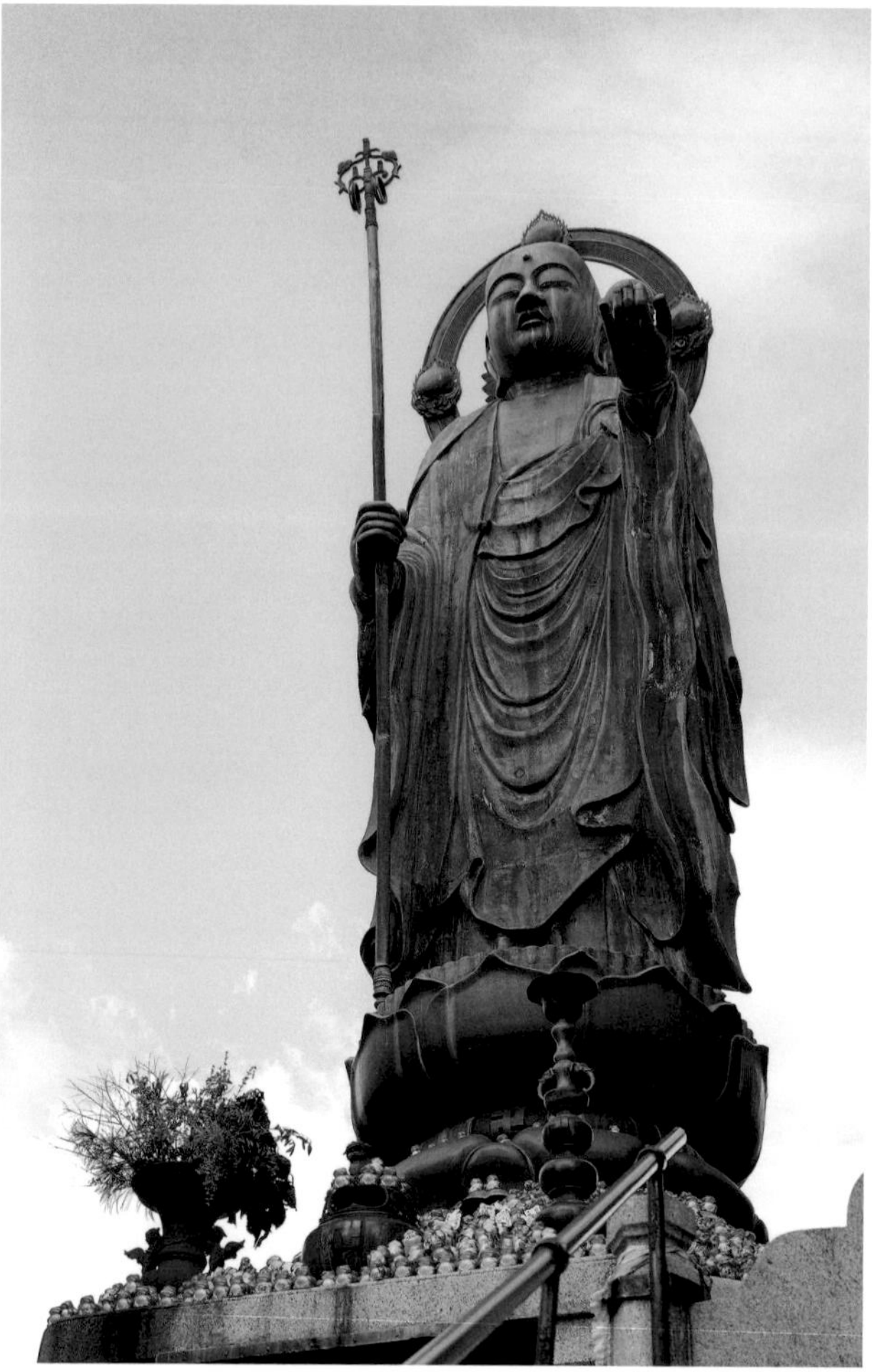

ご本尊に代わって参拝客をお出迎え

木之本地蔵大銅像《きのもとじぞうだいどうぞう》

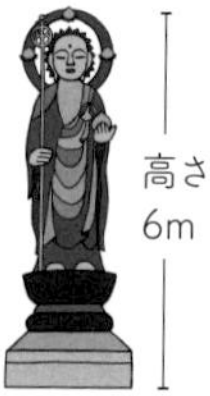

木之本地蔵院《きのもとじぞういん》

滋賀県長浜市木之本町944

☎0749-82-2106

駐車場あり

木之本地蔵院は１３００年前に開山し、古くから目の仏さまとして知られるお寺です。

ご本尊のお地蔵さまは秘仏なので拝観することができません。その代わりとして参拝客を出迎えてくださるのが、ご本尊と同じ姿でつくられた高さ6メートルの木之本地蔵大銅像です。

またご本尊下には真っ暗な回廊を巡る「戒壇めぐり」が開かれています。長さ約57メートルの漆黒の中を手の感覚だけで進んで行くとご本尊の真下に錠前があり、それがご本尊の手と結ばれているのです。拝観できないお地蔵さまを感じられ、ありがたい気持ちになります。

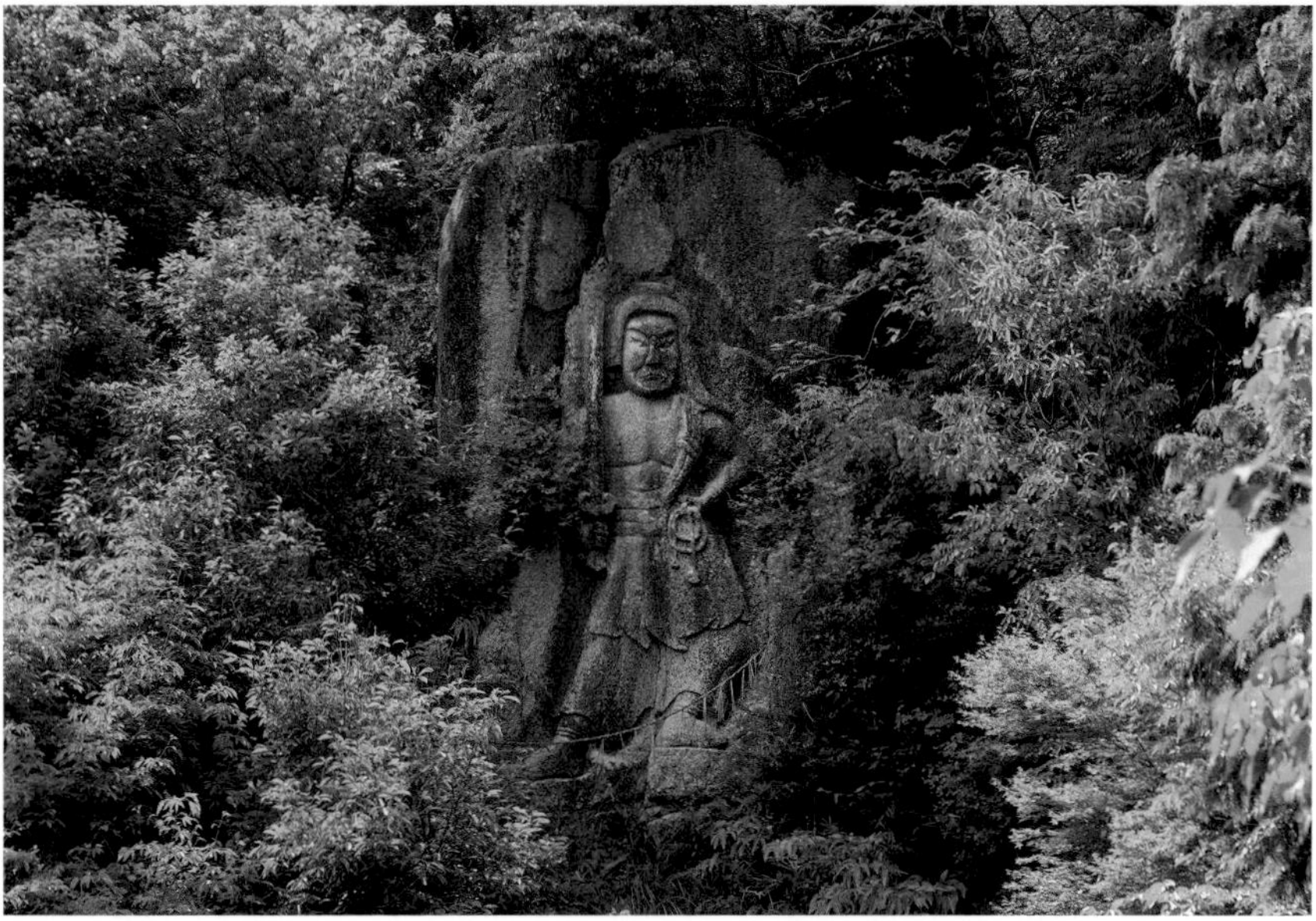

自然の中に溶け込む巨大不動明王

磨崖不動明王尊《まがいふどうみょうおうそん》

滋賀県南部には自然の崖などに彫られた磨崖仏が多くあります。中でも比較的行きやすく、大きいのが磨崖不動明王尊（通称 車谷不動磨崖仏）です。

正確な場所がわからず住宅地を彷徨っていると小さな看板を見つけました。そこから細い山道に入り、数分登ると左手の崖に不動明王が現れます。高さ6・2メートルの巨石に彫られた像高4・3メートル、幅2・1メートルのお不動さまは迫力があります。脇道に入ると階段があり真下まで行くこともできます。江戸時代の作だということですが、誰がどうしてこんな場所にと興味は尽きません。

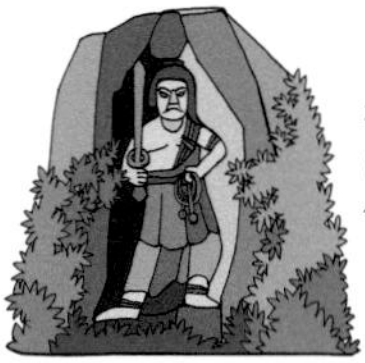

岩の高さ
6.2m
像高 4.3m

磨崖不動明王尊

滋賀県湖南市岩根
十二坊温泉ゆらら駐車場から徒歩１km右手。
もしくは岩根小学校の前の道を東へ500m、左折し山道を500m登り左手
❗：細い道なので徒歩での参拝をおすすめします

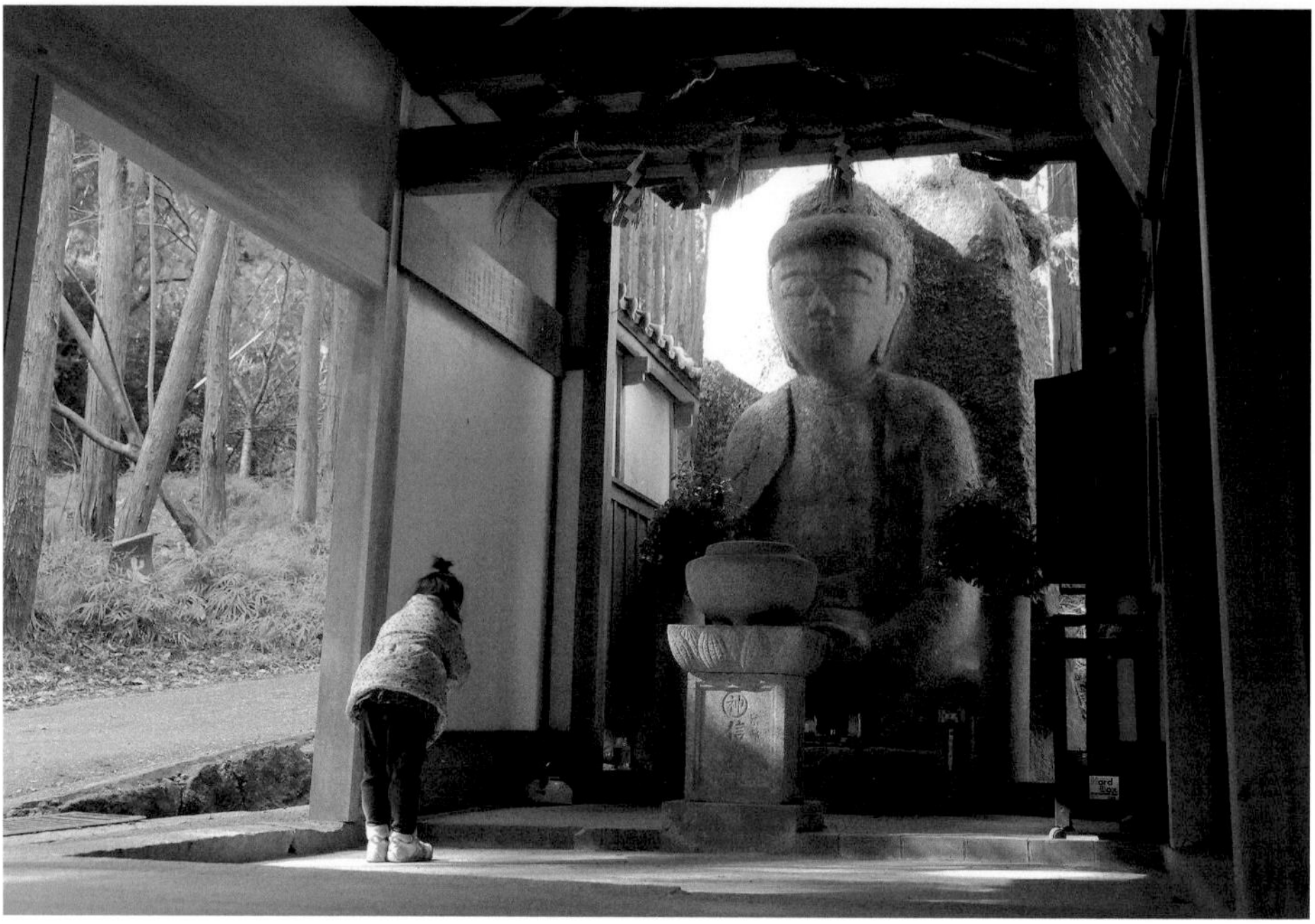

変わらぬ優しさで人々を癒しつづける

志賀の大仏《しがのおおぼとけ》

　京都と近江を最短で結ぶ山越えルートは山中（志賀）越えと呼ばれ、かつてとても重要な道だったそうです。道は三体の阿弥陀石仏で結ばれています。その近江側にあるのが志賀の大仏（正式には石造阿弥陀如来座像）です。

　表情は穏やかで、観るものをホッとさせるような優しさがあります。大仏さまを安置するお堂は一部自然光が入るようになっていて、それがお顔をより優しく見せているように感じました。きっと鎌倉時代の人々も山越えの道の入口、または出口で、私と同じようにこの大仏さまに癒されたことでしょう。

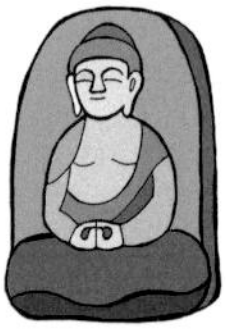

志賀の大仏
しがのおおぼとけ
滋賀県大津市滋賀里町甲
京阪石山坂本線 滋賀里駅 下車徒歩20分
駐車場あり
❗：観音さまの石仏の前に駐車スペースがあり、そこから徒歩でご参拝ください

column ⑪

巨大な涅槃の狸

狸家分福《たぬきやぶんぷく》

滋賀県甲賀市信楽町西459　☎0748-82-2828
営業時間　9:00～18:00（お食事コーナーは11:00～）
木曜定休
駐車場あり

滋賀県甲賀市信楽町は一言で言って町中狸だらけ。いたるところに大小様々な狸の置物が置かれ、町は狸であふれています。こんな風に言うと大げさなことを言っていると思われそうですが、けっしてそうではありません。信楽と言えば「信楽焼」、信楽焼と言えば「狸の置物」、狸は信楽町のシンボルなのです。

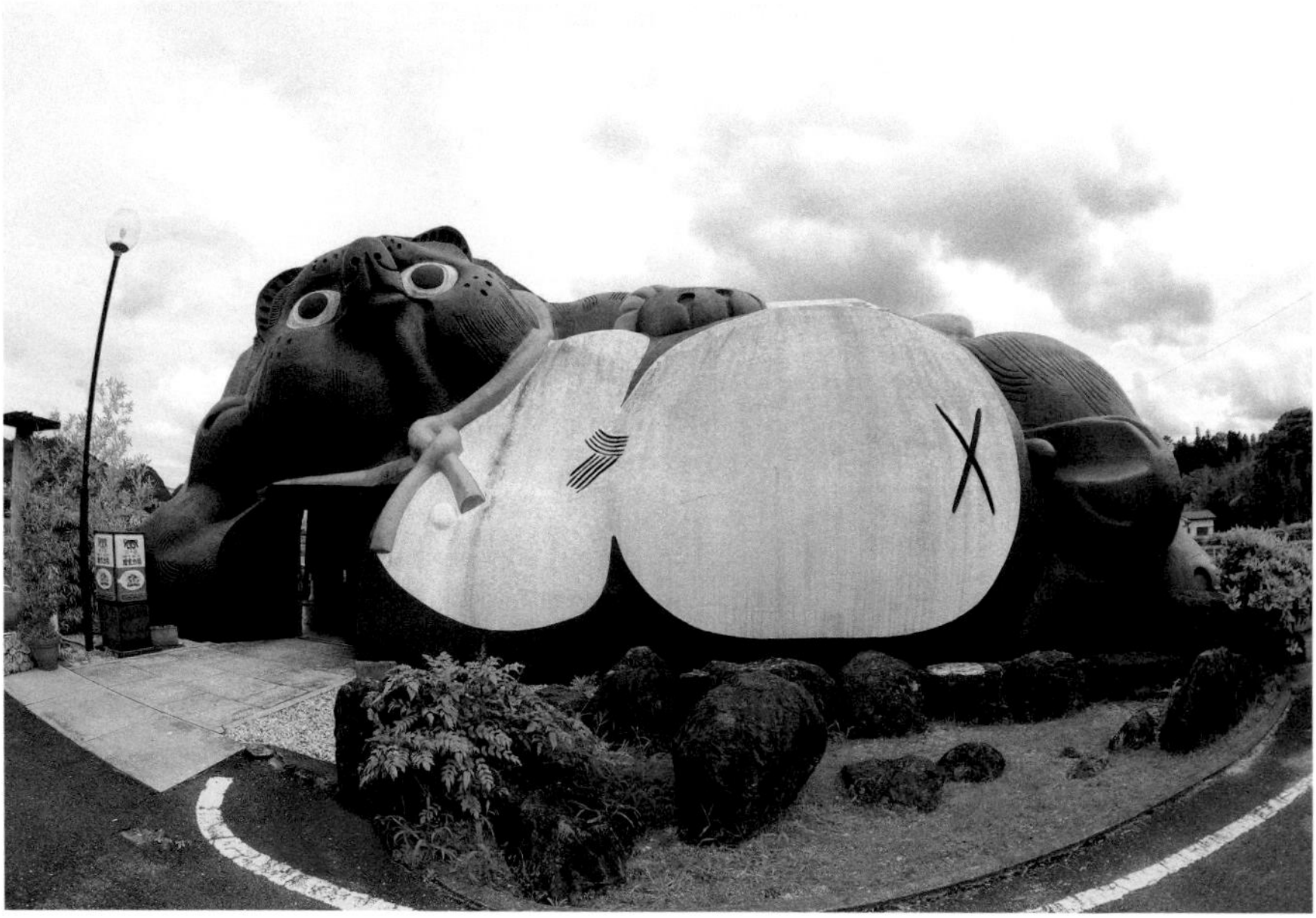

そんな信楽町の狸の中でもひときわ目立っているのが、この巨大な涅槃の狸です。頬杖をつくようにした右腕の付け根にドアがあるのがおわかりでしょうか。なんとこの狸は「狸家分福」という名のお店なのです。自家製手打ちうどんが人気のお店で、信楽焼の生活雑貨の販売も行い、お店の奥には足湯まであります。

たぬきは「た=他」「ぬき=抜く」つまり「他を抜く」の語呂合わせから商売繁盛の縁起物とされお店の入口に置かれることが多いようです。ではお店自体が大きな狸だったら？　しかも涅槃です。なんだかすごく縁起が良さそうじゃないですか。勝負事に勝ちたい方、他を抜きたい方には、このお店をおすすめするのが良さそうです。

column ⑫

古都 京都を見守る灯台

京都タワー

高さ
131m

京都府京都市下京区烏丸通七条下る東塩小路町721-1
☎075-361-3215
営業時間　9:00〜21:20（最終入場21:00）

私が京都タワーを意識したのは、当時毎日のように聴いていたあるバンドのジャケット写真が最初だったと思います。ご存知の方も多いかもしれません、京都から全国区になったバンドです。歴史的な建造物の多い京都なのに、そのジャケットは特別ではない京都の日常を切り取っていて、特に京都タワーは印象的でした。

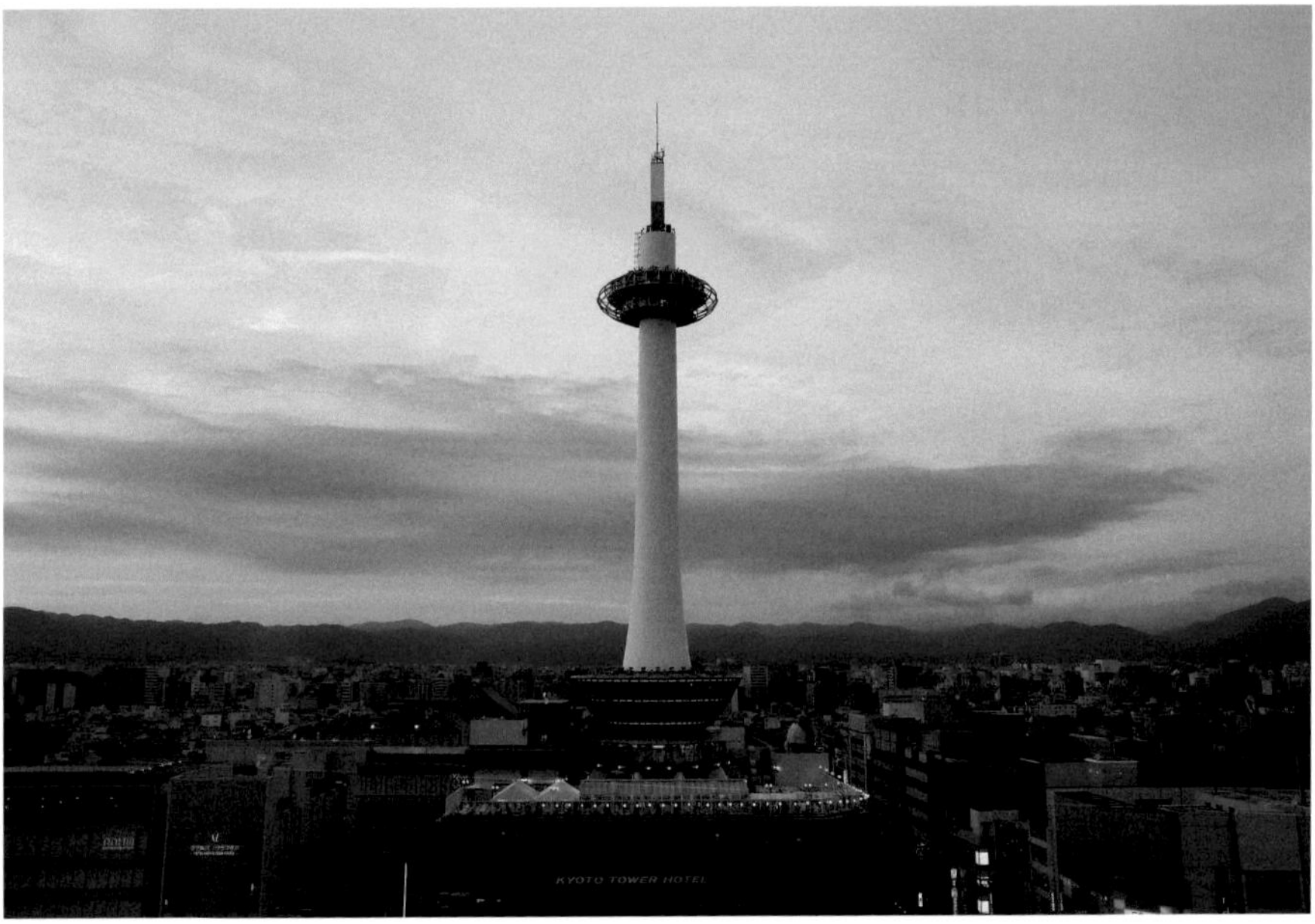

それ以降私は京都タワーにある種の憧れみたいなものを抱いていた気がします。

世界遺産が目白押しの京都は景観や高さ制限が厳しく、高さ131メートルの京都タワーは特例で認められた京都で最も高い建造物です。昭和39年の開業当時は論争もあったと聞きますが、55年経った今、京都タワーは京都のシンボルであり日常の風景です。京都駅に着いて京都タワーが見えると「京都に来た」と実感しますし、地元の人にとっても「帰って来た」と感じる風景でしょう。

ロウソクのようだと例えられる外観は灯台をイメージしたもので、夜にライトアップされる姿は、私には京都の街を照らし見守る灯台そのものに見えます。

column ⑬

愛らしいアフロ仏さま
五劫思惟阿弥陀仏《ごこうしゆいあみだぶつ》

金戒光明寺《こんかいこうみょうじ》
京都府京都市左京区黒谷町121　☎075-771-2204
市バス 岡崎道下車 徒歩10分
駐車場あり

五劫思惟阿弥陀仏という名の仏さまをご存知でしょうか。天女が3年に一度舞い降りて衣が岩を撫でるのを繰り返し、岩がなくなるまでの時間が「一劫」だという説があります。「五劫」とはその5倍、もはや永遠と思える長い年月のこと。「思惟」とはよく考えるという意味です。つまり、永遠ほどの長い間、人々を救うため考えに考えている阿弥陀さまが五劫思惟阿弥陀仏なのです。

そんなに長い間考えているといったいどうなってしまうのか。答えは阿弥陀さまのヘアスタイルにあります。「螺髪《らほつ》」と呼ばれるくるくる巻いた髪が渦高く積み重ねられています。愛らしいお顔の上に重たそうな髪の毛が乗った姿がアフロヘアすぎるということで「アフロ仏」と呼ばれ、仏像ファンから人気なのです。

この姿の仏像は数が少なく、全国でも16体ほどしかみられないと言われます。その上、奈良の東大寺の五劫思惟阿弥陀仏などは秘仏で、拝観の機会はごくごく限られます。ですがここ金戒光明寺の石仏の五劫思惟阿弥陀仏は屋外にあり、とても近い距離でいつでも参拝させていただけるのです。

阿弥陀さまは階段の脇にさりげなく座っておられ、最初に参拝した時は気づかず通り過ぎ、慌てて引き返しました。そんな素朴で自然体な感じが似合っていると思わせる、可愛らしい仏さまです。

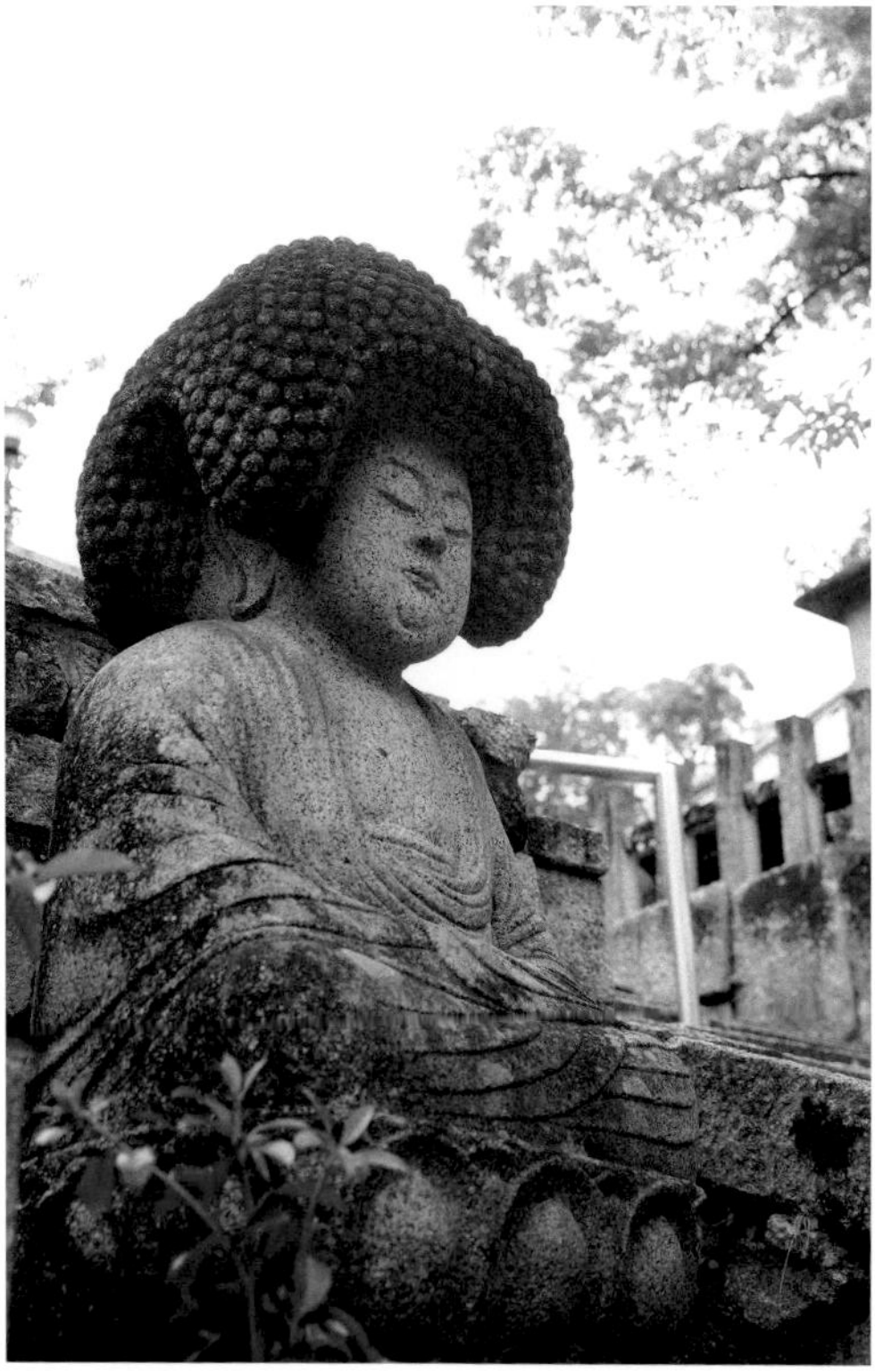

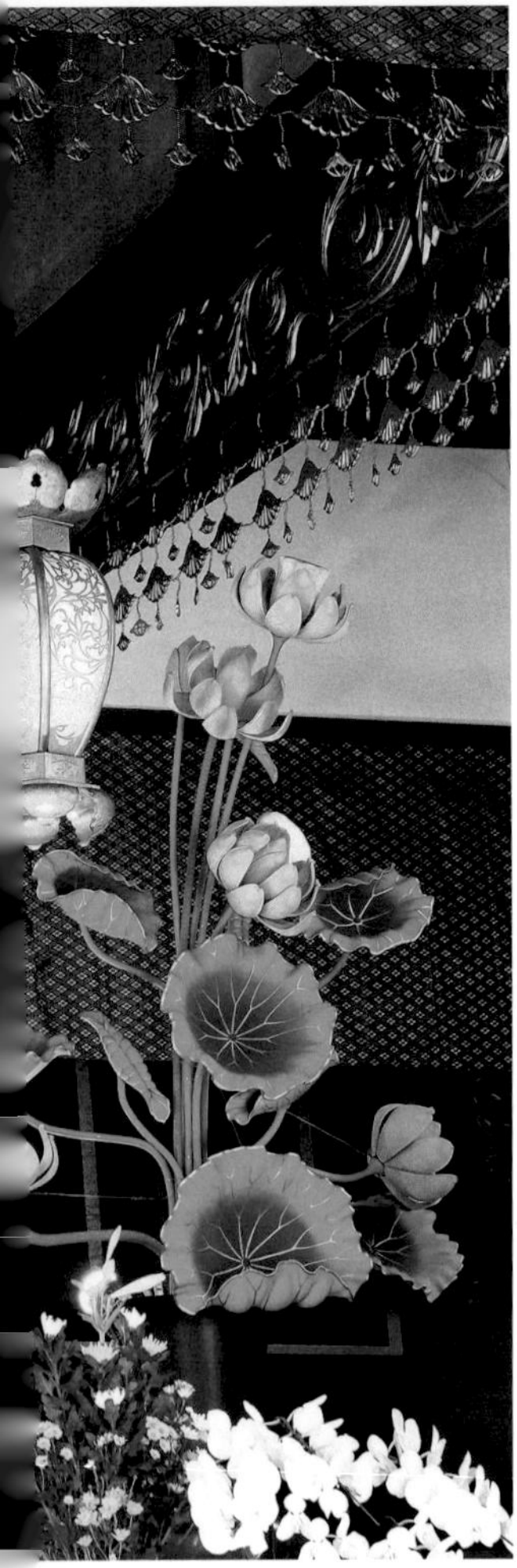

知る人ぞ知る京都一大きな大仏

御室大仏《おむろだいぶつ》

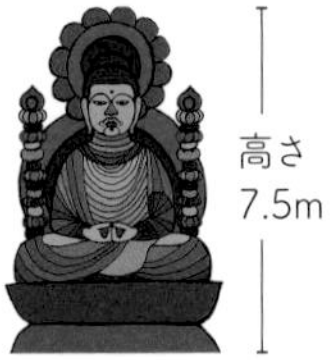

轉法輪寺《てんぽうりんじ》

京都府京都市右京区龍安寺山田町2番地
☎075-464-2668
駐車場あり
❗：基本的に大仏さまは特定の期間のみ拝観できます。写真撮影可。事前にお寺のホームページで確認しご参拝ください

有名なお寺が軒を連ねる京都にあって「知る人ぞ知るお寺」と形容される轉法輪寺。立派な鐘楼門をくぐった境内はつい長居したくなるような親しみのある雰囲気で、さほど気負うことなく本堂に足を踏み入れました。ところがそこに現れたのは想像を上回る大きな仏さま。全身が金色に輝き、二段になった光背は色鮮やか。その圧力に私は軽くふらつくような感覚におそわれました。

　御室大仏と呼ばれるこの大仏さまは、お身丈7・5メートルの阿弥陀如来像で「木造の座像仏として」という前程

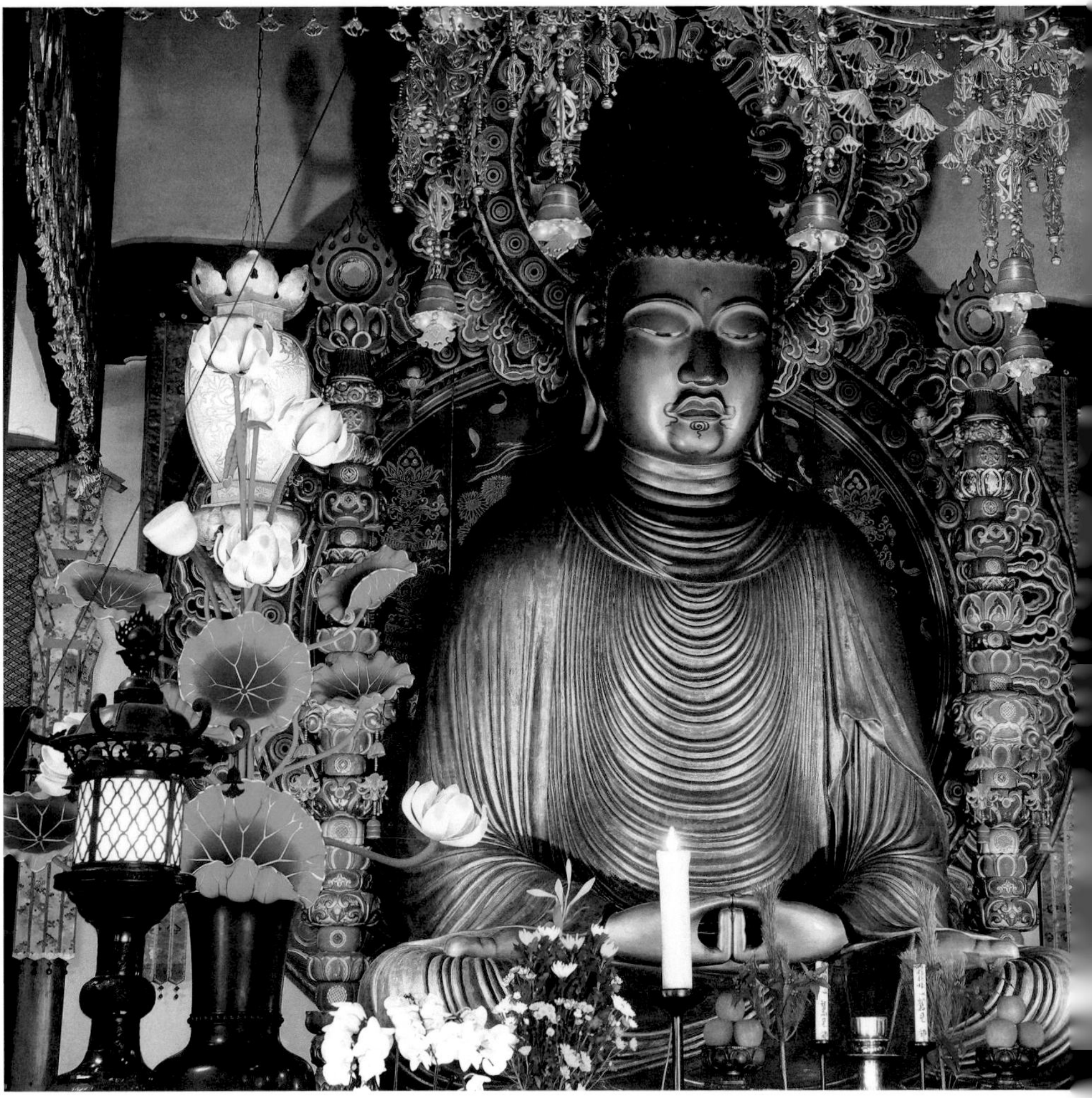

はつくものの、京都で一番の大きさを誇ります。

　これまで御室大仏は「知る人ぞ知る」存在でした。数年前「こんな大きな大仏があるとは知らなかった」とご近所さんに言われ現ご住職は衝撃を受けました。これをきっかけに多くの人に拝観してもらいたいと公開に積極的になったそうです。「見る人が悲しくなる行為だけはやめてください」という注意書きが添えられ、撮影もSNSへの投稿もOKという、人の善意を信じるお寺さまの姿勢に感銘を受けました。

幻のように美しい白亜の観音

霊山観音《りょうぜんかんのん》

京都の東山にある霊山観音は、昭和30年に太平洋戦争戦没者慰霊のため建立された24メートルの巨大な観音像です。鉄筋コンクリートでつくられた滑らかな白い姿は背景の東山の緑によく映え、お顔も優しげで美しさに目を奪われます。台座になっている本堂はシンメトリー（左右対称）で、それが目の前の鏡池に逆さに映り、日本ではないような独特の世界をつくり出しています。この境内の美しい景観が霊山観音の最大の魅力だと思いますが、忘れてはいけないのが胎内拝観できること。この大きさの仏像で胎内に入れるのは、今や大変貴重です。

東北育ちの私は修学旅行で王道の京都へ行き、清水寺を参拝し、周辺を散策しています。それなのにその周辺にあった霊山観音をまったく見た記憶がありません。霊山観音ほどの大きさならば普通は離れた場所から姿を確認できるはずです。ですが急坂が多く見通しの悪い東山の地形により、霊山観音はかなり近づかないと見えず、忽然と姿を現したように感じます。まるで幻のように現れる不思議な白亜の観音さまです。

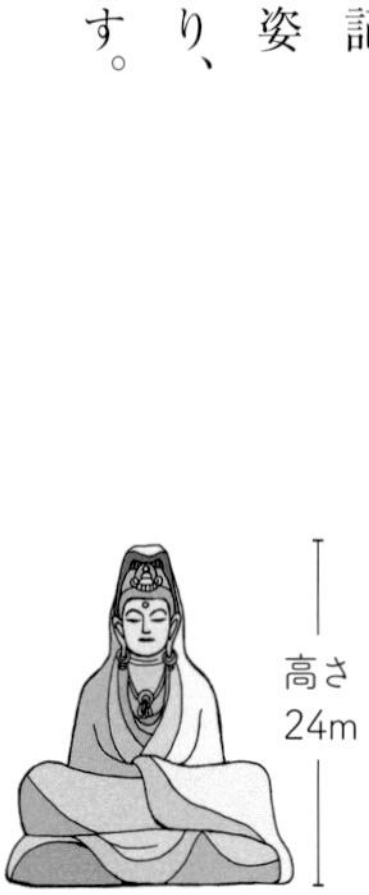

京都東山 霊山観音
京都府京都市東山区高台寺下河原町526-2
☎075-561-2205
参拝時間　8:40〜16:20（受付終了16:00）
京阪 祇園四条駅から徒歩15分、
JR京都駅から市バス東山安井から徒歩5分

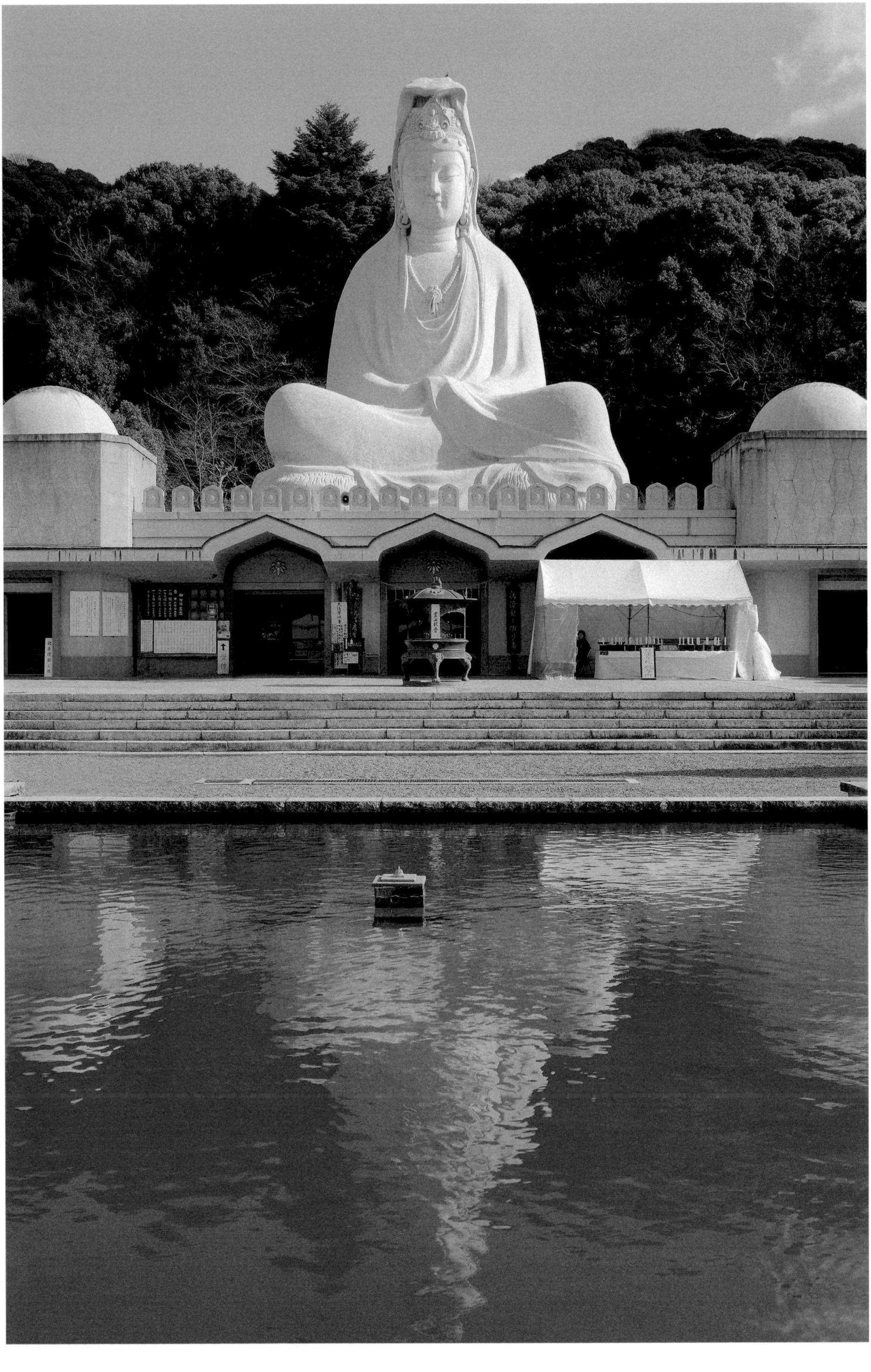

受付

巨石が眠る寺の巨大磨崖仏

弥勒磨崖仏《みろくまがいぶつ》
伝虚空蔵菩薩《でんこくうぞうぼさつ》

京都府の最南端にある笠置町はいたるところに巨石がみられる渓谷のような地形です。笠置寺はそんな巨石の町のシンボルで、今から２０００年前にはすでに信仰の対称となっていました。本堂である正月堂を背にすると「弥勒」「文殊」「薬師」の三つの巨石が並びます。そのうち高さ15メートルの巨石に刻まれているのがご本尊の弥勒磨崖仏なのですが、その姿は光背の黒いラインを残すのみで見えません。鎌倉時代末期に起こった元弘の乱で焼失したとされるからです。ご本尊なのに見えないというのは実にミステリアスで、どんな姿だったのか興味をそそられます。

それに対し、くっきりと線が残り姿は見えるものの、来歴がわからないのが伝虚空蔵菩薩です。こちらは高さ12メートルの岩に刻まれた9メートルの仏さま。足場の狭い崖のような場所にあり真下から見上げる形になるため、大きさをリアルに感じることができます。そんな場所だから火災にも巻き込まれず今も残っているのでしょう。ふたつの磨崖仏は対照的ながら、ともに歴史の謎につつまれています。

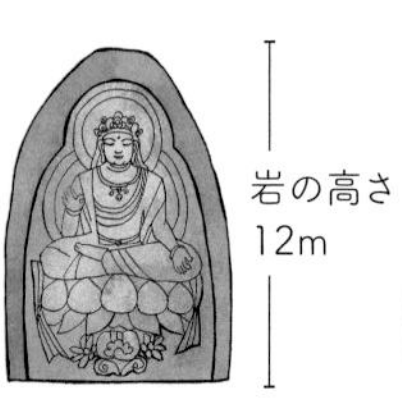

伝虚空蔵菩薩

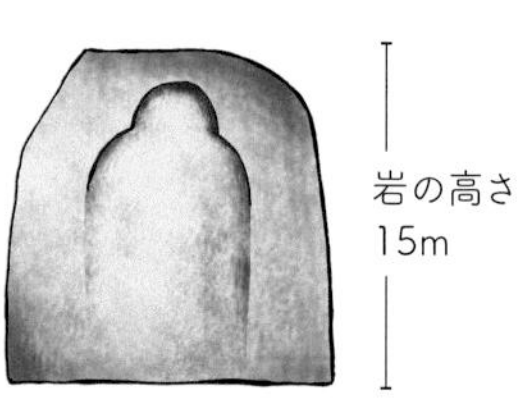

弥勒磨崖仏

笠置寺《かさぎでら》
京都府相楽郡笠置町笠置笠置山29
☎0743-95-2848
入山時間　9:00～16:00
駐車場あり

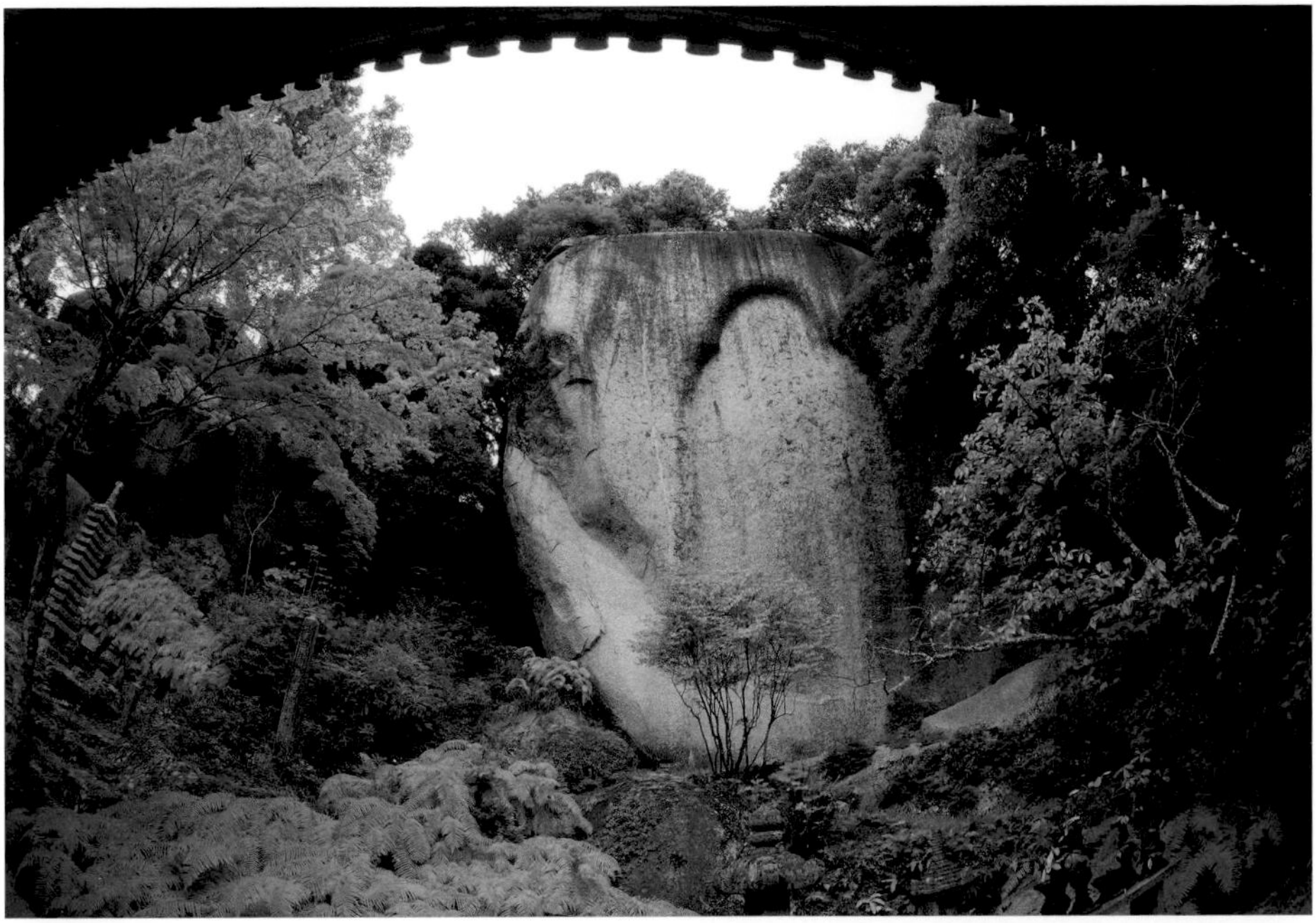

弥勒磨崖仏

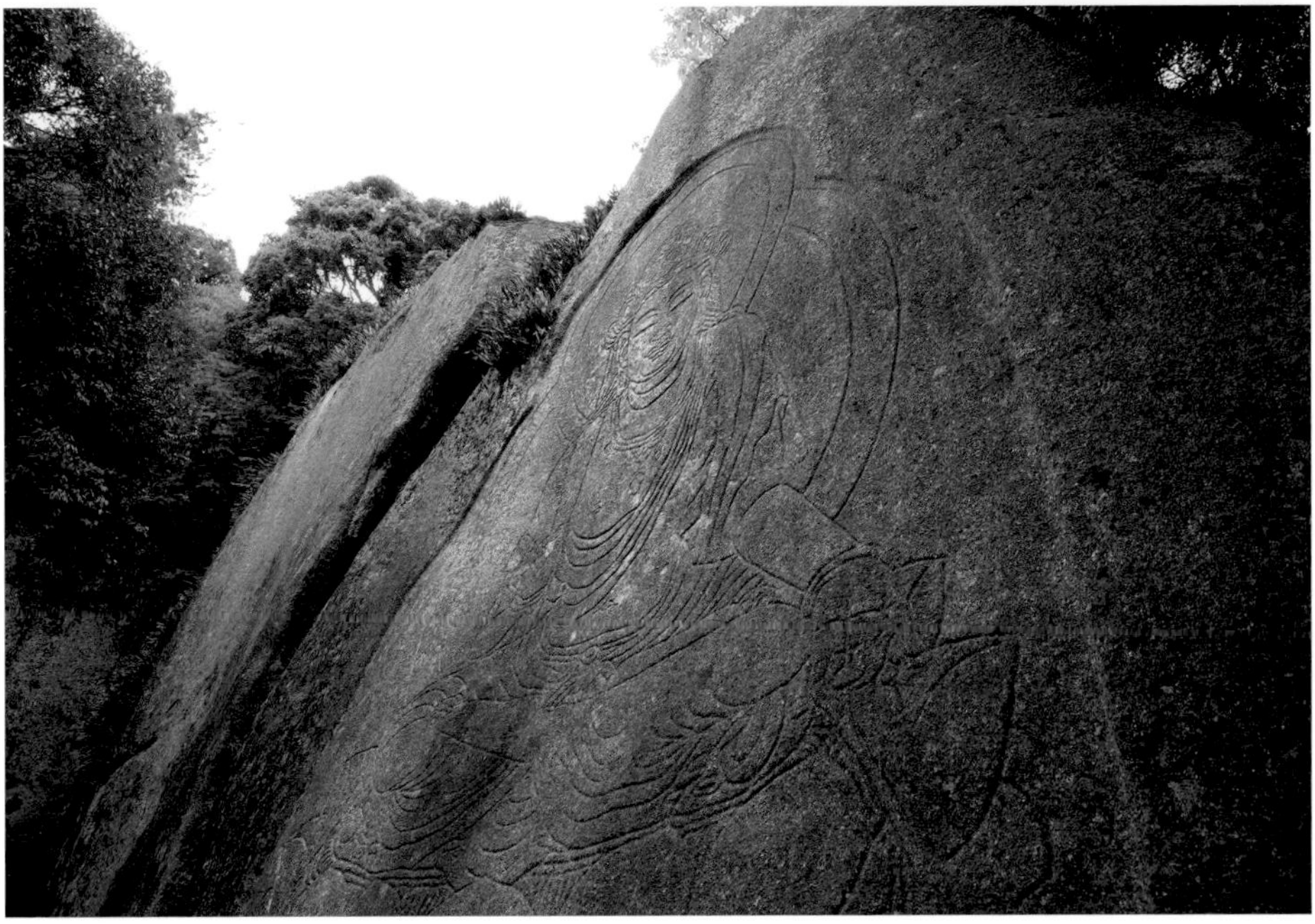

伝虚空蔵菩薩

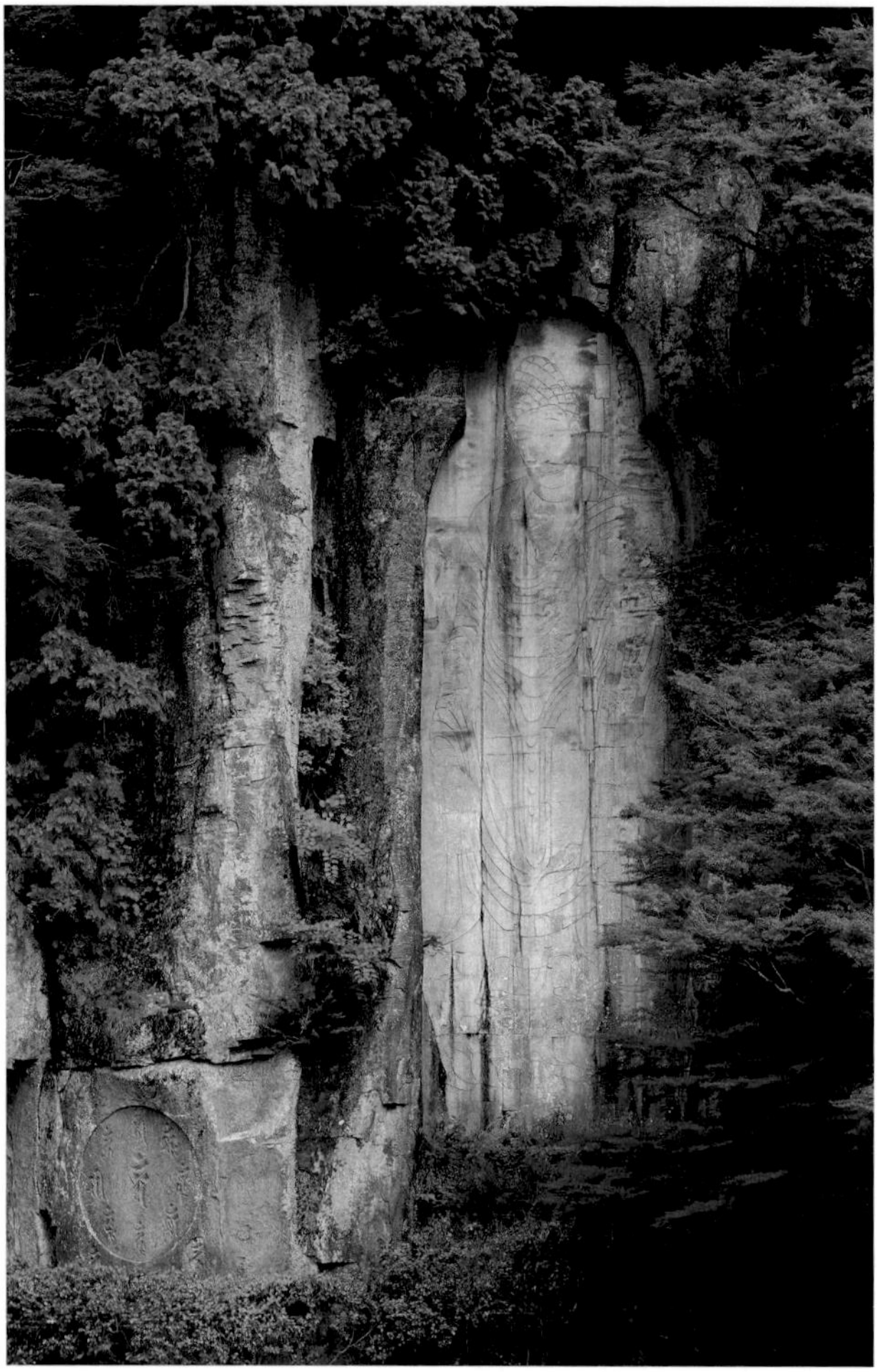

西日で浮かび上がる仏さま

弥勒磨崖仏《みろくまがいぶつ》

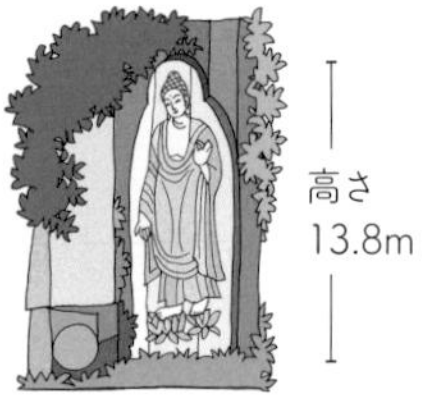

大野寺《おおのじ》

奈良県宇陀市室生大野1680
☎0745-92-2220
拝観時間　9:00〜17:00
（弥勒磨崖仏はお寺から川を挟んだ岸壁にあり時間外でも見ることができます）
駐車場あり

樹齢３００年のしだれ桜が有名な奈良の大野寺。その境内にあるお堂から切り取られるように見えるのは、離れた場所にある弥勒磨崖仏です。

お寺から宇陀川を挟んだ高さ33メートルの岸壁に13・８メートルの凹みを切り込み、弥勒磨崖仏が刻まれています。現在は焼失してしまい姿を見ることができない、京都の笠置寺の弥勒磨崖仏を模したと伝えられます。

線画なのでくっきりと姿が見えるわけではありません。ですが、私が参拝したのは夕刻で、西日が射し一瞬仏さまが浮かび上がって見えました。その光景が今も忘れられません。

column ⑭

奈良にあるピラミッド

史跡《しせき》 頭塔《ずとう》

ホテルウェルネス飛鳥路
奈良県奈良市高畑町778-1　☎0742-22-2857
見学希望の方は隣接するホテルフロントへ。予約不要で見学できます。車の場合は徒歩5分の県営高畑観光駐車場をご利用ください

私は古代にも世界史にもうといのですが、エジプトのピラミッドは、誰が？　何のために？　どうやって？　と多くの謎を秘めた存在だったと記憶しています。実は奈良にもあるんです。謎に満ちあふれた日本のピラミッドが。

　奈良の東大寺南大門から南に950メートルの場所に、奈良で一番の不思議スポット

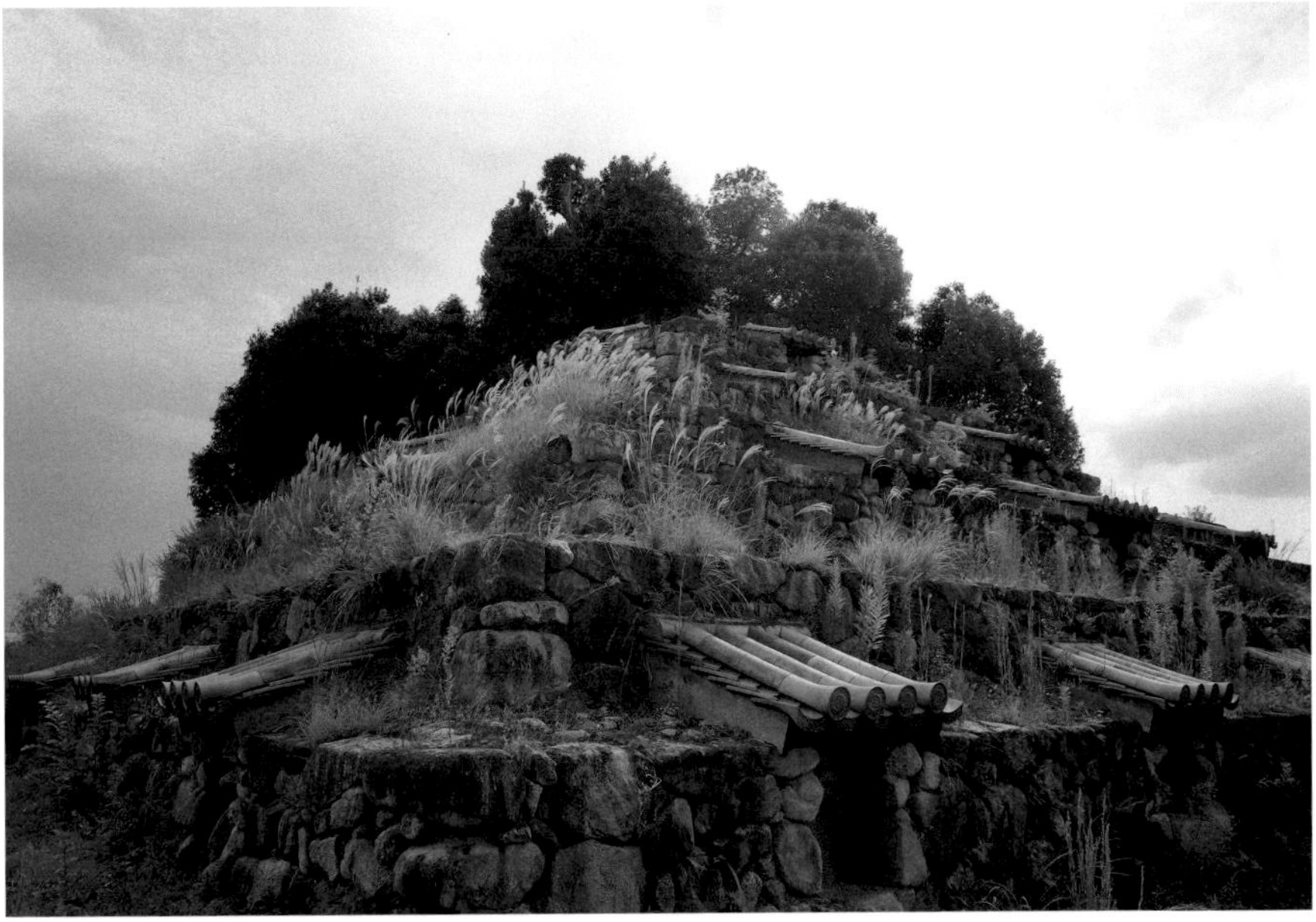

「史跡 頭塔」があります。記録によるとつくられたのは奈良時代後期。一辺32メートルの土台の上に7段の階段状の石積みがされた高さ約10メートルの四角錐状の塔で、形状はまさに小型ピラミッド。

　奇数段4段に11基ずつ、合わせて44基の石仏が立体曼荼羅的に配置されていたと考えられています。当時を想像すると、歴史好きならずともロマンを感じます。

　これが何なのかというと、仏舎利（釈迦の遺骨に見立てた宝物など）を収める仏塔だと考えられ、東大寺の位置を知らせる役割もあったのではないかと言われています。

　住宅地の中に突如として、こんな謎とロマンに満ちたピラミッドが現れるなんて、やはり奈良は歴史が違います。

日本で最も有名な大いなる仏さま

奈良の大仏《ならのだいぶつ》

「大仏」と言われて多くの日本人が最初に頭に思い浮かべるのはきっと奈良の大仏だと思います。知名度、歴史、大きさなど総合的にみて奈良の大仏の右に出るものはありません。日本一有名な大仏さまでしょう。

戦争や災害がつづいた時代、聖武天皇は仏教の力で国を救おうと大仏建立を発願。工事開始から6年後の天平勝宝3（751）年に奈良の大仏は完成しました。正式名は「盧舎那仏《るしゃなぶつ》」または「毘盧遮那仏《びるしゃなぶつ》」。あらゆるものに行き渡る光を具現化した仏さまです。現代に生きる私でさえ感動するのです。当時の人々の目に完成した大仏さまはどのように映ったのでしょう。我々には想像もできない衝撃だったのではないでしょうか。

私は何度も東大寺を参拝していますが、何度訪れても感動がなくなることはありません。南大門では左右を固める仁王像のカッコ良さに見惚れ、世界最大級の木造建築である大仏殿に圧倒され、大仏殿では大仏さまはもとより、如意輪観音、虚空蔵菩薩、四天王と巨像の数々に自分が小さくなったと錯覚するほど。ここには異空間体験の感動が凝縮されています。

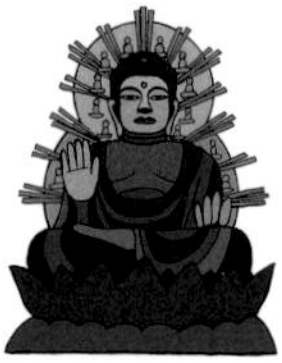

高さ
18.03m

東大寺《とうだいじ》

奈良県奈良市雑司町406-1　☎0742-22-5511
大仏殿拝観時間　4～10月 7:30～17:30
　　　　　　　　11～3月 8:00～17:00
❗：回廊内、大仏殿内での撮影は自由ですが、
三脚の使用はご遠慮ください

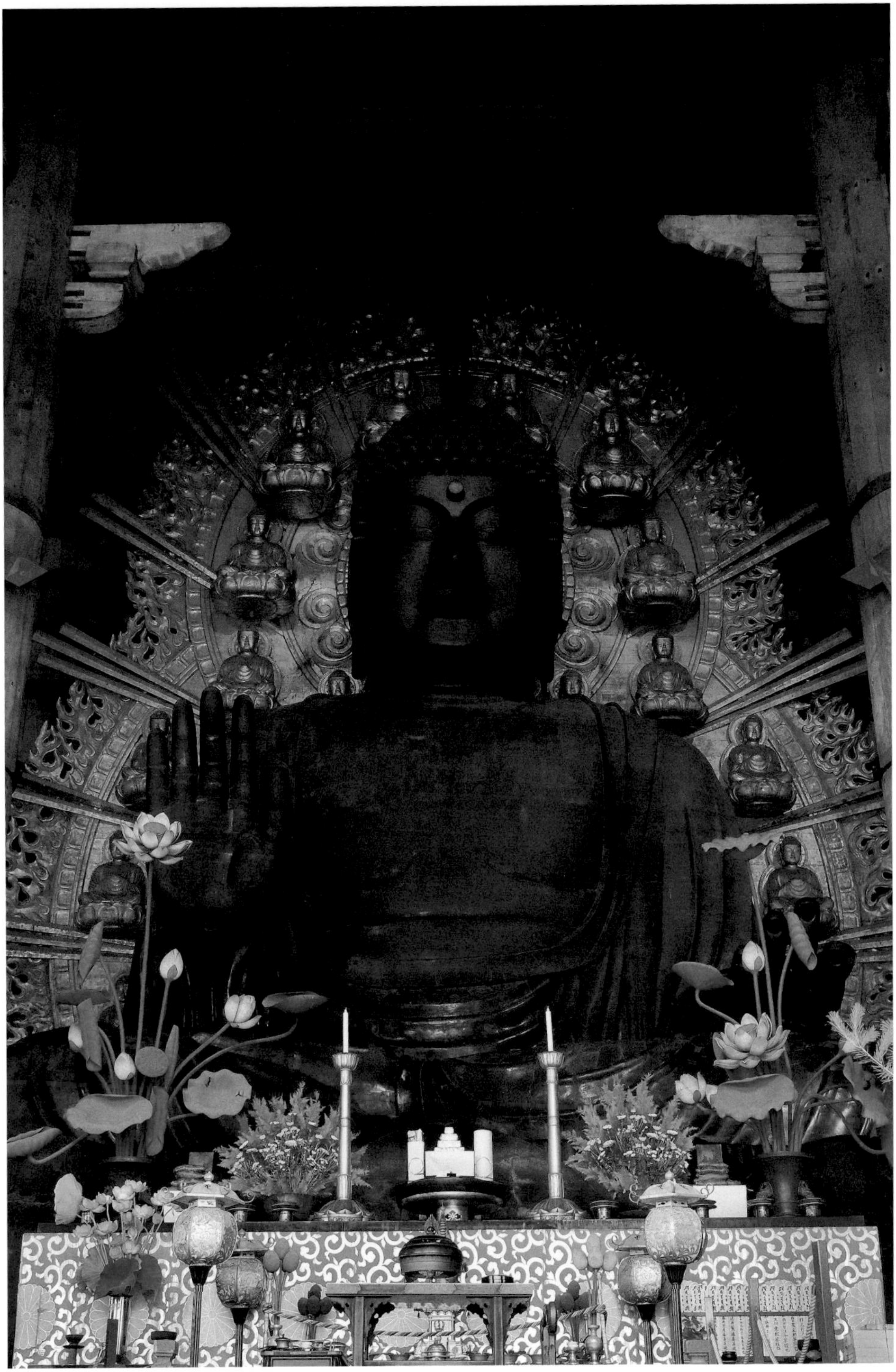

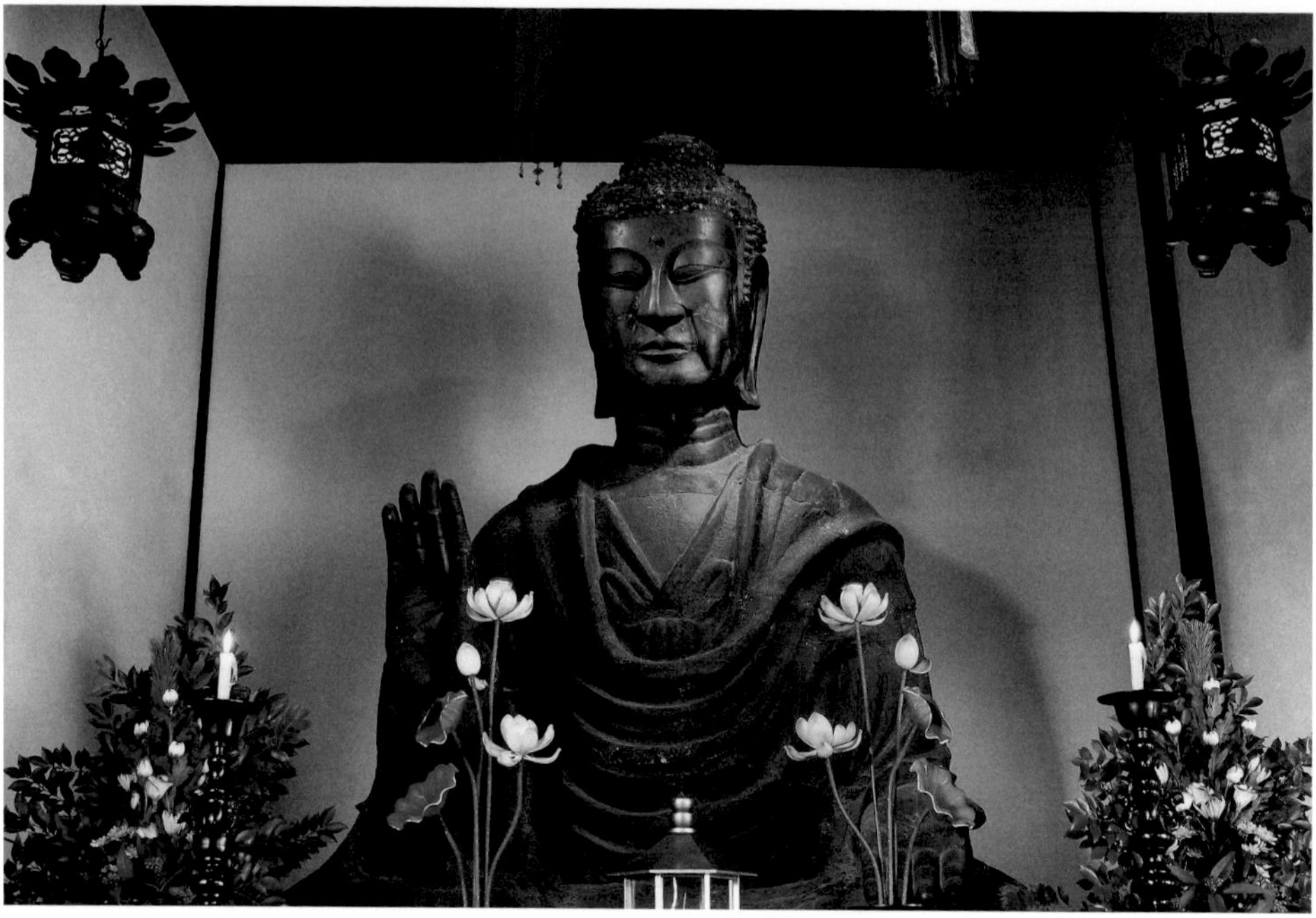

仏像界のレジェンド　１４００歳の大仏

飛鳥大仏《あすかだいぶつ》

はるか昔、日本の中心地だった奈良県の明日香村に、蘇我馬子により創建された日本初の本格寺院、飛鳥寺。この飛鳥寺に１４００年も前から座りつづける、日本最古の仏像が飛鳥大仏です。

飛鳥大仏の長い歴史は平坦なものではありませんでした。幾度となく危機が訪れ、火災で損傷を受けるたび修復を積み重ね、体のあちこちに傷を残しながらも不屈の精神で座りつづけています。その姿を前にすると「今日までここに居てくださって、ありがとうございます」と手を合わせずにはいられません。レジェンドの姿をぜひ目に焼き付けてください。

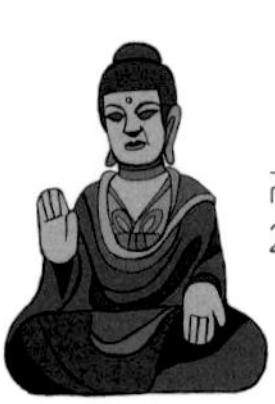

高さ
2.75m

飛鳥寺《あすかでら》
奈良県高市郡明日香村飛鳥682
拝観時間　4〜9月 9:00〜17:30／10〜3月 9:00〜17:00
最終受付は15分前まで
駐車場あり（有料）

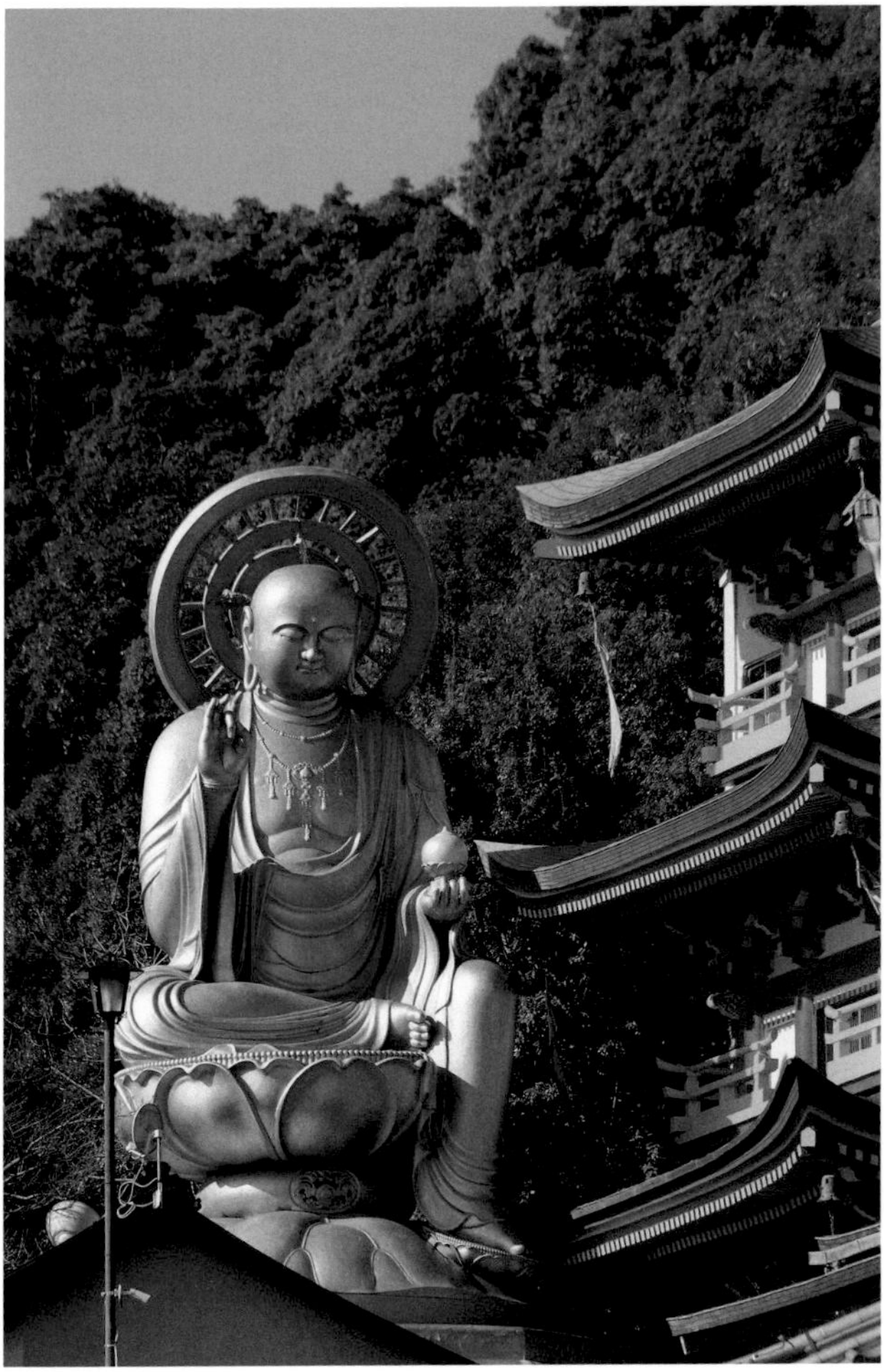

信貴の山から常に奈良を見守る 日本一大地蔵尊《にほんいちだいじぞうそん》

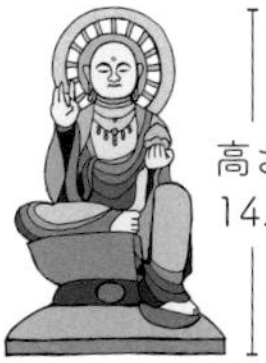

信貴山 玉蔵院《しぎさんぎょくぞういん》

奈良県生駒郡平群町信貴山
2280
☎0745-72-2881
駐車場あり

信貴山朝護孫子寺《しぎさんちょうごそんしじ》は奈良と大阪とを隔てる信貴山の奈良側にある古刹です。山の地形を利用した境内は急な登り坂も多くありますが、辿り着いた先には遠く奈良盆地まで望むことができる絶景が待っています。

そんな絶景のお寺の宿坊のひとつである玉蔵院《ぎょくぞういん》に、銀色に輝く大きなお地蔵さまがあります。昭和8年建立のモルタル製、総高は14メートルを越える日本一大地蔵尊です。左足をおろした座り方は「願えばただちに救いに行くぞ」という気持ちの現れ。山の上から人々を救おうと準備態勢を崩さず、常に奈良を見守っています。

美しい自然とインド渡来の石仏の融合

天竺渡来大釈迦石像《てんじくとらいだいしゃかせきぞう》
天竺渡来大観音石像《てんじくとらいだいかんのんせきぞう》

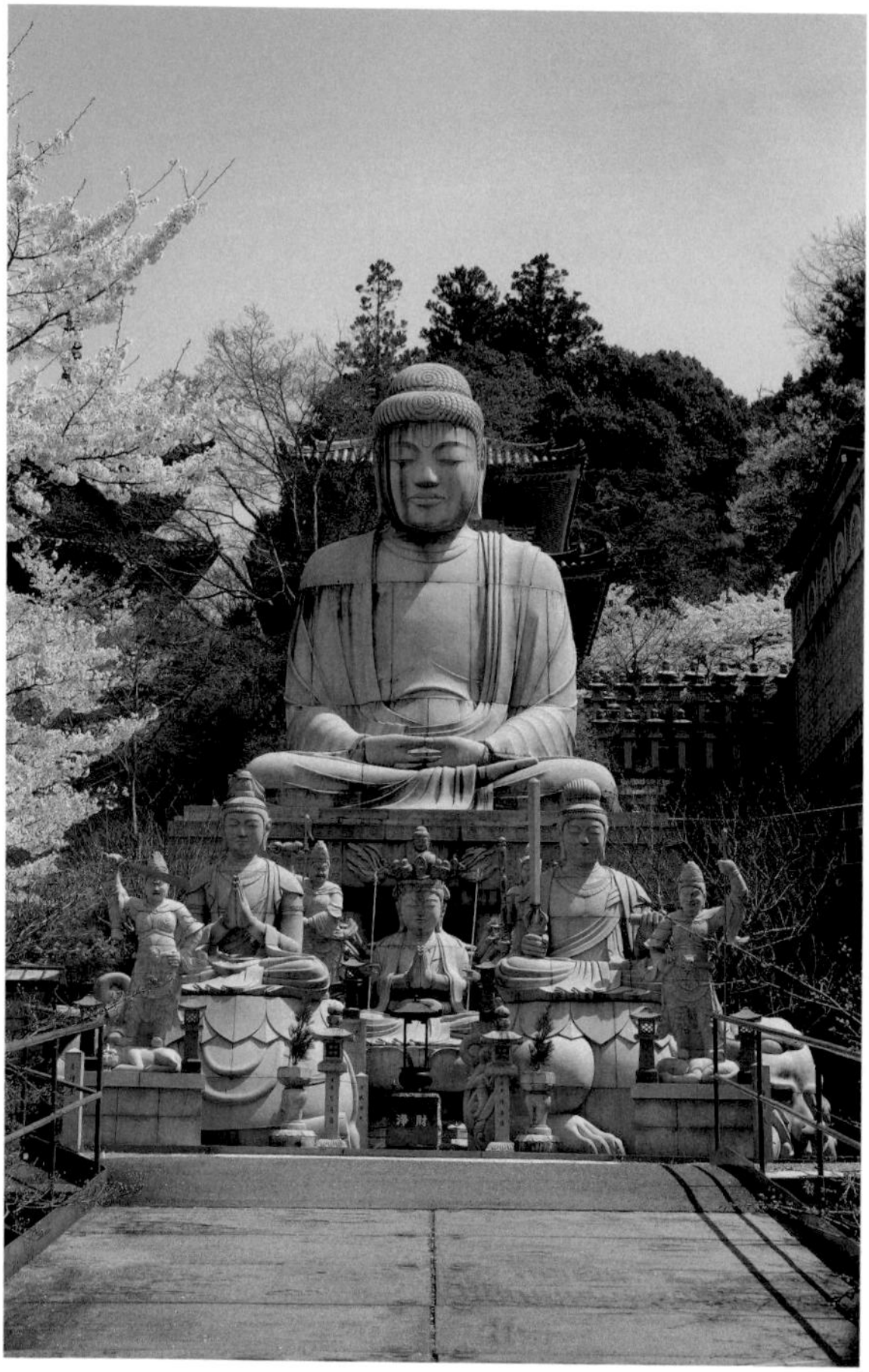

天竺渡来大釈迦石像

春になり各地から桜の開花情報が聞こえてくると、私は居ても立ってもいられなくなります。大仏さまのある桜の名所は日本中に数多く存在しているからです。私が今まで行った中で特に印象深かったのが、奈良の壺阪寺です。

壺阪寺は桜の名所吉野山に近い壺阪山にあります。吉野山も桜で有名ですが、広い境内に多くの石仏がある壺阪寺は、桜と大仏、桜と貴重な建造物を同時に観ることのできる桜の名所です。

東京から5時間、バスを降り見えた壺阪寺は満開の桜であふれかえるようでした。仁王門をくぐると右手に現れるのが天竺渡来大釈迦石像です。台座を含め15メート

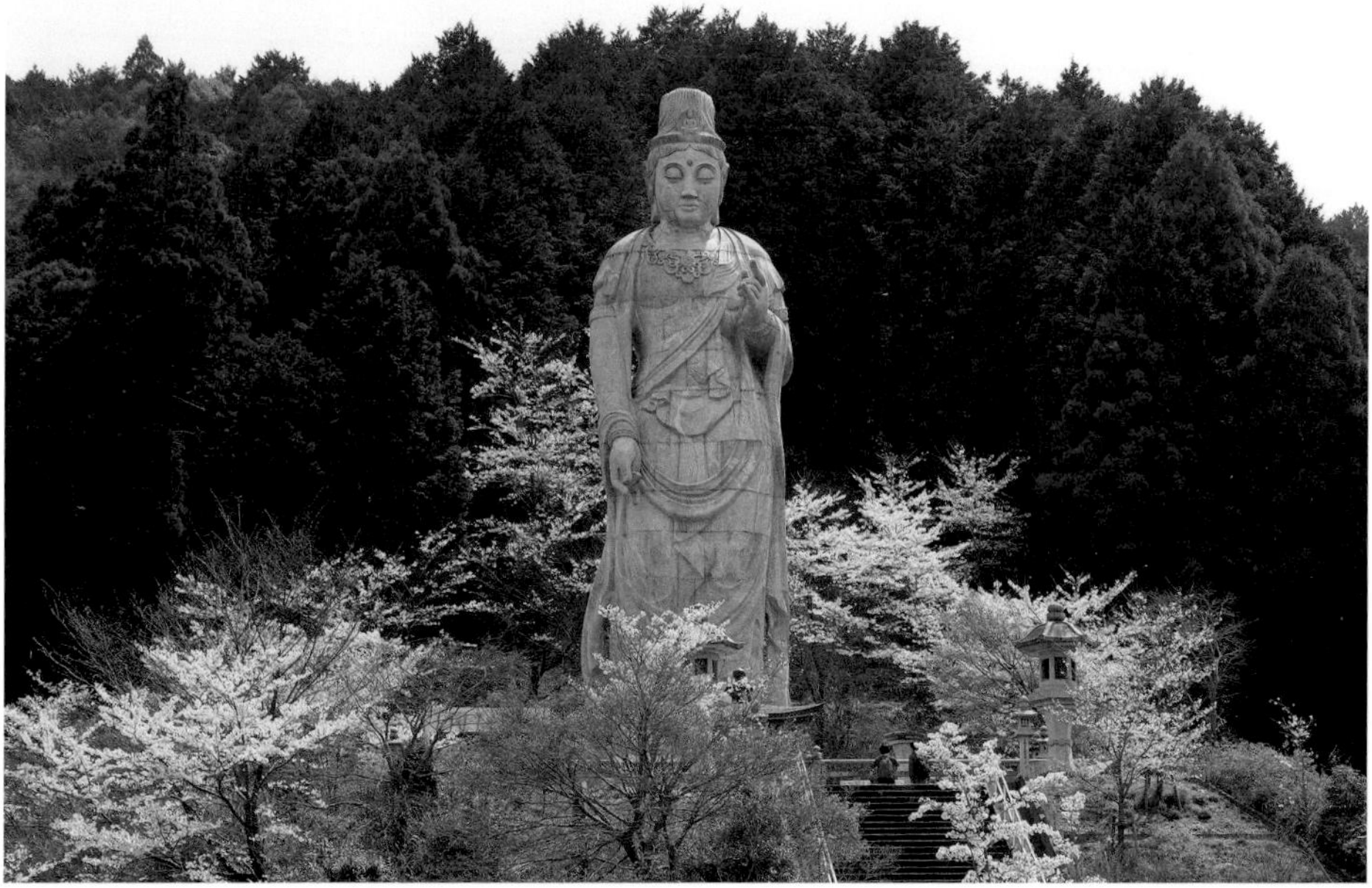

天竺渡来大観音石像

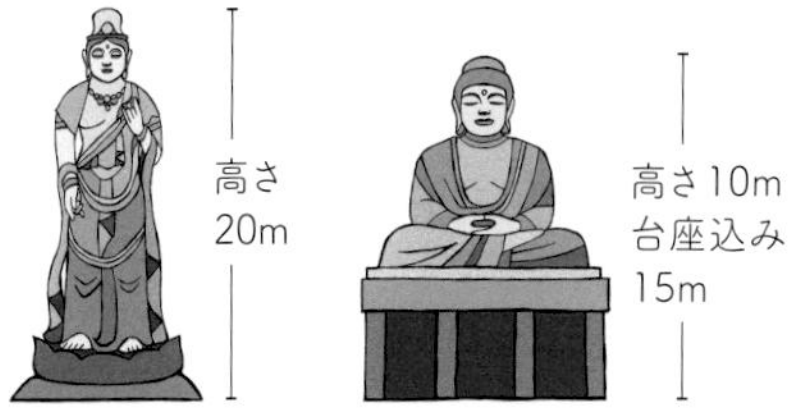

天竺渡来大観音石像　天竺渡来大釈迦石像

壺阪寺

つぼさかでら

奈良県高市郡高取町壺阪3
☎0744-52-2016
近鉄吉野線 壺阪山駅下車 壺阪寺前行きバス10分
開門時間　8:30～17:00
駐車場あり（有料）

ルあるこの大仏さまの下には、それぞれ約5メートルの十一面千手観音、文殊菩薩、普賢菩薩が並び、さらに四天王が周囲をかためます。これだけにとどまりません。壺阪寺で最大の天竺渡来大観音石像は全長20メートル。重要文化財の禮堂や三重塔を通り、境内を横切る県道の下をくぐるとある、山の斜面を利用した見晴らしの良い場所に立っています。そこから山全体、ひいては里までも見守っているようです。

　壺阪寺はインドとの交流が深く、境内に並ぶ石像はインド渡来のもの。インドと日本、そして自然の美しさが融合し独自の世界をつくり出しています。

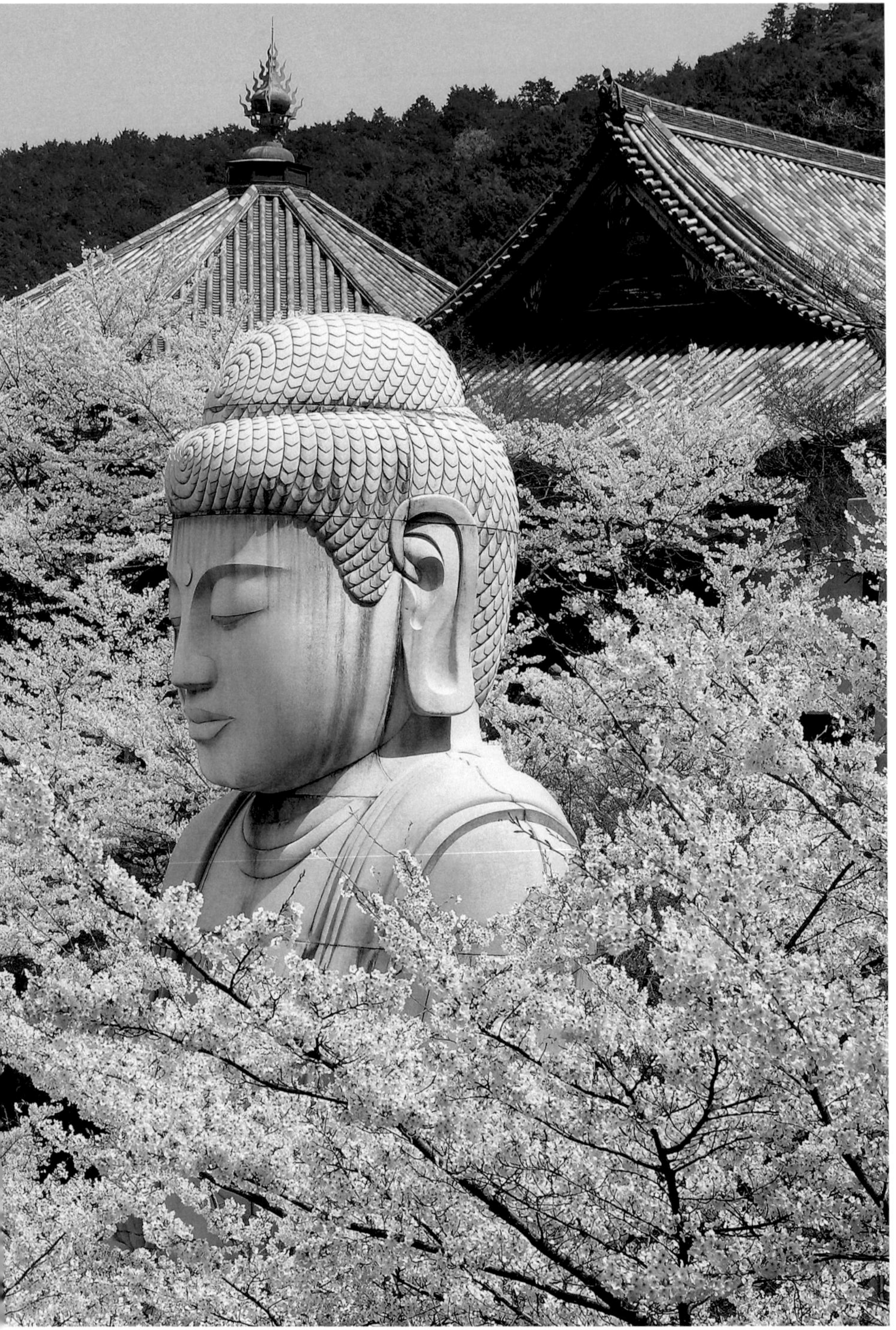

桜の衣を纏ったように見えるため「桜大仏」と呼ばれる天竺渡来大釈迦石像

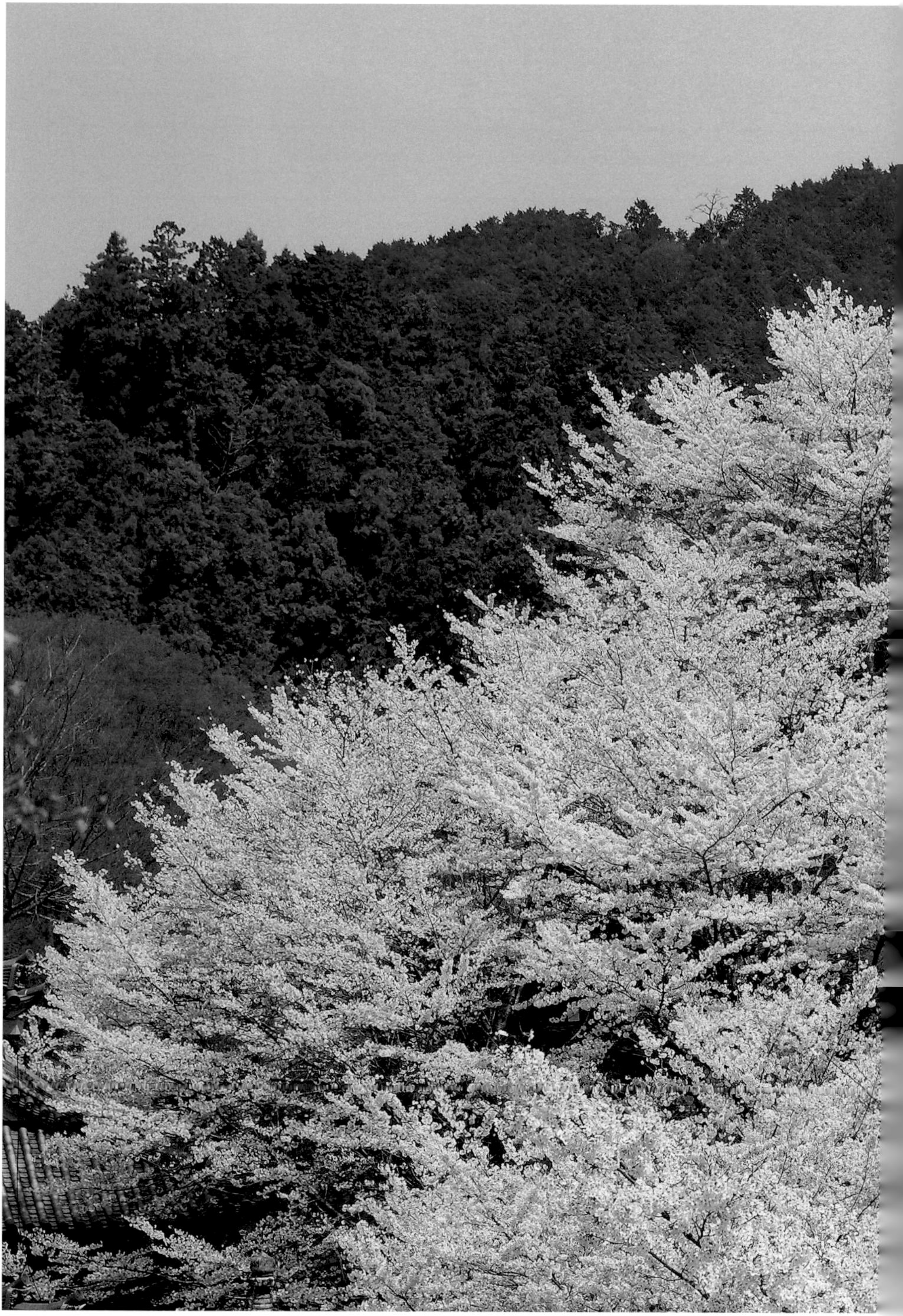

column ⑮

カワイイ
おすすめ大仏グッズ
集める大仏

愛されている大仏さまには、必ずその大仏さまをモチーフとしたグッズがあるものです。この本の中でご紹介している神社仏閣、またその周辺ショップで販売されている、大仏モチーフのグッズの中から特に カワイイおすすめのものを厳選してご紹介します。

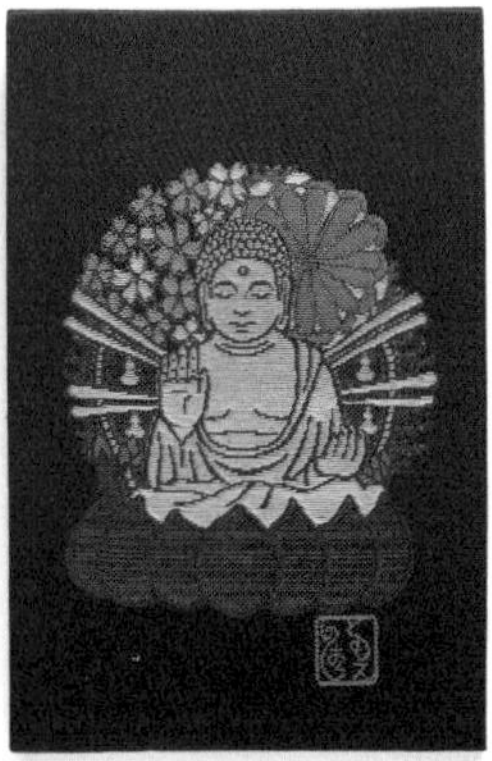

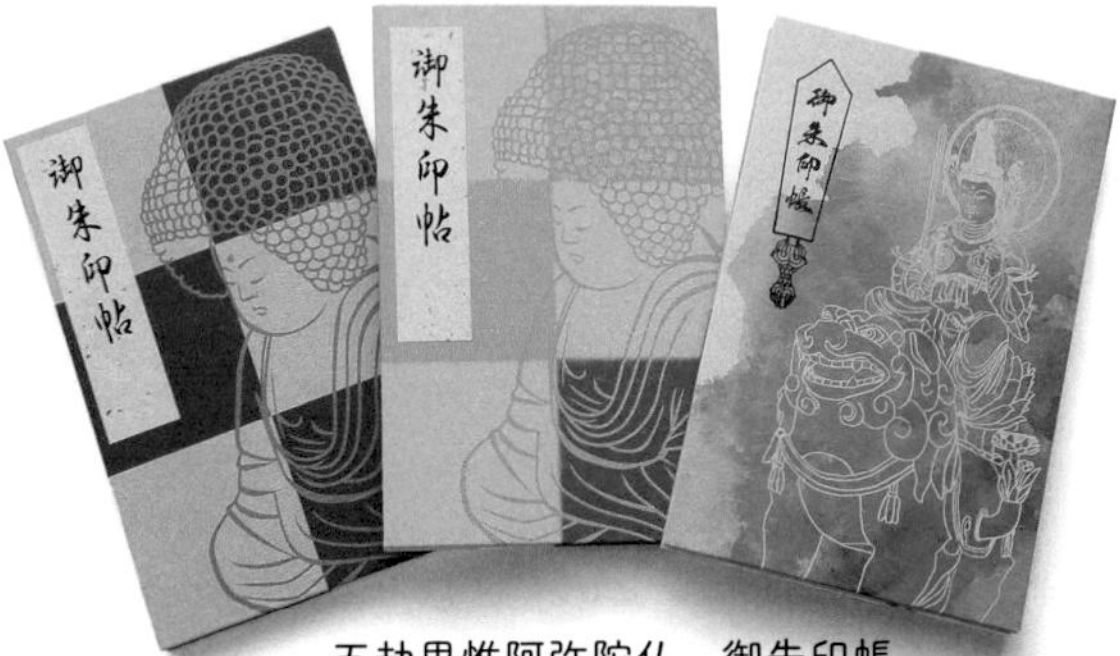

五劫思惟阿弥陀仏　御朱印帳

五劫思惟阿弥陀仏の２種類に加え、学業成就の文殊さまの新作が登場しました。どれもアーティスティックな御朱印帳。（五劫思惟阿弥陀仏 P67）

奈良の大仏 御朱印帳

仏像通として知られる、篠原ともえさんデザインの御朱印帳。光背に花が散りばめられているのがとても可愛い。

（奈良の大仏 P76）

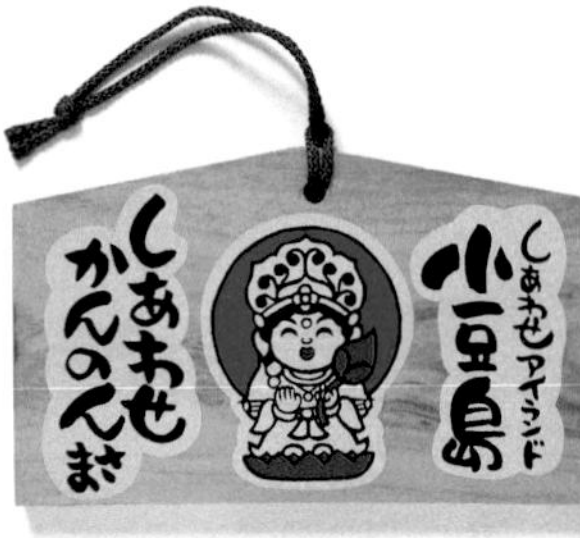

小豆島大観音 絵馬

観音さまの笑顔が可愛らしい絵馬。お寺でお受けするのが一番ですが、郵送もしてくれます。

（小豆島大観音 P124）

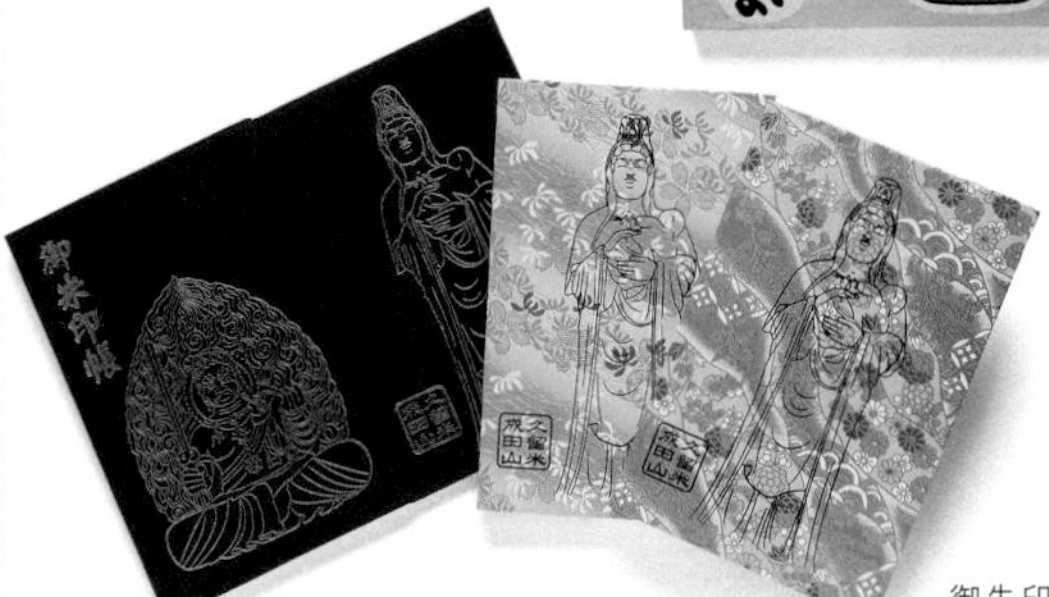

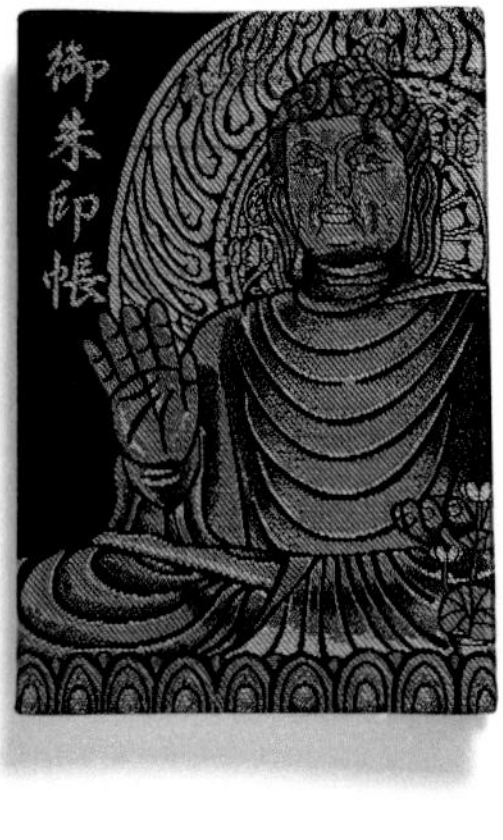

越前大仏
御朱印帳

御朱印帳からはみ出す勢いが大仏さまの大きさを感じさせ、リアルに似ています。

（越前大仏 P26）

救世慈母大観音　御朱印帳

ベーシックな無地の紺色に対し、華やかなピンクとオレンジの花柄。この他に水色と黄色もあり、種類が豊富で迷います。

（救世慈母大観音 P150）

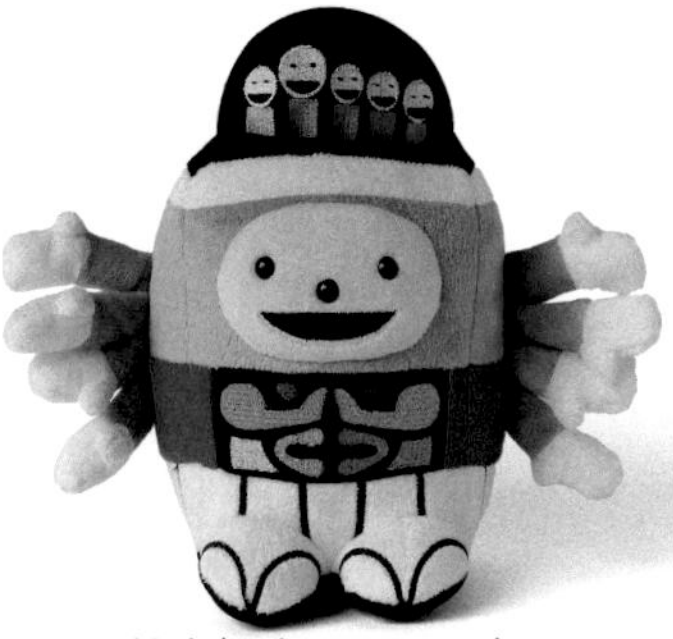

たか鍋大師くん　ぬいぐるみ

高鍋大師の十一面観音は「たか鍋大師くん」という高鍋町のキャラクターになり、町のために活躍しています。他にもボールペン、グラスもあります。
高鍋商工会議所 ☎0983-22-1333
（高鍋大師 P184）

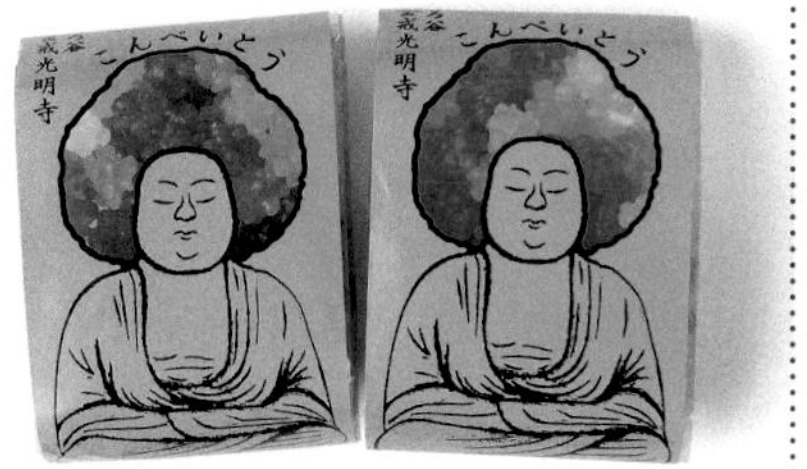

**五劫思惟阿弥陀仏
こんぺいとう**

アフロのような大きな頭のボツボツをこんぺいとうに見立てた、ファンキーでキュートな商品。

（五劫思惟阿弥陀仏 P67）

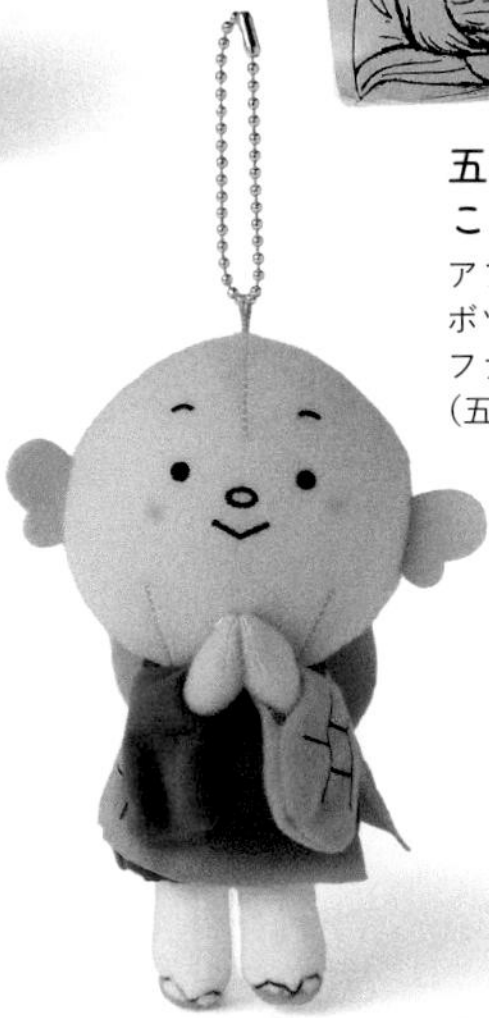

こだいっちゃん 人形

今山大師の多聞（ききわけ）大師をモチーフにしたキャラクター「こだいっちゃん」。人形の他にもストラップやポストカードなどがあります。

（今山大師銅像 P183）

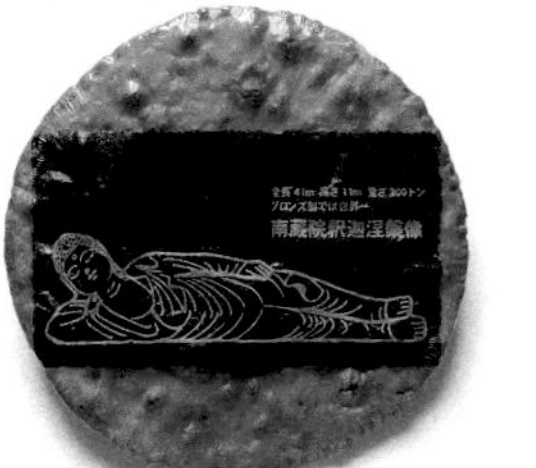

南蔵院　オリジナルのり大丸

南蔵院の売店で販売されているおせんべいには、のりに涅槃像がプリントされています。おせんべいもビッグな直径20センチ。

（釈迦涅槃像 P146）

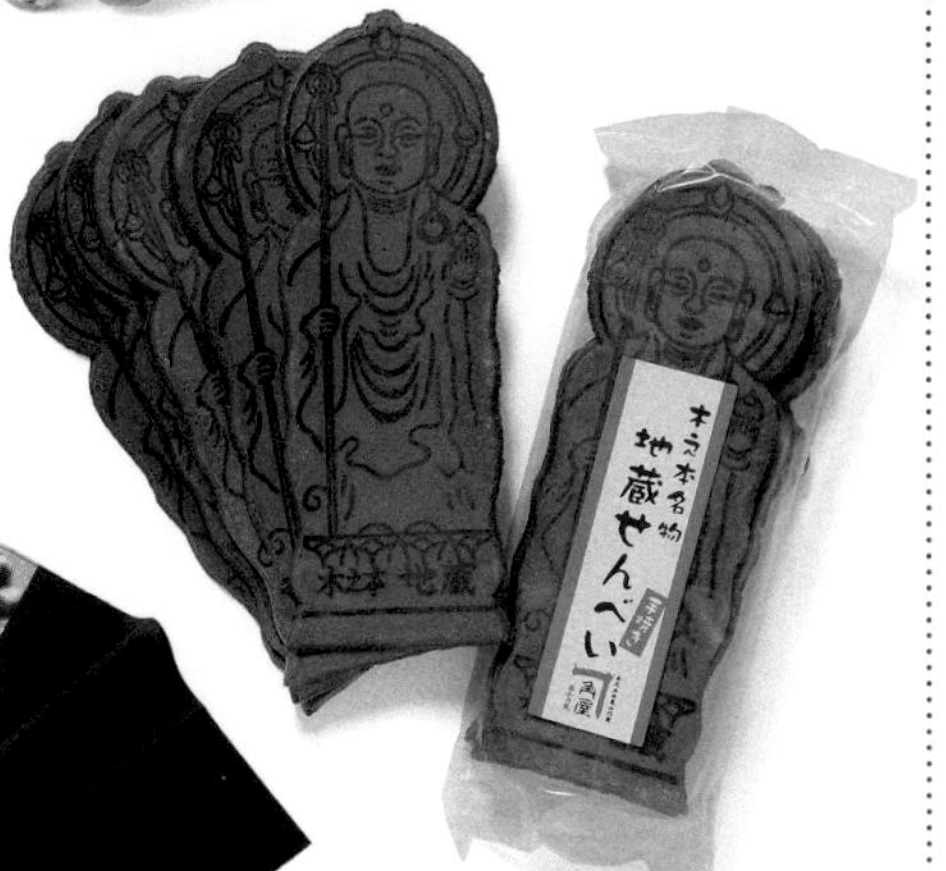

地蔵せんべい

木之本地蔵院の側の「菓子乃蔵 角屋」で販売されている、地蔵せんべい。懐かしい味で何枚でも食べられます。角屋２階はカフェスペースで窓から木之本地蔵院が見えます。
菓子乃蔵 角屋
滋賀県長浜市木之本町木之本1072
☎0749-82-2031
（木之本地蔵銅像 P62）

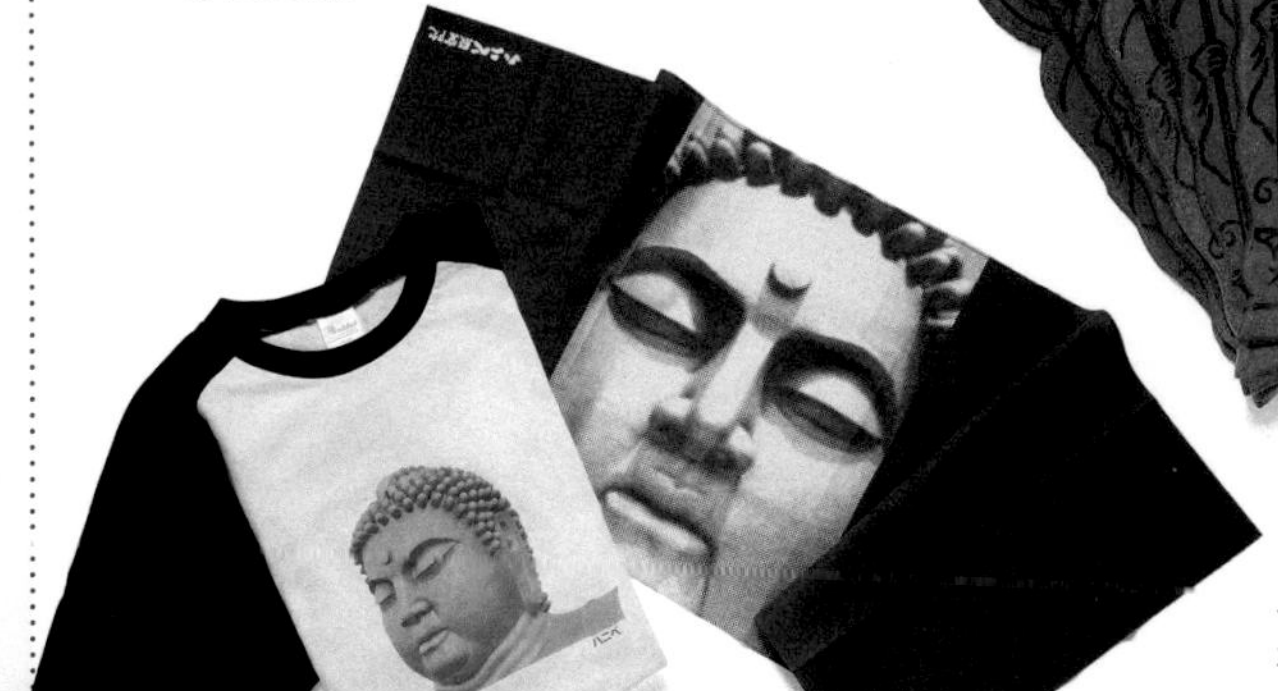

ハニベ大仏　Tシャツ/てぬぐい

Tシャツは黒と青（色は変更する場合あり）、てぬぐいは茶と黒の2色展開。どちらもインパクト抜群。周囲の目を釘付けにすること間違いなし。

（ハニベ大仏 P22）

column ⑯

奈良に行ったら買って帰りたい

奈良みやげ

奈良のショップにはやはり大仏さまをモチーフにしたお土産品が多く並んでいます。その中でもこれを買って帰ったらきっと喜ばれる。奈良の定番、おすすめ商品をご紹介します。

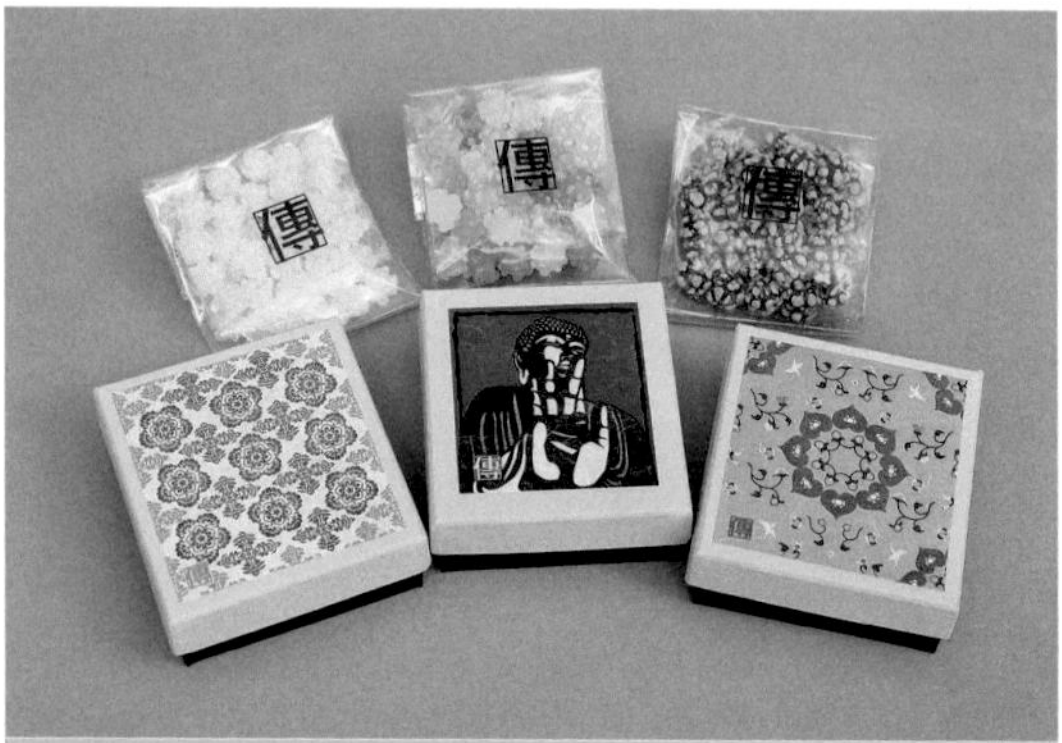

奈良こんふぇいと

箱も中身も上品で可愛く、お土産として嬉しいサイズ感。箱の絵柄が豊富で選べるのも楽しく、私は必ず大仏さま柄を購入します。

砂糖傳増尾商店
奈良県奈良市元興寺町10
☎0742-26-2307

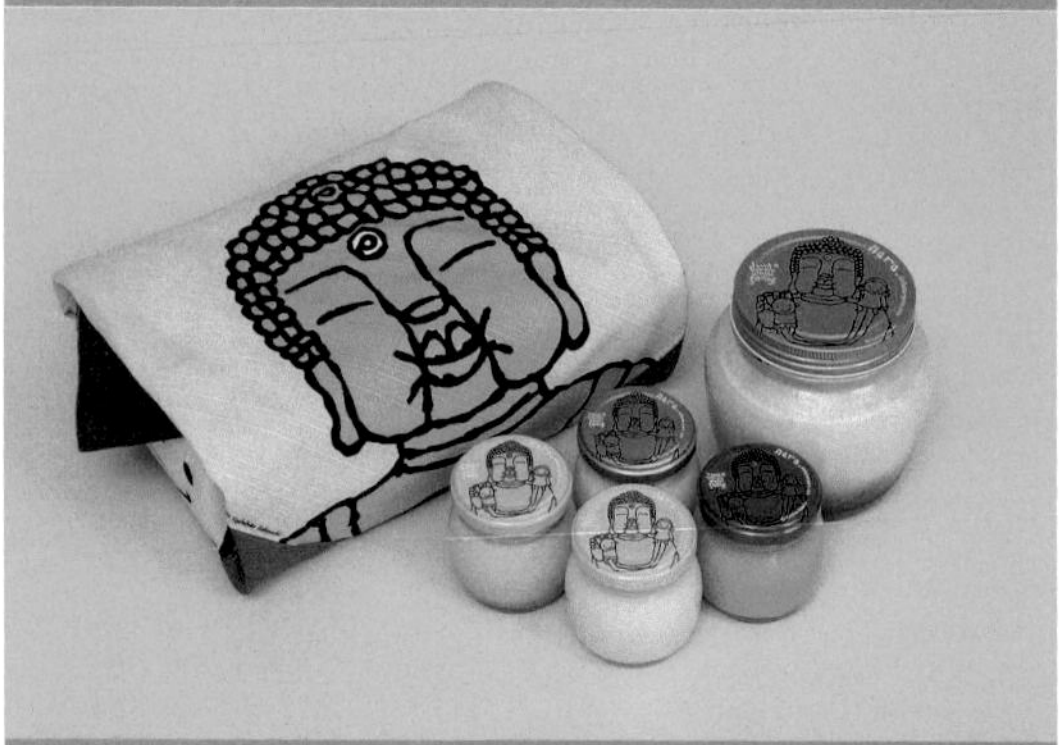

まほろば大仏プリン

濃厚でクリーミーなまほろば大仏プリンはどれも美味しく、瓶も洗って再利用したい可愛らしさ。写真のふろしき包みに入れてプレゼントすればさらに喜ばれそう。

まほろば大仏プリン本舗 本店
プリンの森・カフェ
奈良県奈良市奈良阪町1073
☎0742-23-7515

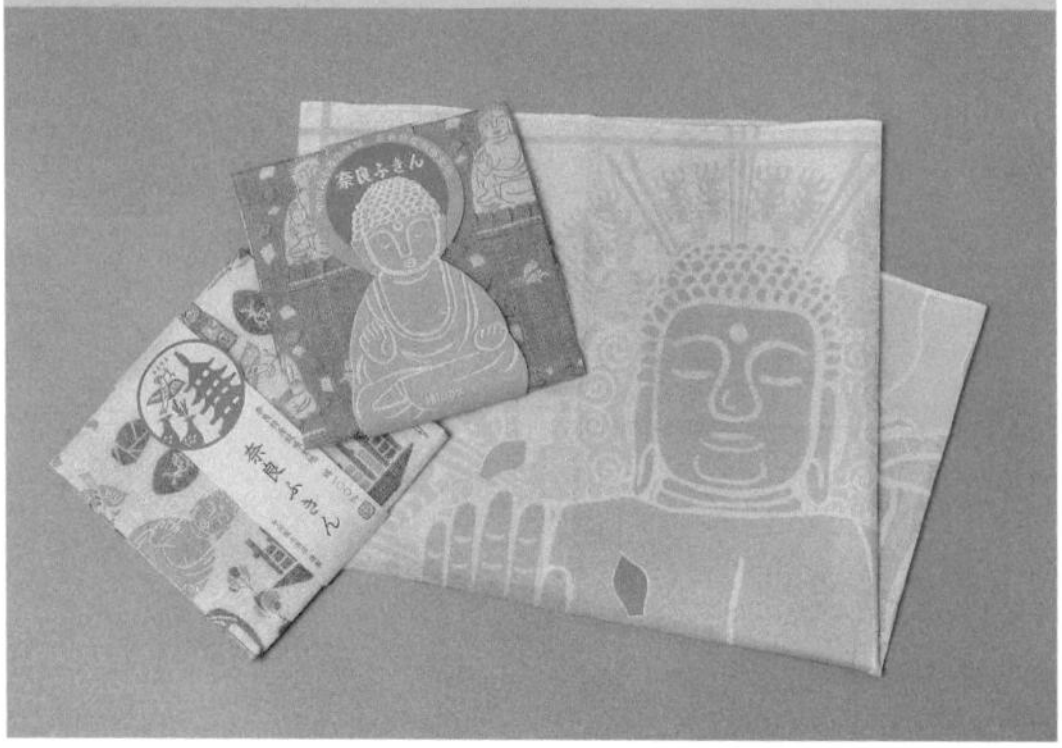

奈良はんかち
奈良ふきん

大仏さまモチーフのハンカチは奈良限定柄。奈良ふきんは大仏柄は当然ながら、奈良にまつわるモチーフのふきんも可愛く、つい複数枚購入しがち。

日本市 奈良三条店
奈良県奈良市角振新屋町1-1
ファインフラッツ奈良町三条1F
☎0742-23-5650

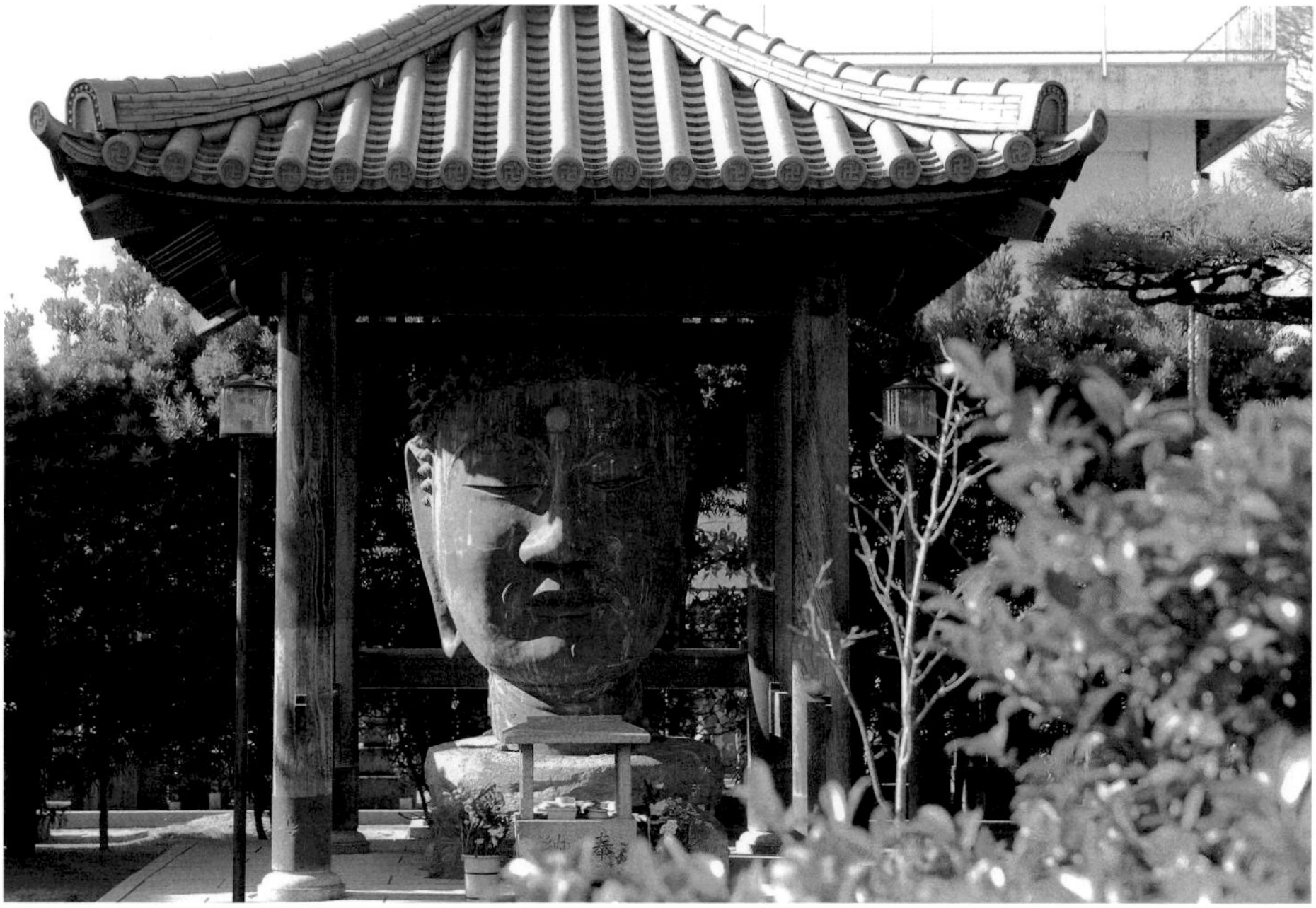

お顔だけの気さくな大仏

首大仏《くびだいぶつ》

和歌山市内の寺院が立ち並ぶ一角にある無量光寺には「お首さん」と呼ばれ親しまれる頭部のみの大仏さま、首大仏があります。元々は頭部のみでなく5メートルの全身を伴う大仏さまでした。ところが火災で焼失してしまい、残った銅で首のみを再建。資金不足のため全身をつくることは断念されたそうです。

一般的に大仏さまは触れられるとしても蓮華座や足に限られます。ですが首大仏はお顔に触れることもできる大変気さくな仏さま。頭部のみであることが大仏さまをより身近にしています。お顔に触れる際はどうぞ優しく触れてください。

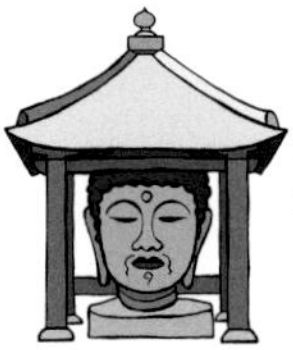

高さ
3m

無量光寺《むりょうこうじ》

和歌山県和歌山市吹上5-1-35　☎073-423-5738
拝観時間　8:00～17:00
駐車場あり
❶：大仏さまは触れることができますが、優しく触れるようにお願いします

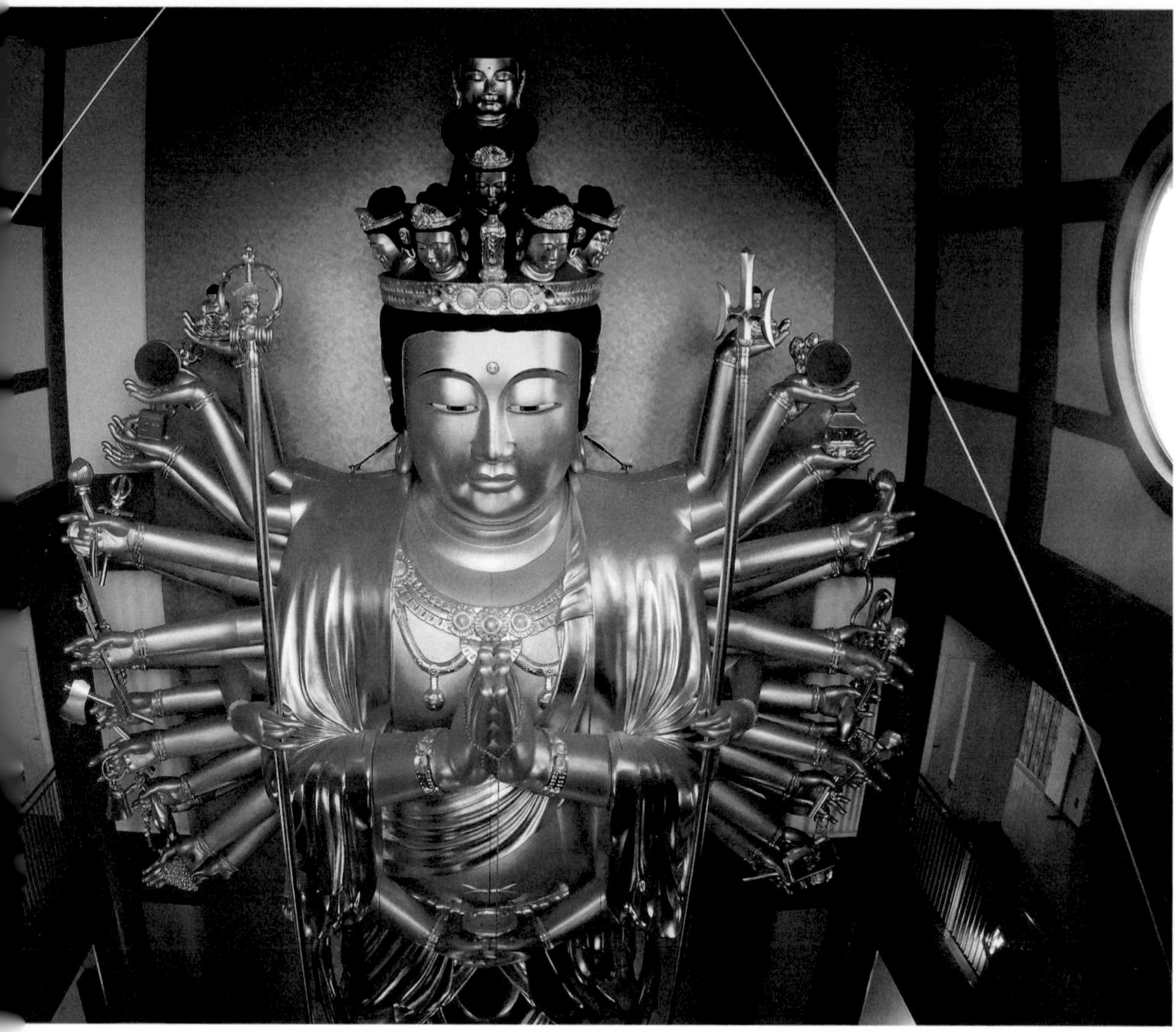

日本最大級の大きさと輝き

大千手十一面観世音菩薩《だいせんじゅじゅういちめんかんぜおんぼさつ》

日本最大の寄木立像の観音さまがあると聞き、紀三井寺へ向かいました。

楼門をくぐると現れたのは、そそり立つような２３１段の階段。その先の見えなさに一瞬目眩がしましたが、なんとか登りきって振り返ると、眼下には和歌浦湾を望む絶景が広がっていました。

紀三井寺は今から１２５０年前の奈良時代に、唐僧である為光上人が、この山の中で金色に輝く観音さまと出会い開いたとされるお寺です。まさに上人が会われた金色の観音さまを再現したような、

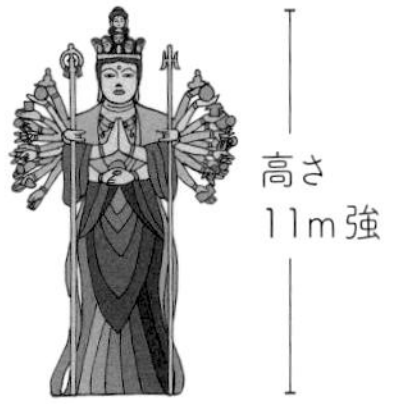

紀三井寺

きみいでら

和歌山県和歌山市紀三井寺1201
JR紀三井寺駅下車 徒歩10分
☎073-444-1002
仏殿大観音像拝観時間
　8:30～16:30
駐車場あり
❗：新仏殿の観音さまは撮影可（ストロボ撮影不可）、3階へは展望料が別途必要になります

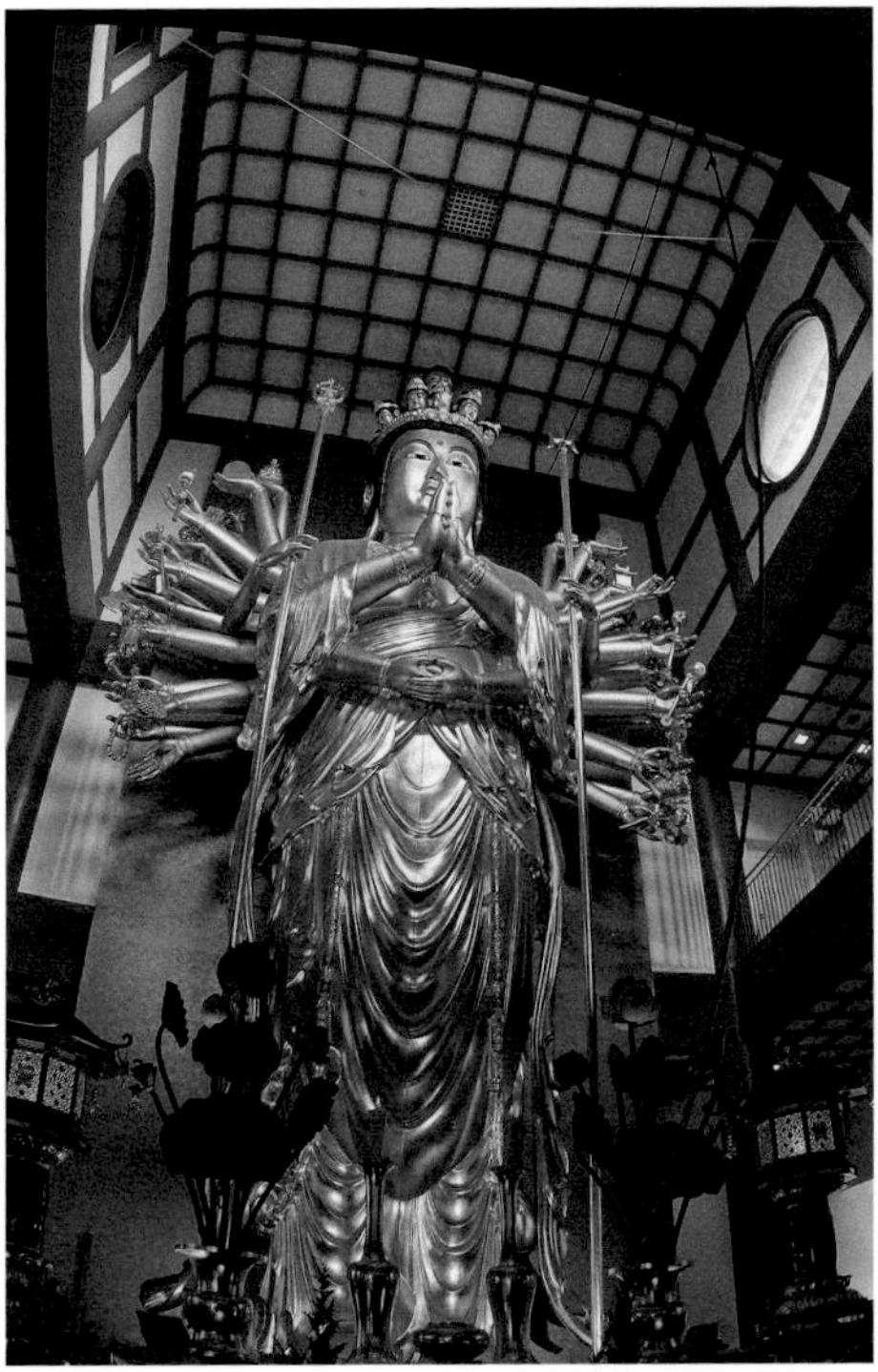

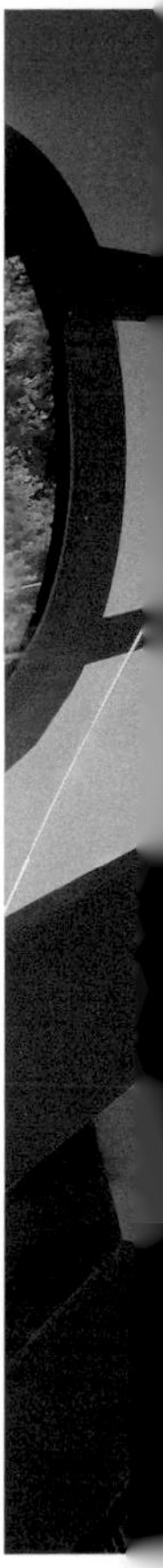

まばゆい大千手十一面観世音菩薩像が平成20年、新仏殿に入仏されました。3階建ての新仏殿にすっぽりと入る観音さまは像高約11メートルの総漆金箔仕上げ。大きさもさることながら、金色に輝く姿に圧倒されます。

　この新仏殿の3階は展望テラスのようになっていて、展望料を納めると上がることができます。このテラス、景色も美しいですが、先ほどは下から見上げていた観音さまを、お顔の高さで窓から拝めるのが素晴らしいのです。観音さまのお顔を間近で拝見し、心が震えるような感覚でした。

　新仏殿以外にも本堂には貴重な仏像が多くありますし、桜の名所としても知られます。２３１段の階段を登った先で得られるものは大きいと思います。

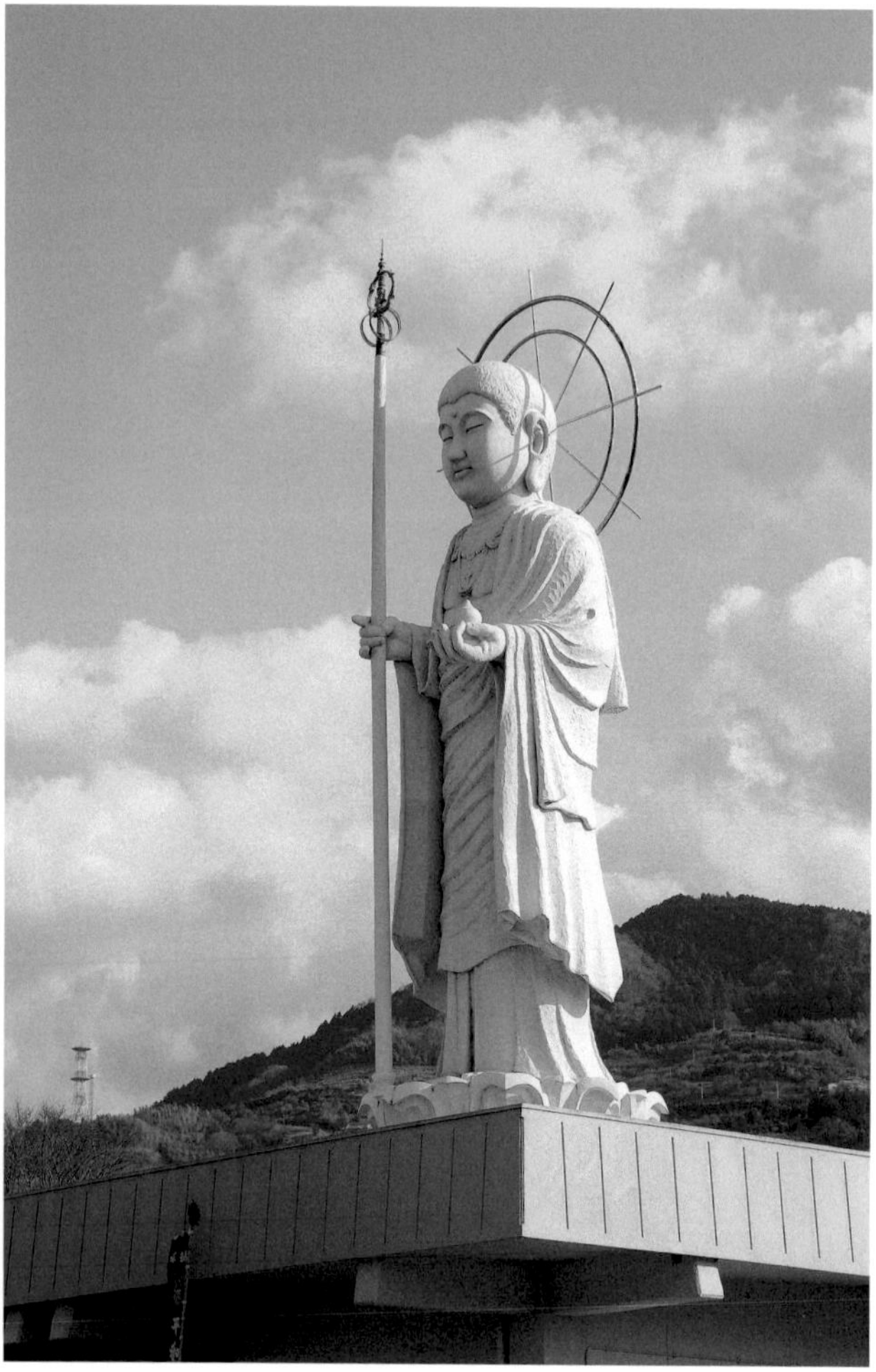

平和祈念像《へいわきねんぞう》

平和を願う公園のお地蔵さま

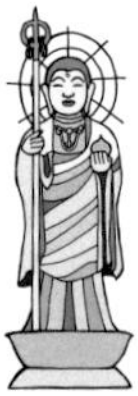

かつらぎ公園

和歌山県伊都郡かつらぎ町大字丁ノ町2530-1
☎0736-22-6545（かつらぎ町平和祈念館）
400m先に公園専用駐車場あり

終戦後日本にはたくさんの平和を願う像が建てられました。戦後70年の時が経ち、なくなっていくものもある中で、かつらぎ公園にある平和祈念像は、地元の人々の手で大切にされている像のひとつだと思います。

本堂を台座にして立つこの像は、平和祈念像としては珍しい北向きの地蔵菩薩像。親しみのあるニッコリ笑顔が優しげです。毎月24日には本堂が開門され、写経と平和の発信が行われています。私が訪れた時、扉は閉まっていましたが、公園に遊びに来た子どもがお地蔵さまに手を合わせている姿にほっこりさせられました。

column ⑰

たぶん日本一大きなカエル

かえる橋

高さ20m
長さ133m

和歌山県日高郡印南町印南2570付近
阪和自動車道印南ICから車で2分
旧町役場の駐車場が利用可能

印南インターチェンジで高速道路を降りると、前方に真っすぐ鮮やかな赤のアーチ状の橋が見えてきます。橋が近づくにしたがって、上部にふたつの目が付いていること、目と目の間に黄色いカエルが乗っていること、そしてアーチ自体もどうやらカエルであるということに気づき、徐々に笑顔に変わっていく自分にも気づきます。

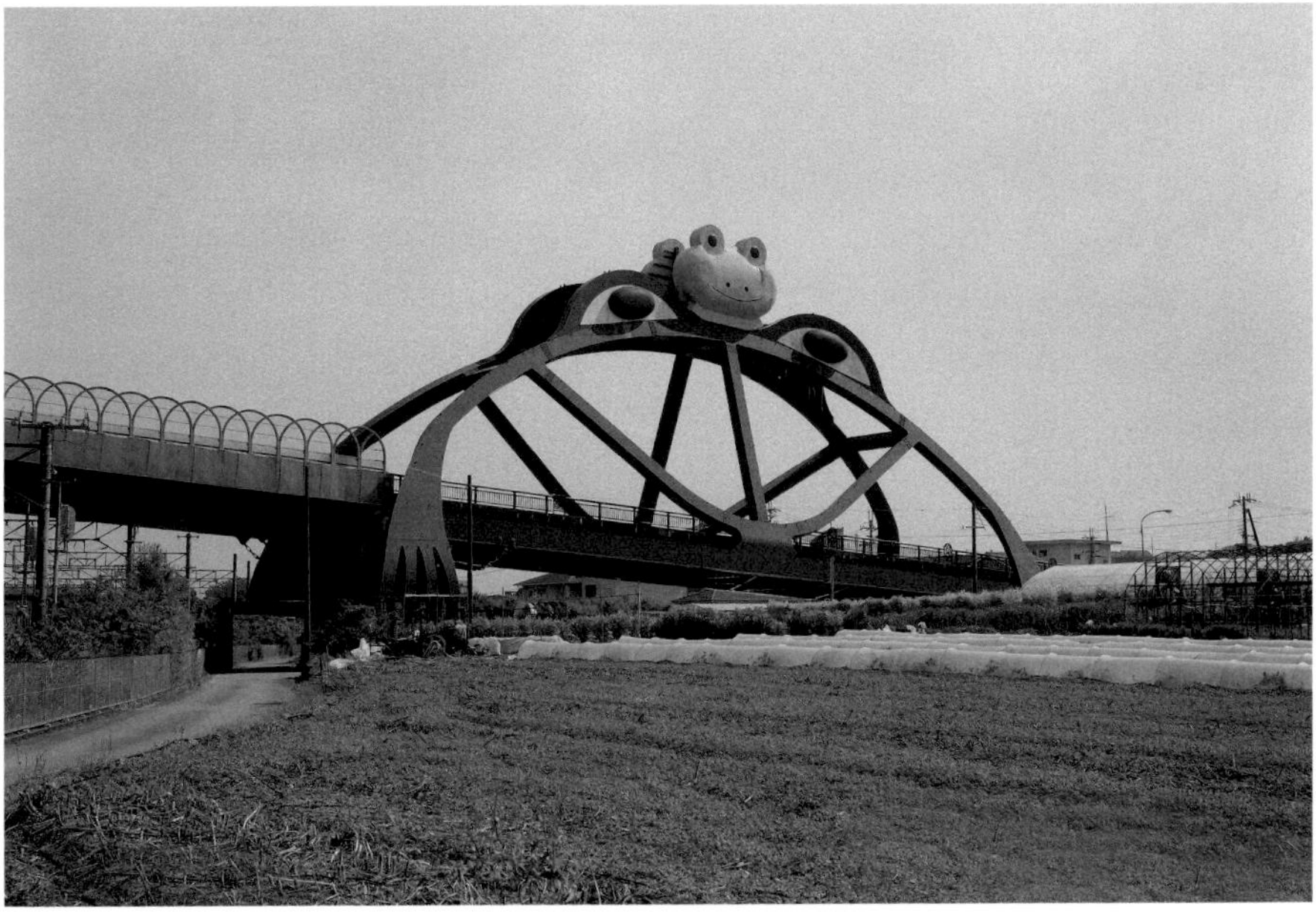

この全国に類をみない可愛いデザインの橋は「かえる橋」（正式にはかえる大橋）といい、町おこしのためつくられた印南町のシンボルです。おそらく日本一大きなカエルでしょう。オタマジャクシから変化し飛躍するカエルのような町づくりを目指すという町の願いをこめ、カエルがキャラクターに選ばれました。「考える」「人をかえる」「町をかえる」「古里へかえる」「栄える」の5つの「かえる」にひっかけられてもいます。

田園風景が広がるのんびりとした印象の町とかえる橋との相性は、ミスマッチなような、でもすごく相性がいいような気もします。かえる橋を観に行き、印南町の飛躍を後押ししましょう。

なぜここに大仏が？

安治川の仏頭

あじがわのぶっとう

「大阪にあるビルの窓から大仏がジッとこちらを見ている」という情報をもとに大阪へ向かいました。大阪市内に建つビルの窓から、ジャストサイズでエキゾチックなお顔がこちらを見ています。この仏像が不思議なのは、まずこのビルがお寺や仏具店などではなく、なぜそこに仏像があるのかまったく見当もつかないこと。加えて見えているのが顔のみで、仏頭なのか、座像なのか、立像なのか全貌がわからないこと。ですがその謎を解きたくても個人所有のビルで知りようがなく、謎は解けぬまま数年が経過しました。

そして3年後、私は取材でこのビルに入るチャンスをいただき、その全貌を知ることになります。仏像は10年ほど前にビルに入っていたバリの家具店の宣伝として屋上に設置された仏頭でした。お店はなくなりましたが、クレーンで吊ってまで設置した仏頭は残されたのです。宣伝という目的を失った今、仏頭は単なるオブジェです。ですが長年ここにあることでオブジェという枠を越え、立派に人々を見守る守り仏としての役割を果たしているのではないでしょうか。私にはそう思えました。仏頭は今日も大阪の街を見守っています。

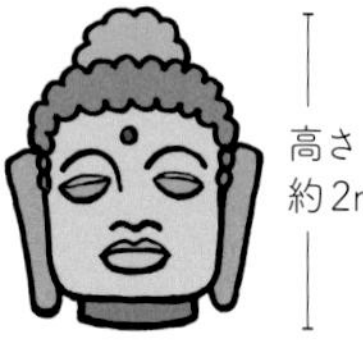

大阪府大阪市港区波除6-5-18　安治川コールウェアハウス 屋上
駐車場なし
❗：個人所有のビルのため入れません。外から参拝しましょう。夜はライトアップされることも

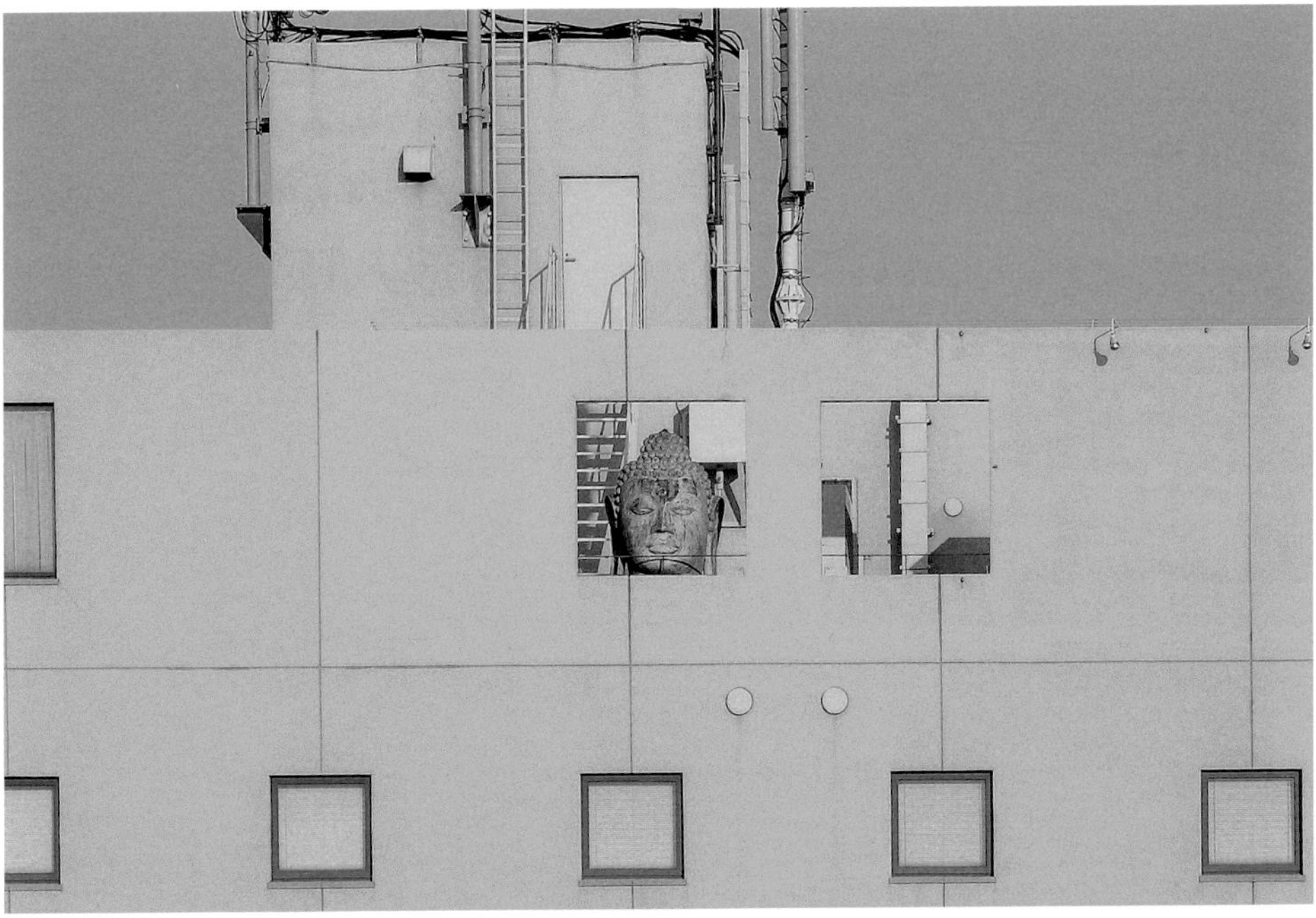

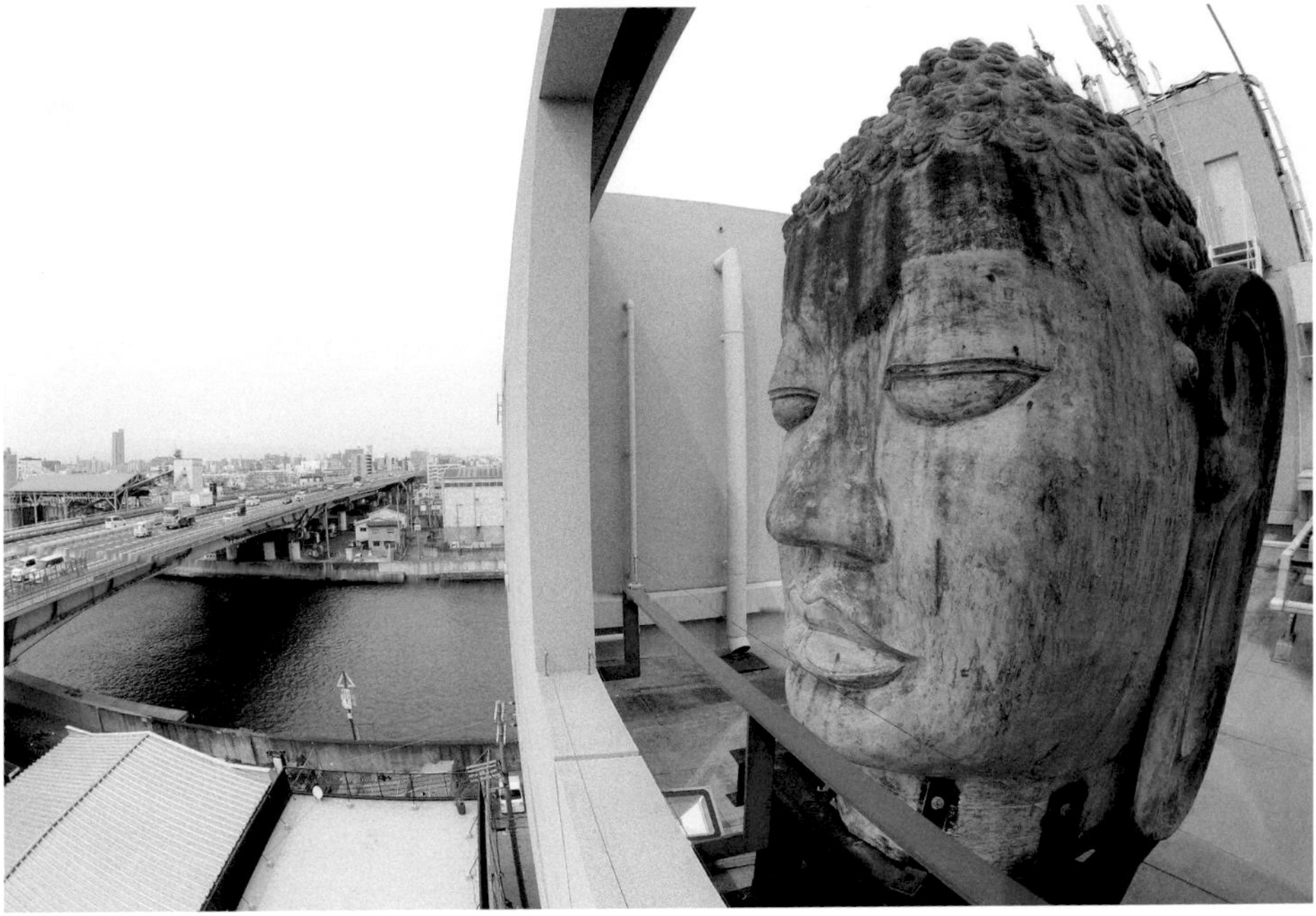

column ⑱

大阪一推し神社

難波八阪神社《なんばやさかじんじゃ》

大阪府大阪市浪速区元町2-9-19
☎06-6641-1149

大阪の数ある神社の中でも最強のパワーを放っていそうなのは「ミナミ」の愛称で親しまれる難波にある難波八阪神社ではないでしょうか。

なんば駅を降りて歩くこと約6分、難波八阪神社の鳥居をくぐろうとすると、なにやら強烈な視線を感じ思わず立ち止まりました。巨大な獅子が大きな口を開け、こちらを

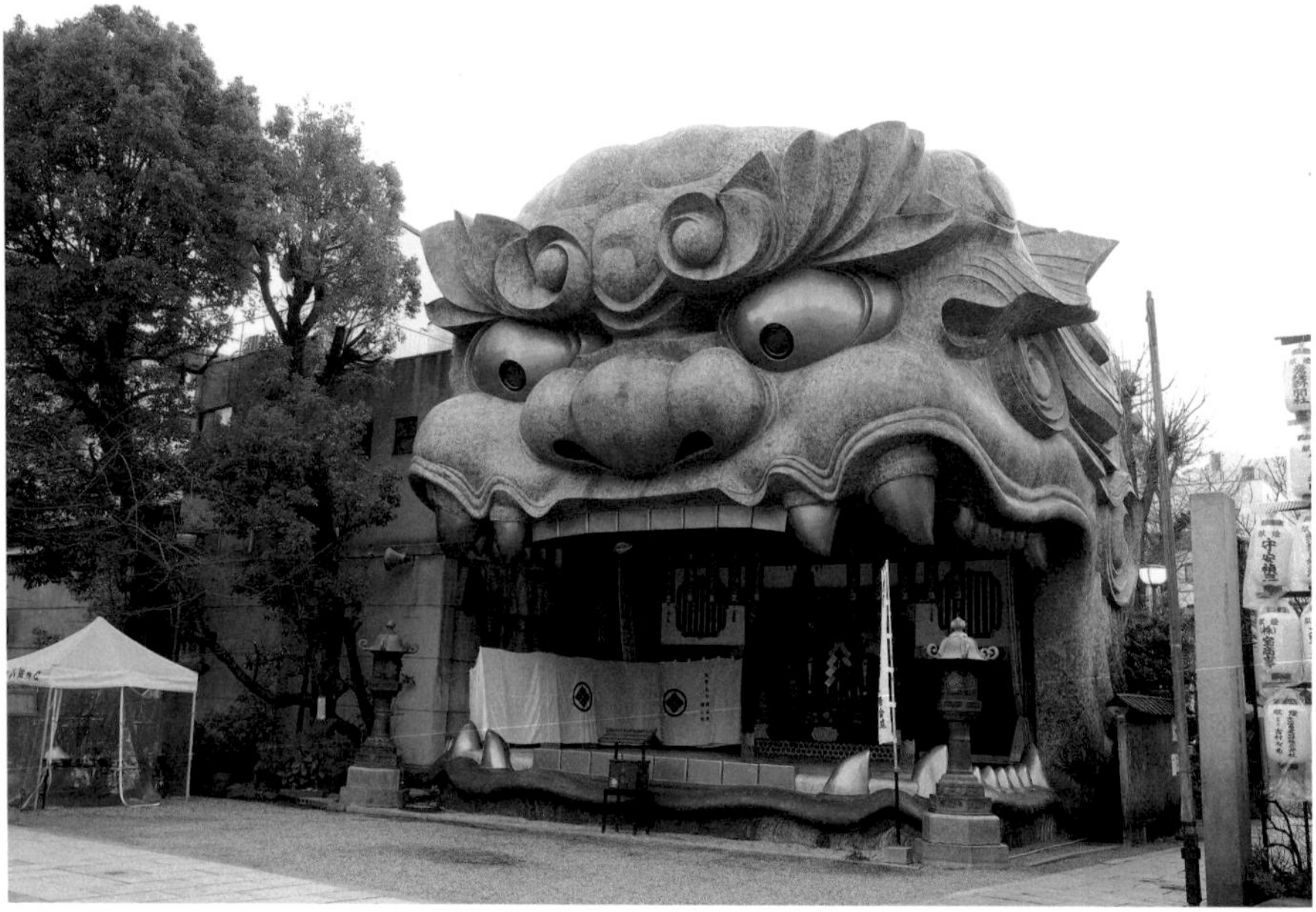

睨んでいたからです。

獅子殿というこの巨大獅子は高さ12メートル、幅11メートル、奥行き10メートルの鉄骨・鉄筋コンクリート製（殿内一部木造）。前に立ち見上げると圧倒的な迫力で、難波一のパワーを放っているのではないかと思うほど。大きく開かれた口は舞台になっていて、お正月には神楽や居合道、夏祭りには獅子舞や民踊等が奉納されます。目はライト、鼻はスピーカーの役割をはたすそうで、ビジュアルだけでなく機能面も万全です。

巨大な獅子は大きな口で勝利を呼び込み、邪気を飲み込んで勝運（商運）を招くと言われます。これだけ大きな口ならば、さぞや大きな勝利をもたらしてくださるでしょう。お正月に参拝したい神社です。

column ⑲

大阪一推し寺院

全興寺《せんこうじ》

大阪府大阪市平野区平野本町4-12-21
☎06-6791-2680

大阪の数ある寺院の中でも全興寺ほどユニークな寺院も珍しいのではないでしょうか。一般的なお寺の枠には収まりきりません。

平野駅から徒歩15分ほどの商店街に溶け込むようにある全興寺。境内には「駄菓子屋さん博物館」や「平野の音博物館」といった楽しげな施設が並び、子どもたちの憩いの

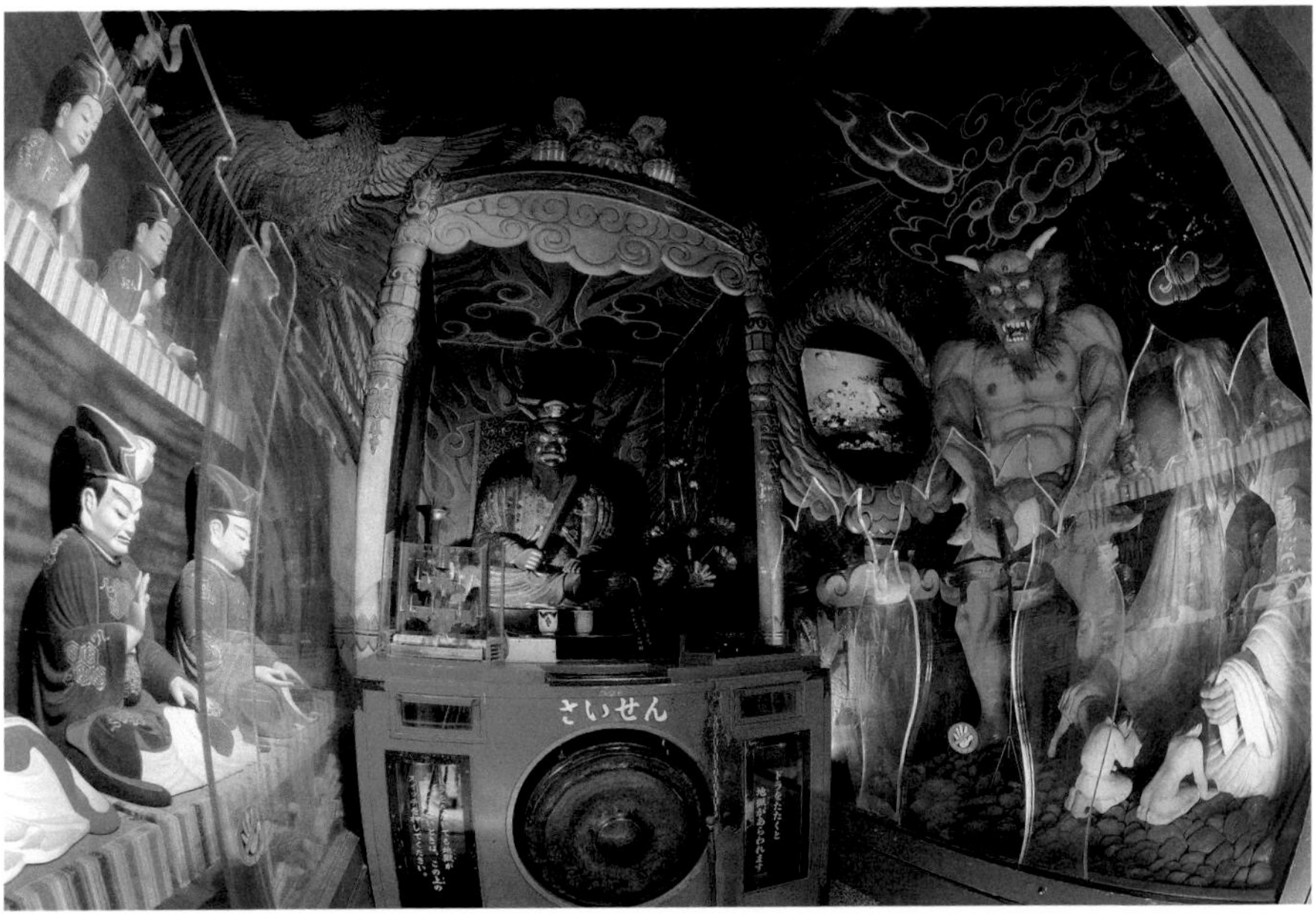

場になっています。そんな大阪のオモシロが詰まった境内には一カ所、恐ろしい場所があります。「地獄堂」です。

地獄堂入口には「地獄度・極楽度チェックマシーン」があり、質問に沿ってボタンを推せば地獄行きか極楽行きかの判定がくだります。堂内はさながらミニ地獄。中央には閻魔さま、右には嘘をつくと舌を抜く怖い鬼。中央下のドラを叩けば恐ろしい地獄の映像が映し出される、ゲームセンター的な仕組みです。これらは子どもを怖がらせるだけのものではありません。そこには「自分の命も人の命もひとつだけ」というシンプルながら一番大切な教えがあるのです。全興寺は平野の町の拠点であり、人間づくりの拠点でもあるのかもしれません。

column 20

堺旧港の巨なるものふたつ

旧堺燈台《きゅうさかいとうだい》／龍女神像《りゅうじょしんぞう》

高さ12m

高さ26m

旧堺燈台

大阪府堺市堺区大浜北町5-1-22

龍女神像

大阪府堺市堺区北波止町
双方とも駐車は大浜公園駐車場へ

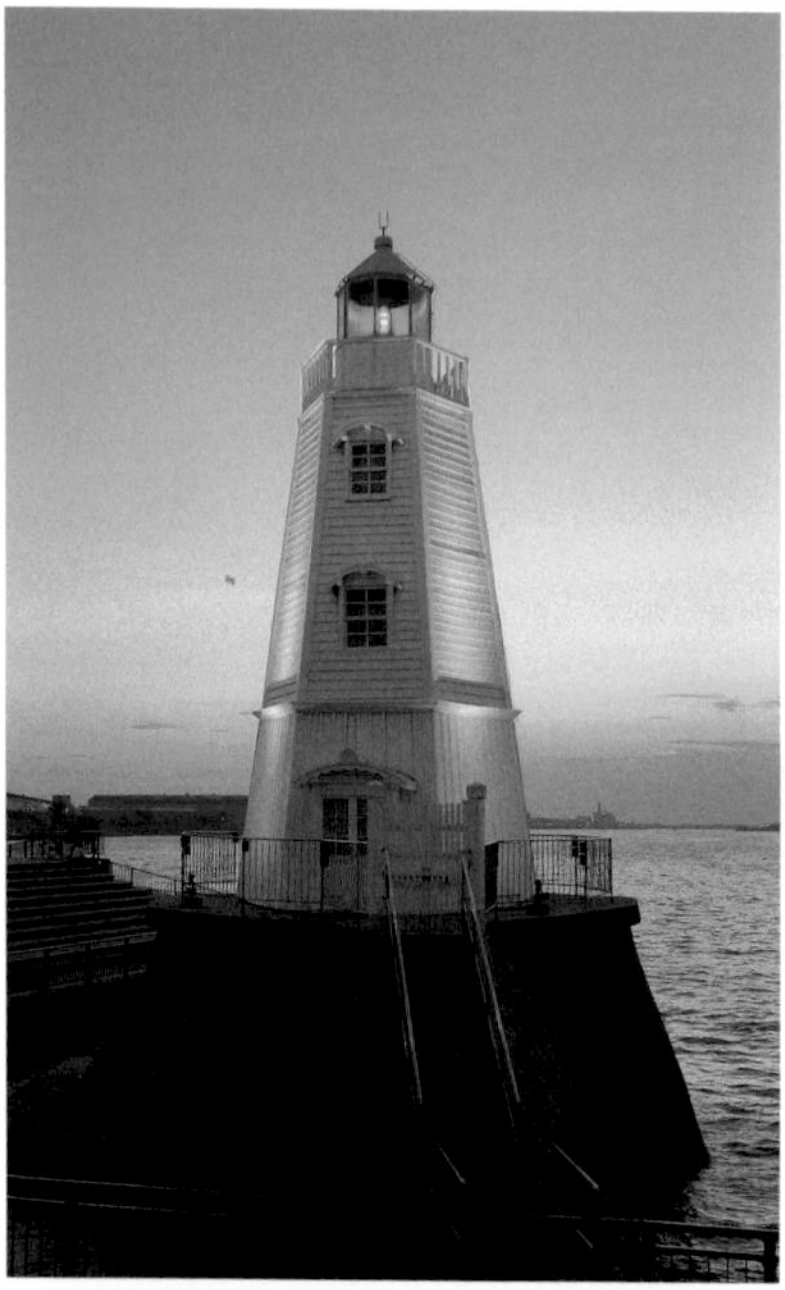

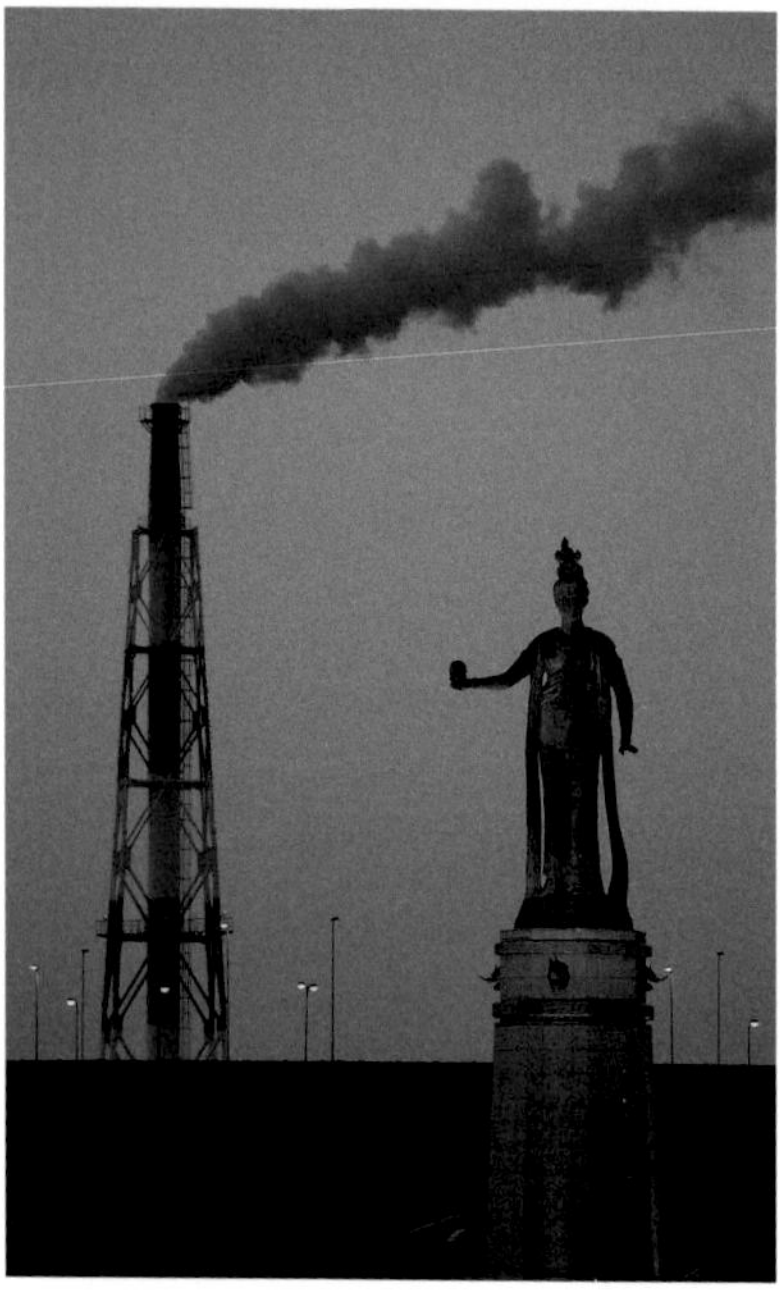

大阪の堺港は中世より海外貿易によって発展しました。現在は昔の面影は失われましたが、明治の頃を思わせるふたつの巨大で魅力的な建造物が今も残されています。

ひとつめは南波止場に明治10年に建てられた、高さ12メートルの六角形の燈台、旧堺燈台です。約1世紀にわたり働きつづけた旧堺燈台も今は現役を退き、現地に現存する日本最古の木造洋式燈台として保存されています。この燈台の佇まいがとにかく可愛らしい！夕暮れ時は映画のワンシーンのような美しさです。

もうひとつ旧堺燈台の位置からも見える北波止場に、龍女神像という大きな像がそびえ立っています。高さ10メートルの乙姫さまが16メートルもある台座にのっています。あまりにも高く、真下に立つともはや像の造形はよくわかりません。元々は明治36年に開催された内国勧業博覧会で会場となった水族館前にあった像の複製品で、平成12年に堺旧港に復元されました。

こんな魅力的なふたつのシンボルを持つ堺旧港は大阪の隠れた名所だと思います。

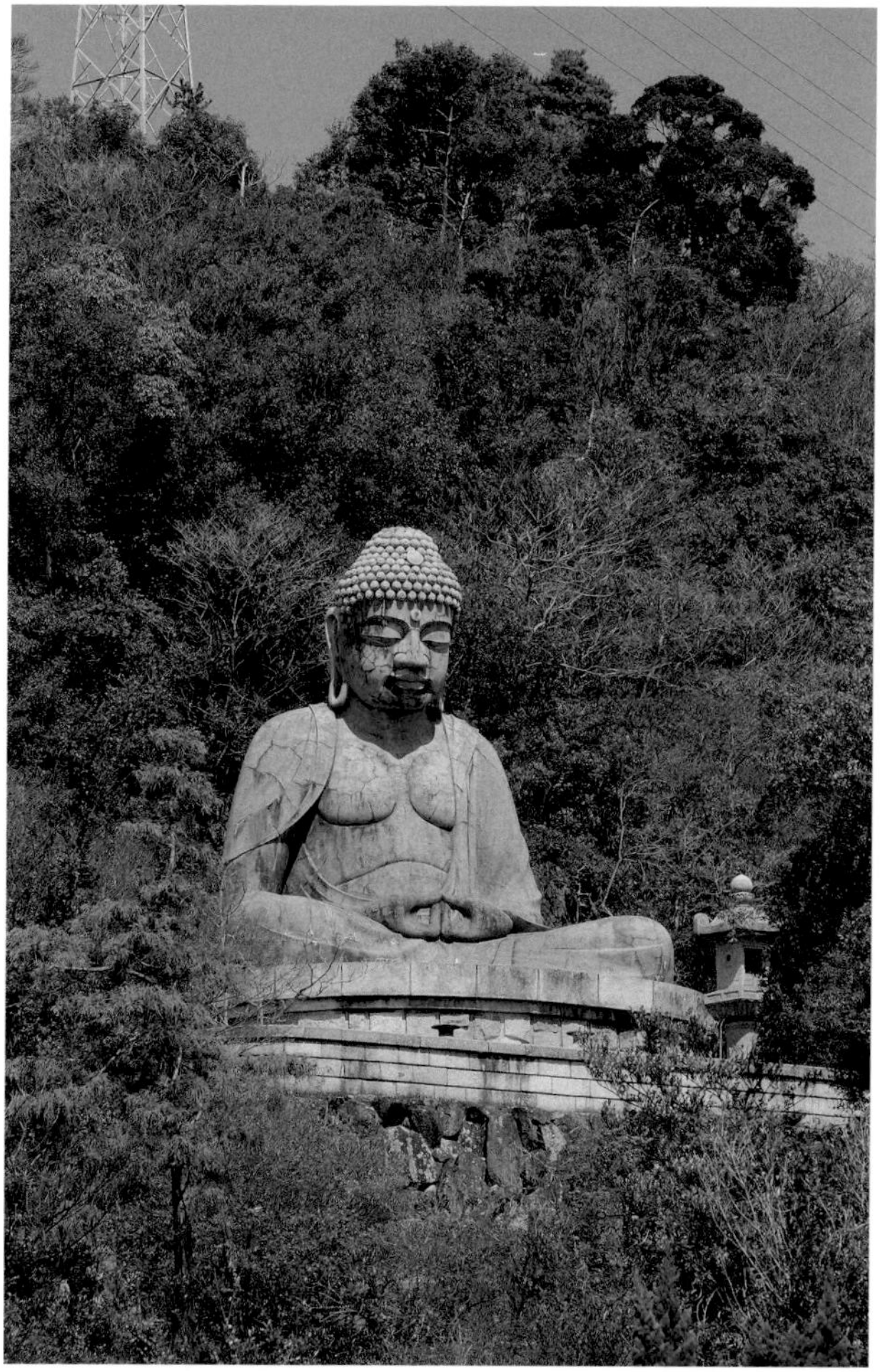

鵯越大仏《ひよどりごえだいぶつ》

神戸をそっと見守るコンクリ大仏

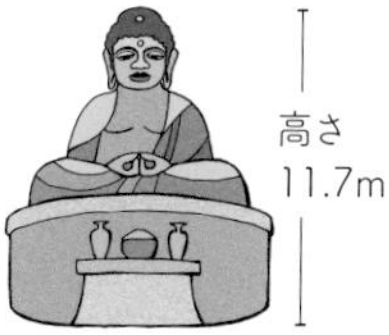

神戸市立鵯越墓園《こうべしりつひよどりごえぼえん》

兵庫県神戸市北区山田町下谷上字一里山12-1

神戸電鉄有馬線 鵯越駅から徒歩10分　駐車場あり

神戸電鉄鵯越駅を降り10分ほど坂道を登ると鵯越墓園という自然の斜面を利用した広大な霊園が広がっています。敷地内をさらに数分登れば「鵯越大仏展望台」と書かれた看板が目にとまります。そうです、鵯越大仏は神戸を見渡す絶景の展望台に鎮座する大仏さまです。

大仏さまは昭和7年建立のコンクリート製で、高さ11メートル越えという立派なもの。重そうなまぶたに少し厚めな唇というお顔は独特のムードを持っていて、それが私には魅力的でした。大仏さまは少し眠そうにも見える表情で、贅沢な神戸の景色を日々見下ろしています。

１００年の時を越え再建された二代目大仏

兵庫大仏《ひょうごだいぶつ》

能福寺に大仏さまが建立されたのは明治24年のことでした。鎖国が解除され兵庫港が開港したことで、兵庫には急激にキリスト教信者が増えました。それを危惧した仏教徒が全宗派をあげ仏教のシンボルをと建立したのが兵庫大仏だったのです。悲しいことに、その後の第二次世界大戦における金属回収令により初代兵庫大仏は失われてしまいます。戦後、当時のご住職が解体された大仏さまを発見し、それを混入して平成３年に再建されたのが現在の兵庫大仏です。くしくも現兵庫大仏の開眼法要は、初代兵庫大仏の開眼からちょうど１００年と１日後のことでした。

能福寺の門前で最初に大仏さまの全貌が見えた時はその大きさに驚きます。ですが大仏さまはかなり下を向いて座っておられ目線が合わないため、そこまで強い畏敬の念は感じないかもしれません。ところがお寺の境内に入り、大仏さまの足元につづく階段を上がって行くと、徐々に目線が合ってくるのです。真っすぐにこちらを見据える眼差しに射抜かれ、心拍数が上がっていく瞬間を、ぜひ皆さまにも体験していただきたいです。

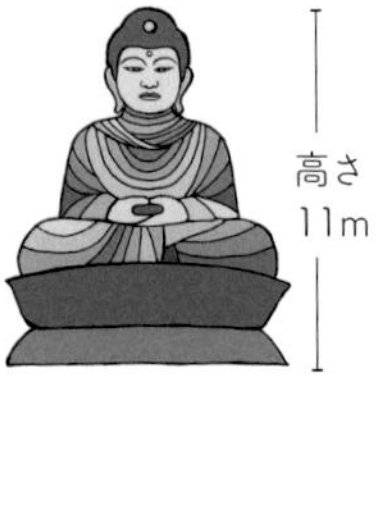

能福寺《のうふくじ》

兵庫県神戸市兵庫区北逆瀬川町1-39

☎078-652-1715

拝観時間　9:00〜17:00

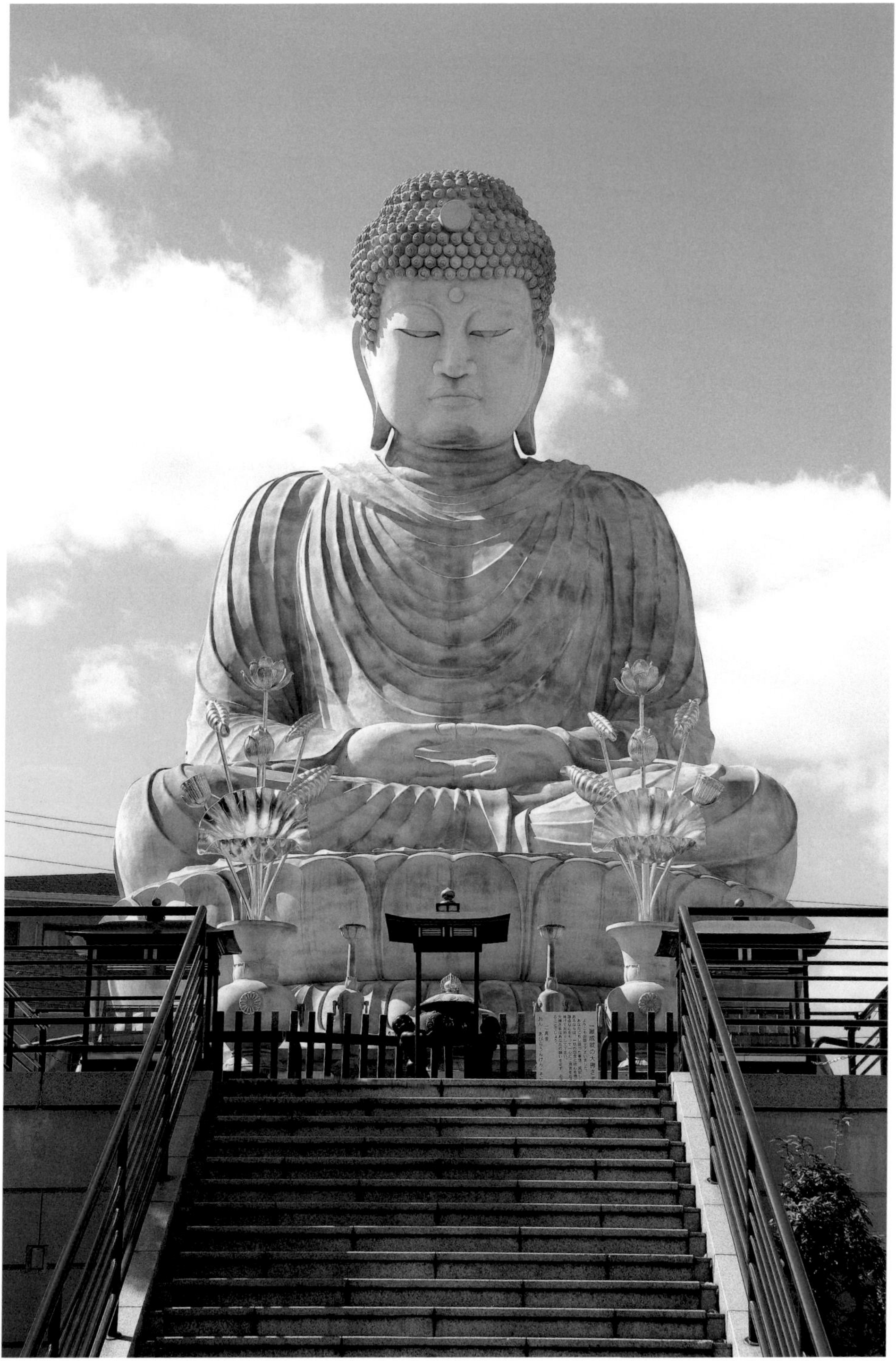

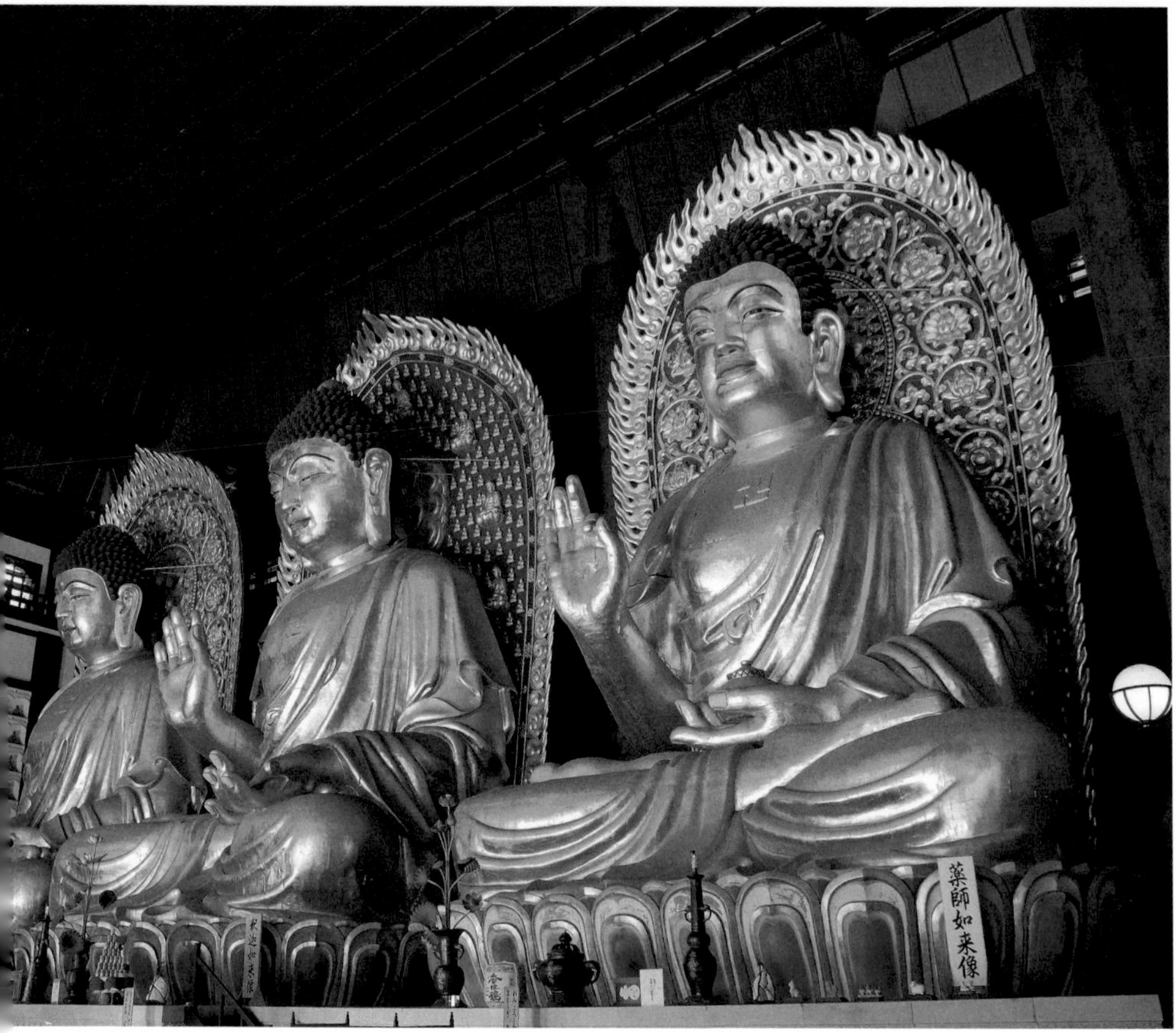

黄金の三大仏が鎮座する桃源郷

但馬大仏《たじまだいぶつ》

何年も参拝したいと願いながら実現できずにいた大仏さまがありました。兵庫県美方郡にある但馬大仏です。

但馬大仏のある長楽寺は大阪から車で約3時間、神戸から2時間半、最寄りの「コウノトリ但馬空港」からも車で40分かかります。最初の参拝時、私は目測を誤りました。昼前に大阪を出たものの道に迷うなどあり、長楽寺に着いたのは閉門時間の午後4時。参拝することは叶わなかったのです。ですからその翌年に今度こそはと再度参拝を試みて、山の上に

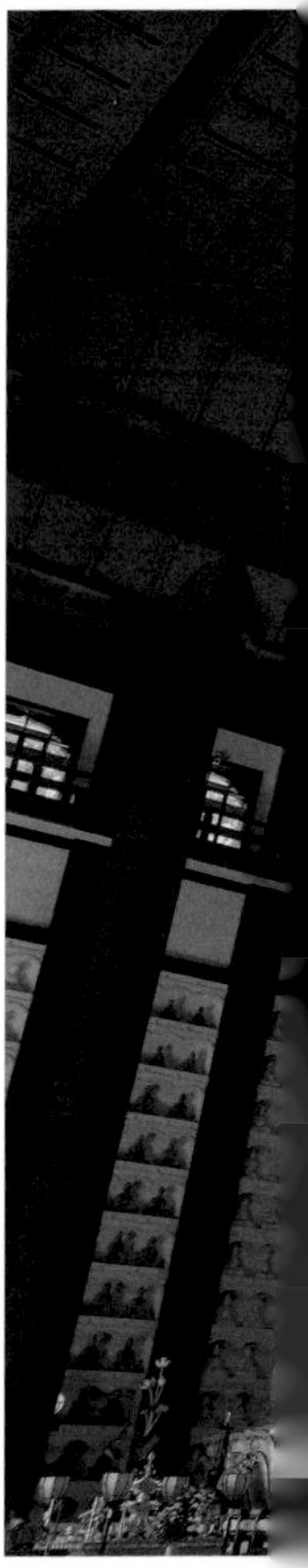

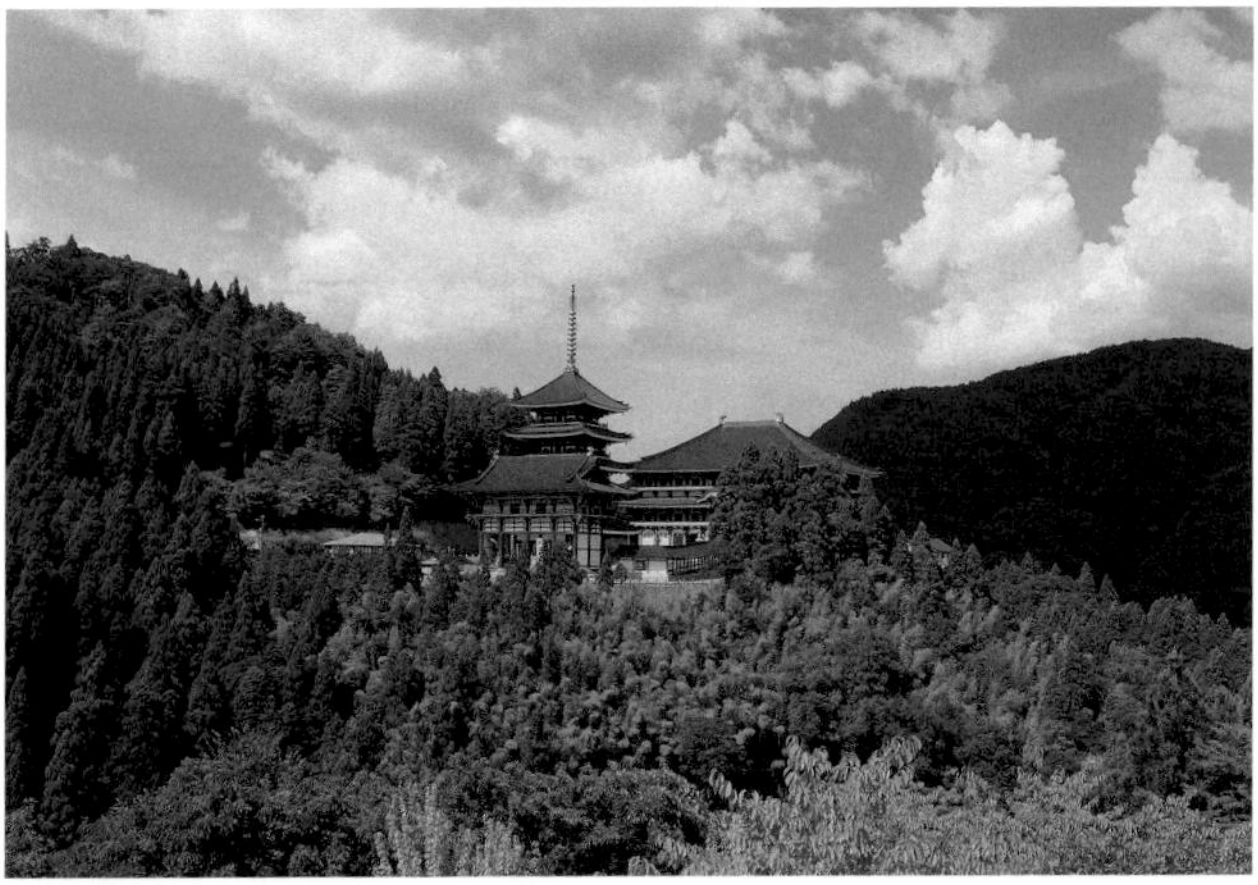

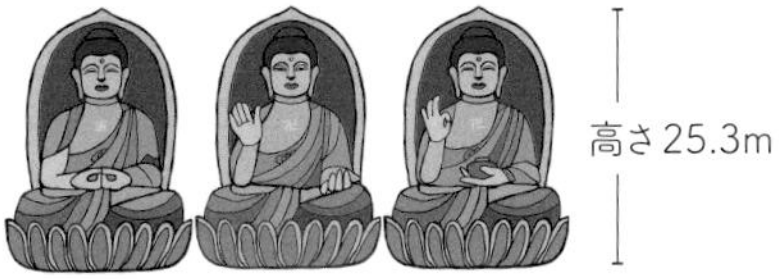

長楽寺
ちょうらくじ
兵庫県美方郡香美町村岡区川会642
☎0796-95-0009
開門時間　9:00～16:00（冬季積雪期間中は変更あり）
駐車場あり

五重塔が見えた時には、まるで桃源郷のようだと感動し震えました。

長楽寺に着いてまず現れるのは大門です。門の左右に並ぶ色鮮やかな仁王像がすでに8メートルを越えています。大門を抜けると左手に高さ70メートルの五重塔、そして正面には間口55メートル、高さ40メートルの大仏殿が現れます。大仏殿内部は中央に釈迦如来、向かって右に薬師如来、左に阿弥陀如来が並び、三体ともに光背の最上部までの高さは25メートルを越えるのです。その上まばゆいほどの金色。この迫力は言葉では表現し難いものです。

こんなにも山深い場所に、こんな黄金の大仏さまが並んでいるだなんて誰が想像できるでしょう。長楽寺はまさに黄金の大仏さまのおわす現代の桃源郷です。

column ㉑

失われつつある大仏

淡路島世界平和《あわじしませかいへいわ》
大観音《だいかんのん》

新たに誕生する大仏さまもあれば、失われる大仏さまもあります。それは仕方のないこと。ですが本書の取材をする中で、どうにもやり切れない大仏さまの行く末を知る機会があり、そのたびに悲しい気持ちになりました。

様々なケースがありますが、淡路島世界平和大観音は大仏さまのたどる悲しい行く末の一例を歩みつづけています。

淡路島に立つ100メートルの巨大観音、淡路島世界平和大観音はいわゆるバブル期の始まり頃の昭和57年に地元出身の実業家によって建てられました。当初は観光客で賑わいましたが次第に経営が悪化、平成18年に閉鎖されてしまいます。所有者が亡くなった後は管理する人もなくほぼ放置されるままになってしまいました。

私が大仏さまを巡りはじめた時にはすでに閉鎖されていましたが、このどことなく可愛らしい癒し系の観音さまが気になった私は何度も淡路島に行っています。平成25年の時点では無傷だった観音さまも、その翌年の台風によりお腹部分の外壁が一部落下。平成30年の台風でまた落下。この原稿を書いている令和元年時点でお腹にふたつの穴を抱えており、いつ解体されてもおかしくない非常に危険な状態です。

今からでも誰かに買い取り再建してもらいたいと願っていますが、それは難しいでしょう。どんな状況になろうとも最後まで見守りつづけようと思っています。

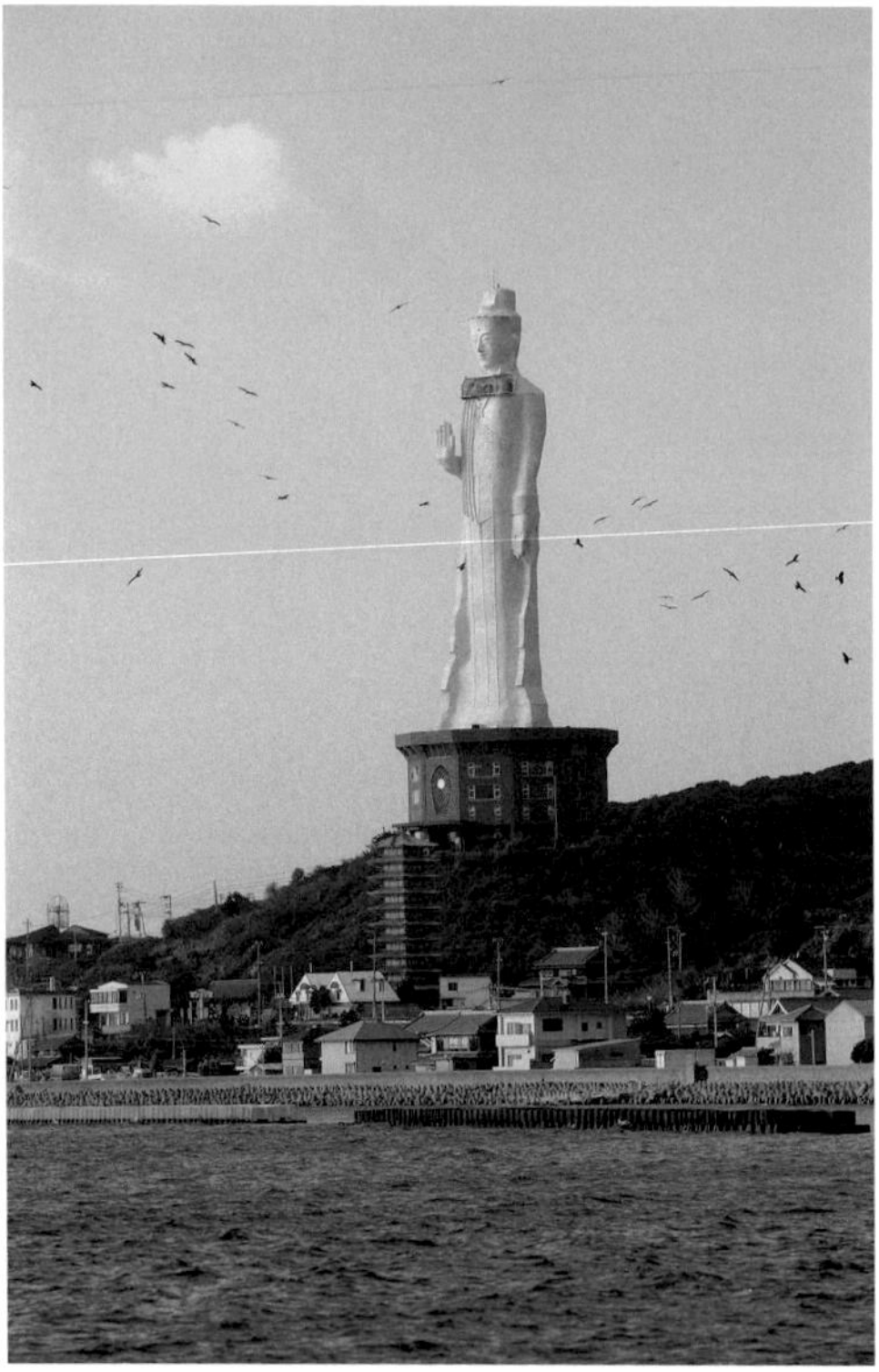

まだまだ奥深い巡りきれぬ地
憧れの四国八十八カ所

中国・四国

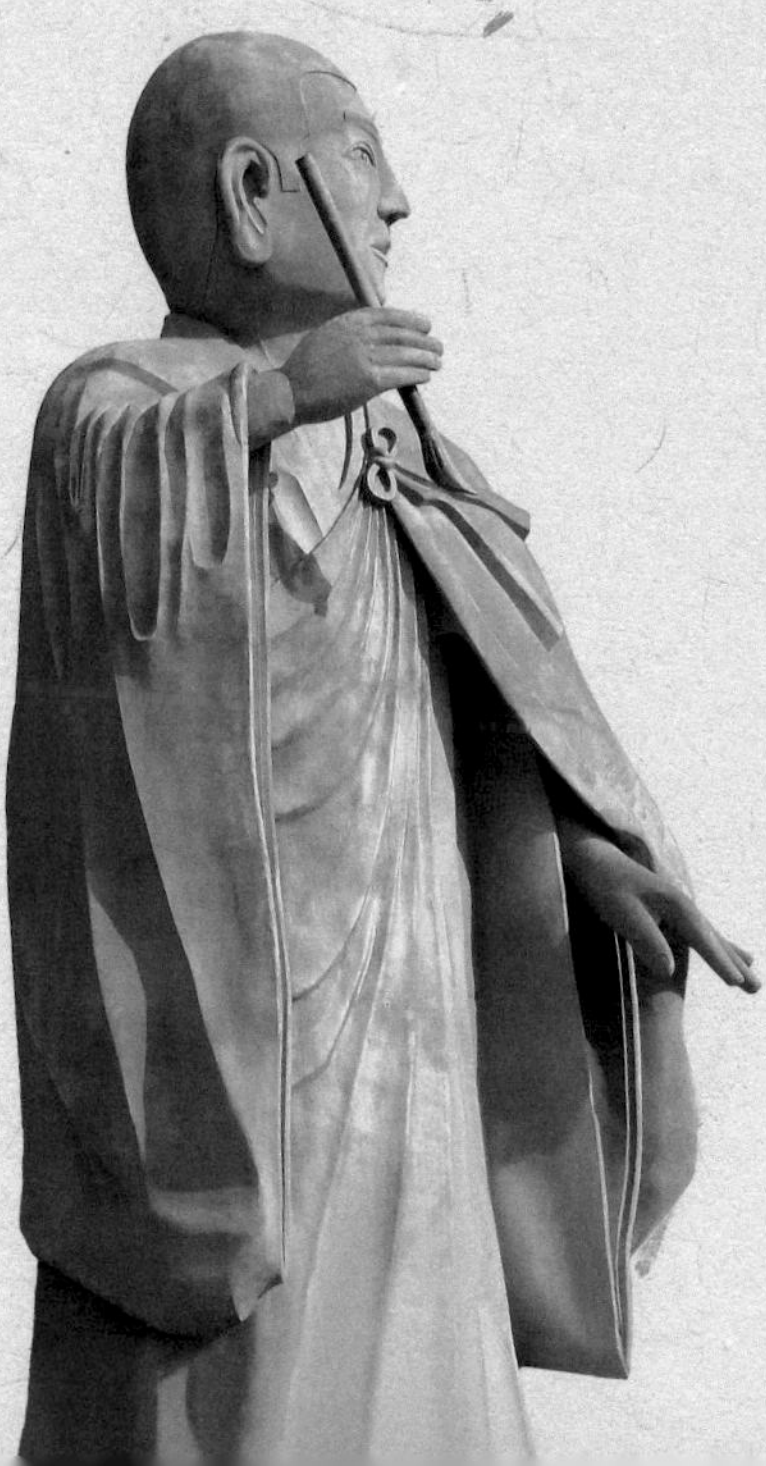

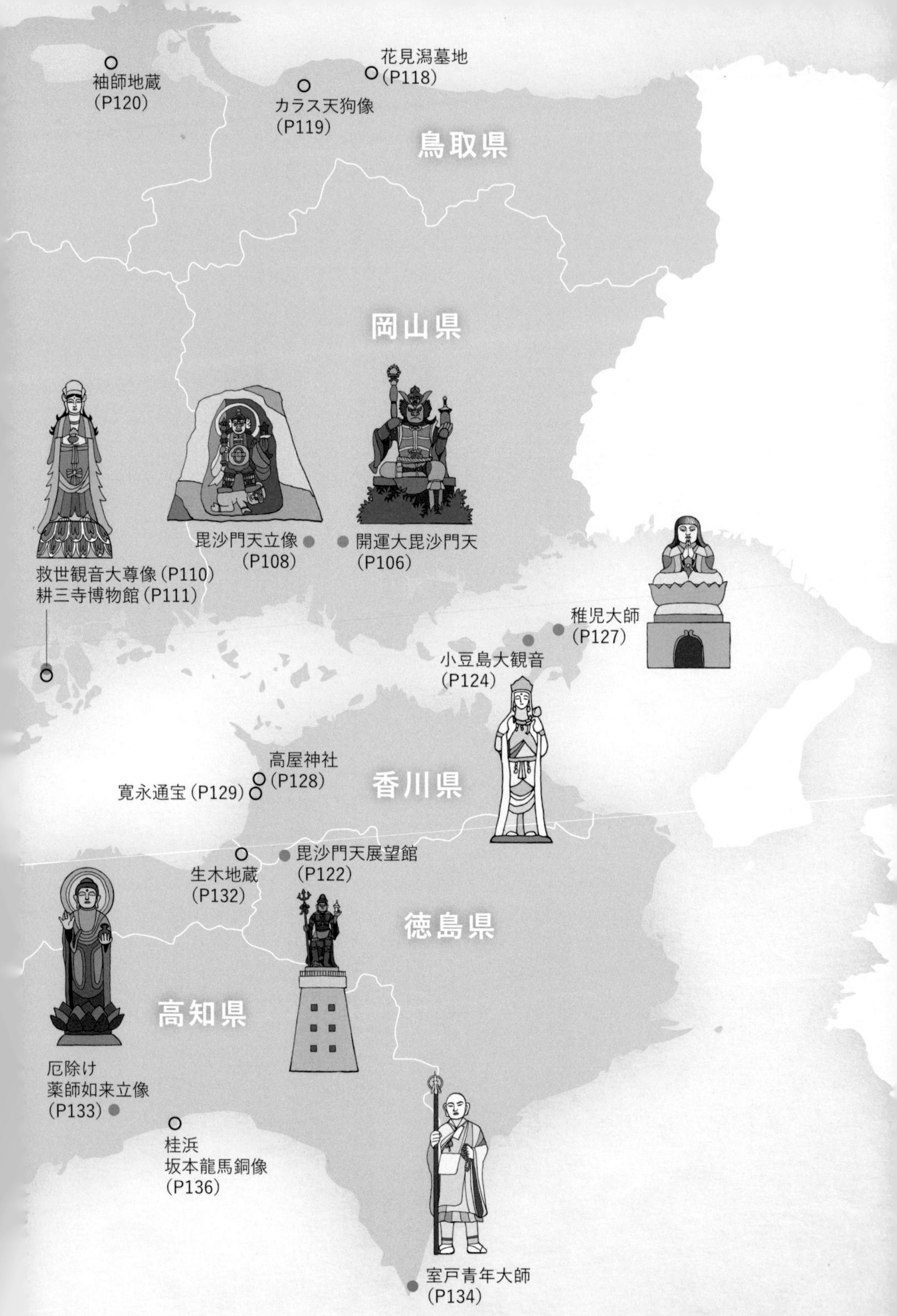
花見潟墓地
（P118）
袖師地蔵
（P120）
カラス天狗像
（P119）
鳥取県
岡山県
毘沙門天立像
（P108）
開運大毘沙門天
（P106）
救世観音大尊像（P110）
耕三寺博物館（P111）
稚児大師
（P127）
小豆島大観音
（P124）
高屋神社
（P128）
寛永通宝（P129）
香川県
毘沙門天展望館
（P122）
生木地蔵
（P132）
徳島県
高知県
厄除け
薬師如来立像
（P133）
桂浜
坂本龍馬銅像
（P136）
室戸青年大師
（P134）

中国・四国エリアマップ

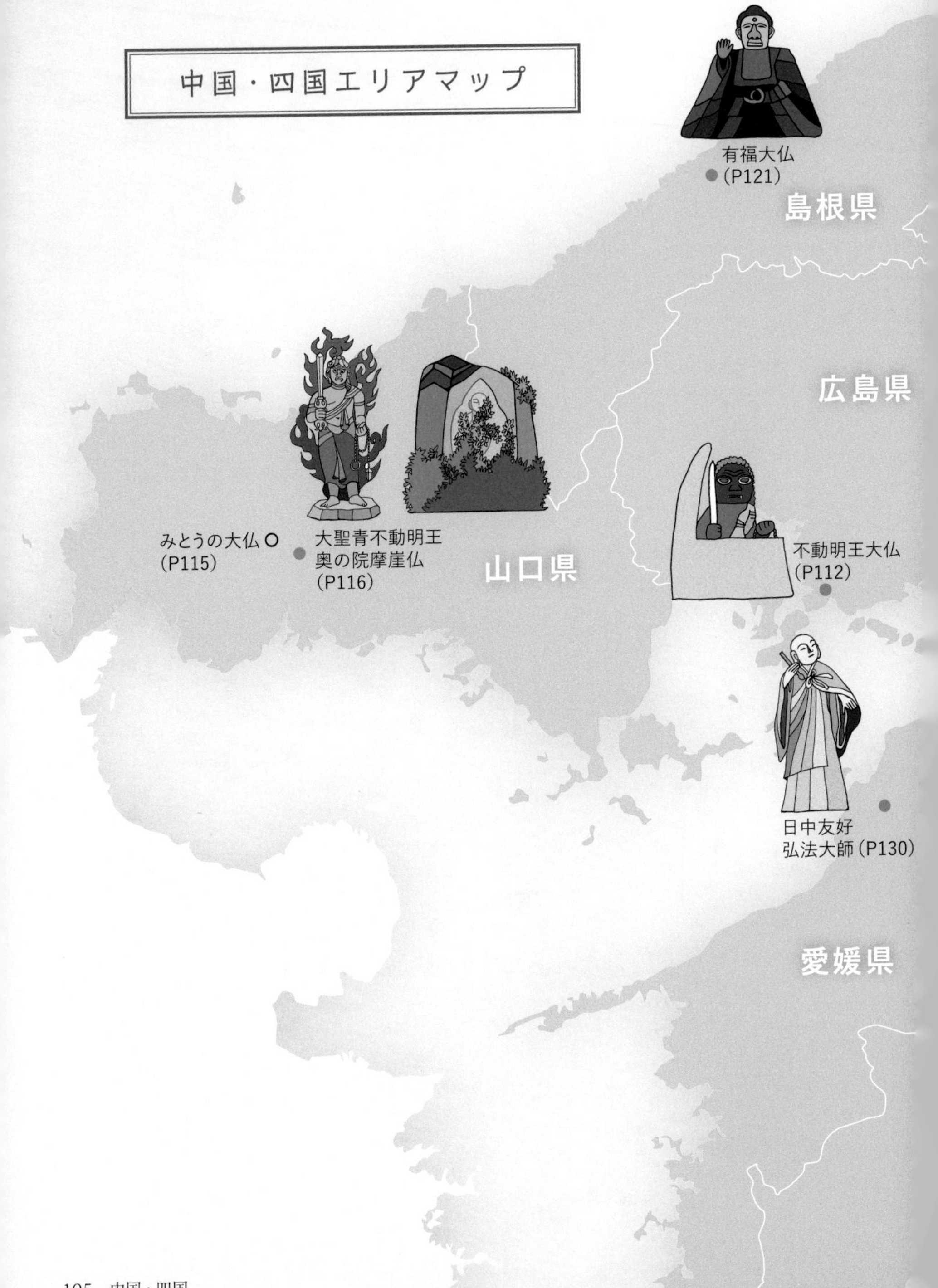
有福大仏
（P121）
島根県
広島県
大聖青不動明王
奥の院摩崖仏
（P116）
みとうの大仏
（P115）
山口県
不動明王大仏
（P112）
日中友好
弘法大師（P130）
愛媛県

毘沙門天信仰のお寺の巨大毘沙門天

開運大毘沙門天《かいうんだいびしゃもんてん》

倉敷市内の緑深い丘陵地帯にある安養寺は神仏集合のお寺です。境内へつづく石段の入口に、山門でなく鳥居があることからもそれがわかります。そして鳥居の少し上、石段の中程にある門の上に、大きな毘沙門天像が鎮座しているのです。この開運大毘沙門天像は高さ8メートル、重量11トンのブロンズ造り。周囲を木々に囲まれ、おそらく足元に踏みつけているであろう邪鬼の姿を観ることはできません。ですが毘沙門天の座る門の下には左右に阿吽の邪鬼がいて、参拝客を出迎えてくれます。

石段を上がり切ると正面に本堂、左手に多宝塔と成願堂があります。成願堂には等身大サイズでほぼ同じポージングの42体の内の36体の毘沙門天がずらりと並んでいます。ひとつのお寺にこれだけ多くの毘沙門天が祀られているのは珍しいそうで、コの字型に並ぶ毘沙門天の集団に囲まれるのはかなり貴重な体験でした。毘沙門天は四天王のひとつ多聞天の別名で、言葉を聞き逃さない武神と言われます。36体の毘沙門天と巨大な毘沙門天に話を聞いていただいたら、心も少し軽くなるかもしれません。

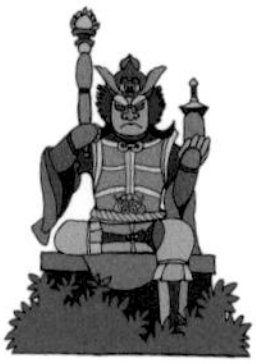

高さ
8m

安養寺《あんようじ》
岡山県倉敷市浅原1573　☎086-422-1110
参拝時間　6:00～17:00
山陽自動車道 倉敷ICより車で５分
倉敷駅から車で15分
駐車場あり

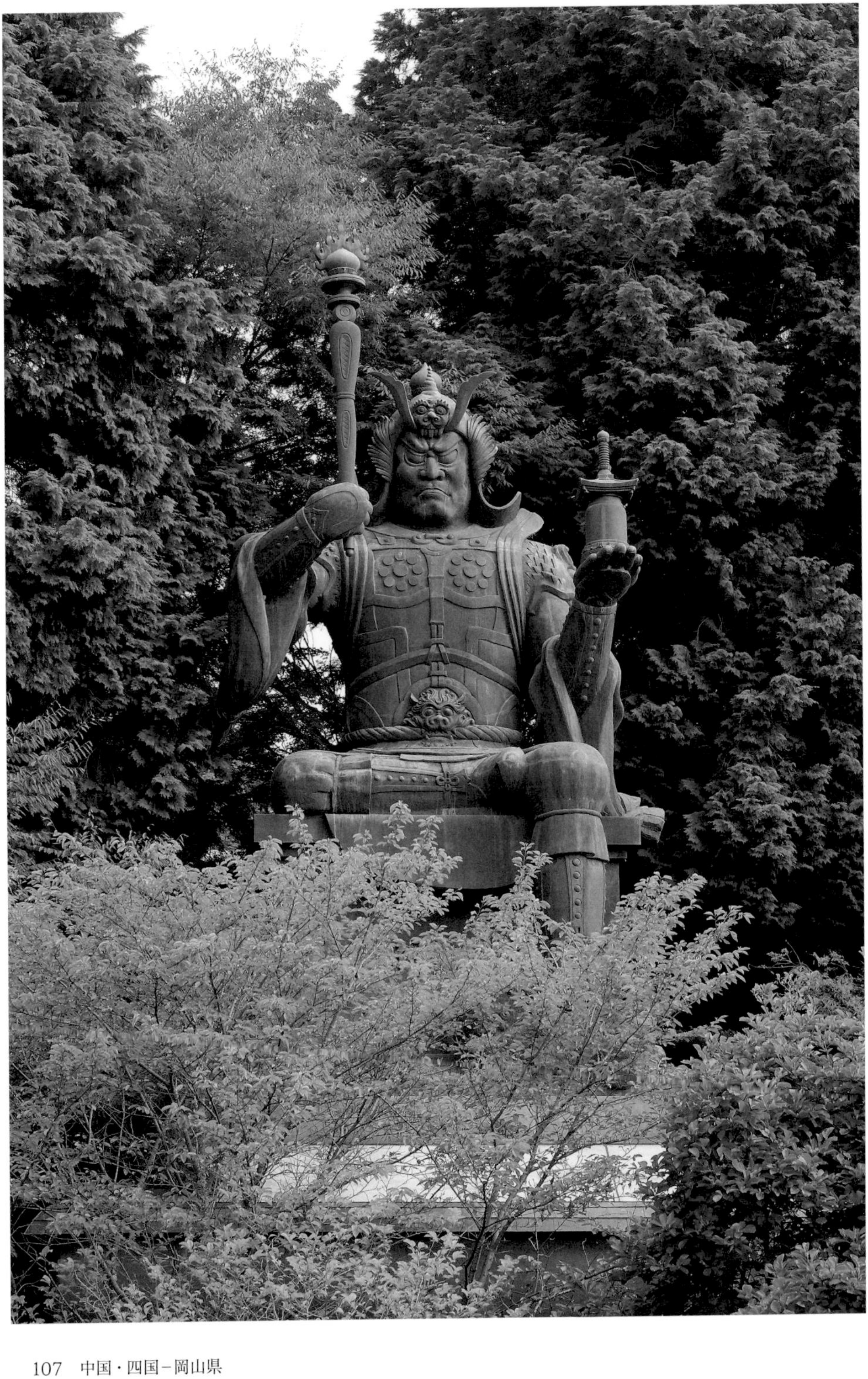

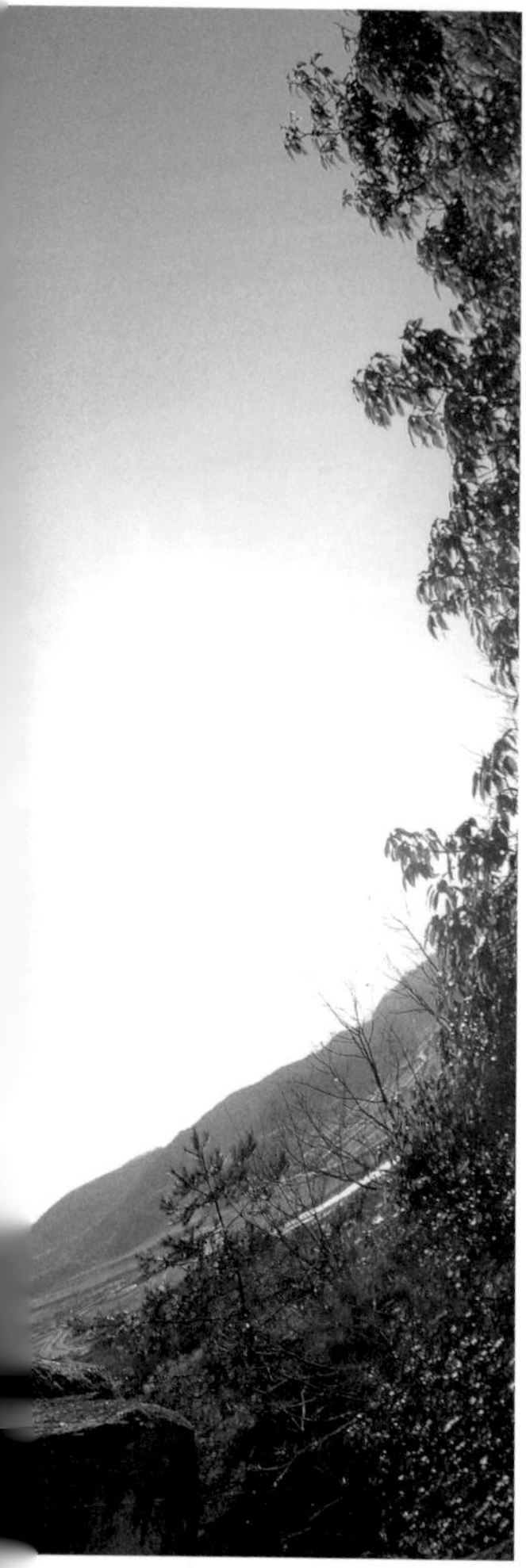

山頂の巨石に刻まれた守り神

毘沙門天立像《びしゃもんてんりゅうぞう》

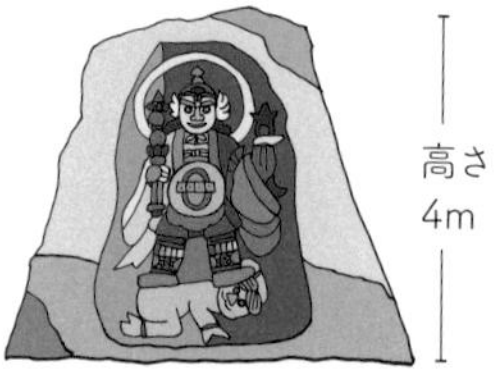

岡山県倉敷市真備町尾崎
井原鐵道 備中呉妹駅から登山道まで約15分
❶：磨崖仏への登山道は住宅地の路地からはじまります。近くに駐車場はありません。近隣の迷惑にならないようご配慮ください

岡山市から倉敷市、総社市、真備町にかけての山々は古くから信仰の対称で、それに毘沙門天信仰が結びつき複数の毘沙門天磨崖仏が今も残っています。中でも古い室町時代の作とされるのが毘沙門天立像です。

　その登山道は真備町の家と家の間の細い路地からはじまります。そこから山道に入り、難所ではロープを辿り登山すること20分。頂上付近に高さと幅が4メートルの巨石が現れます。岩面には薄く朱色を残す毘沙門天の邪鬼を踏みつけ立つ姿が刻まれています。像高は1・8メートルとほぼ

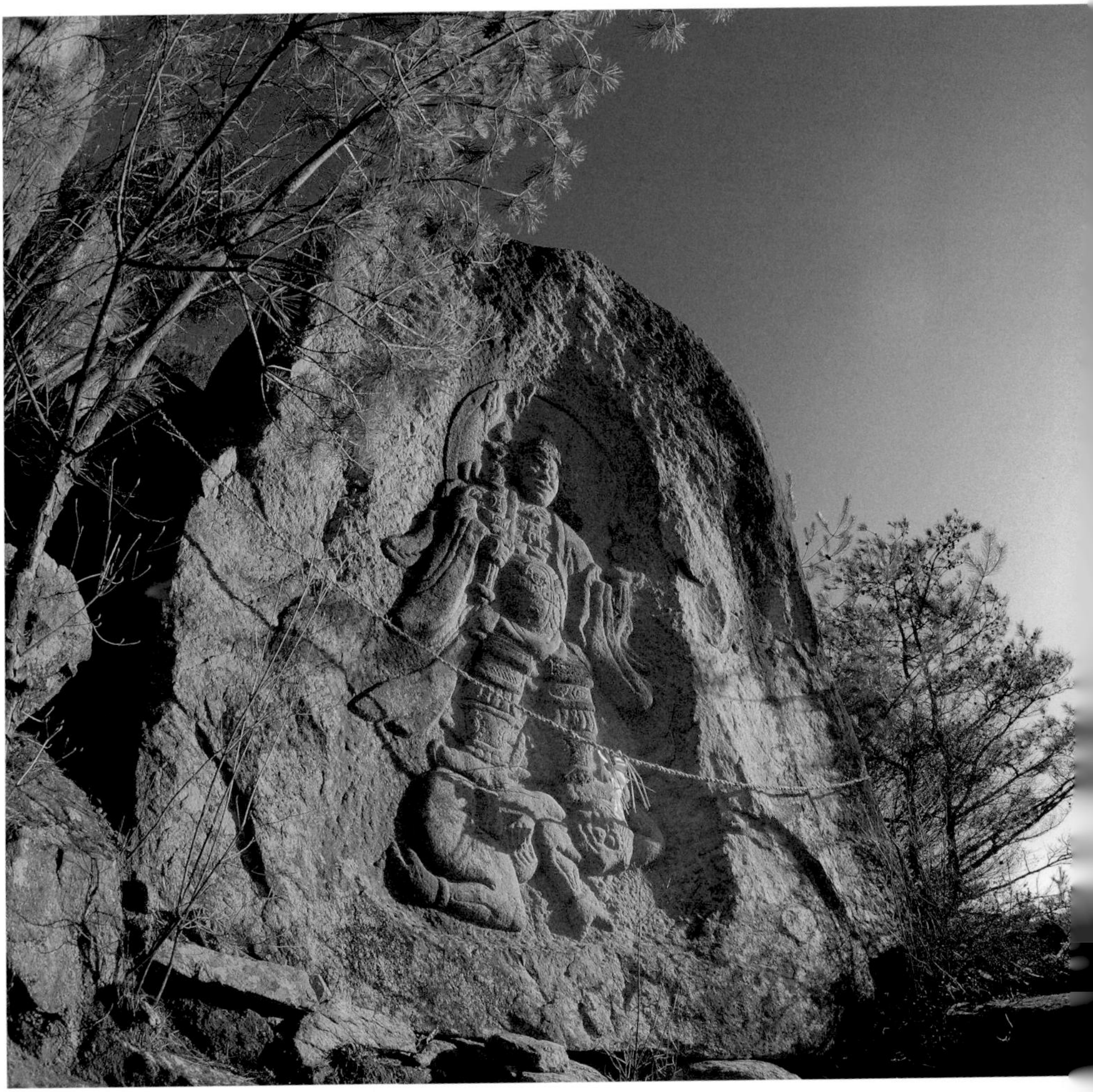

等身大ですが、巨石の迫力か、登ってきた高揚感か、それ以上の存在感があります。山頂からは町が一望でき、毘沙門天が地域を見守っているのがわかりました。

本書の掲載許可が一番難航し、許可をいただいて一番嬉しかったのがこの毘沙門天です。そもそも山の山頂にある巨石で、複数の集落の共同管理になっているため所有者が不明なのです。山のふもとに住む方を探し住所を調べ手紙を出して……と長い経緯があり、いまこの原稿を書いています。多くの方のご協力に感謝いたします。

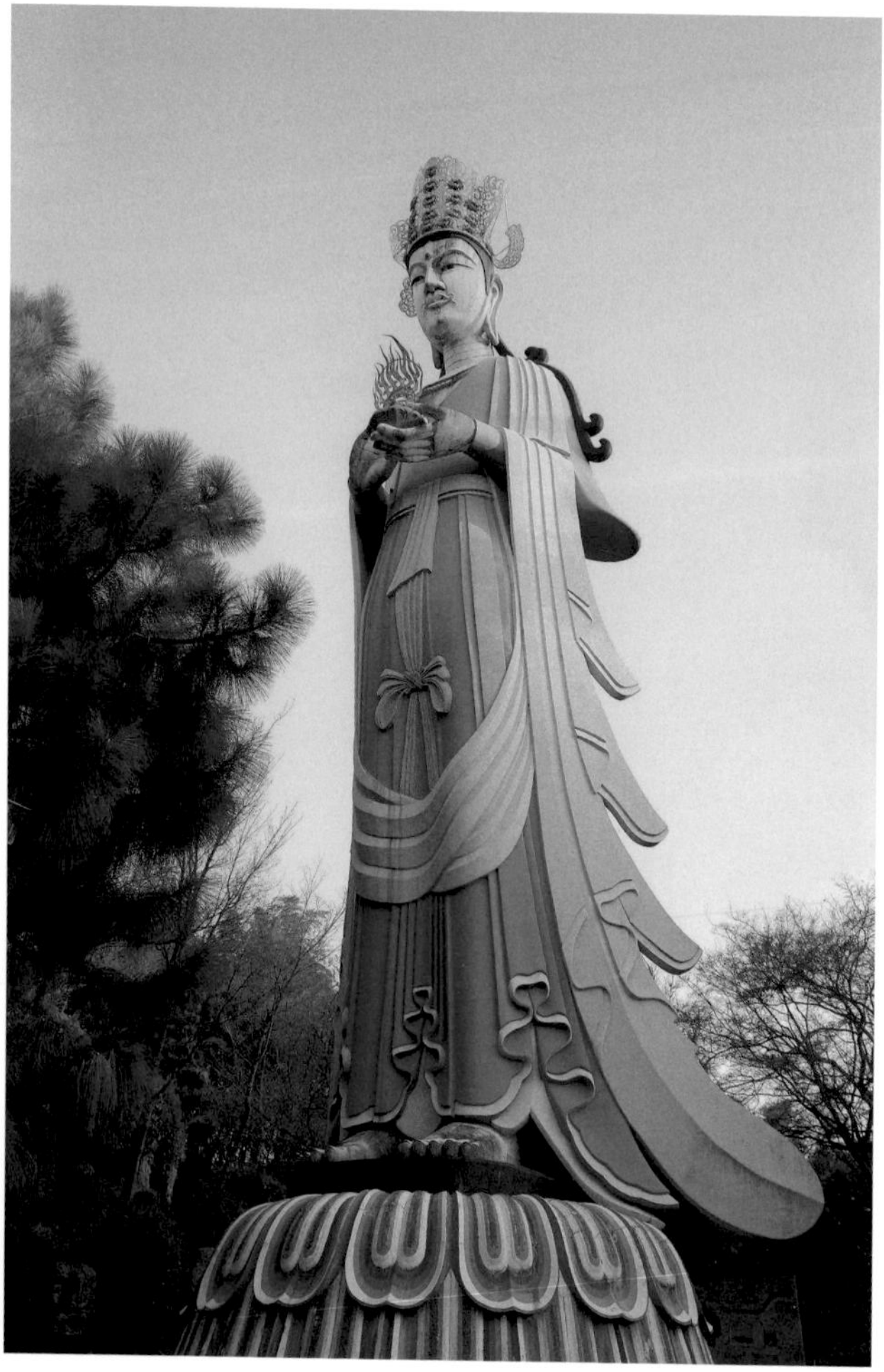

母の寺に立つ母なる観音像

救世観音大尊像《くせかんのんだいそんぞう》

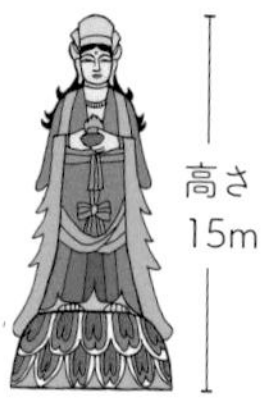

耕三寺《こうさんじ》

広島県尾道市瀬戸田町瀬戸田553-2　☎0845-27-0800
しまなみ街道 生口島北ICから車で10分
拝観時間　9:00〜17:00
駐車場あり

瀬戸内海に浮かぶ生口島にある耕三寺は「母の寺」と呼ばれています。大阪で活躍した実業家、耕三寺《こうさんじ》耕三《こうぞう》が母の死後、母を弔うため僧侶となり故郷に建立したお寺だからです。

お寺の本堂西側から東側は全長350メートルの千仏洞という洞窟でつながっています。洞窟を出て正面に現れるのが奈良、法隆寺夢殿の秘仏救世観音をお手本とした総高15メートルの救世観音大尊像です。洞窟はしばしば母親のお腹に例えられ「生まれなおす」という意味を持ちます。洞窟を出て真っ先に見える救世観音は母の象徴とも思える優しさで立っています。

column ㉒

大仏＋ここも観るべき

救世観音大尊像＋
耕三寺博物館

耕三寺 こうさんじ
広島県尾道市瀬戸田町瀬戸田553-2
☎0845-27-0800
しまなみ街道 生口島北ICから車で10分
拝観時間　9:00〜17:00　駐車場あり

耕三寺について「母の寺」という観点で前述しましたが、それは耕三寺の一面にすぎません。耕三寺にはもうひとつの呼び名があります。それは「西の日光」というものです。日光東照宮の陽明門を模してつくられた孝養門という煌びやかな門があることからそう呼ばれるのですが、これだけではありません。

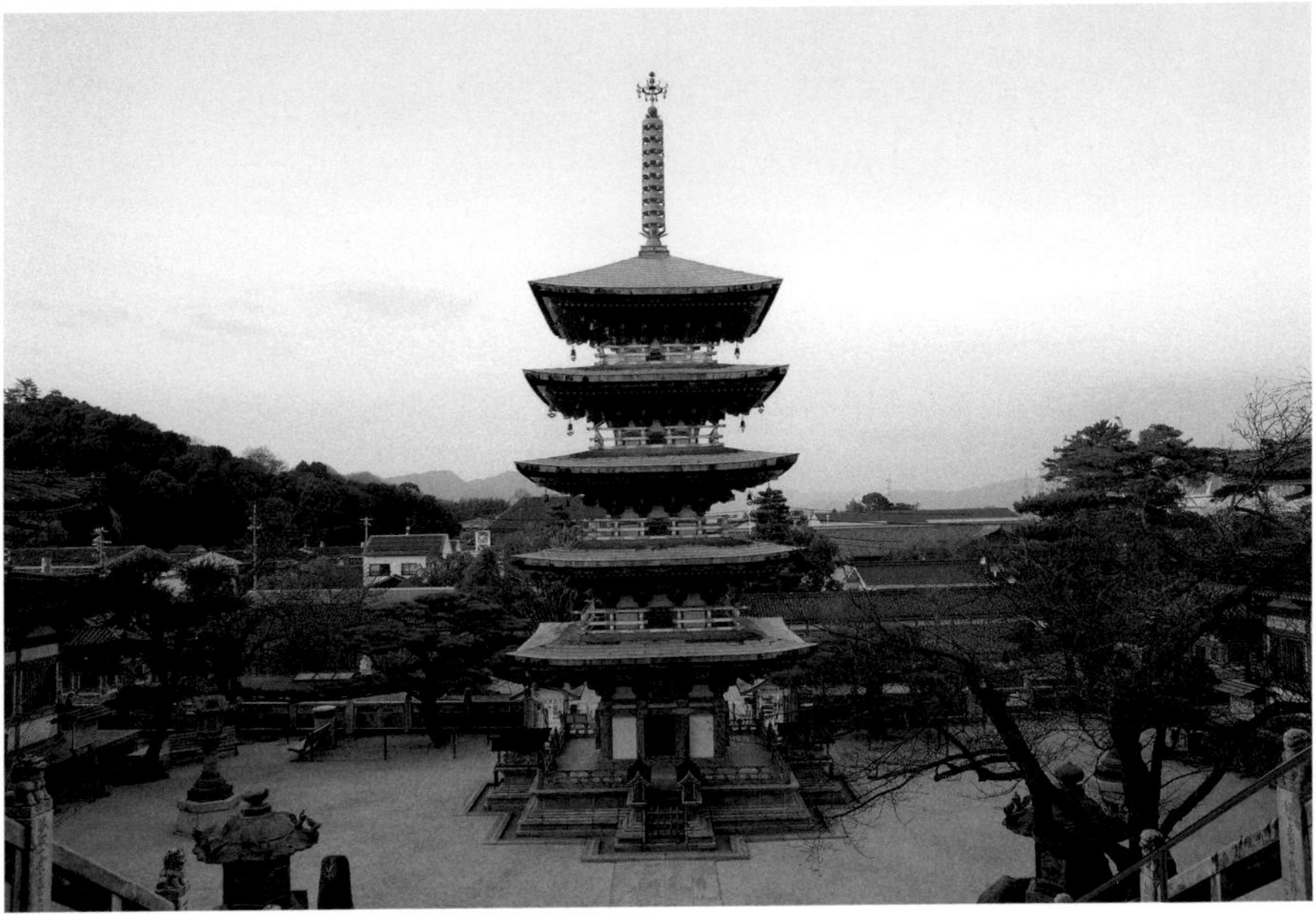

本堂は京都の平等院鳳凰堂を原型とし、彩色装飾は極彩色を施し原型より一段と華やかなつくり。八角円堂は奈良法隆寺の夢殿を原型とし2分の1に縮小。境内の中央に建つ五重塔は奈良の室生寺五重塔を原型とし、やはり彩色は耕三寺独特の鮮やかなもので統一されています。つまり耕三寺には耕三寺流にアレンジを施した日本国内の有名建築が集結しているのです。耕三寺を建立した耕三寺耕三さんは瀬戸田の地に文化財がないことを残念に思い、このような壮大な構想を立て実現させました。

　耕三寺の敷地内には耕三寺家の美術コレクションが収められた博物館もありますが、もはや寺域全体が有名建築の博物館でもあるのです。

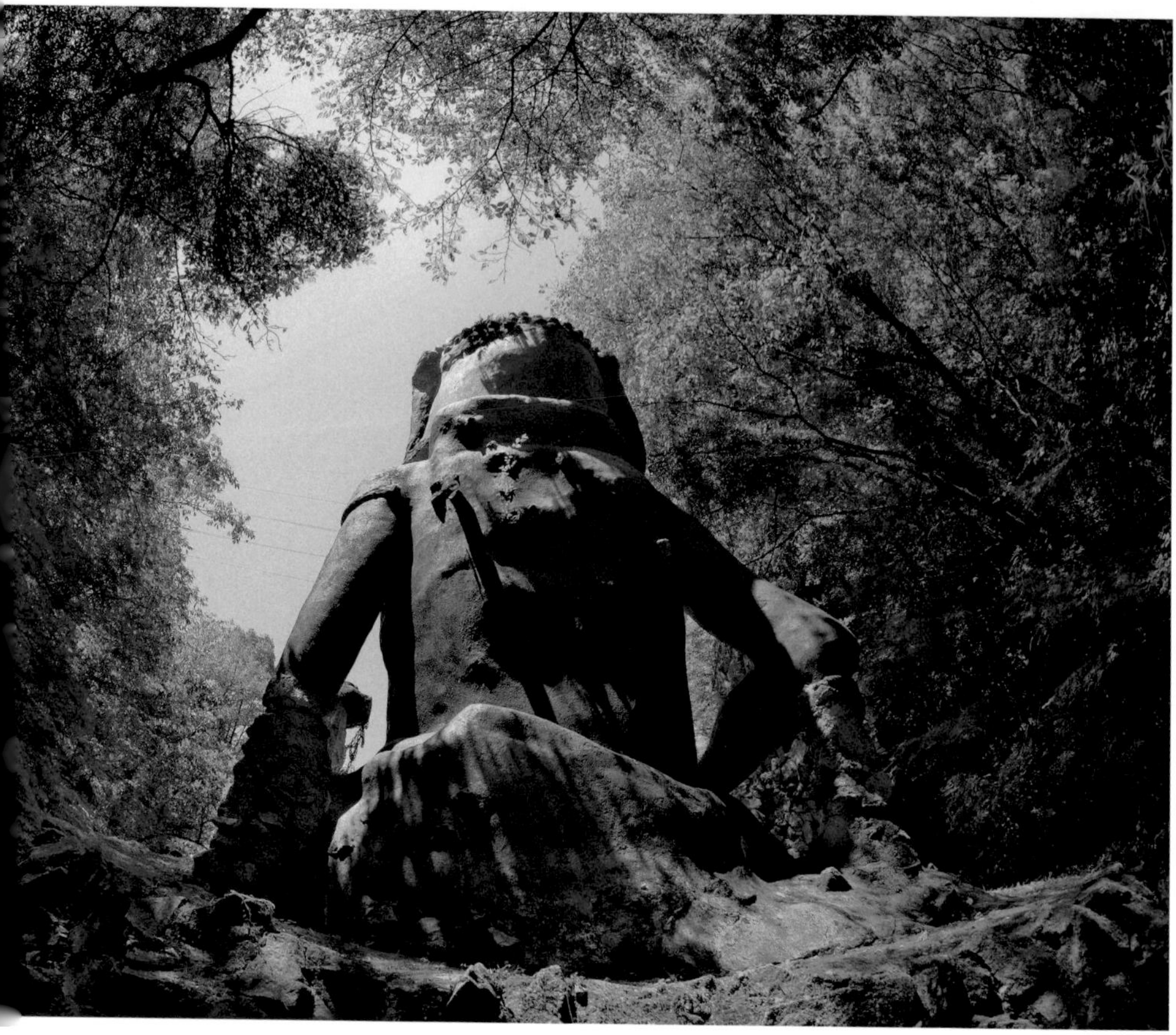

森の中に座りつづける
未完の大仏
不動明王大仏《ふどうみょうおうだいぶつ》

源宗坊寺は明治39年に稲田源宗という僧侶によって建立されました。山間の境内には現在35体の仏像が自然と共存するように点在しています。その内、13体のコンクリートの仏像をつくったのはプロの仏師ではない僧侶自身で、どれも超個性的な稲田源宗デザインの仏像です。仏像として写実的とは言い難いかもしれません。でもだからこそ一僧侶がこれだけの仏像を残したことに、とてつもなく熱い情熱を感じます。

境内の仏像の中でも最大なのが高さ

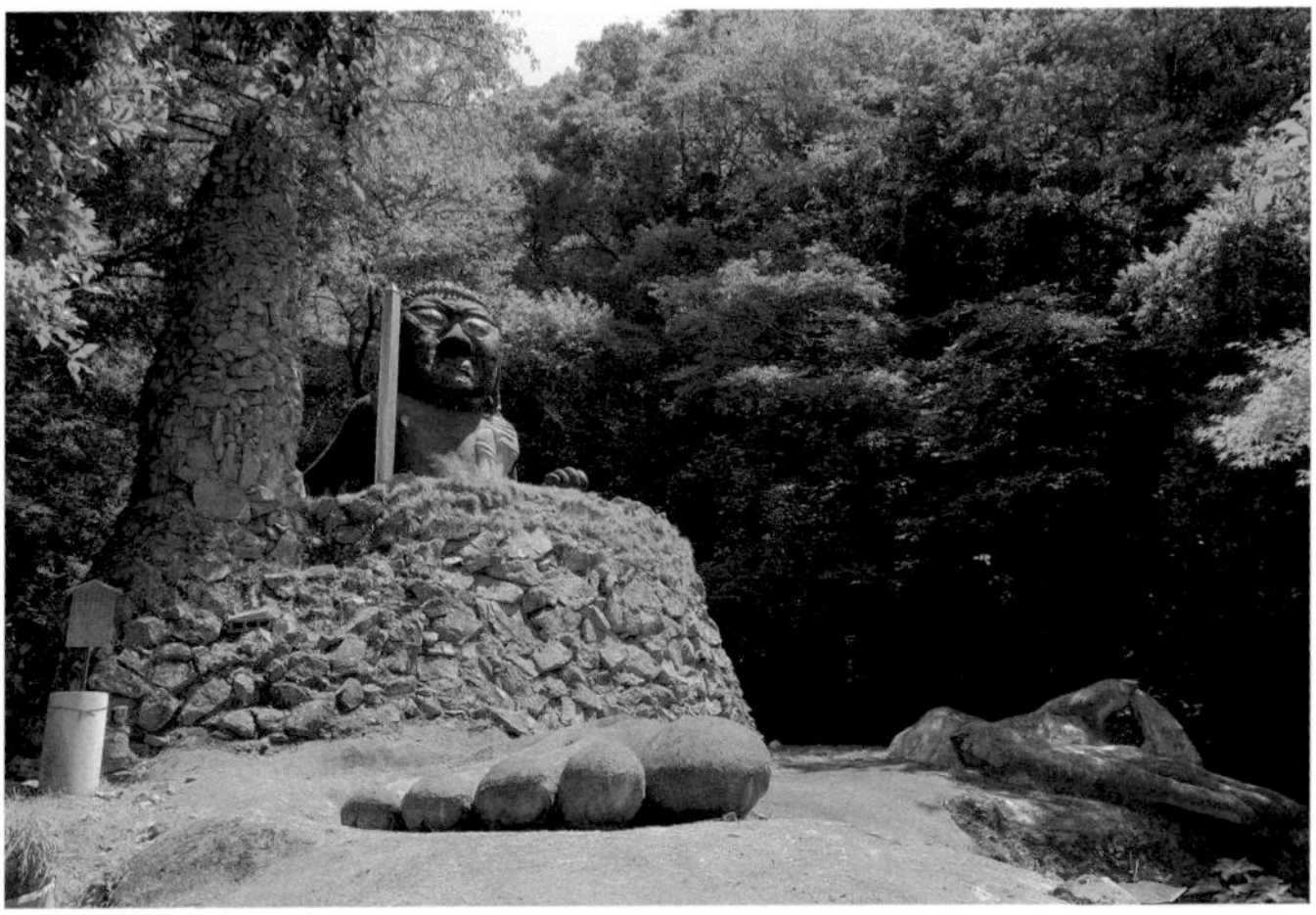

よく見れば手前に大きな足と手のようなものが。これが釈迦牟尼仏の手足です

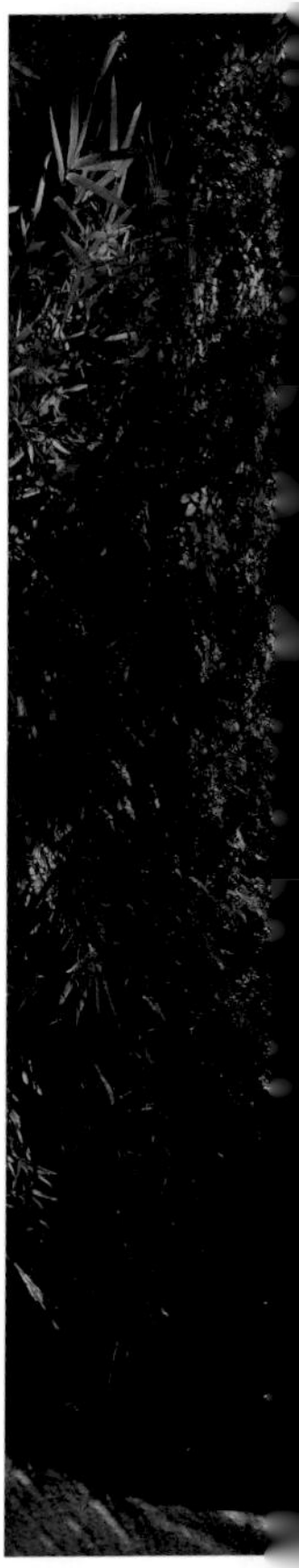

約6メートルの不動明王大仏です。この不動明王は胸のあたりまで石垣のようなものに埋まっています。実はこれ、この不動明王を胎内仏として中に安置し、外側にさらに大きな大仏をつくろうと製作途中の状態。60歳で源宗坊が亡くなったまま時が止まっているのです。よく見れば石垣の手前には足と手のようなものがあり、これが座像の組んだ足の部分なのだと想像できます。お孫さんによれば高さ26メートルの釈迦牟《しゃかむ》尼仏《にぶつ》がつくられる予定だったそうです。ひとりの僧侶が人生を懸けつくりつづけた姿を想像し、胸が熱くなりました。

不動明王は今も森の中に座りつづけています。その姿はいつか周囲にさらに大きな大仏さまがつくられる日を静かに待っているようです。

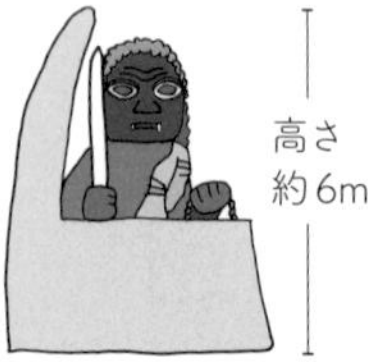

源宗坊寺《げんそうぼうじ》

広島県呉市清水3-14
呉駅より車で約12分
☎0823-21-5626
駐車場あり

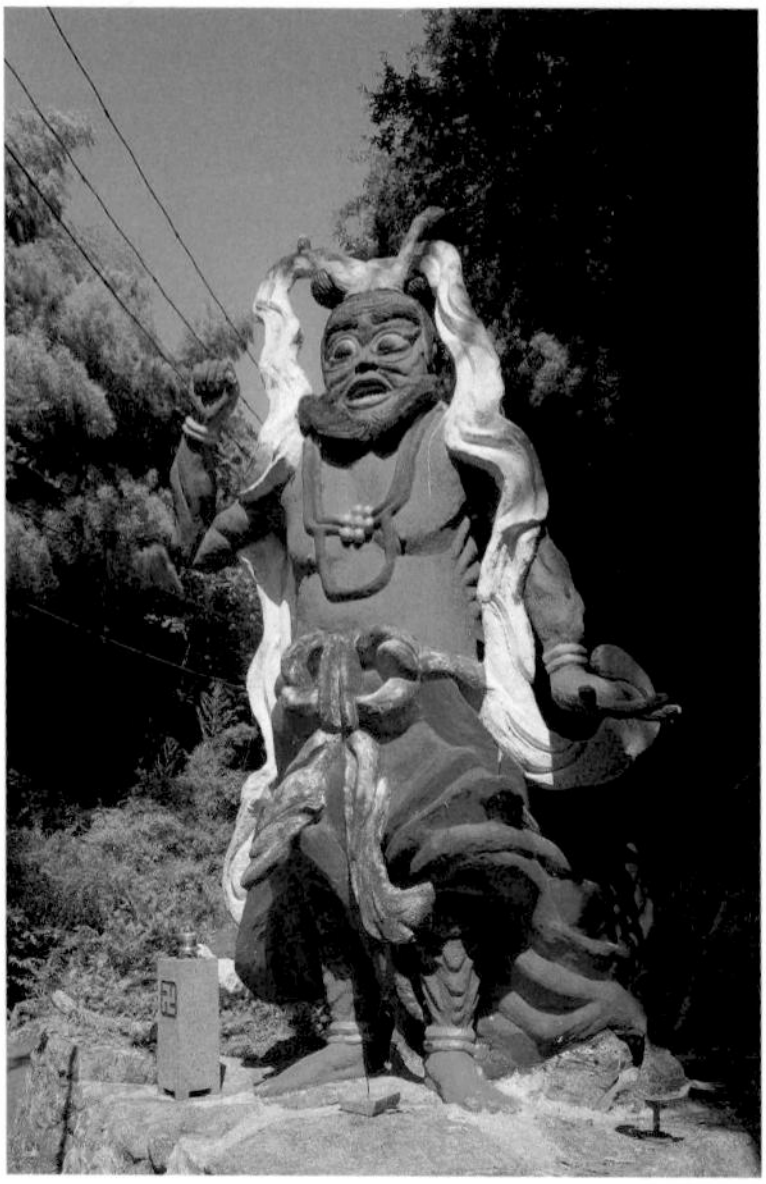

源宗坊寺の入口付近に立つ咆哮する仁王像

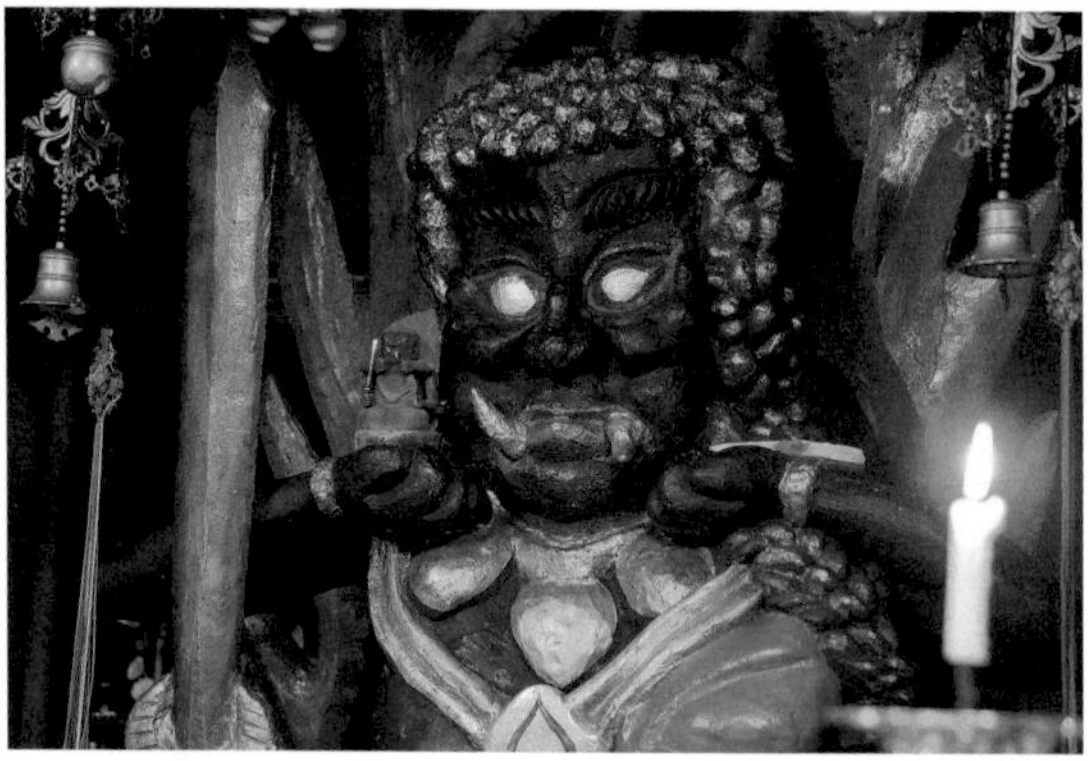

源宗坊寺の本堂に祀られるご本尊 大日大聖不動明王

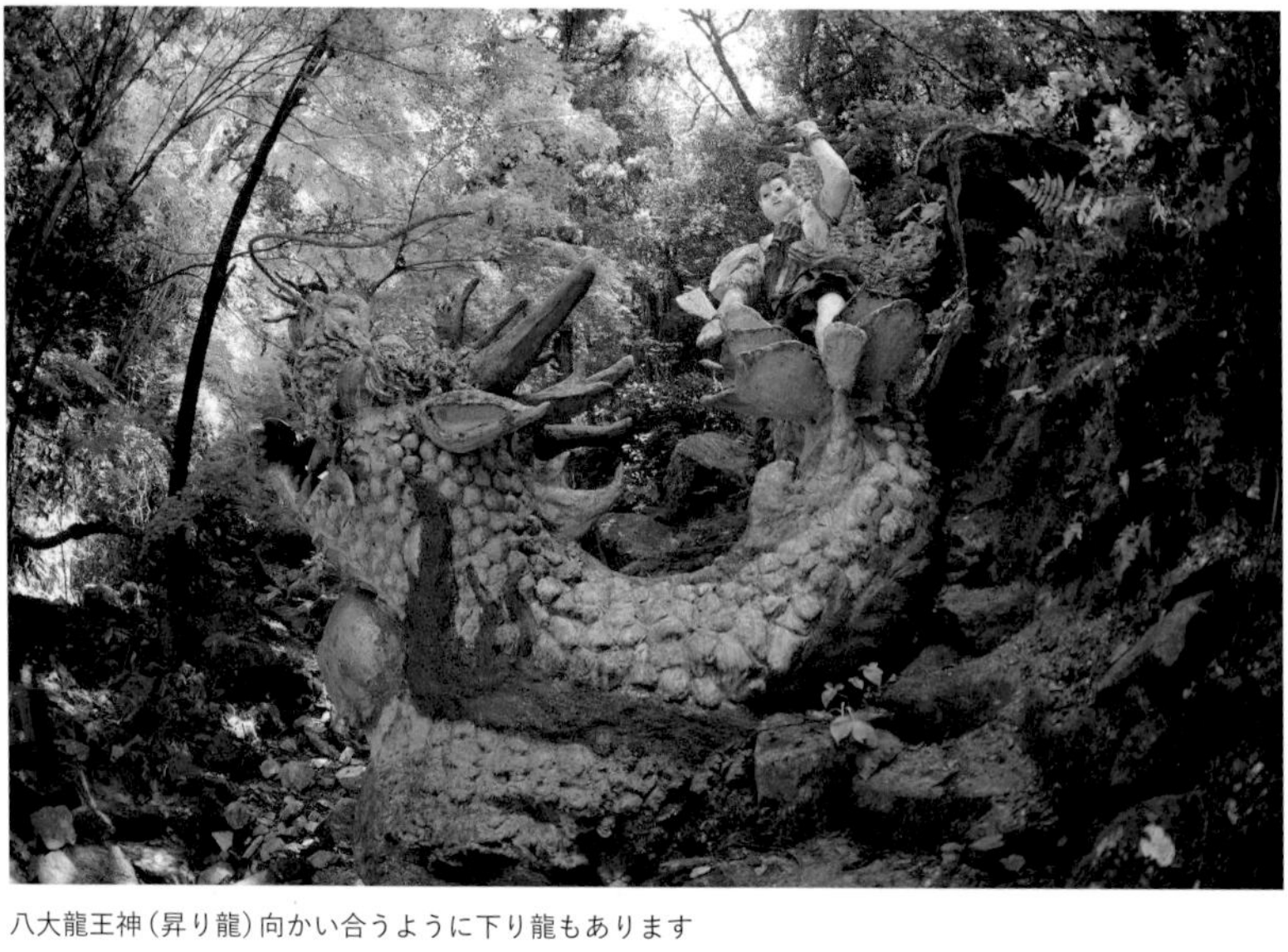

八大龍王神（昇り龍）向かい合うように下り龍もあります

column ㉓

山口にある大仏のふるさと
みとうの大仏

高さ 4m

道の駅みとう
山口県美祢市美東町大田近光5480-1
☎0839-62-2500
営業時間　8:00～18:00　駐車場あり

山口県に「大仏のふるさと」が存在するのをご存知でしょうか。私は知りませんでした。知ったきっかけは、旅の途中で偶然見つけた「大仏ミュージアム」という看板でした。

「大仏ミュージアム」は正式名称を「長登銅山文化交流館」といいます。どういうことかというと、美東町は古くから銅の産地で、奈良の大仏

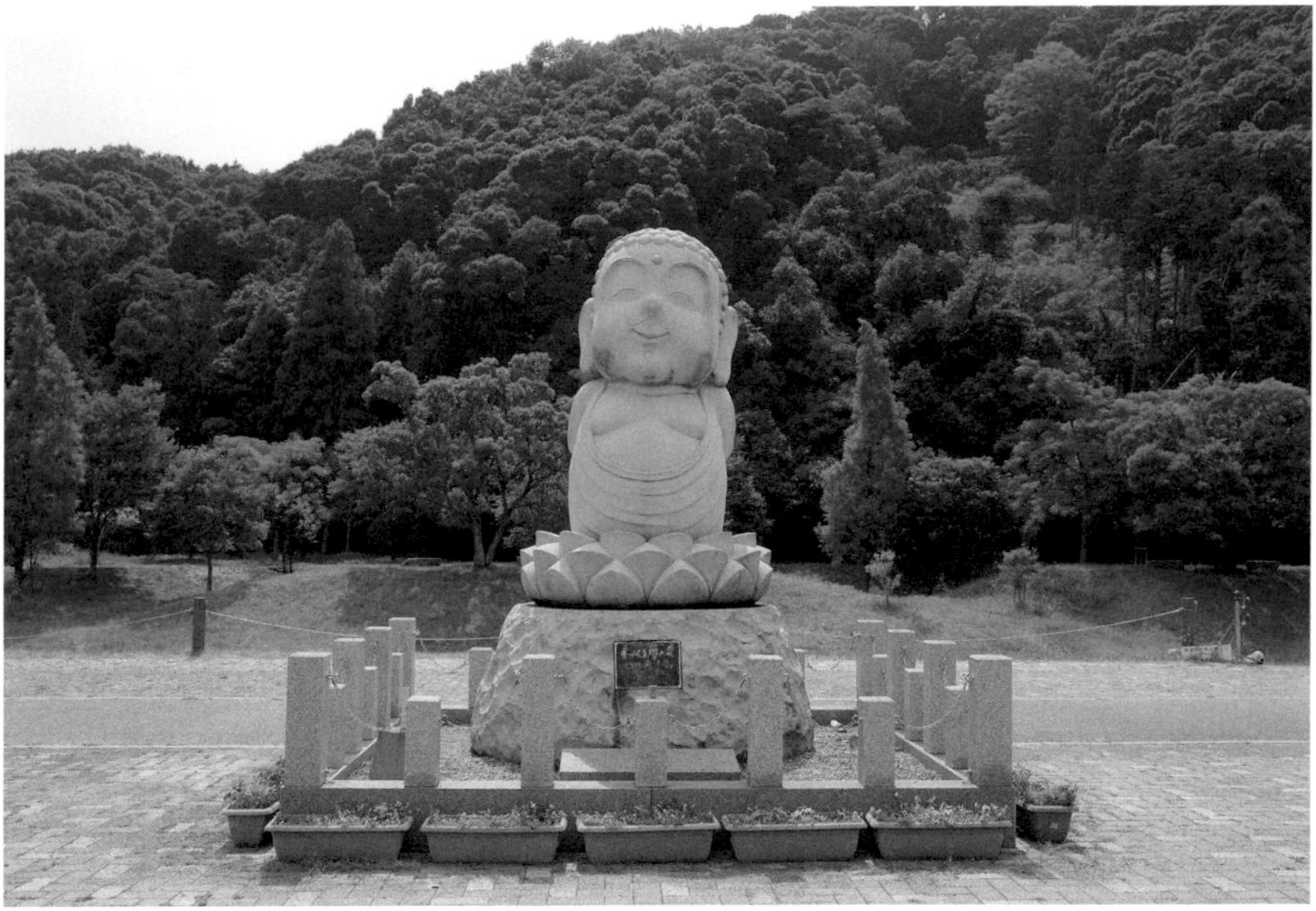

に使われた銅の多くはこの地にあった長登銅山産出なのです。ですから美東町は「大仏のふるさと」であり、長登銅山文化交流館は大仏資料館、つまり「大仏ミュージアム」であるというわけです。

そんな大仏ミュージアムで可愛い大仏のストラップを見つけました。その名も「みとうの大仏くん」。大田川のほとりにある道の駅「みとう」にある大仏さまとのことで急行しました。みとうの大仏は高さ4メートル、ほぼ2頭身スタイルで誰が見ても可愛らしい。大仏と名がつくものの、奈良の大仏をイメージしたモニュメントで、銅製ではなく石像です。ニッコリ微笑むふくよかなお顔は癒し系以外の何者でもありません。旅の疲れが癒されました。

季節毎に表情を変える自然と仏像

大聖青不動明王《だいしょうあおふどうみょうおう》
奥の院磨崖仏《おくのいんまがいぶつ》

その始まりは１３００年前にさかのぼる山口市最古の名刹、龍蔵寺。自然にあふれた境内は美しく「人間回復の寺」と言われるのも頷けます。特に国の天然記念物に指定される樹齢９００年、樹高45メートルの大銀杏は見事の一言です。観音堂を挟んでこの大銀杏とは反対側に、これまた大迫力の大聖青不動明王が立っています。高さでは大銀杏にかないませんが、10メートル上から憤怒の形相でこちらを見下ろす姿は圧巻。周囲の木々が色づく頃にはまた違った景色が見られるのでしょう。

四季折々の自然に点在する石仏、大きな不動明王と龍蔵寺は見所が多く、大抵はその先までは立ち入らずに満足してしまいます。ですが山道をさらに15分登ると奥の院があり、岸壁には像高約4・5メートルの磨崖仏、大日如来が刻まれているのです。これを拝まずに帰れません。私が参拝したのは夏で、緑の蔦に覆われた大日如来はお顔と光背のラインがうっすらわかる程度。ですがそこだけ光が降って来るような空間は神秘的でした。また別の季節にも来たい、何度も参拝したいと思わせるお寺です。

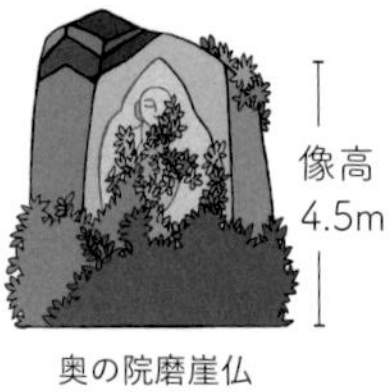

奥の院磨崖仏

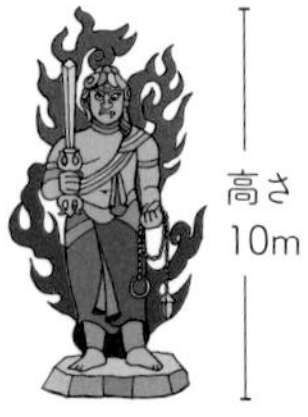

大聖青不動明王

龍蔵寺
りゅうぞうじ
山口県山口市吉敷1750
☎083-924-1357
開門時間　8:00～17:00
駐車場あり

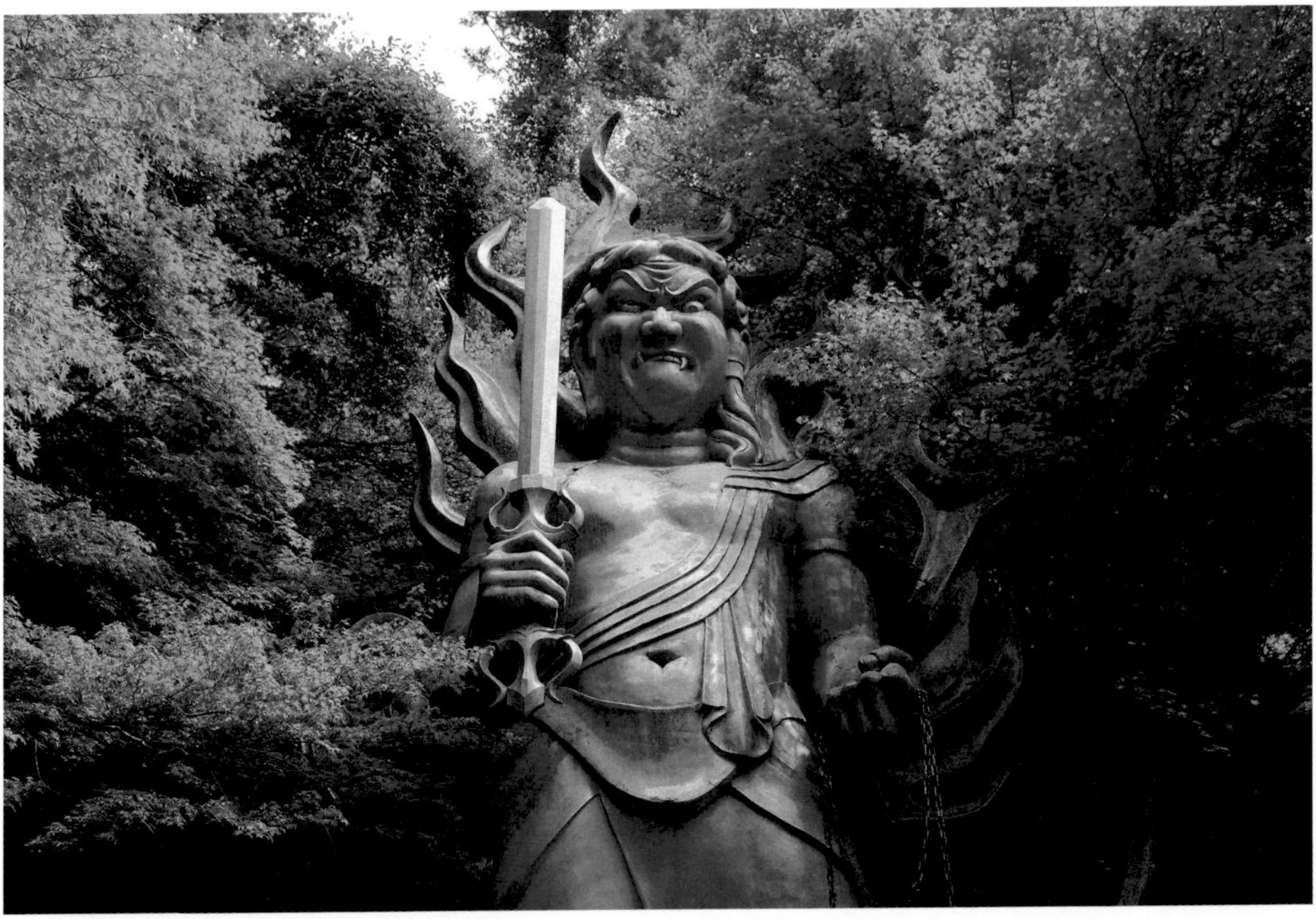

迫力の大聖青不動明王

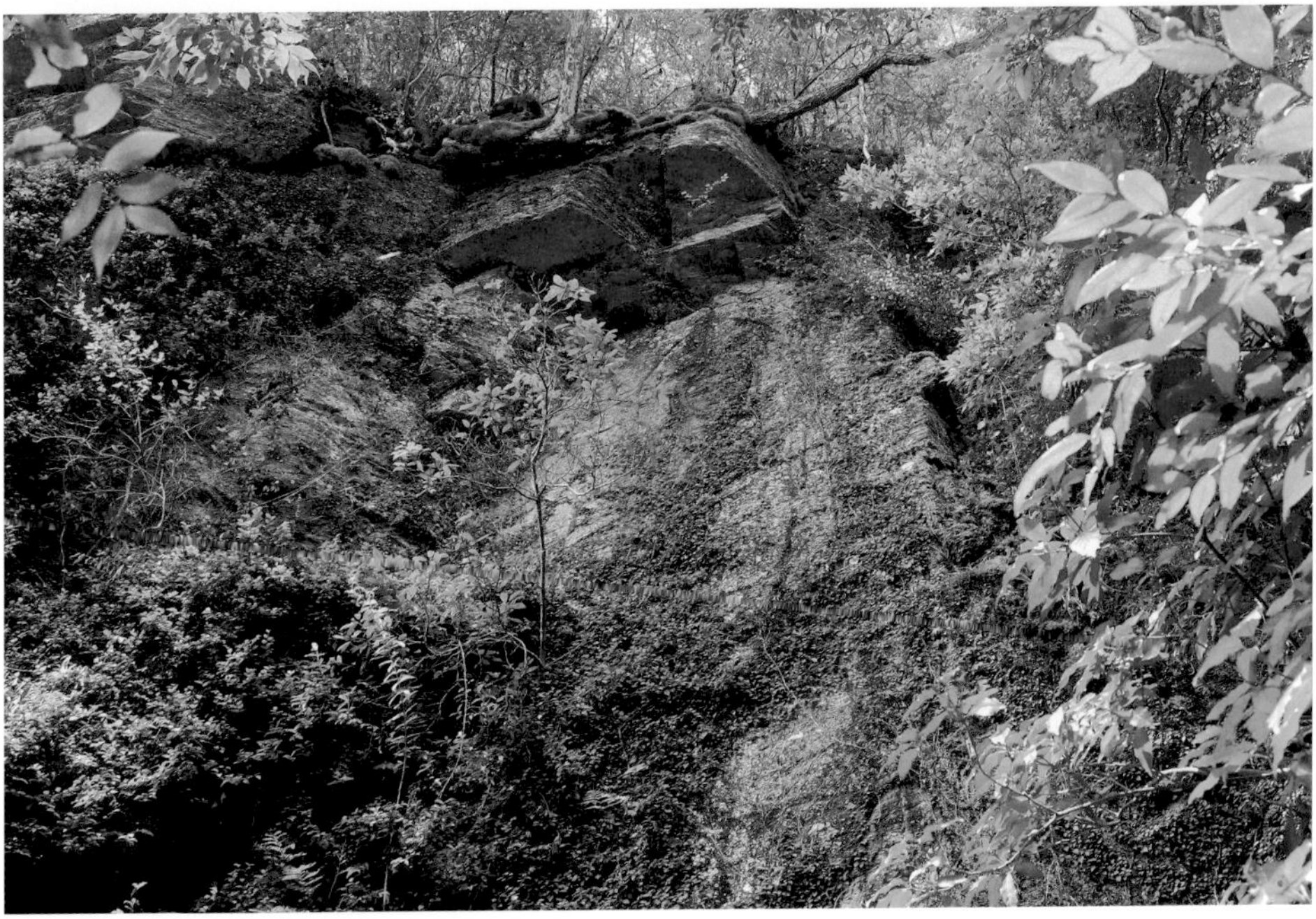

うっすらアウトラインを残す奥の院磨崖仏

column ㉔

一生に一度は観てみたい幻想光景

花《はな》見《み》潟《がた》墓《ぼ》地《ち》

鳥取県東伯郡琴浦町赤碕
赤碕駅より徒歩10分
駐車場あり（駐車台数が限られるため、お盆などは混み合います）

ある年のお盆、鳥取県の中央部にある琴浦という町に宿を取りました。どうしても観てみたい景色があったからです。それはお盆の夜でないと観られない景色です。

　琴浦町には「花見潟墓地」という日本最大級の自然発生墓地があります。海岸に面した東西約350メートルに渡る広い範囲に、2万基を越えるお墓が立ち並んでいます。どこまで行っても墓、墓、墓。まるで墓の町に迷いこんだような錯覚を覚えます。昼間に歩くだけでもそんな感覚になりますが、お盆の夜には灯籠に火が灯され、見たことのない幻想的な景色が広がるというのです。「怪談」で有名な小泉八雲もこの地をなんと新婚旅行で訪れ、「霊気を感じた」と記したとか。霊気を感じるかはともかく、一生に一度拝んでみたい景色であることは間違いありません。

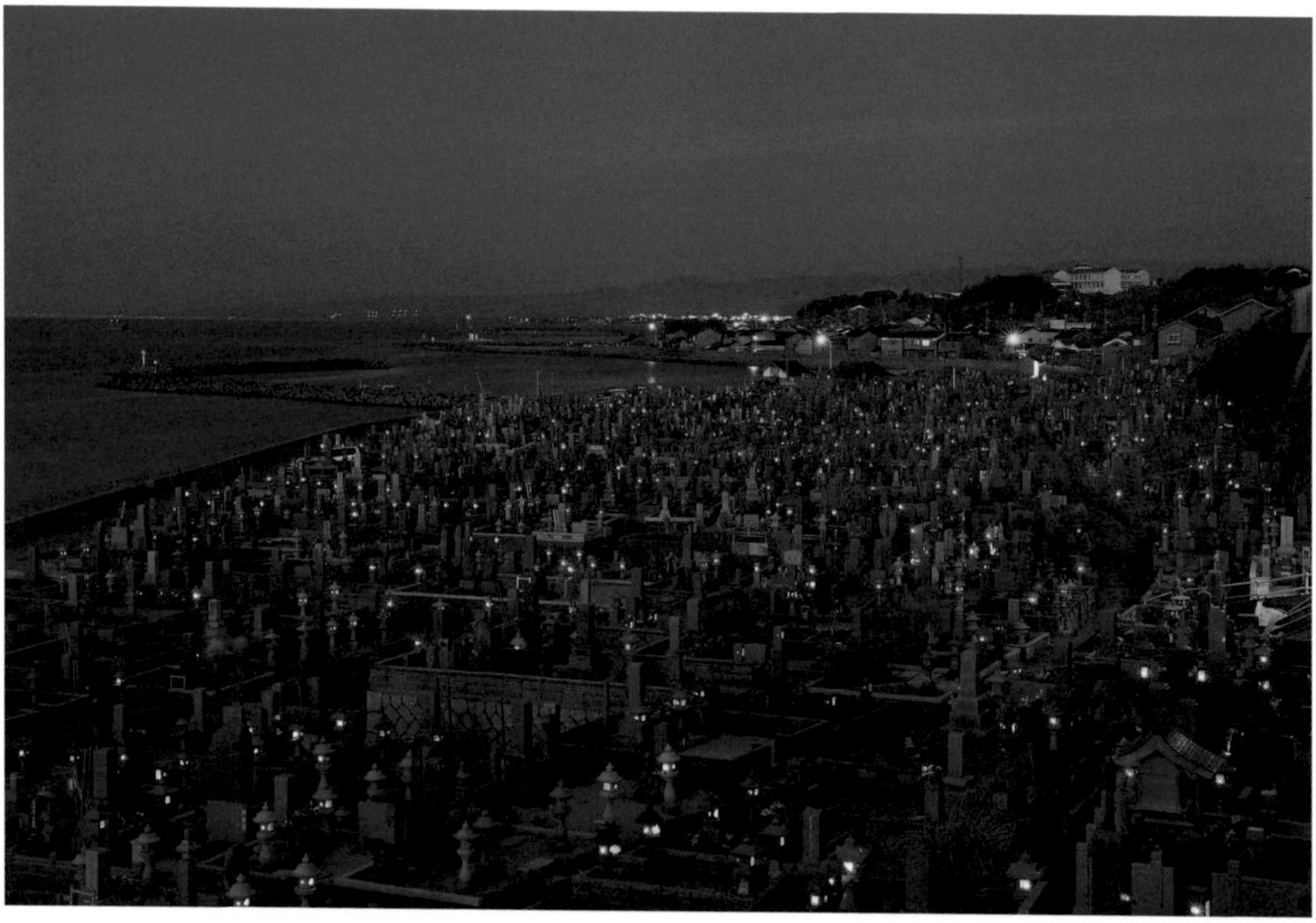

　宿に荷物を預け夕暮れ時に再訪すると、墓地にひとつ、またひとつと灯りが灯りはじめました。海岸添いの広大な墓地にホタルが舞っているような幻想的な景色に、私はあたりが暗くなるまで魅入っていました。

column 25

町に伝わる
カラス天狗伝説

カラス天狗像《てんぐぞう》

高さ10.9m

仁王堂公園《におうどうこうえん》
鳥取県西伯郡大山町宮内
山陰道大山ICより車で約3分
駐車場あり

大山山麓の美しく豊かな自然に囲まれた大山町。この町にある仁王堂公園というのどかな公園に、ひときわ異彩を放つ巨大なカラス天狗像があります。台座を含む全長10・9メートル、総重量10トンのカラス天狗は実に写実的。今にも飛び立ちそうなリアルな姿で遠くを見据えています。

　そもそもカラス天狗ってどんなものかご存知ですか？調べてみると、カラス天狗は山伏衣装で鳥のようなクチバシを持ち、自由に空を飛ぶ伝説上の生物。私たちが思い浮かべる鼻の高い天狗は近代に入って主流となったもので、それ以前の天狗とはカラス天狗をさしていたようです。

　このカラス天狗の伝説が今も語り継がれているのが大山町なのです。たくさんあるという伝説のほんの数話を読んでみましたが、話の中に出てくるカラス天狗は意外にもちょっと間が抜けていたり、チャーミングだったりします。そんな可愛らしい姿が伝えられるほど、カラス天狗は人々から愛される存在なのではないでしょうか。

　仁王堂公園のカラス天狗はそんなチャーミングな一面を隠し、勇ましい姿で外敵から町を守っています。

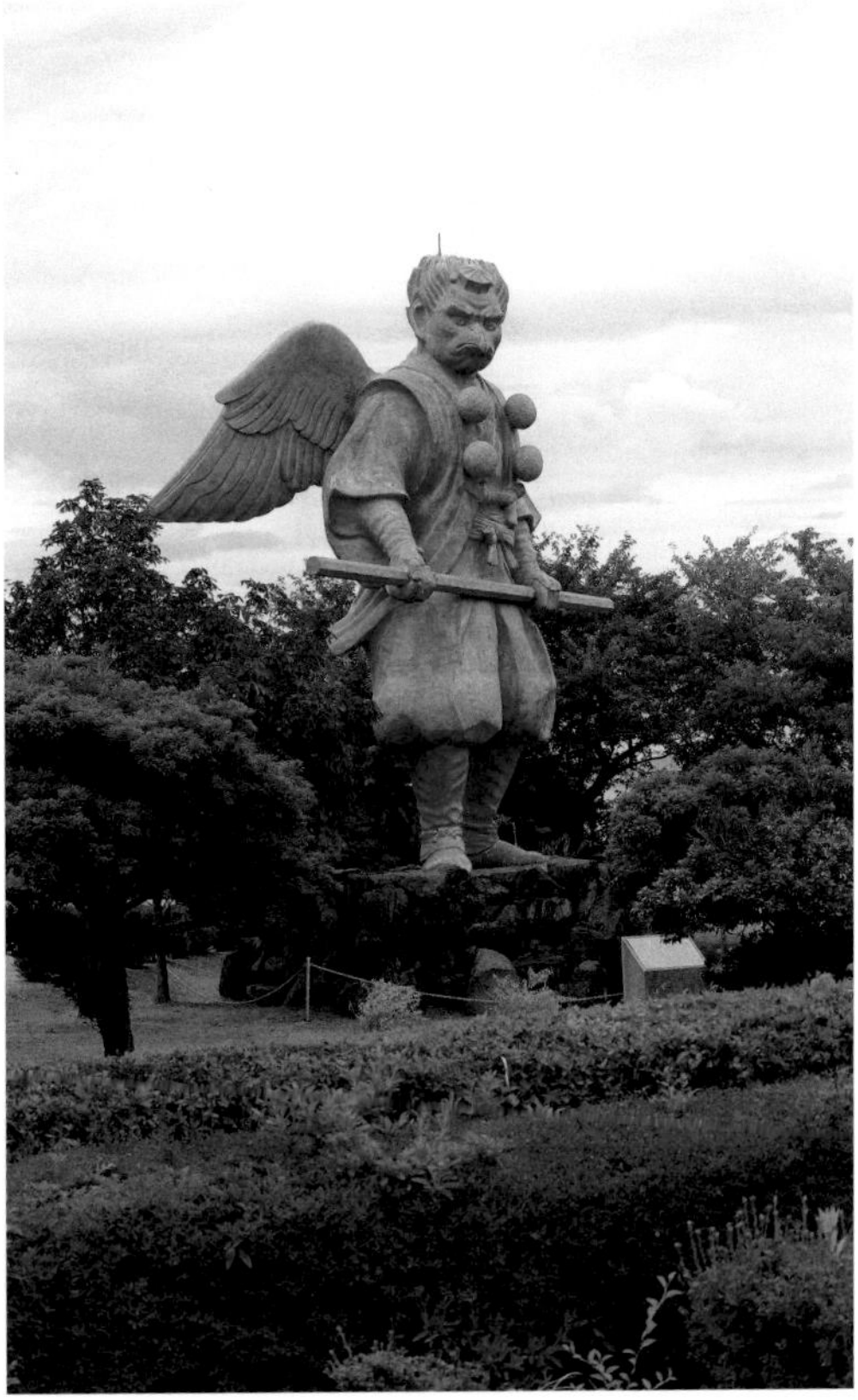

column ㉖

湖に立つ
ふたつの地蔵

袖師地蔵《そでしじぞう》

高さ
2.5m

島根県松江市袖師町4
徒歩7分ほどの宍道湖道理沿いに駐車場あり
管理先　円成寺（えんじょうじ）
島根県松江市栄町792

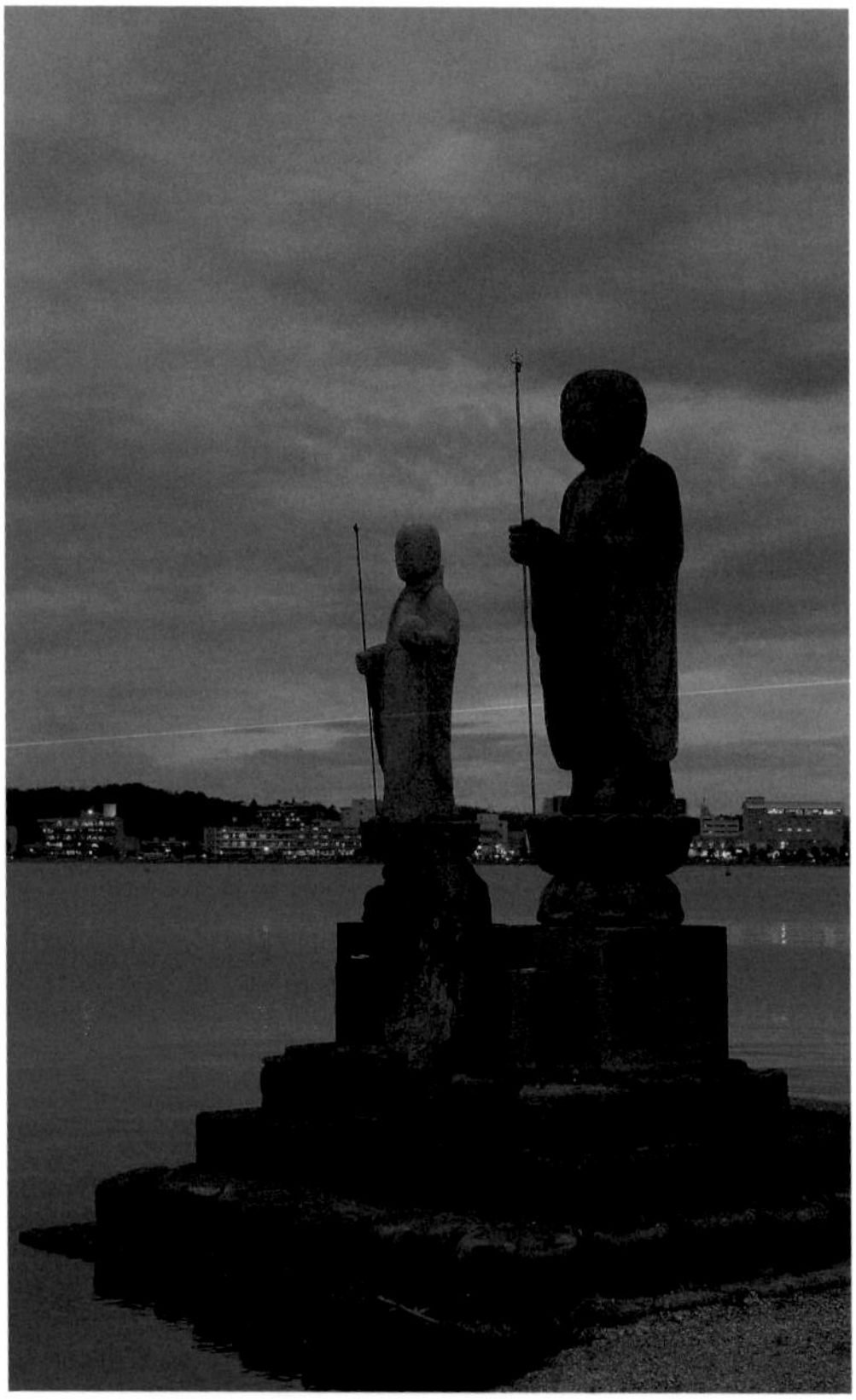

ずいぶん前のことになります。真っ赤な夕日の沈む湖を背景に、並んで立つお地蔵さまの写真を観ました。それがあまりにも奇麗で、いつかここに行ってみたいと思っていました。それが宍道湖畔にある袖師地蔵です。

宍道湖は松江市と出雲市にまたがる湖で、夕日の名所としても有名です。お地蔵さまは宍道湖に浮かぶ唯一の島である嫁ヶ島を望む場所に立っています。昔、嫁ヶ島沖では船の事故が多く、水難者の慰霊のため建てられたと言われています。手前のお地蔵さまが袖師地蔵、奥に立つのが石灰地蔵。江戸時代初期に建てられ、現在は三代目。近隣のお寺、円成寺が大切に管理をされています。

残念ながら私が行った日は曇りで真っ赤な夕景は拝めませんでした。ですが紫がかった空と湖を背景に並ぶお地蔵さまは、長年連れ添った夫婦のように仲良さげで、その光景は十分に感動的でした。

島根県は関東に住む私にとっては遠く、広く感じられ、まだ行けていない場所がたくさんあります。そんな中で宍道湖は私が行った数少ない島根の地であり、とても印象深く記憶に刻まれています。

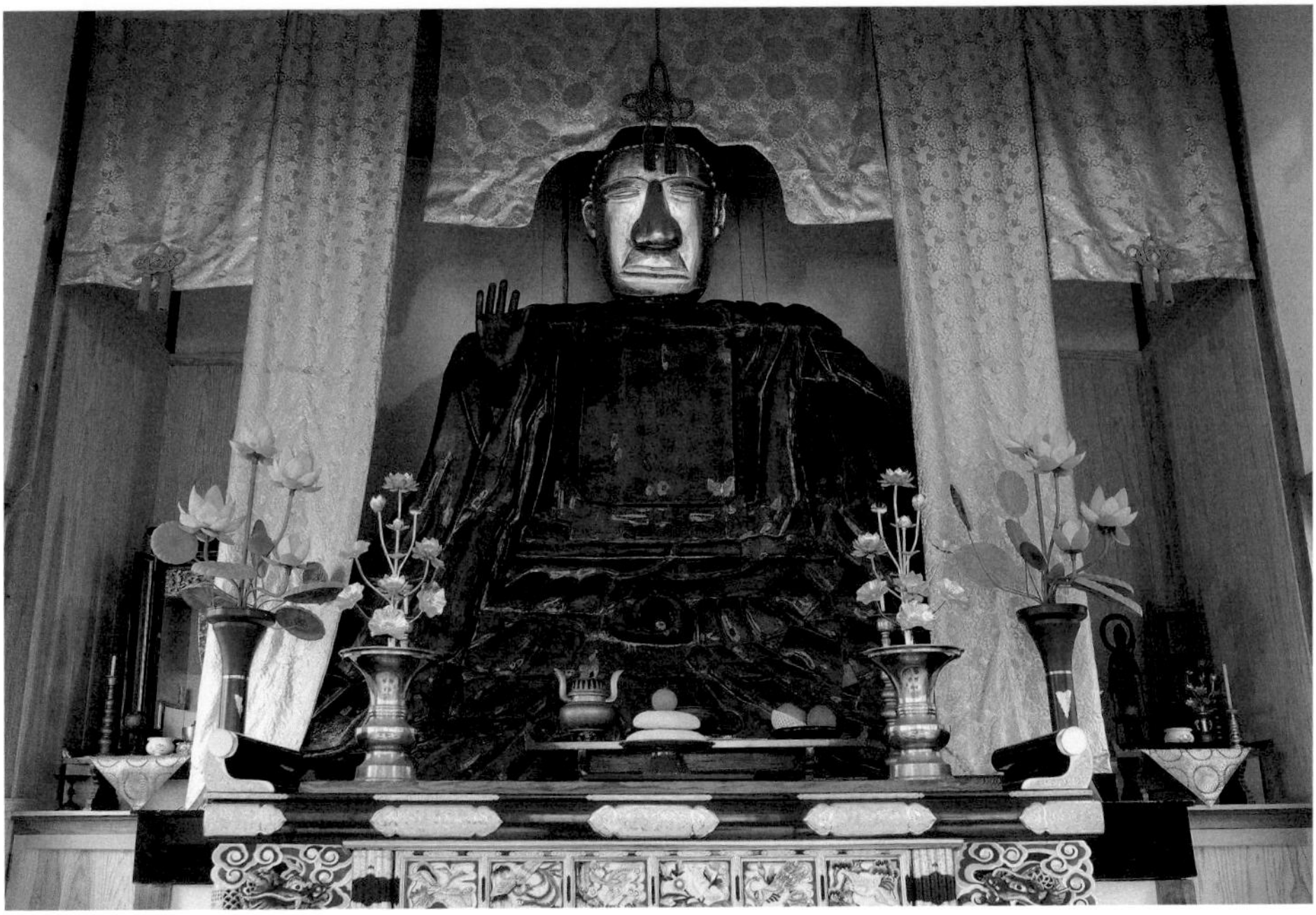

温泉街の素朴な大仏

有福大仏《ありふくだいぶつ》

　有福温泉は山の斜面に旅館や外湯が点在し、それらが石段で結ばれた、まるでそこだけ時間が止まったような懐かしい温泉街です。そんな温泉街を見渡す高台にある大仏殿には、実に素朴な大仏さま、有福大仏が座っています。

　有福大仏はこの町を訪れた彫刻師により昭和13年頃つくられました。その後、地元で商店を経営する河野勳さんが「大仏さまを多くの人に見てもらいたい」との思いから大仏殿を建て安置しました。手作り感あふれる大仏さまは懐かしい温泉街にとても合っていて、金色に輝くお顔はいかにも福を招いてくれそうです。

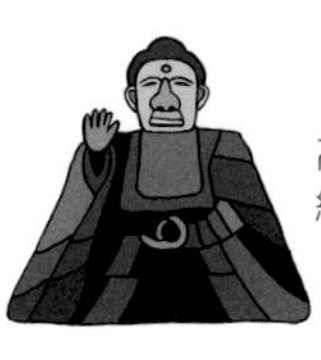

高さ
約3m

有福大仏
島根県江津市有福温泉町
大仏殿は開放され参拝自由です

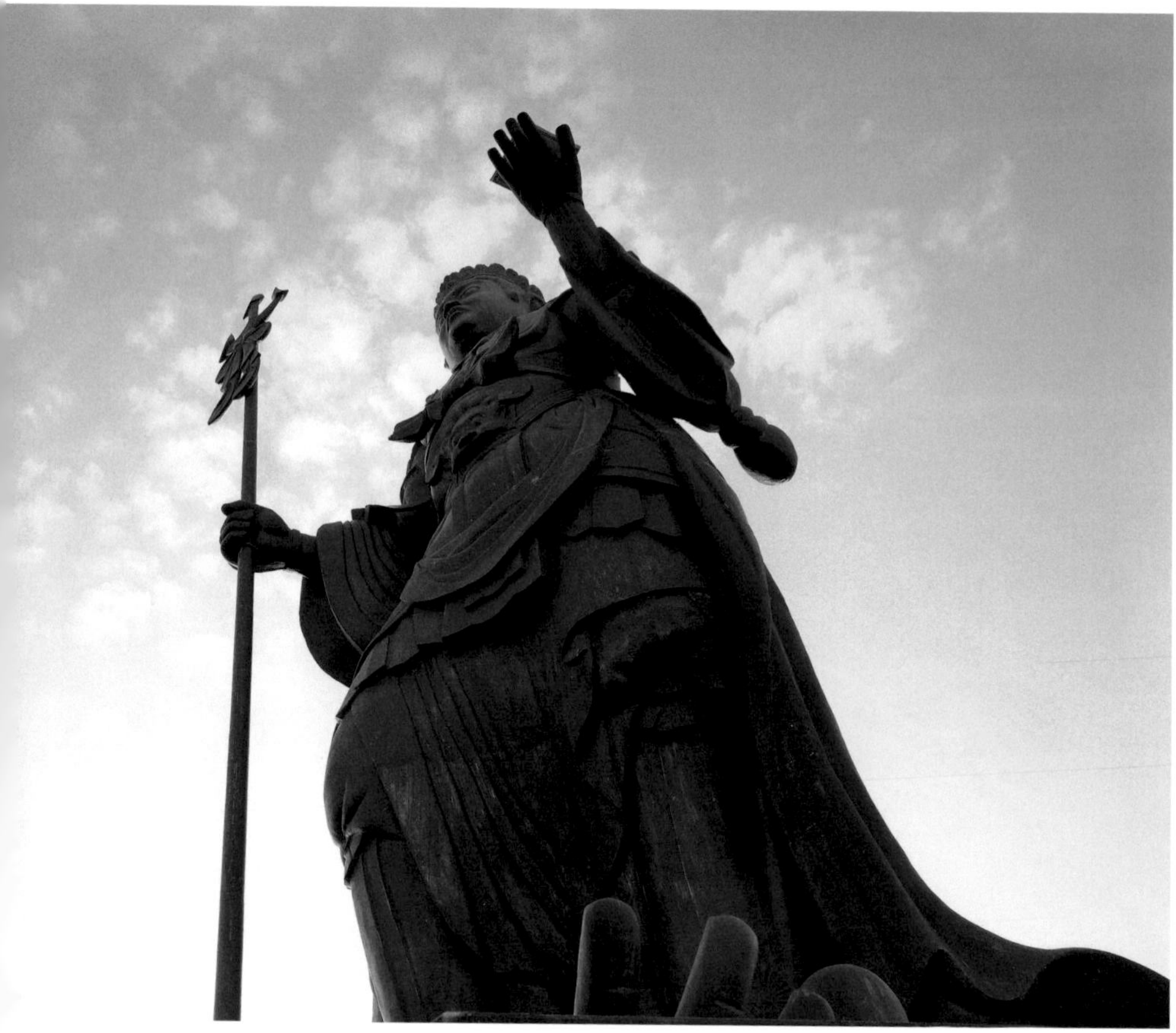

標高911メートルから
四国全土を守る
毘沙門天展望館《びしゃもんてんてんぼうかん》

弘法大師が開いた88の霊場を弘法大師亡き後、弟子たちが巡ったのが四国88カ所お遍路の始まりと伝えられます。雲辺寺はこの88の霊場のうち最も高い標高911メートルの雲辺寺山山頂付近にあり「遍路ころがし」との異名を持つ難所のお寺です。現在はロープウェーで山頂まで登ることができるため、私は山をころがらずにすみました。

雲辺寺のご本尊は国重要文化財の千手観音で、その脇侍が同じく重要文化財の毘沙門天立像です。この毘沙門天立像を

post card

恐れ入りますが、
切手をお貼り
ください

810-0041

福岡市中央区大名2-8-18
天神パークビル501

書肆侃侃房 行

□ご意見・ご感想などございましたらお願いします。

※書肆侃侃房のホームページやチラシ、帯などでご紹介させていただくことがあります。
不可の場合は、こちらにチェックをお願いします。→□　※実名は使用しません。

書肆侃侃房　http://www.kankanbou.com　info@kankanbou.com

■愛読者カード

このはがきを当社への通信あるいは当社発刊本のご注文にご利用ください。

□ご購入いただいた本のタイトルは？

□お買い上げ書店またはネット書店

□本書をどこでお知りになりましたか？

01書店で見て　02ネット書店で見て　03書肆侃侃房のホームページで
04著者のすすめ　05知人のすすめ　06新聞を見て（　　　新聞）
07テレビを見て（　　　）　08ラジオを聞いて（　　　）
09雑誌を見て（　　　）　10その他（　　　）

フリガナ
お名前　　　　男・女

ご住所　〒

TEL（　　）　　　FAX（　　）

ご職業　　　　年齢　　歳

□注文申込書

このはがきでご注文いただいた方は、**送料をサービス**させていただきます。
※本の代金のお支払いは、郵便振替用紙を同封しますので、本の到着後１週間以内にお振込みください。
銀行振込みも可能です。

本のタイトル	冊
本のタイトル	冊
本のタイトル	冊

合計冊数　　冊

ありがとうございました。ご記入いただいた情報は、ご注文本の発送に限り利用させていただきます。

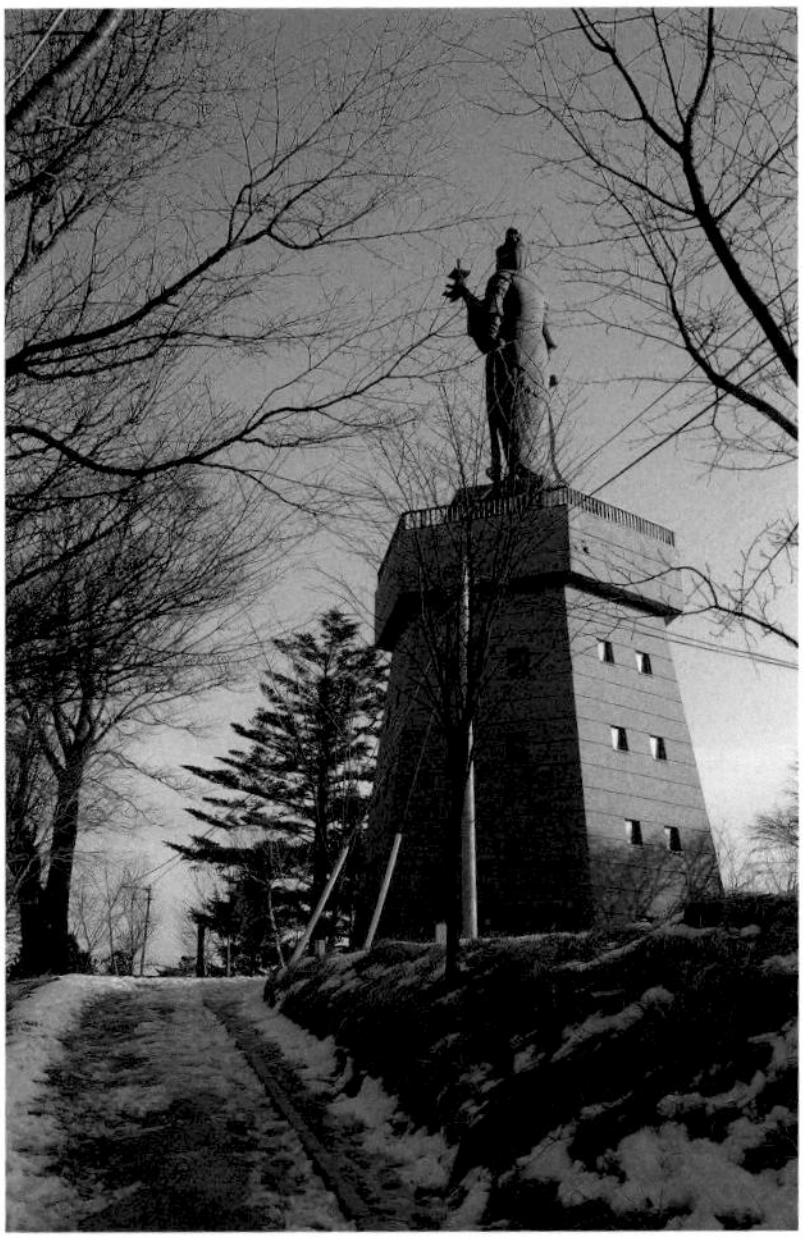

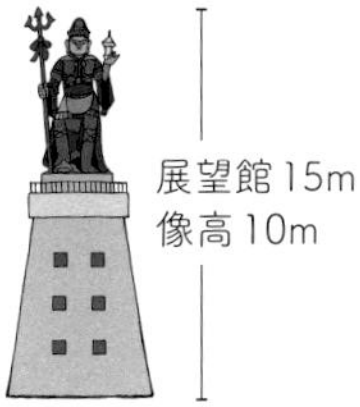

雲辺寺《うんぺんじ》
徳島県三好市池田町白地ノロウチ763
☎0883-74-0066
雲辺寺ロープウェー営業時間
3〜11月 7:20〜17:00
12〜2月 8:00〜17:00
ロープウェー営業時間は変わる場合もありますので、事前にご確認ください
ロープウェー乗り場に駐車場あり

模してつくった像が山頂の展望台の上に立っているというのです。展望台の名前は「毘沙門天展望館」。この名前だけで胸が高鳴ります。山頂にある15メートルの天望館の上の10メートルの毘沙門天像です。そこにはどんな絶景が待っているのでしょう。

ロープウェーを降りるとそこは別世界。一面の雪景色が広がっていました。展望館内部の螺旋のスロープを登って行くと眩しい光が差し込み、展望スペースが現れます。眺めは360度どこを見渡しても文句なしの絶景。そしてさらに上を見れば、四国全土を守るようにして立つ勇ましい毘沙門天の姿があるのです。自然と涙がこぼれたのは寒さのせいだけでなく、絶景と毘沙門天に会えたからかもしれません。

日本で一番美しい大観音

小豆島大観音《しょうどしまだいかんのん》

小豆島は瀬戸内海に浮かぶ島として淡路島に次ぐ大きさでありながら、船でしか渡れない離島です。ですが船に乗ってでも見たい美しい海と豊かな自然があります。また島全体が四国88カ所の写し霊場となっているためお寺が多く、巡礼者も訪れます。そんな小豆島の数あるお寺の中で私が真っ先に向かったのは、もちろん小豆島大観音佛歯寺です。

小豆島大観音はスリランカの佛歯寺よりお釈迦さまの歯を分与されたのをきっかけに平成7年に建てられました。胎内には一万一千体の胎内仏が安置され、最上階にはお釈迦さまの歯が祀られています。この最上階の展望窓からは観音さまの大きな指が見え、観音さまの心臓部分にいることを実感できるのがありがたさを倍増させます。特筆すべきはやはりその美しさではないでしょうか。像全体の均整がとれていて、白い体にアクセントで金の装飾品を纏った姿は繊細です。外観の美しさを損なわぬよう首飾りを展望窓に利用している点もデザイン性の高さを感じます。「日本で一番美しい大観音」の言葉に偽りはないと思います。

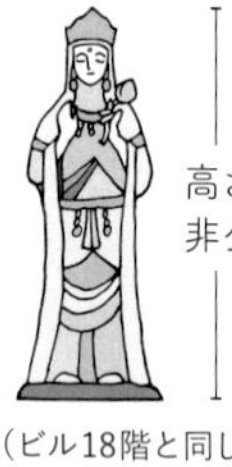

（ビル18階と同じくらい）

小豆島大観音佛歯寺《しょうどしまだいかんのんぶっしじ》

香川県小豆郡土庄町子馬越　☎0879-64-6888
参拝時間　8:00～17:00
小豆島へ渡るフェリーは神戸港、姫路港、高松港など、多数出ています。
小豆島からは土庄港より車で15分。
土庄港より小豆島大観音前までのバスも出ています。
駐車場あり

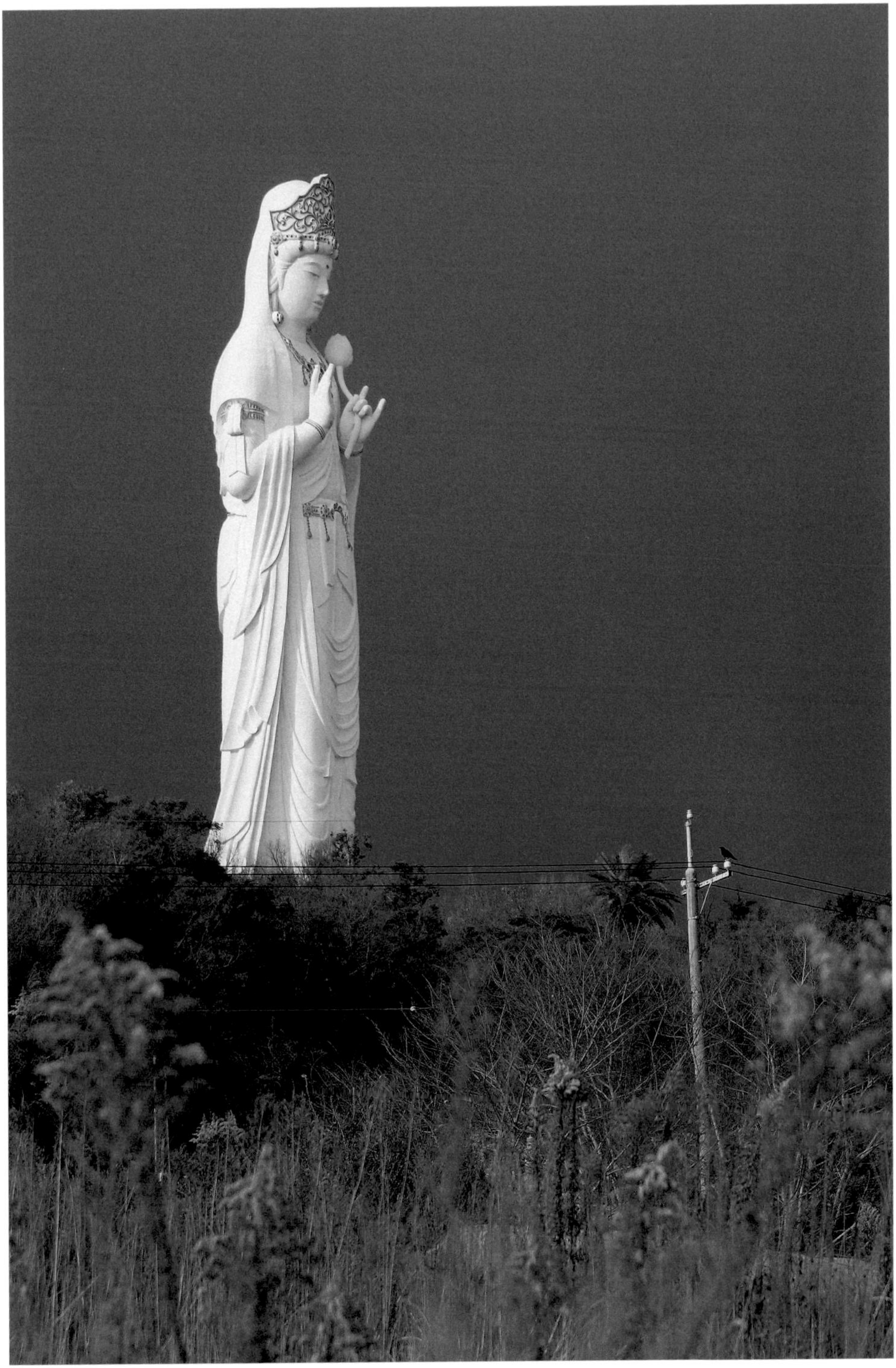

高台のお寺に向かう途中で見えた小豆島大観音

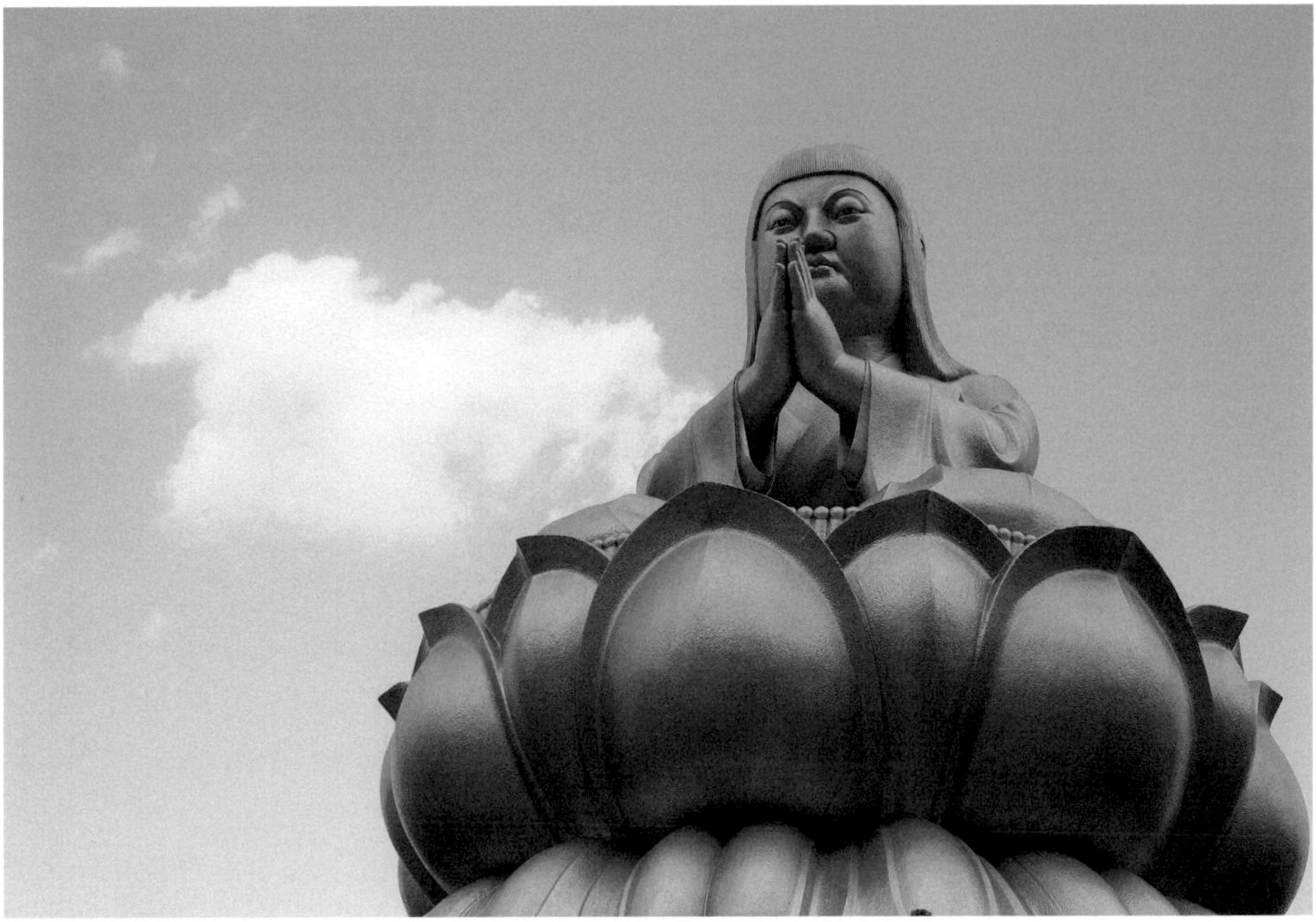

日本仏教のスーパースターの幼少期

稚児大師《ちごたいし》

「島四国」と称される小豆島88カ所霊場80番霊場、子安観音寺。過去三度火災に遭い、その度に人々の支えにより再建したお返しとして、参拝者に手打ちうどんを出してくださる「うどんのお寺」として知られます。ご本尊は赤ちゃんを抱いた観音さまで安産の子宝にご縁の深いお寺です。そのことから境内には高さ10メートルの稚児大師という、弘法大師の幼少期の像があります。7歳の姿ですが、そこは日本仏教のスター弘法大師さまですから、幼児とは思えぬ鋭い眼光。凛々しくも可愛らしい大師さまは光を浴び眩しく輝いています。

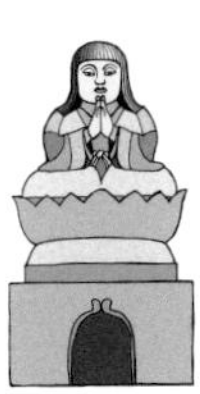

子安観音寺《こやすかんのんじ》

香川県小豆郡土庄町大部甲2040
☎0879-67-3006
駐車場あり

column ㉗

息をのむ絶景　天空の鳥居

高屋神社《たかやじんじゃ》

香川県観音寺市高屋町2730
❶：この住所は下宮にあたります。ここから徒歩で本宮を目指します。車でのルートは道が細くすれ違えないので、あまりおすすめできません

香川県観音寺市にある高屋神社は標高４０４メートルの稲積山山頂に本宮があり、これがまるで「天空の鳥居」だとネット上で人気が爆発。私もずっと参拝のチャンスをうかがっていて、とうとう今年それが叶いました。

　高屋神社の正式な参拝路はこうです。「下宮から中宮へつづく山道を登り、そこから心臓破りの石段２７０段を登り切ると本宮が現れる」というもの。この正面突破の参拝路は徒歩で片道50分を要します。もちろん自分の足で登る方が観る景色は美しいでしょう。ですがその時の私は幼い子連れ。申し訳ないと思いながらも、途中まで車で行ける裏側ルートを選択しました。

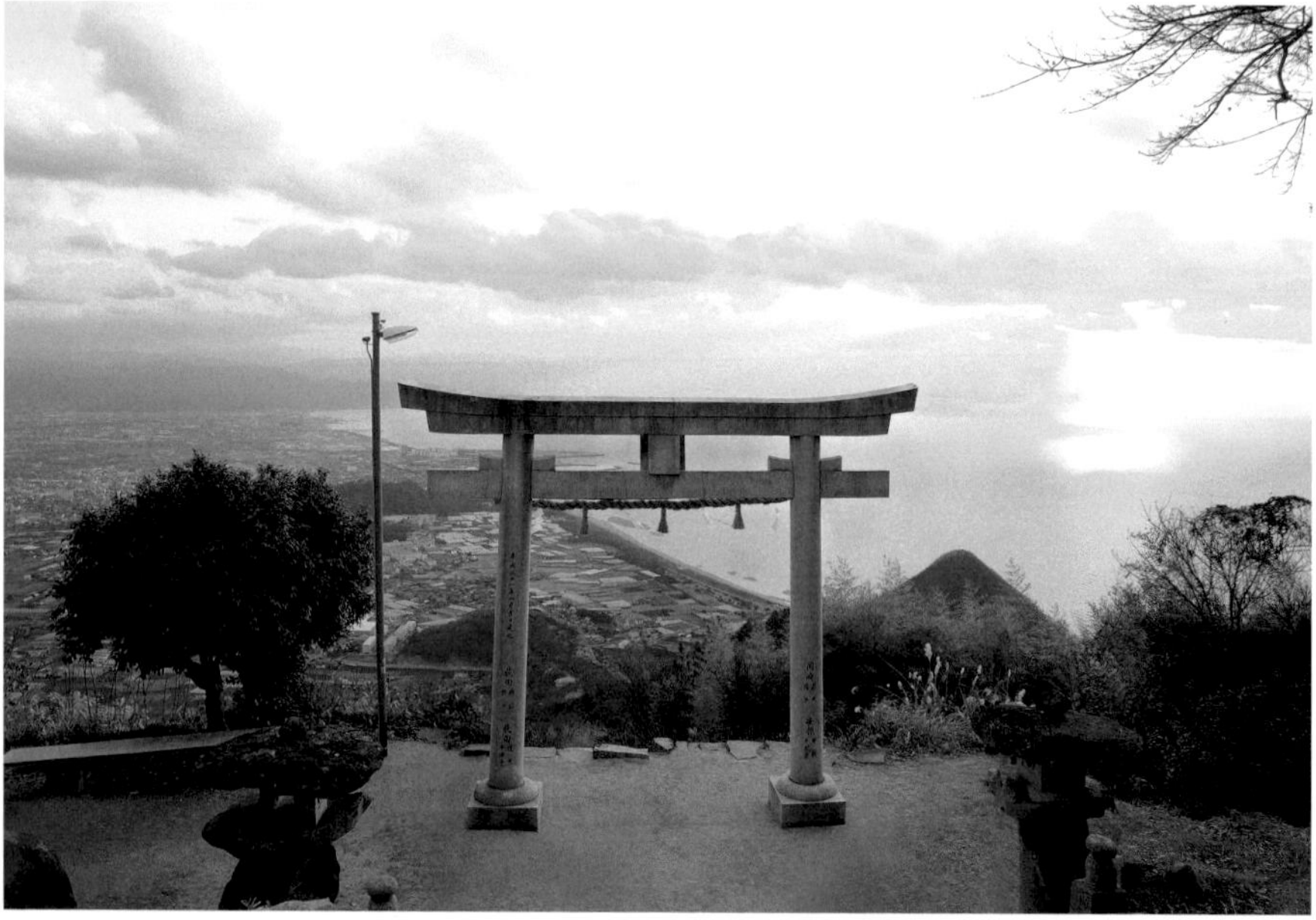

　それでも途中何度か道に迷い、本宮に辿り着く頃には日は瀬戸内海に沈もうとしていました。その時観た景色はその年に観たあらゆる景色の中でも1、2を争う絶景！　思わず「わー！」と声が出ていました。

　もう一度参拝の機会を得られるなら次は徒歩で。達成感がプラスされたさらなる絶景を拝んでみたいと思います。

column ㉘

香川にあるナスカの地上絵

寛永通宝《かんえいつうほう》

東西122m
南北90m

琴弾公園《ことひきこうえん》

香川県観音寺市有明町甲4025-1

❗：展望台駐車場は大型連休や年末年始は混雑します。下の駐車場を利用し、徒歩で展望台まで上がることをおすすめします

南米ペルーの地表に描かれた幾何学模様「ナスカの地上絵」は方法も用途も謎につつまれた古代ミステリーです。大きさは絵によって異なりますが、およそ50〜１００メートルと巨大すぎて地表からは何が描かれているのかわかりません。これに似たものが香川県にあるのをご存知でしょうか。「寛永通宝」という巨

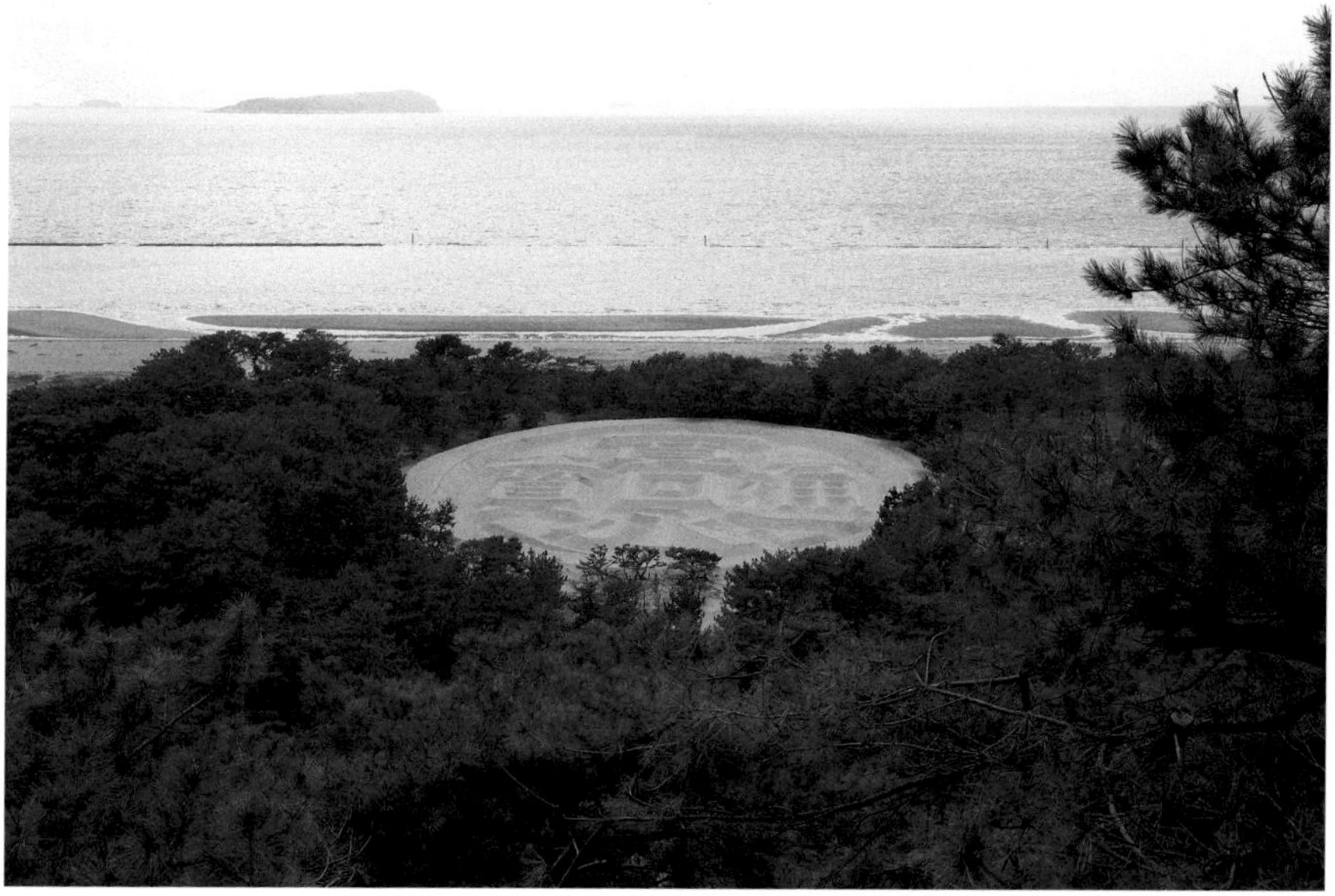

大な砂絵です。

観音寺市にある琴弾公園の山頂展望台から下を見下ろすと、松林の向こうに有明海が広がり、松林の中にぽっかりと巨大な穴が空いているように見えます。よく見ればそこには文字が刻まれ、江戸時代に流通したお金、寛永通宝であることがわかります。東西１２２メートル、南北90メートル、周囲３４５メートルもある大きな砂絵は地表から見ても何なのかわかりません。しかもそのルーツにはいくつかの説があります。これほど大規模なのに謎につつまれているところも、ナスカの地上絵と似ています。

現在は砂絵を整える「砂ざらえ」が年に2回行われ、謎の巨大砂絵は市民の手で守られています。

中国で世界平和の夢を描く

日中友好弘法大師《にっちゅうゆうこうこうぼうたいし》

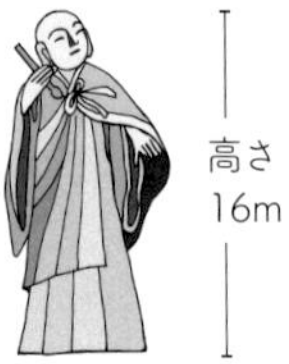

石手寺《いしてじ》

愛媛県松山市石手2-9-21
☎089-977-0870
24時間いつでも参拝可能
お守りなどの受付は7:00～17:00
駐車場あり

石手寺は四国88カ所霊場のひとつで愛媛県を代表する寺院です。境内の建築物は国宝や重要文化財に指定されており、これらの国宝エリアのみ参拝し帰ってしまう参拝客も多いと思います。ですがそれでは石手寺の一部しか観ることができていません。石手寺の広い敷地には不思議な空間が広がっています。本堂左手にある「マントラ洞窟」はそんな不思議への入口。洞窟は山の裏側につながりお寺の違う側面をみせてくれます。

　石手寺の裏山とその隣山には仏像が配置され、短時間で88カ所霊場巡りができるよう

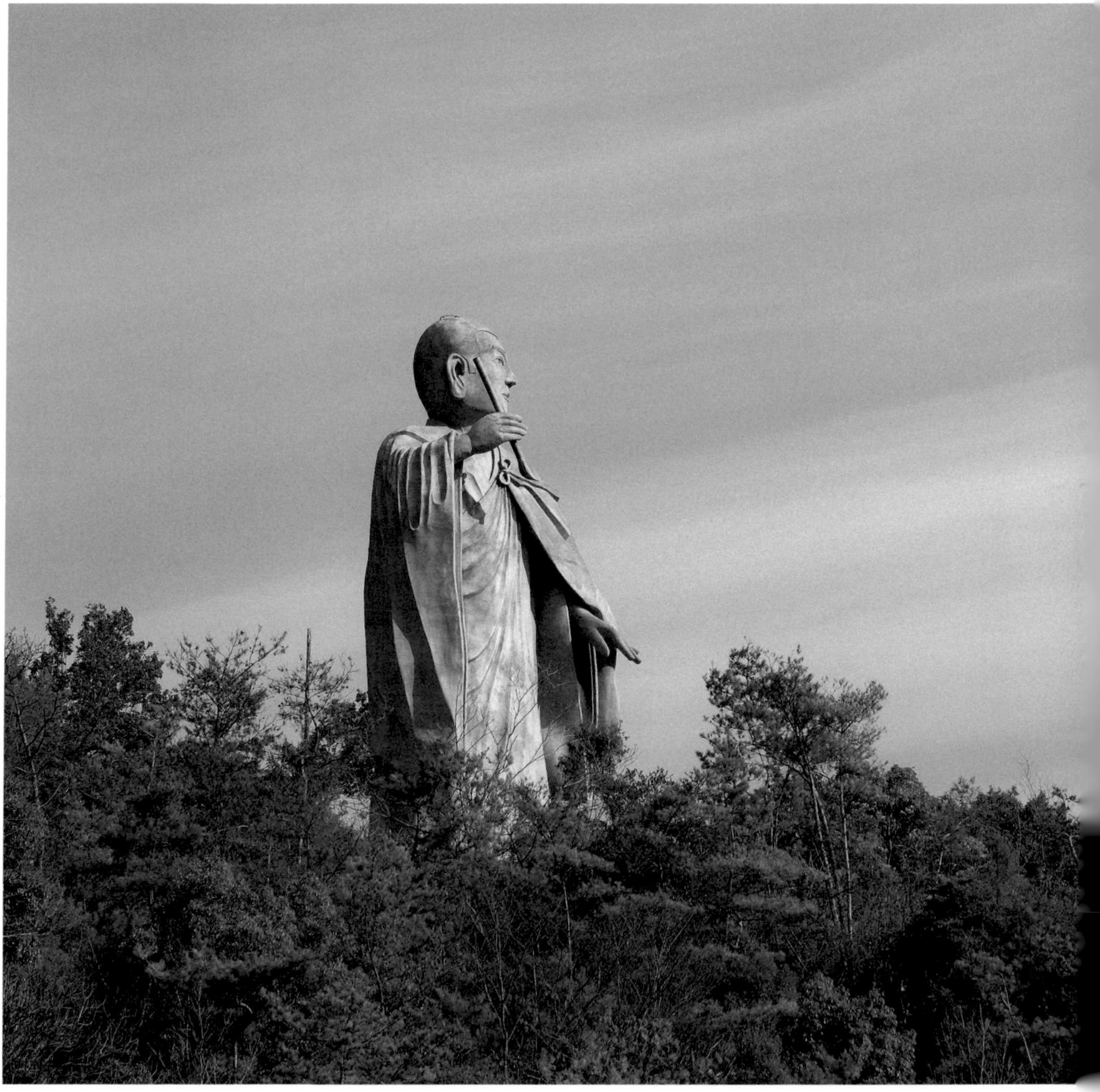

になっています。この隣山の片道約20分の山頂に大きな弘法大師像、日中友好弘法大師が松山市内を見守り立っています。高さ16メートル、総重量は50トン。体は中国を、お顔は遠くインドを向き、はるかな異国の地に思いを馳せているのでしょうか。

　実はこの像は弘法大師が中国に渡り、32歳で仏教の教えをいただいた時の姿を現したもの。教えをこれからどのように実現させるか、遠くを見据え夢を描き、思いを強くしている場面です。躍動感のあるポーズからそんな決心が伝わってきます。

column ㉙

生きている地蔵

生《いき》木《き》地《じ》蔵《ぞう》

愛媛県四国中央市金生町山田井
愛媛県道９号（大野原川之江線）を登って行くと
のぼり旗が見えます。
3台ほど停められる駐車場あり

私は仏像が好きですが、仏像は人工物なので一般的には仏像＝神秘的とは感じづらいと思います。ですがそこに何らかの自然の力が加わることで、人は神秘の力みたいなものを感じてしまうと思うのです。例えば生きている木に刻まれた仏像だったらどうでしょう。そこには確実に人間以外の力が働いています。

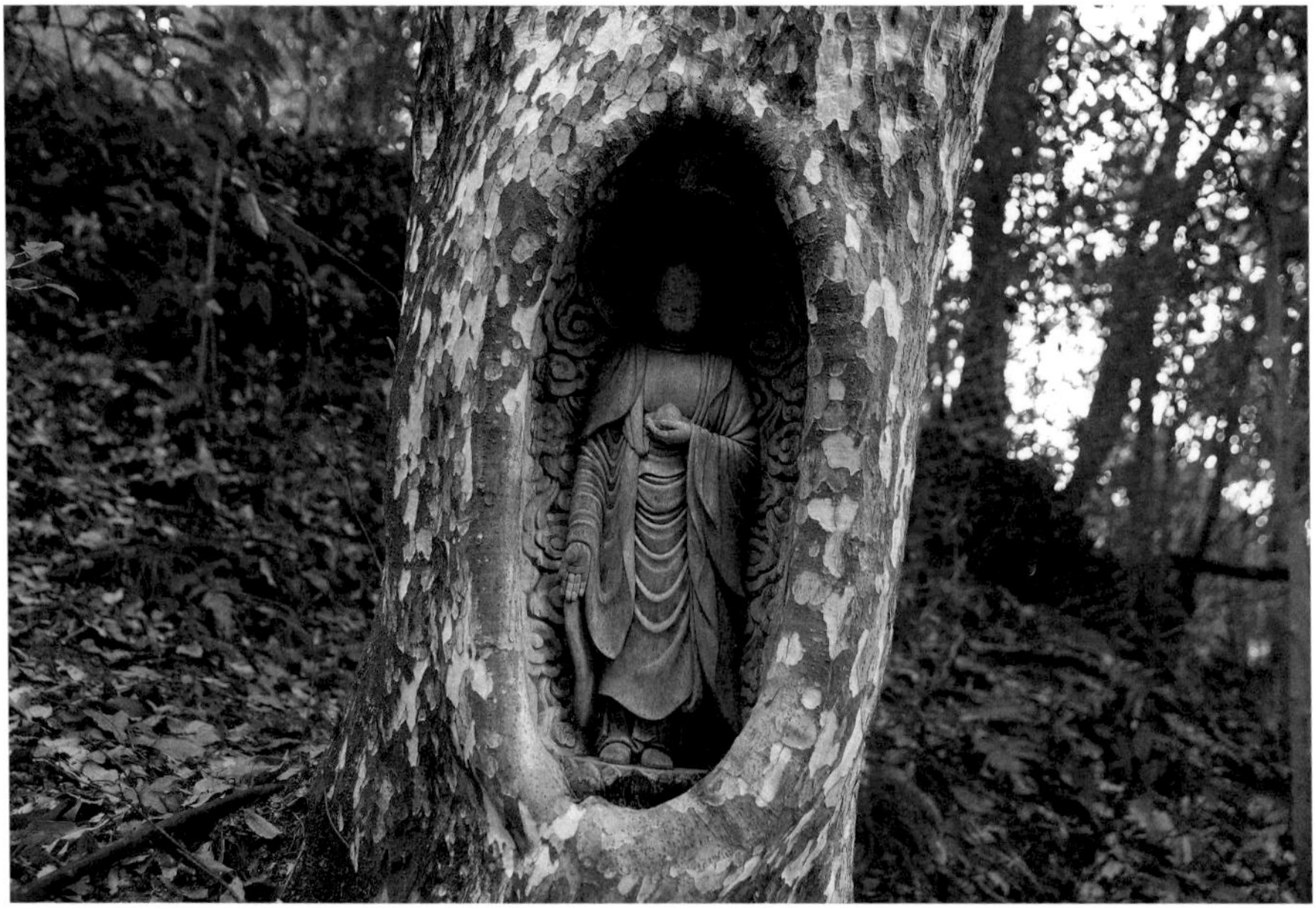

愛媛県四国中央市の人の声も車の音もしない静まり返った山奥に、生きた木に刻まれたお地蔵さま「生木地蔵」がいらっしゃいます。実は四国には複数の生木地蔵が存在します。その中で私が一番神秘的なものを感じたのはこの生木地蔵でした。

　車から降りて山道を１７０メートルほど下った道の脇に小さなお堂があります。このお堂には約３００年前に生きた大木に彫刻され、現在は天命をまっとうした初代生木地蔵が祀られています。そしてそのすぐ側にある大木に昭和54年に復元建立されたのが、現在の生木地蔵です。

　お地蔵さまはまるで生きているようでした。生きた木なのですから、それも当然なのかもしれません。

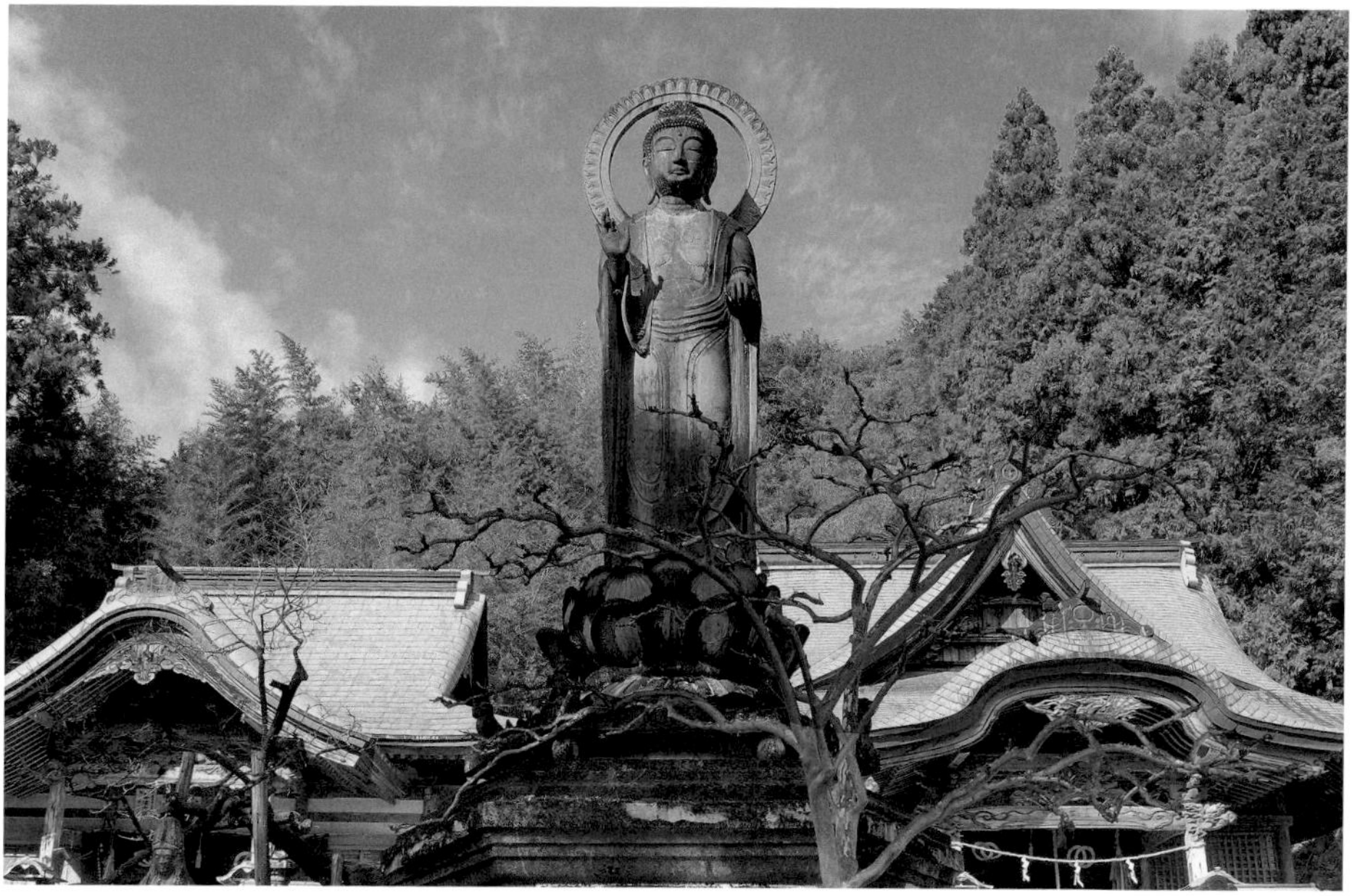

厄除け祈願の名刹のシンボル

厄除け薬師如来立像《やくよけやくしにょらいりゅうぞう》

醫王山《いおうざん》の中腹標高１３０メートルに位置する清滝寺は四国88カ所霊場のひとつ。弘法大師の水にまつわる伝説により清瀧寺と改名されました。それがこの地の特産品である「土佐和紙」を漉く際に利用されてきたと伝えられます。

古来より厄除け祈願の名刹として知られ、そのシンボルとなっているのが厄除け薬師如来立像です。本堂前にあり本堂の屋根より高い台座込み15メートル。見上げると優しいお顔をされています。昭和8年、製紙業者による寄贈のもので、最大の特徴は台座内で88段の戒壇めぐりができることです。

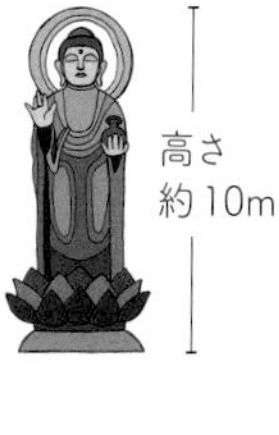

清瀧寺《きよたきじ》

高知県土佐市高岡町丁568-1
☎088-852-0316

今も修行をつづける若き日の弘法大師

室戸青年大師《むろとせいねんたいし》

若き日の弘法大師空海は室戸岬と羽根崎との中間地点に位置する行当崎《ぎょうどさき》（弘法大師の処女作『三教指帰《さんごうしいき》』に出てくる）で修行をし悟りを開いたと伝えられ、数々の伝説が今も語り継がれています。現在この伝説の場所には不動堂というお堂が建てられ、お遍路会館も建設中なのだそうです。

この不動堂から車で15分ほどの室戸岬にある観光のために建てられたお寺、明星来影寺には21メートルの巨大な白亜の像、室戸青年大師が海を真っすぐ見つめ立っています。修行の日々を過ごす弘法大師の姿を再現したのでしょうか、やや険しく精悍な顔つきが印象的です。

「台風銀座」との異名を持つ室戸だけに、最先端の技術を駆使した強固な鉄骨にニューセラミック仕上げ。大師像は風雨に耐え、まるで今も修行をしているようです。台座内部にはステンドグラスで表現された曼荼羅世界と無限に広がる宇宙のような電飾がきらめいています。弘法大師の教えを現代風のアレンジで伝えるお寺、といっていいのではないでしょうか。

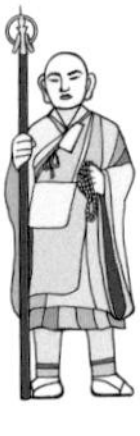

高さ
台座込み
21m

明星来影寺《みょうじょうらいえいじ》
高知県室戸市室戸岬町かなつき3903
☎0887-22-0506
拝観時間　7:00〜17:00
駐車場あり

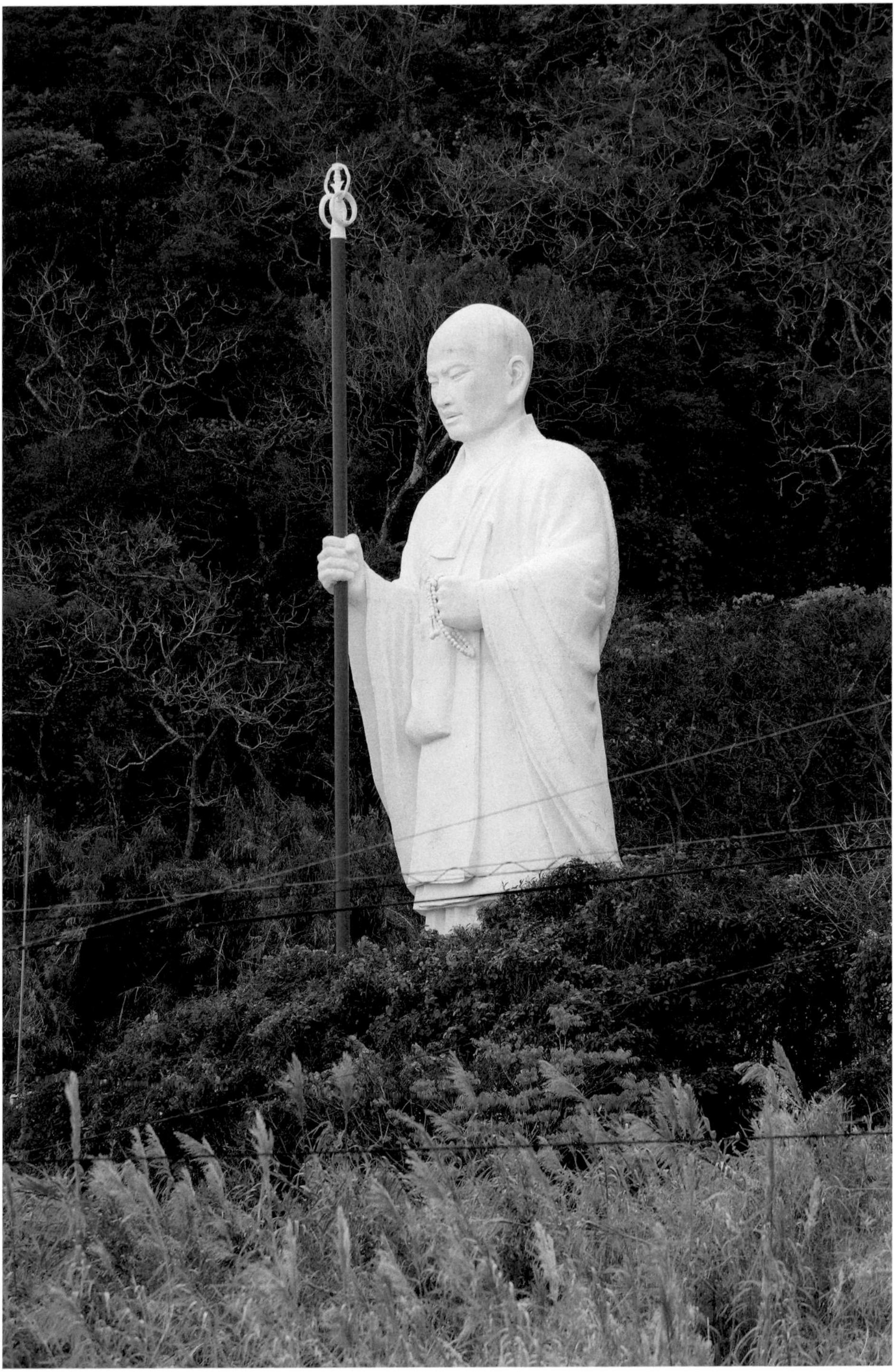

column ㉚

高知県民の龍馬愛を物語る

桂浜 坂本龍馬銅像

桂浜公園
高知県高知市浦戸
公園に有料駐車場あり

高さ
13.5m

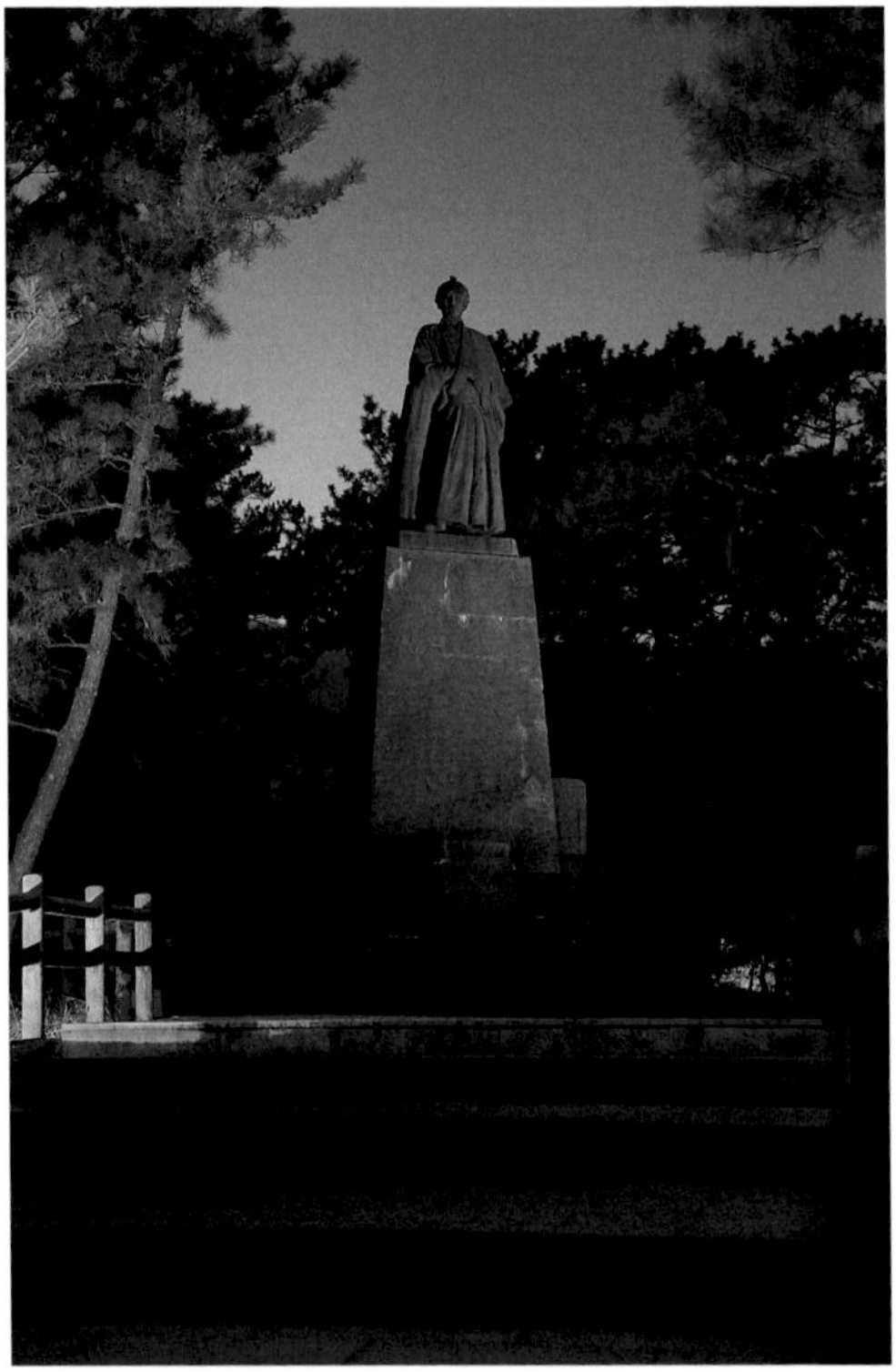

とある調査によれば、日本人が一番好きな歴史上の人物は坂本龍馬なんだそうです。坂本龍馬のような政治家が現代にいてくれたら！と思う気持ちは確かにわからなくもない。少なくとも物事を解決に導いてくれそうなイメージが坂本龍馬にはあると思います。それぐらい日本人に愛される坂本龍馬は地元高知ではほぼ神か仏レベル。空港は「坂本龍馬空港」、高知駅前にも坂本龍馬像、カフェには坂本龍馬カプチーノ……と高知で見かける坂本龍馬はあげればきりがありません。

高知の有名観光スポット、桂浜にある坂本龍馬像なんてもはや「ほぼ大仏」と言ってもいいんじゃないか。と、個人的には思うわけです。高知の青年たちの募金活動により昭和3年に建てられたエピソードなんて、どこかの大仏さまでも似たようなことを聞いた気がします。

桂浜公園内の高台にお馴染みのポーズで立つ龍馬像は高さ5・3メートル、台座を含めると13・5メートルの堂々たるサイズ。夜はライトアップされカッコ良さがさらに際立ちます。

春と秋には「龍馬に大接近」という素敵なネーミングのイベントが行われます。このイベントは龍馬像のすぐ横に特設展望台が設置され、龍馬と同じ目線で太平洋を眺め、龍馬の横顔を間近で拝めるのだそうです。高知県民の龍馬愛は神、仏をも超えるかもしれません。

ファンキーがすぎる
信仰と情熱の大仏天国

九州

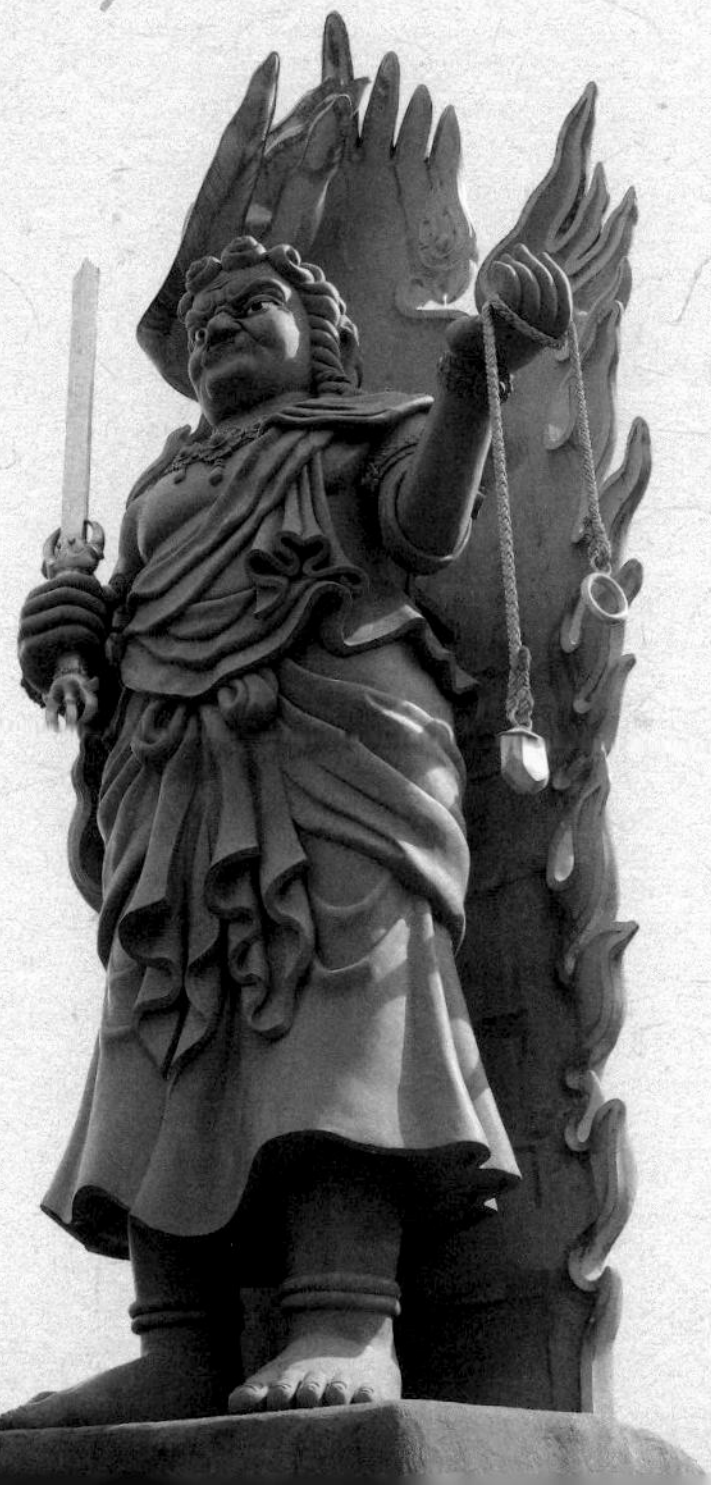

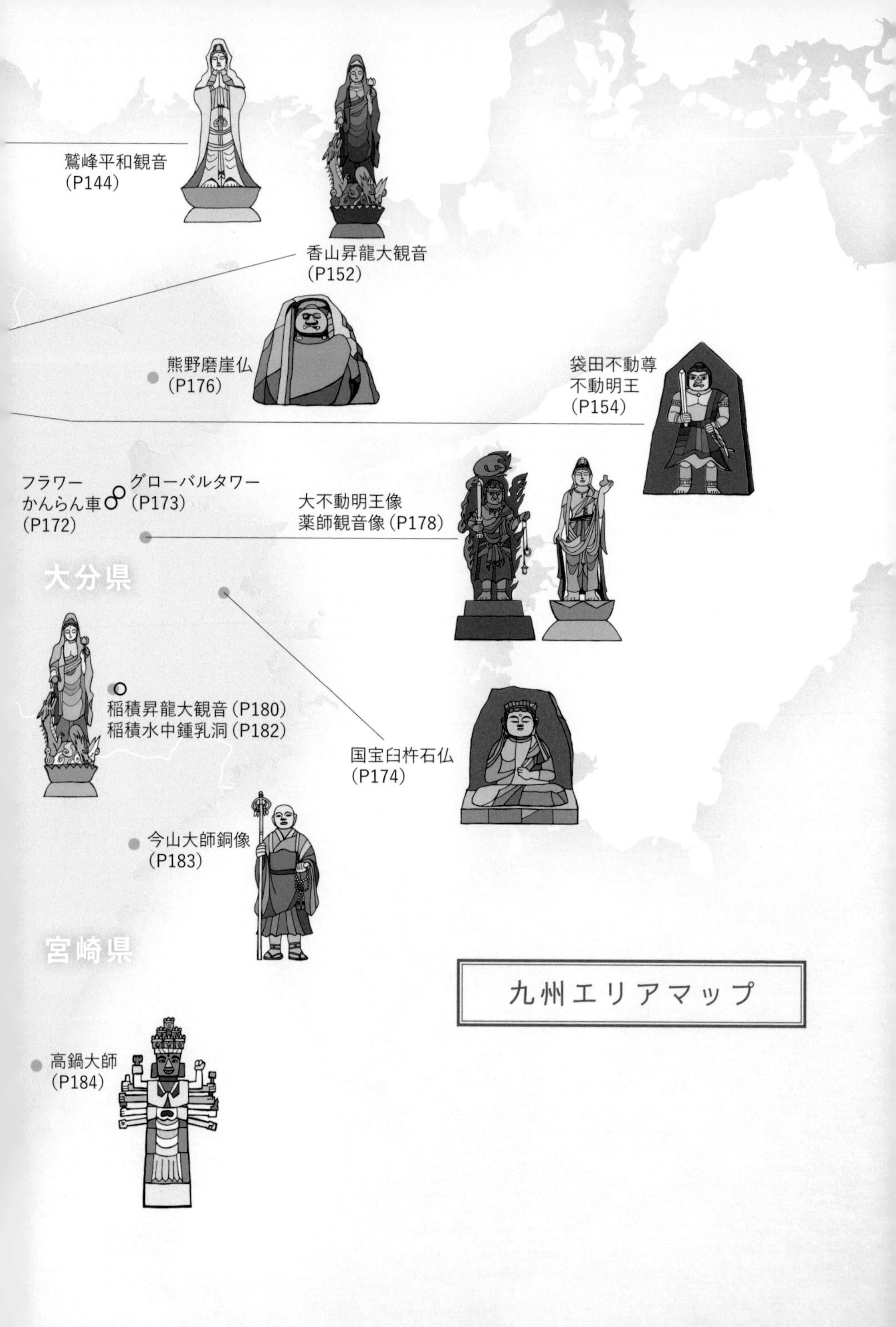
九州エリアマップ
鷲峰平和観音
(P144)
香山昇龍大観音
(P152)
熊野磨崖仏
(P176)
袋田不動尊
不動明王
(P154)
フラワー
かんらん車
(P172)
グローバルタワー
(P173)
大不動明王像
薬師観音像(P178)
大分県
稲積昇龍大観音(P180)
稲積水中鍾乳洞(P182)
国宝臼杵石仏
(P174)
今山大師銅像
(P183)
宮崎県
高鍋大師
(P184)

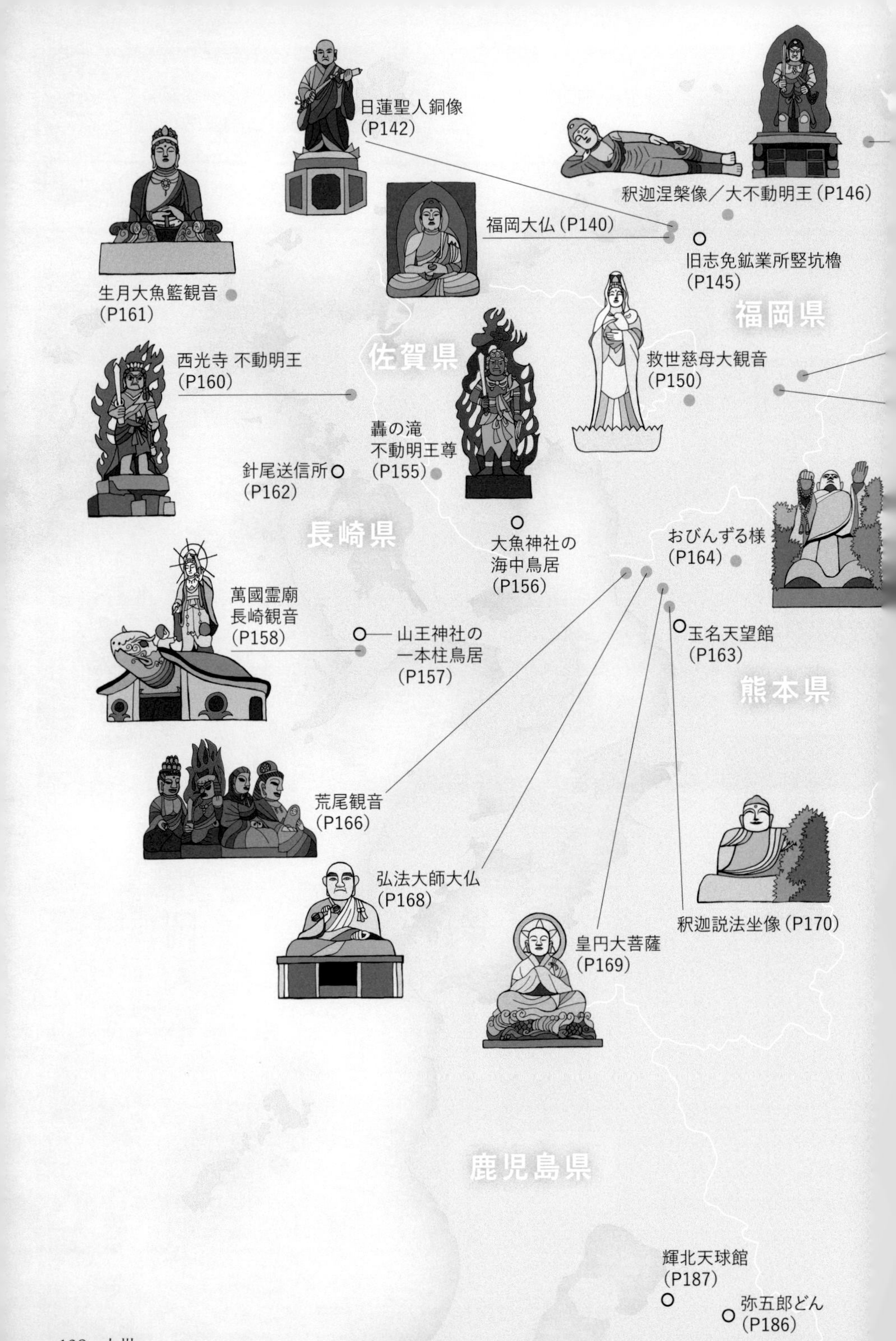

日蓮聖人銅像
(P142)
釈迦涅槃像／大不動明王 (P146)
福岡大仏 (P140)
旧志免鉱業所竪坑櫓
(P145)
生月大魚籃観音
(P161)
福岡県
佐賀県
救世慈母大観音
(P150)
西光寺 不動明王
(P160)
轟の滝
不動明王尊
(P155)
針尾送信所
(P162)
長崎県
大魚神社の
海中鳥居
(P156)
おびんずる様
(P164)
萬國霊廟
長崎観音
(P158)
山王神社の
一本柱鳥居
(P157)
玉名天望館
(P163)
熊本県
荒尾観音
(P166)
弘法大師大仏
(P168)
釈迦説法坐像 (P170)
皇円大菩薩
(P169)
鹿児島県
輝北天球館
(P187)
弥五郎どん
(P186)

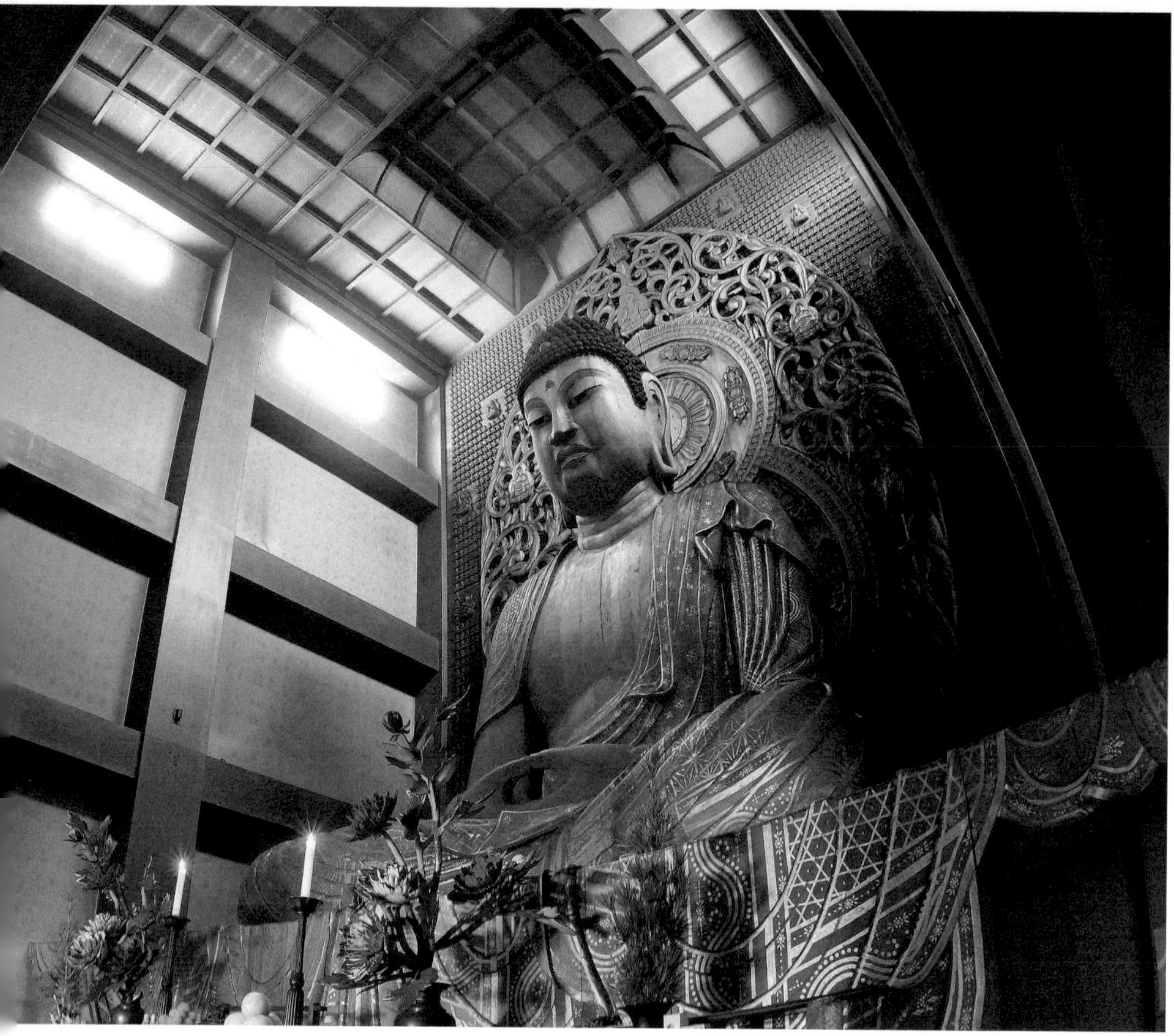

体感型の巨大な木造大仏

福岡大仏《ふくおかだいぶつ》

博多駅から徒歩10分。商業ビルやホテルが立ち並ぶ博多のオフィス街に突如として色鮮やかな五重塔が現れ、そこだけ他とは違う空気が流れます。ここ東長寺は弘法大師空海が日本で最初に創建したと伝えられる大変古いお寺です。外からも見える朱色の五重塔は博多の人々にとってお馴染みの風景でしょう。ですがこのお寺に日本最大級の木造の大仏さまがあることは、意外にそれほど知られていないようです。

福岡大仏は昭和63年より4年の歳月を

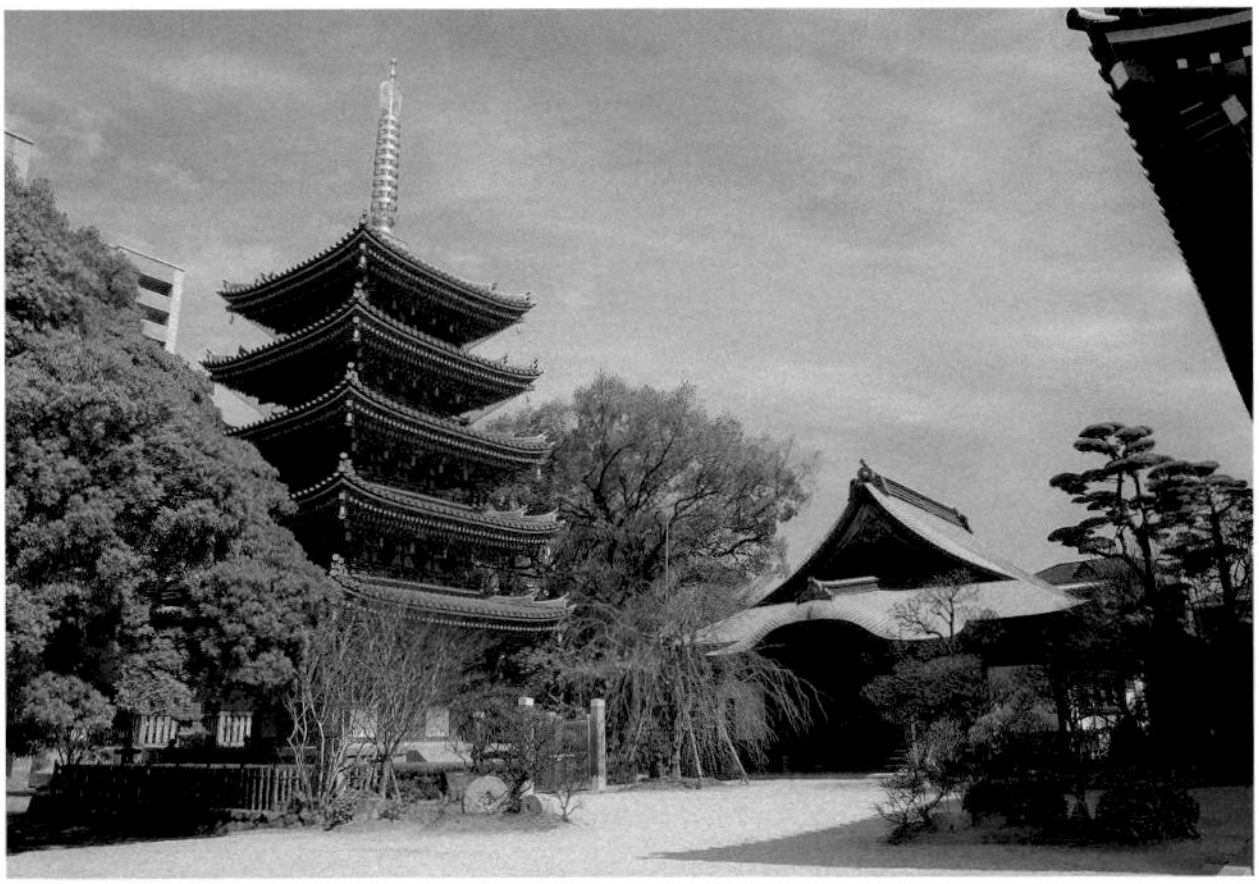

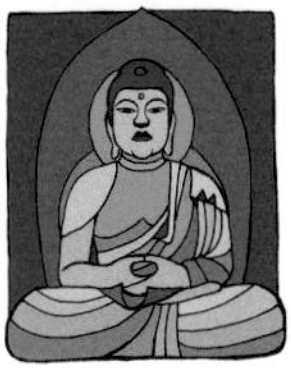

高さ
16.1m

東長寺
とうちょうじ
福岡県福岡市博多区御供所町2-4
☎092-291-4459
開門時間　9:00〜16:45
駐車場あり
❗：大仏殿内は撮影禁止です

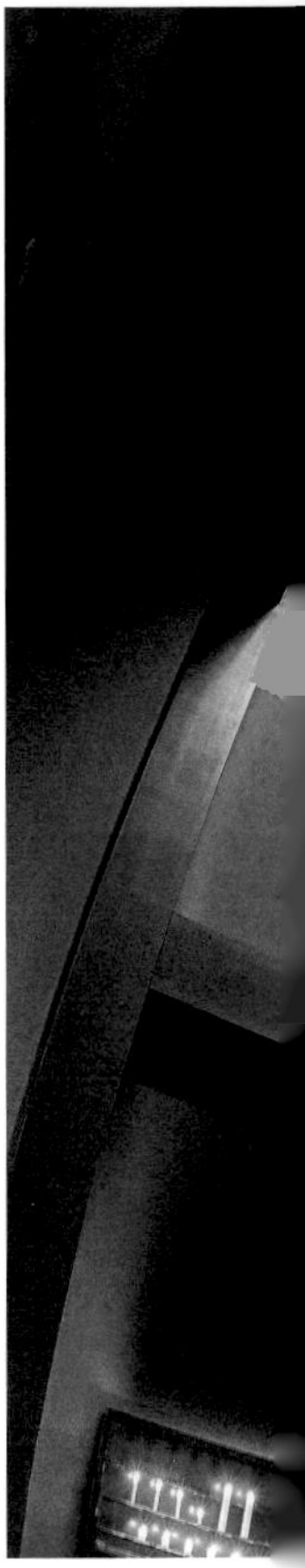

かけ完成した木造の大仏さまです。像高は10・8メートル、光背も含めた高さは16メートルを越え、光背の後ろ壁面には5300もの小仏が刻まれています。大仏さまの前に進むと言葉を失ってただ見上げてしまうのは、大きさと光背や壁面の細密な彫刻による迫力に圧倒されるからだと思います。

　外から拝むだけにとどまらず、福岡大仏は台座部分に入ることのできる体感型の大仏さまです。台座内部は「地獄極楽めぐり」になっていて、途中から何も見えない暗闇の中を手の感覚のみで進みます。時間は3分ほどですが、視界を奪われた中では実際以上の長さを感じます。明るい場所に出てホッとして大仏さまを見上げると、先ほどとはまた違った優しいお顔に見えるから不思議です。

古戦場である公園にそびえ立つ日蓮像

日蓮聖人銅像《にちれんしょうにんどうぞう》

「東公園の日蓮像までお願いします」と頼む客というのも滅多にいないのでしょう。タクシー運転手さんにそう伝えると、公園内にもうひとつある銅像、亀山上皇銅像前で降ろされ、真夜中の公園をしばし彷徨いました。福岡県庁、福岡県警が立ち並ぶ福岡の心臓部にある東公園に巨大な日蓮像があり、夜はライトアップされると聞き、向かったのです。高さが11・5メートルもあるならすぐ見つかるだろうと安易に考えていましたが、東公園は7万平方メートルと広大で木も多く、外からも目立つ存在とは言えません。タクシー運転手さんが間違ったのも仕方ないかもしれません。

日蓮宗の開祖、日蓮聖人は鎌倉時代に起こった元寇（モンゴル帝国による二度の日本侵攻）を予言したと伝えられます。元寇の戦場となったのは主に九州北部で、ゆかりの地に日蓮像をと建てられたのがこの日蓮聖人銅像です。ずっしりとした迫力ながら風になびく衣の表現などはとても繊細。しばらく像の周りをぐるぐるとまわりながら眺めていると、地元の方が私と同じように周囲をまわりながらお参りされていました。

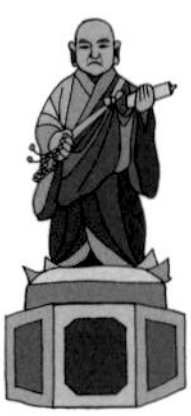

高さ
11.5m

東公園《ひがしこうえん》

福岡県福岡市博多区東公園7-11
JR吉塚駅より徒歩３分
駐車場あり

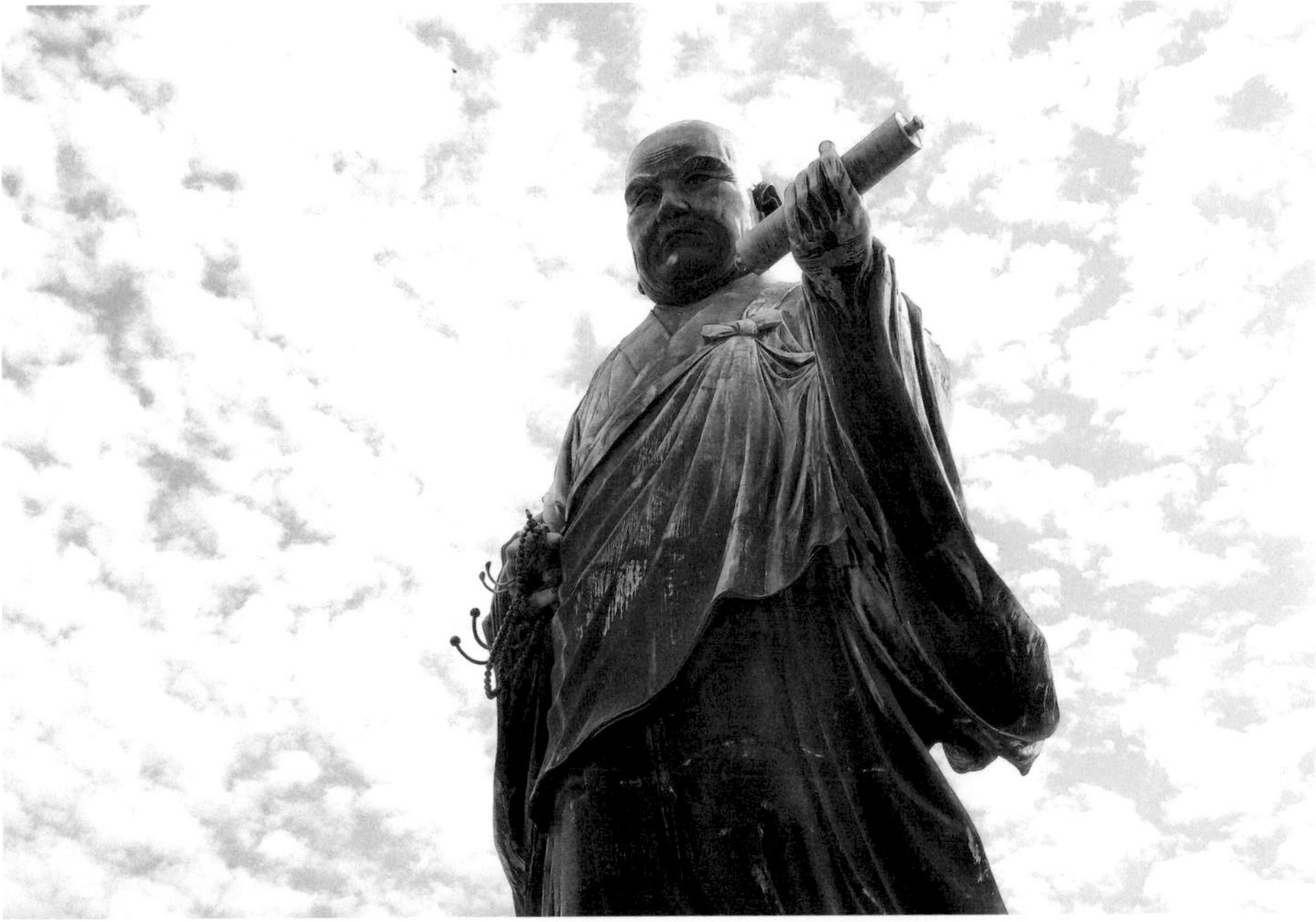

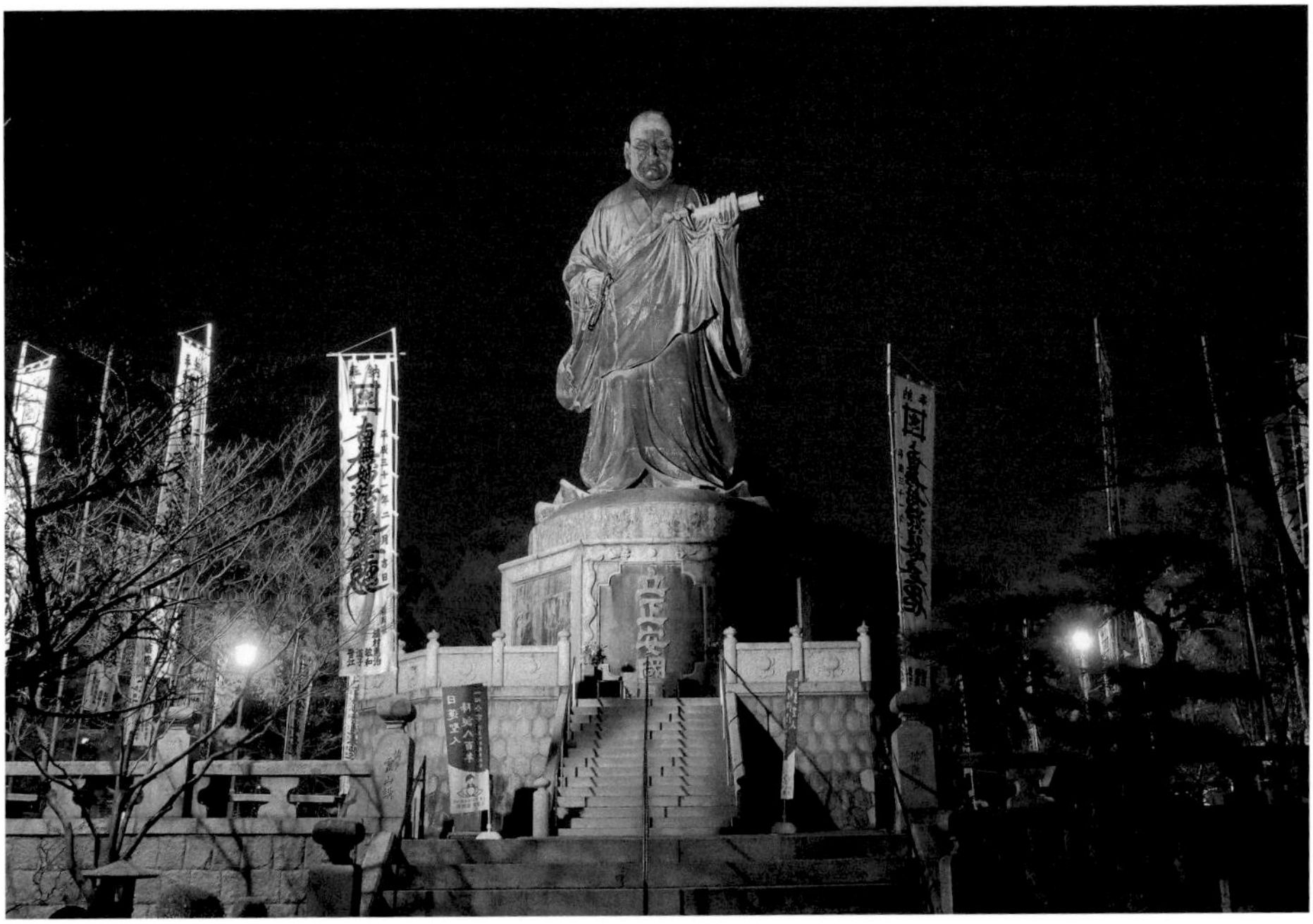

夜はライトアップされ、昼とはまた違った雰囲気に

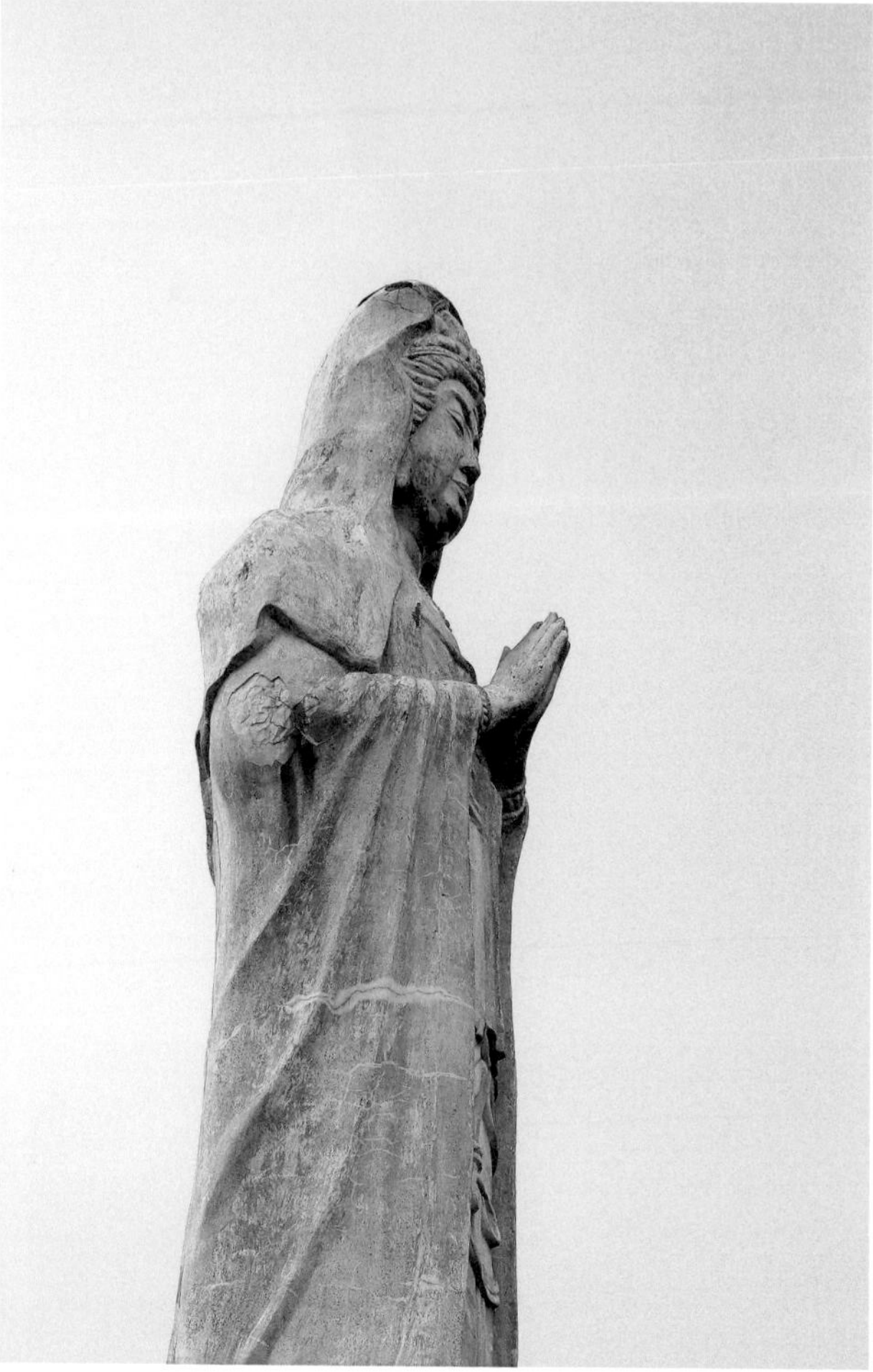

山頂から手を合わせ平和を祈る

鷲峰平和観音《わしみねへいわかんのん》

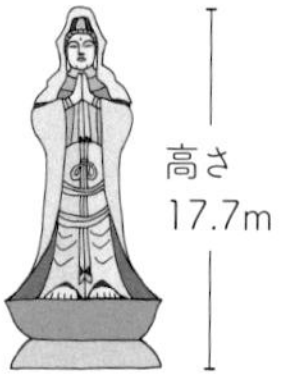

鷲峰平和観音

福岡県北九州市小倉北区熊谷
連絡先：大興善寺（だいこうぜんじ）福岡県北九州市小倉南区蒲生2-8-6
❶：山頂までは徒歩で約20分かかります。車両通行止

鷲峰平和観音は標高１３７メートルの鷲峯山山頂から手を合わせ、いつも人々の平和を祈っています。この観音さまに会うためには徒歩で約20分、山を登る必要があります。私はその間、何人ものウォーキングする人々と挨拶をかわしました。登山道には箒とチリトリが一定間隔で置かれ、こまめに掃除されているのがわかります。観音さまを含めたこの山が人々に大事にされているのが伝わりました。

　間近で観た観音さまは長年風雨にさらされ外観に傷みが目立ちます。可能であれば修繕し、これからも長く愛される存在であってほしいと願っています。

column ㉛

カッコイイ巨大産業遺産

旧《きゅう》志《し》免《め》鉱《こう》業《ぎょう》所《しょ》竪《たて》坑《こう》櫓《やぐら》

福岡県糟屋郡志免町大字志免495-3
すぐ横に無料駐車場あり

高さ
47.65m

福岡市近郊の志免町に、直方体がポコポコと飛び出たような不思議な形状の建造物が忽然と建っています。しかもその場所は公園やグラウンド、福祉施設のあるのどかな一角。子どもたちが遊ぶ背後に謎の建造物がニョキッと見え、異空間的な不思議さが漂います。実はこの建造物は国の重要文化財に指定される歴史的価値ある産業遺産なのです。

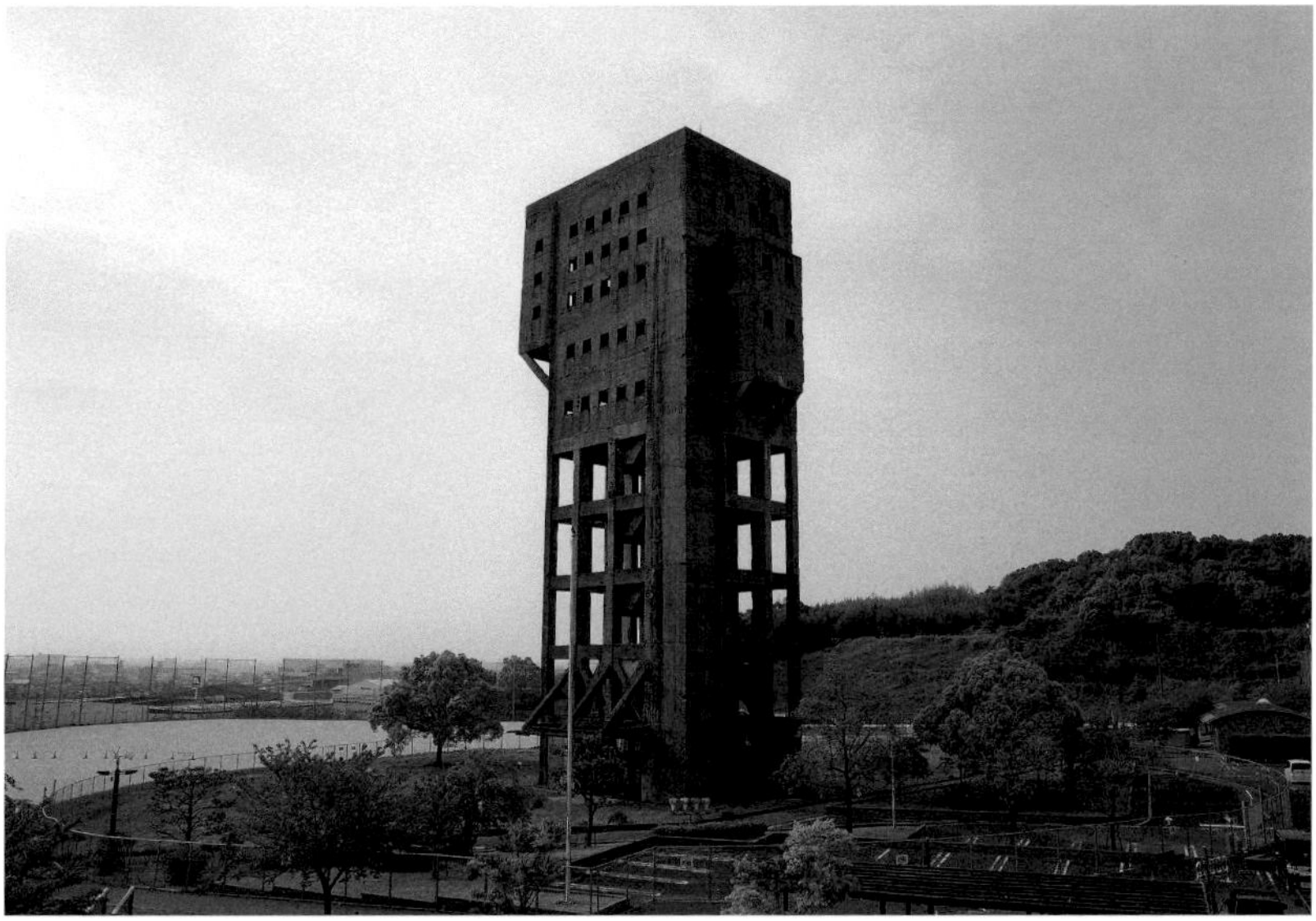

謎の建造物は旧志免鉱業所竪坑櫓といいます。かつて志免町には国営の炭鉱、志免鉱業所があり、多い時には年間61万トンもの石炭を掘り出していました。竪坑櫓は地下から掘り出した石炭や、掘り出す鉱員を運搬するエレベーターのような役割を担ったビルディングで、１０００馬力のモーターが休みなく稼働していました。そして今はこの場所に炭鉱があったことの証となっています。

全てを削ぎ落とした機能的で無駄のないフォルムで建つ姿はカッコイイの一言。観る場所によって形状が異なるので、周囲をぐるっと一周して観賞し、お気に入りの角度を見つけてみるのも楽しいです。

想像を上回るスケールと多種多様な仏像

釈迦涅槃像《しゃかねはんぞう》
大不動明王《だいふどうみょうおう》

篠栗町には篠栗四国88カ所と呼ばれる88の札所があり、その第一番札所が南蔵院です。お寺や仏像が好きな私にとってはこの地域全体が魅力的ですが、南蔵院だけでも見所が多すぎます。南蔵院の広い境内はいたるところに仏像が祀られていて、少し歩いては立ち止まり手を合わせる、この繰り返しなのです。

参拝路の序盤には洞窟があり、くぐると出口に高さ11メートルの大不動明王が不意打ちのように現れます。あまりの大きさと気迫に、悪いことをした覚えもないのに思わず謝りそうになりました。その先も不動の滝や七福神トンネルなどたくさんの見所がありますが、それら全てを一瞬忘れてしまうほどに、最後に待つ釈迦涅槃像との出会いは衝撃的です。お身丈41メートル、高さ11メートル、重さ300トンの釈迦涅槃像のスケールは想像をはるかに上回ります。大きさに反してお顔は微笑みを返したくなるような安らぎの表情。体内に入ることもでき、出るとお釈迦さまの大きな足の裏があるという演出も感動的でした。

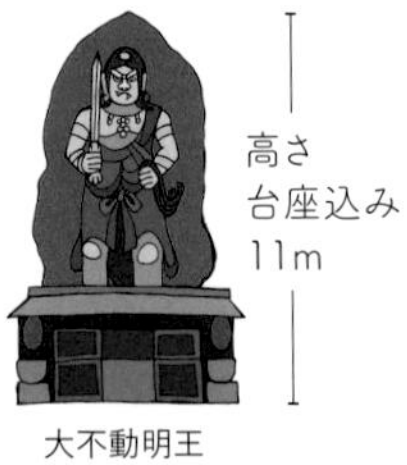

大不動明王

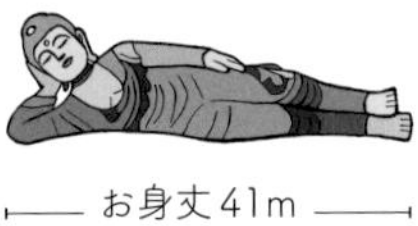

釈迦涅槃像

南蔵院
なんぞういん
福岡県糟屋郡篠栗町大字篠栗1035
☎092-947-7195
参拝時間　9:00〜16:30
駐車場あり
❗：撮影を目的とする来訪は許可が必要です。祈りの場ですので、敬意をはらってお参りください。詳細は南蔵院ホームページでご確認お願いします

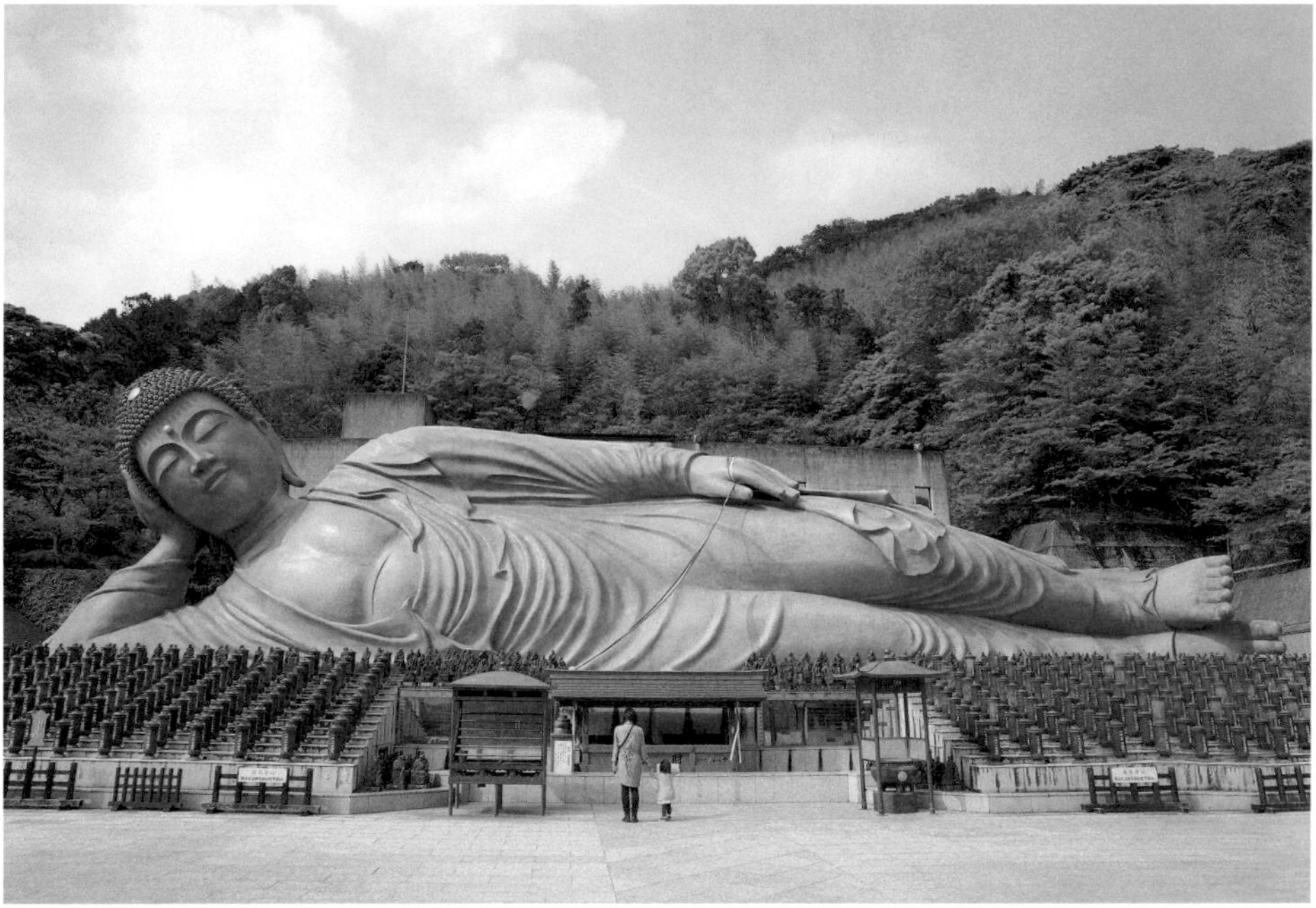

カメラの画角に入れるのがやっとな釈迦涅槃像

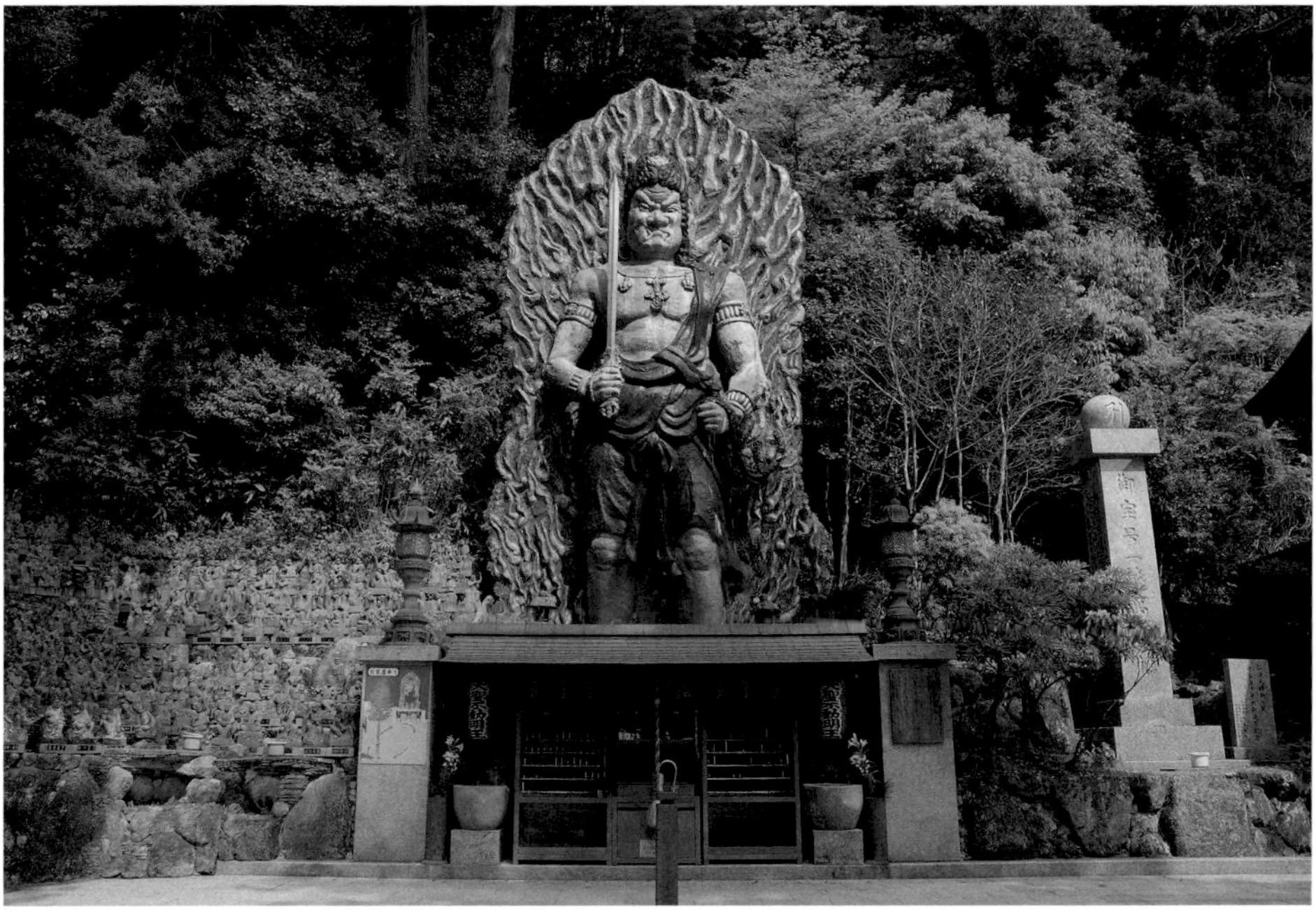

泣く子も黙る大不動明王

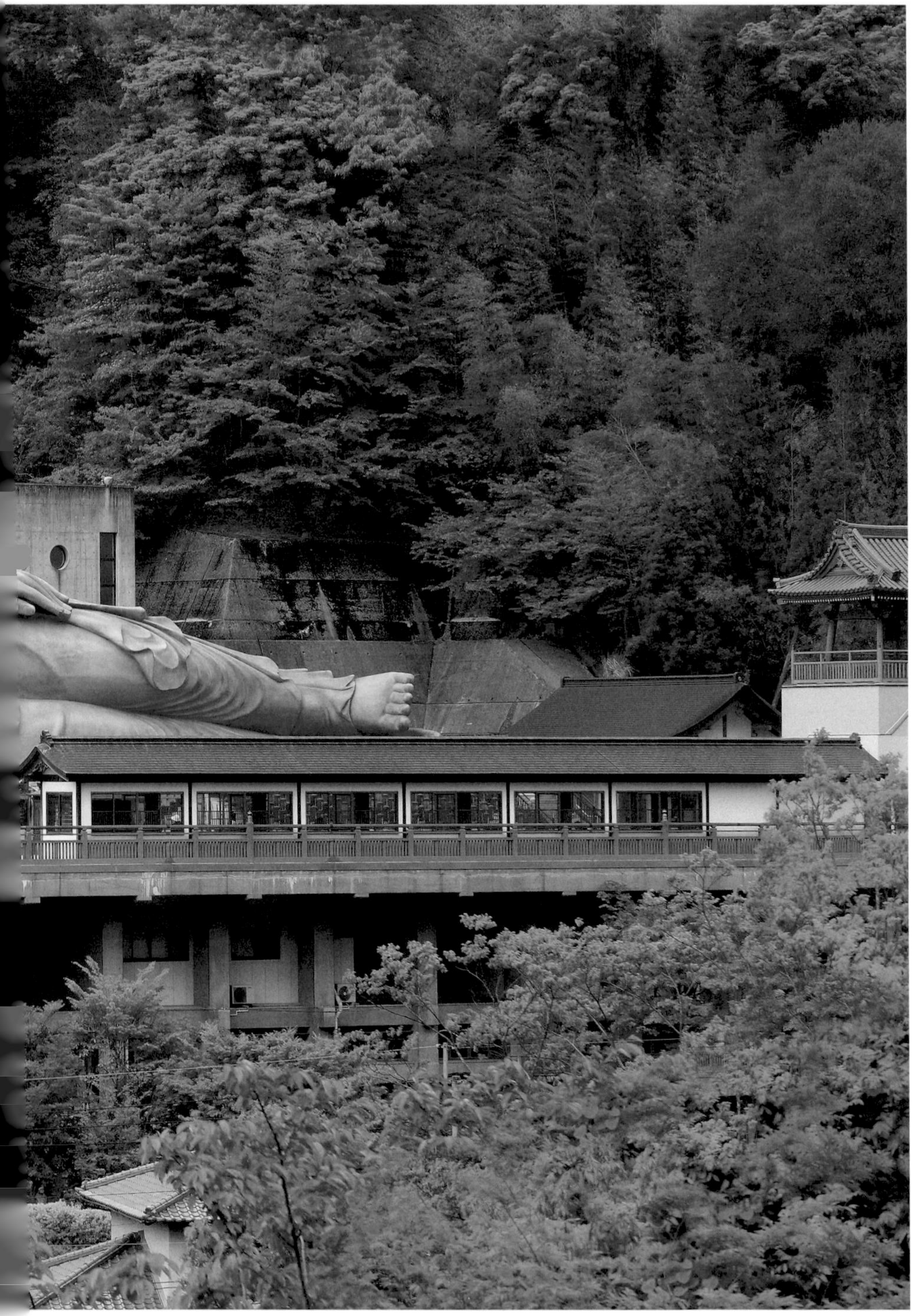

向かい側の山から見える釈迦涅槃像

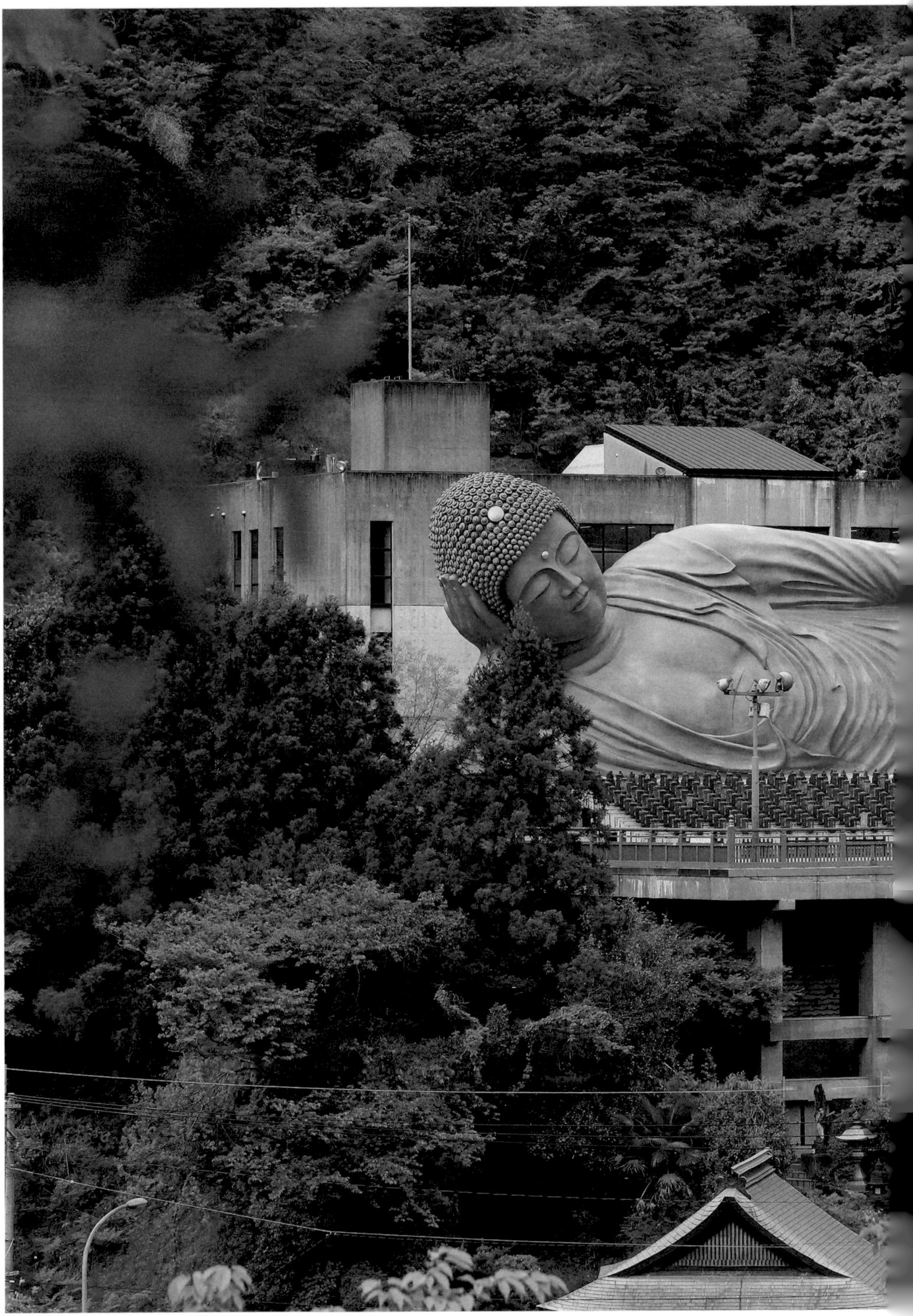

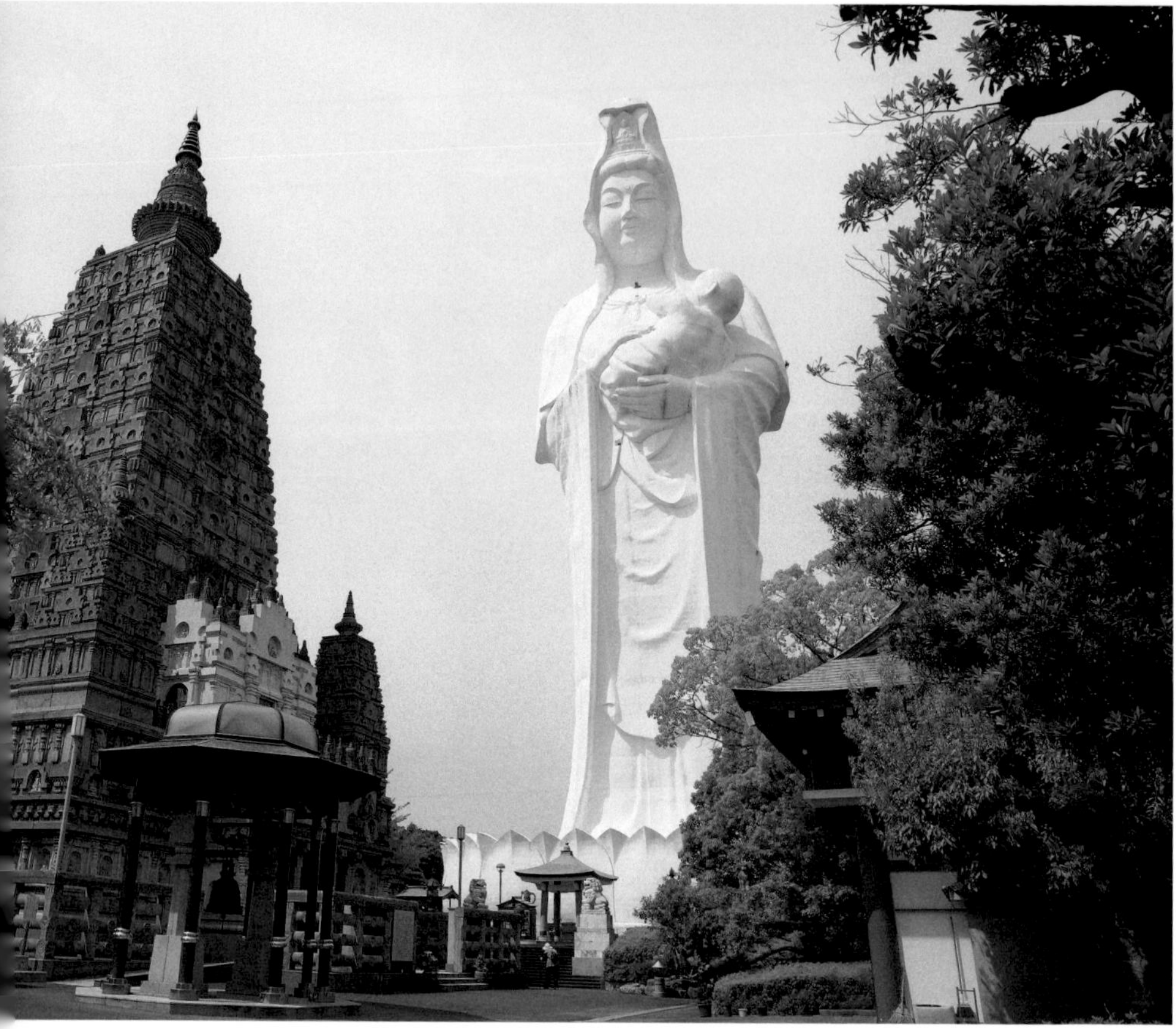

九州の誰もが知る巨大な母

救世慈母大観音《くせじぼだいかんのん》

国内に十数尊ある「巨大仏」と呼ばれる40メートル以上の高層の大仏（大観音）さま。私は救世慈母大観音の参拝でやっとその全てを巡り終えました。そういう意味で思い入れのある観音さまです。

成田山久留米分院は千葉県にある成田山新勝寺のご本尊の分霊を招請し昭和33年に開山されました。お寺自体も高台に建っている上に、高さ62メートルの救世慈母大観音、高さ38メートルのインド村・平和大仏塔極楽殿のふたつがそびえ立つようにしてあるため、あらゆるところからよく見えます。福岡、いや九州に

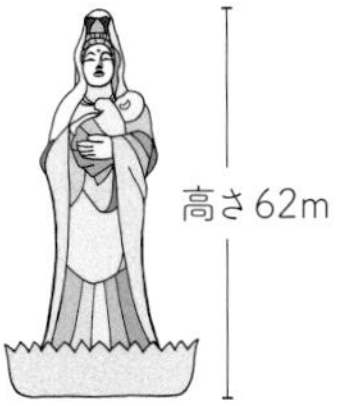

大本山 成田山 久留米分院
だいほんざんなりたさんくるめぶんいん
福岡県久留米市上津町1386-22
☎0942-21-7500
駐車場あり
❶：救世慈母大観音内部は一部撮影禁止、地獄館も撮影禁止です

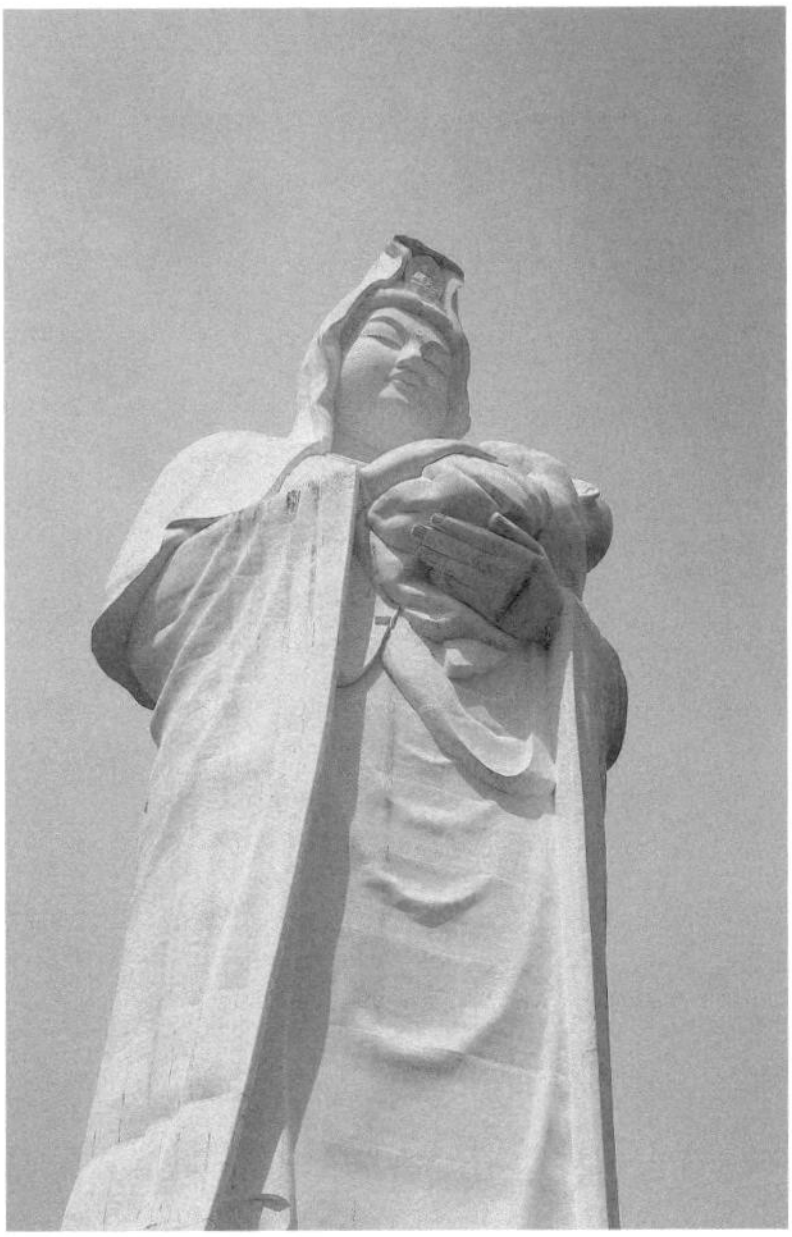

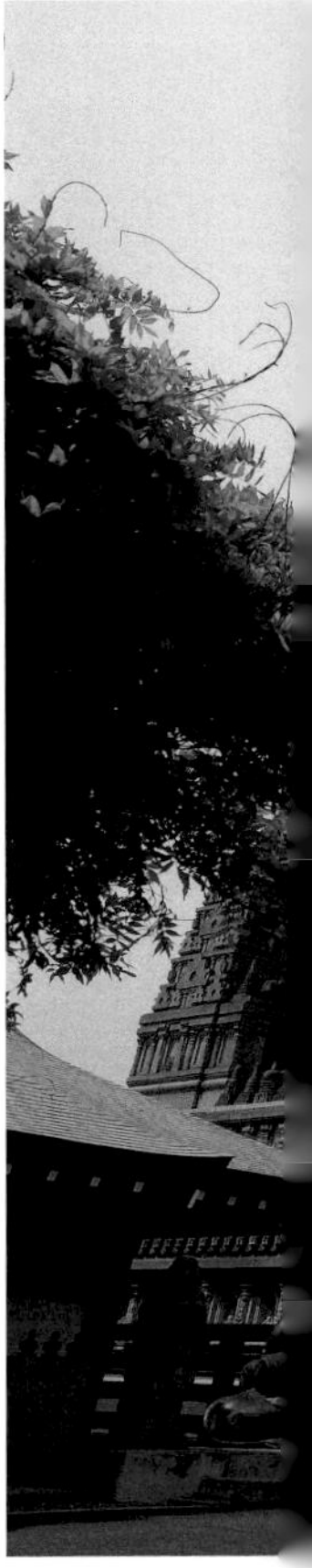

住んだことのある人ならば誰もが一度はこの赤ちゃんを抱える観音さまを目にしているでしょう。

外観だけでなくお寺の中も豪華で見応えがあります。まず観ていただきたいのはインドのブッダガヤ大仏塔を再現した平和大仏塔極楽殿です。外壁、内装ともに見事な装飾が施されています。真下から仰ぎ見るとさらにその大きさを実感できる観音さまは、螺旋階段で肩のところまで登ることができます。必見なのは地下通路でつながる「地獄館」です。動く人形に加え、罪人たちの悲鳴やうめき声が暗い館内に響き渡る、大変凝ったつくり。地獄には行きたくない！明日から心を入れ替えます！と思ってしまうぐらいにリアルです。

大自然と絶妙に調和するお洒落な観音

香山昇龍大観音

こうやましょうりゅうだいかんのん

巨大仏がある光景にはどうしても「違和感」という言葉がつきまといます。風景とどこか相容れない感覚を持つ人が多く、またそれが巨大仏の魅力であるとも言えます。ですがこの香山昇龍大観音には「違和感」をあまり感じませんでした。ブルーグリーンの色のせいでしょうか、背景の山々と空の青に調和して、とても自然にそこにありました。

調和しているのは背景とだけではありません。観音さまの前に進むと売店や雨除けの屋根の色もブルーグリーンと茶色の2色でまとめられています。観音さまの周囲には十二支の守り御本尊が並んでいるのですが、そのお堂の色も同じ2色。地蔵菩薩、ぼけ封じ観音などもユニフォームを着たように同じカラーでまとめられ、全体に統一感があります。流れるアンビエントな音楽も含め、独特な雰囲気でお洒落な印象を受けました。

筑後平野を見下ろす高台にあり、展望台からは美しい景色が広がります。「癒し」という言葉がピッタリの場所です。この絶景の癒し空間に観音さまを置きたいと思う気持ちがわかる気がします。

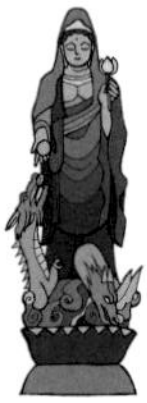

高さ
28m

香山昇龍大観音
こうやましょうりゅうだいかんのん
福岡県朝倉市杷木志波871-4
☎0946-63-3031
参拝時間　8:30〜17:00
駐車場あり
❗：参拝料は無料ですが、ローソクと線香（100円）をあげてお参りください

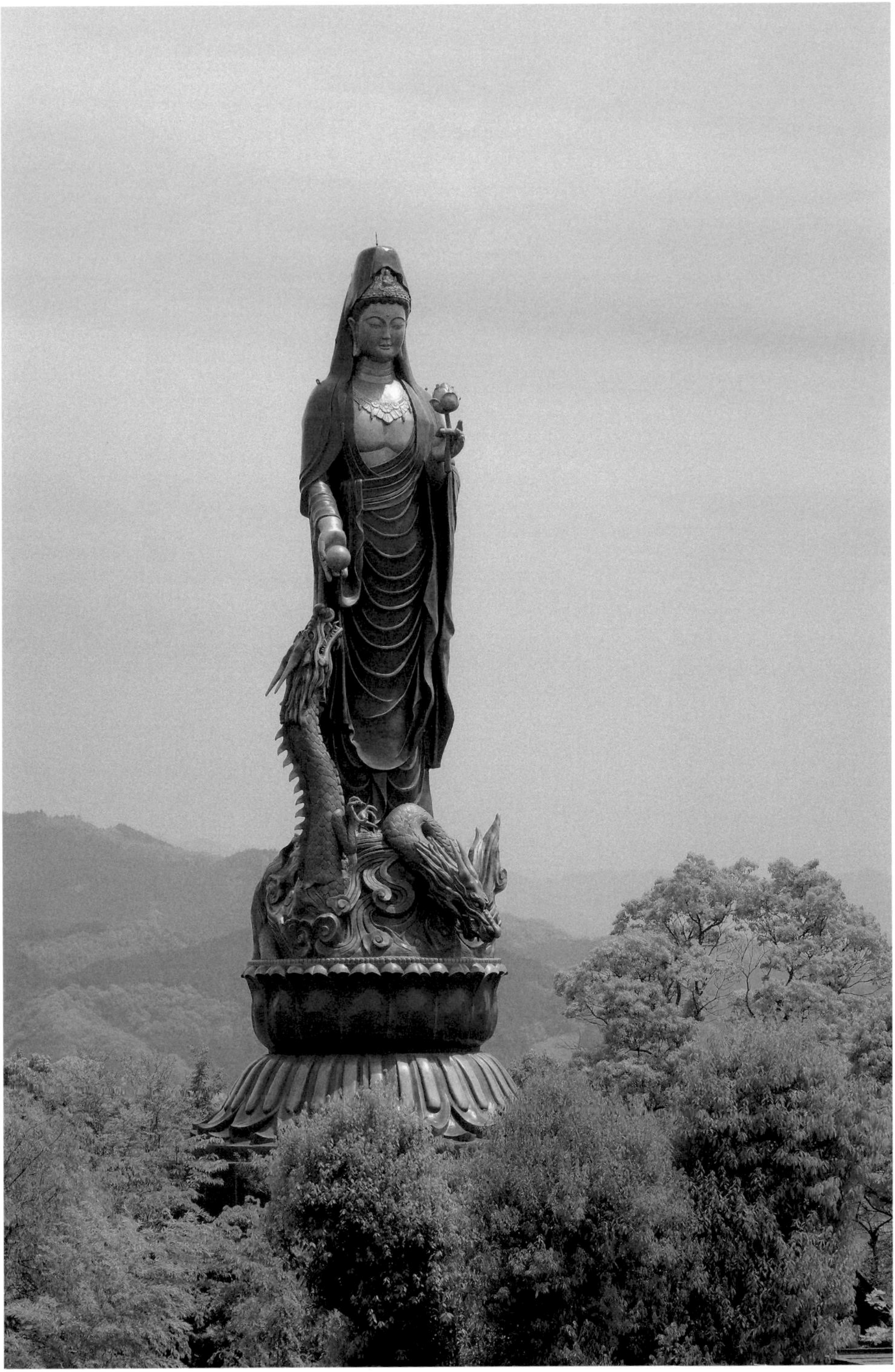

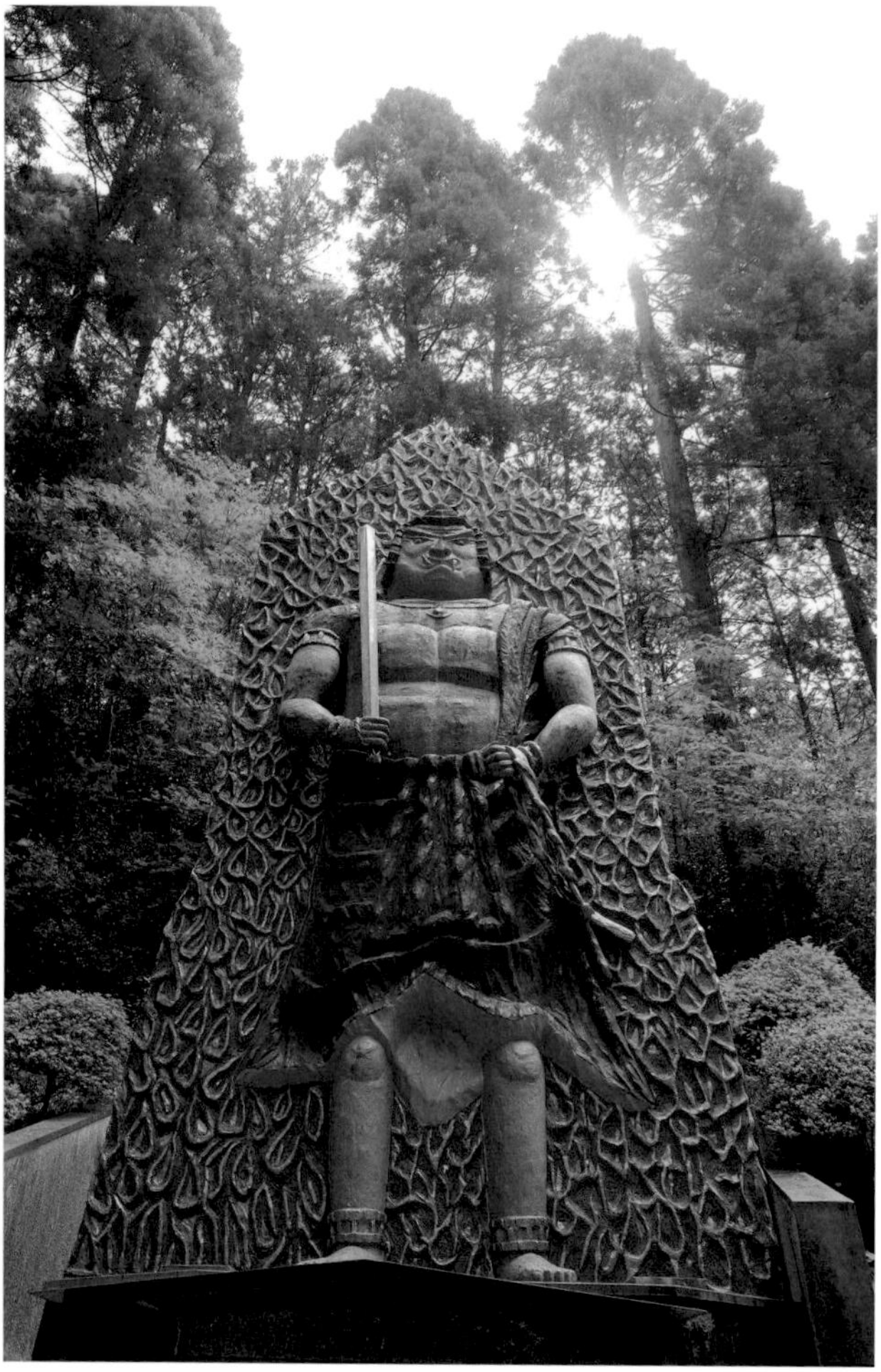

手作り感あふれる地元のお不動さん

袋田不動尊《ふくろだふどうそん》　不動明王《ふどうみょうおう》

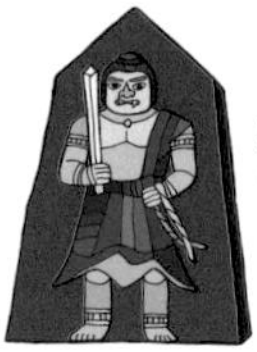

袋田不動尊
福岡県うきは市吉井町福益
駐車場あり

うきは市の住宅街で「袋田不動尊」という看板を見つけその道を入ると、いかにもこの先に神か仏がいそうな雰囲気の杉林に導かれます。しばらく進み、この道でOKなのか不安になる頃、まるで出番を待っていたかのように真っ赤な光背を背にした不動明王が現れるのです。

その昔この一帯は戦場でした。戦没者慰霊のためいつの頃からかここに祀られるようになったお不動さまが袋田不動尊のはじまりです。近隣の方がお掃除に来ていて、大事に守られてきた場所だとわかります。手作り感あるあたたかい霊場の、どこか優しげなお不動さまです。

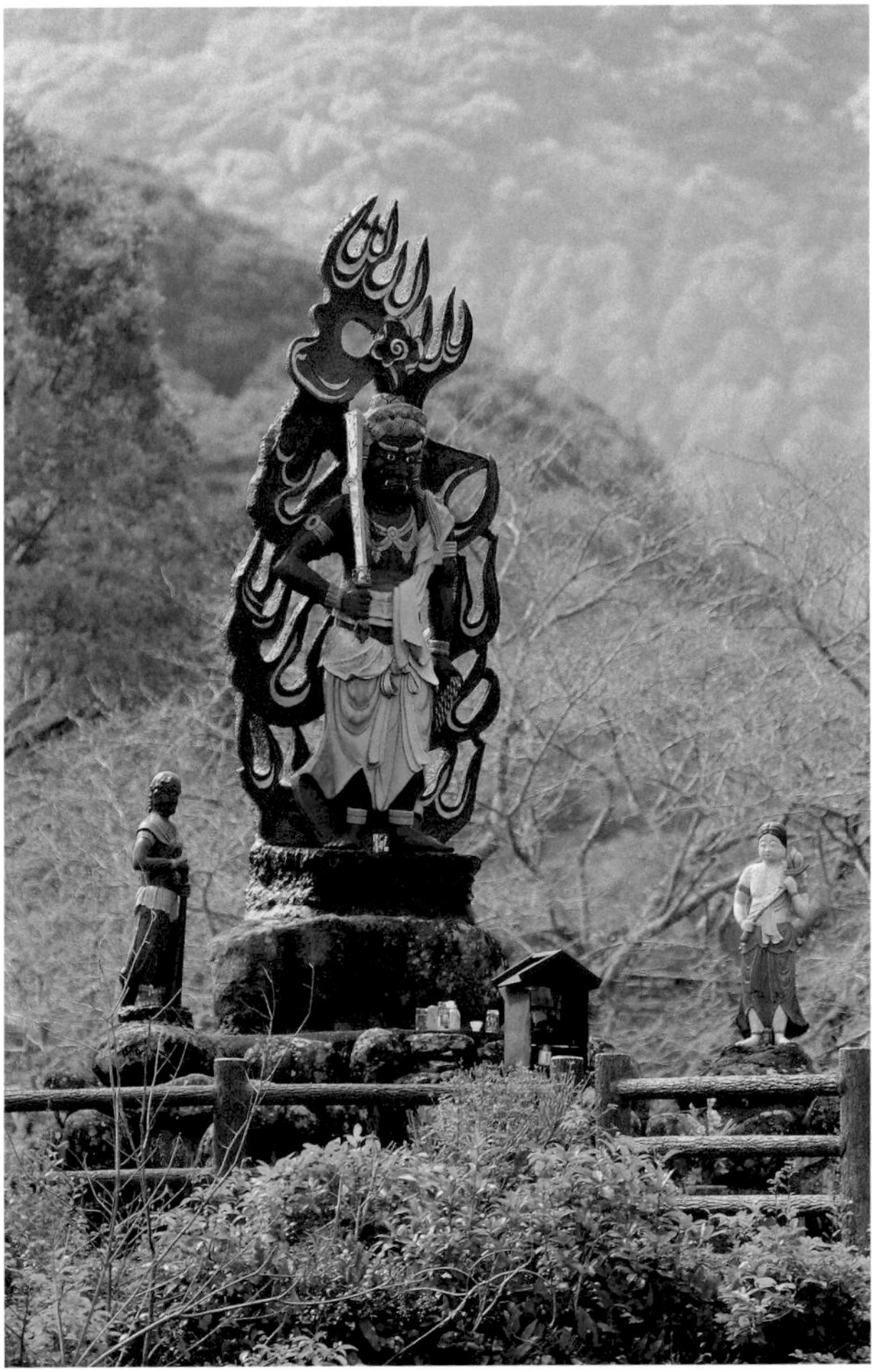

滝壺を眼下に望むお不動さん

轟の滝《とどろきのたき》 不動明王尊《ふどうみょうおうそん》

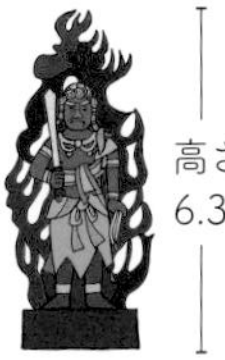

轟の滝公園《とどろきのたきこうえん》
佐賀県嬉野市嬉野町大字下宿丙163-1
駐車場あり
管理先：大定寺（だいじょうじ）
佐賀県嬉野市嬉野町大字吉田丁4129

佐賀県嬉野市に轟の滝という落差11メートル、滝壺2500平方メートルの滝があります。滝の周辺は公園として整備され、春は花見スポットとして賑わいます。この滝を見下ろすようにカラフルな不動明王尊が左右に童子を従え立っています。

建立されたのは戦時下の昭和19年。戦況が徐々に悪化する中、平安を願いつくられた人々の希望の現れだったのではないでしょうか。以来70年に渡りこの場に立ちつづけてきましたが、破損がひどく平成5年に修復され、鮮やかな姿に蘇りました。現在は地域の交通安全や病気平癒などの祈願に参拝されています。

column ㉜

月の引力が見える
大魚神社《おおうおじんじゃ》の海中鳥居《かいちゅうとりい》

佐賀県藤津郡太良町多良
長崎線多良駅下車、国道207号を北に歩いて約10分
駐車場あり

有明海は潮の干満の差が大きく、湾口で平均3～4メートル、湾奥の佐賀県太良町では平均5メートル、最大で6メートルに達します。干満の差が6メートルと聞いても、いまいちピンとこなかったのですが、大魚神社の海中鳥居を見てそれがどういうことなのかわかりました。

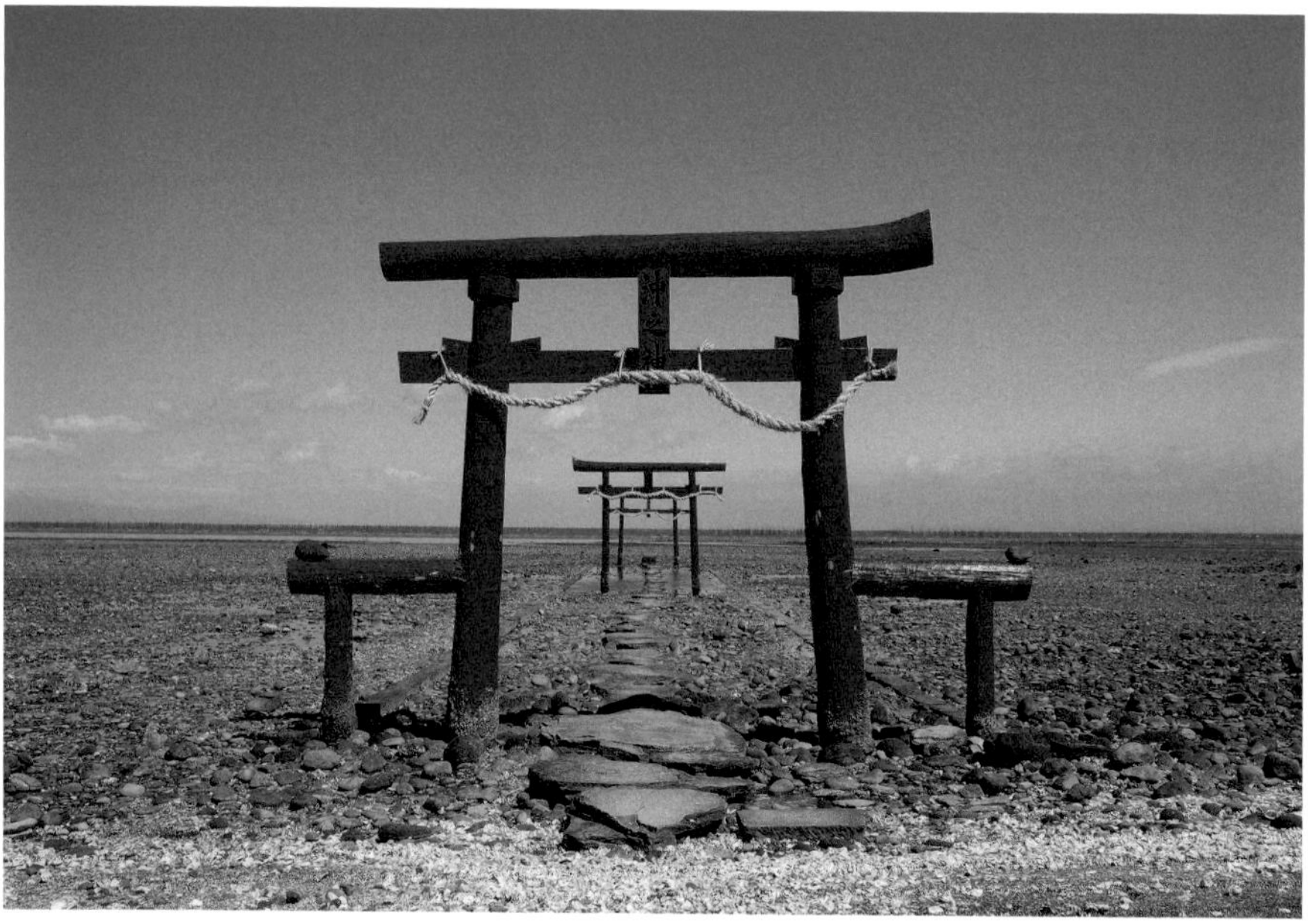

太良町にある大魚神社の海中鳥居は、沖に向かって点々と真っ赤な鳥居が並んでいます。その鳥居が満潮時には海水に浸かり、まるで海に浮かぶようにポツポツと赤い鳥居の上部だけが見えるのです。それが干潮時には鳥居をくぐってずっと沖まで歩いて行けるほどになります。しかもこの満潮と干潮は約6時間おきにやって来るため、海中鳥居の見え方は刻々と変化します。これが太良町が「月の引力が見える町」と言われる所以です。

この景色は実に神秘的で、夜に来たらどんな景色だろう、朝に来たら……といつまでもここにいて潮の満ち引きを見ていたいと思わせます。月の引力が見えることは同時に人を引き寄せる魅力を持っているのです。

column 33

被爆の歴史を刻む
山王神社《さんのうじんじゃ》の一本柱鳥居《いっぽんばしらとりい》

山王神社
長崎県長崎市坂本2-6-56　☎095-844-1415
❶：住所は神社の住所です。細い道や階段の多い場所ですので、徒歩での参拝をおすすめします

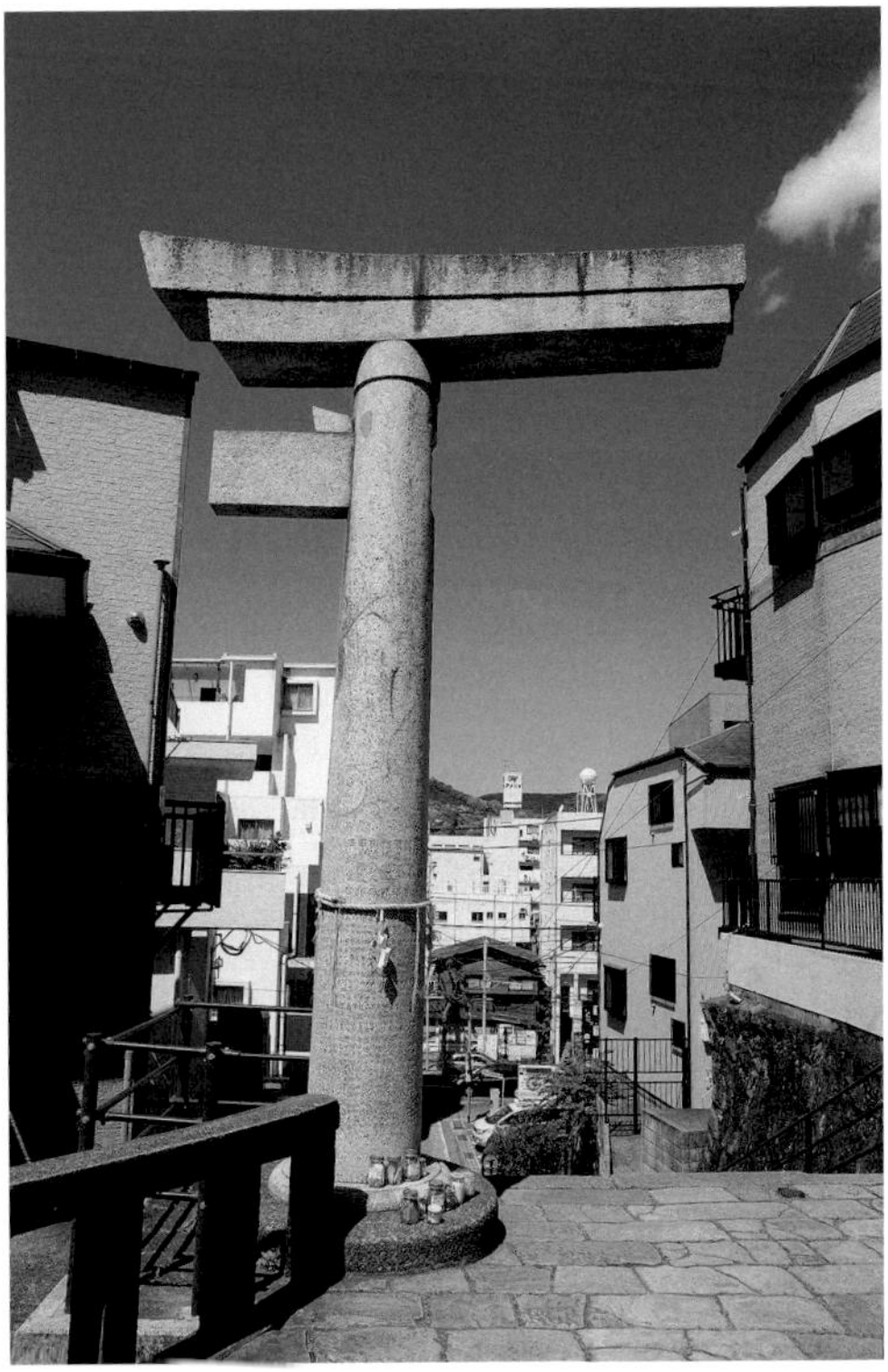

一本柱鳥居の存在はこの時まで知りませんでした。長崎で泊まったホテルで見つけたパンフレットの「片鳥居」という文字に興味を持ち、翌日行ってみることにしたのです。長崎駅と平和公園のちょうど中間ぐらいの位置でしょうか、特別大きな案内看板があるわけでもなく、住宅街の中にふつうに一本柱鳥居は立っていました。傍らにはもう片側の柱の残骸が並べられています。

この鳥居はすぐ先にある山王神社の二の鳥居です。もともと山王神社には一の鳥居から四の鳥居までありましたが昭和20年8月9日の長崎への原爆投下により、一の鳥居と二の鳥居を残しすべてが倒壊してしまいました。二の鳥居は爆心側半分が吹き飛ばされたものの奇跡的に半分が一本柱の状態で残りました。もうひとつ残った一の鳥居は戦後交通事故で倒壊したため、現在も当時のまま残るのは、もはやこの二の鳥居のみです。

爆心側半分が飛ばされたことが目で見てわかる形で残される一本柱鳥居は、誰の目にも原爆の恐ろしさが如実に伝わります。戦後70年が経ち戦争を語る人が減っていく中、これから先もこの場所に立ち、戦争の悲惨さを伝える存在でありつづけてほしい。街中にふつうにありながら壮絶な時を経てきた鳥居に、私は戦争の語り部のようなものを感じました。

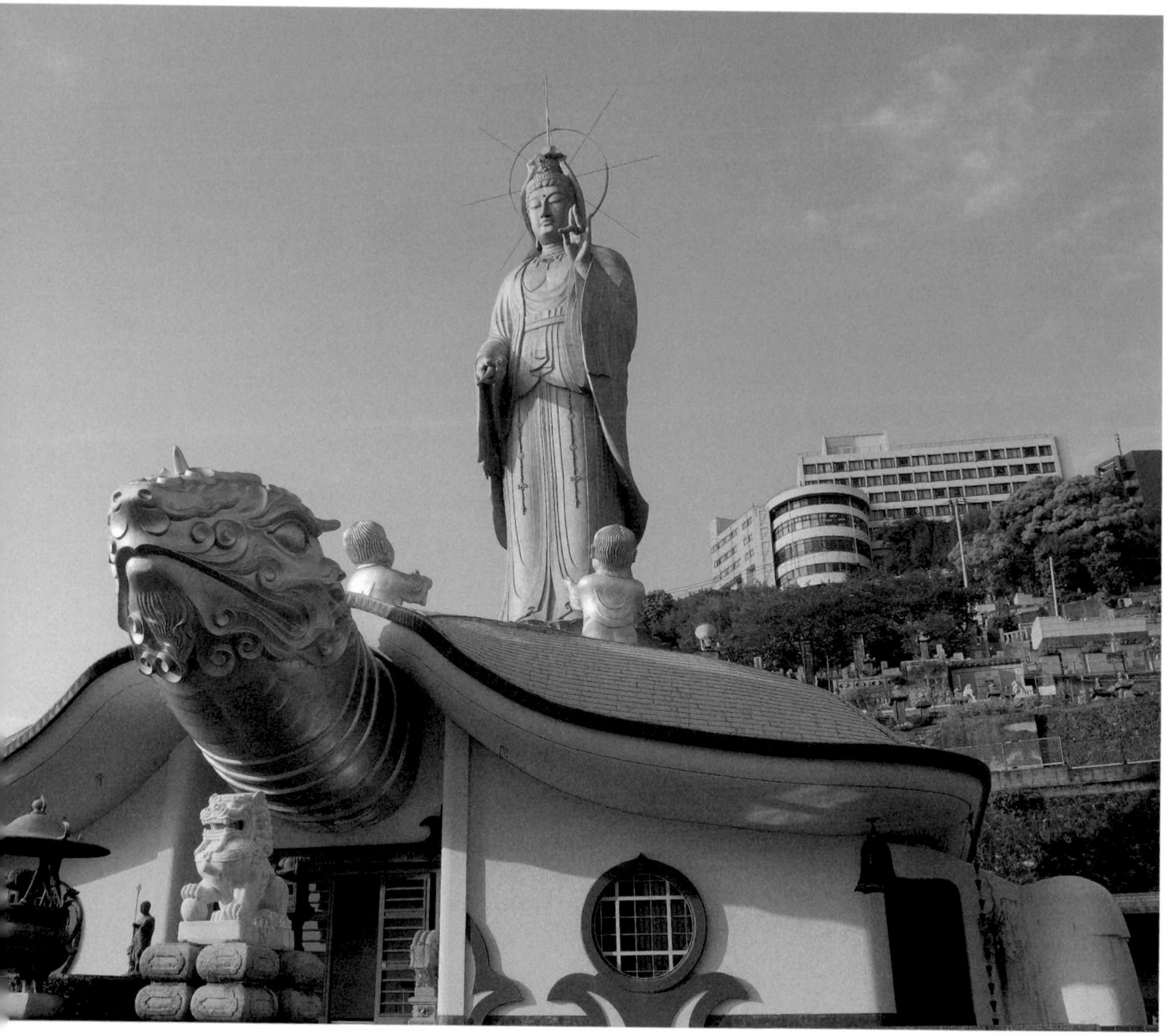

亀の背に立つ慈母観音

萬國霊廟長崎観音《ばんこくれいびょうながさきかんのん》

四方を山と海に囲まれた「坂の町」長崎。長崎駅前から坂道を登ること10分。建物と建物の隙間から銀色に輝く観音さまが現れ、一瞬時が止まります。

この観音さまは萬國霊廟長崎観音と言います。私が最初に参拝したのは夕刻で、観音さまは西日が眩しくて俯いているように見えました。ですが実際に近づいてみると観音さまの足元には3人の子どもがひざまずいていて、子どもたちを優しく見下ろしていたのだとわかります。ただそれよりも先に強烈に目に飛び込んでくるのは観音さまの立つ霊廟、台座部分

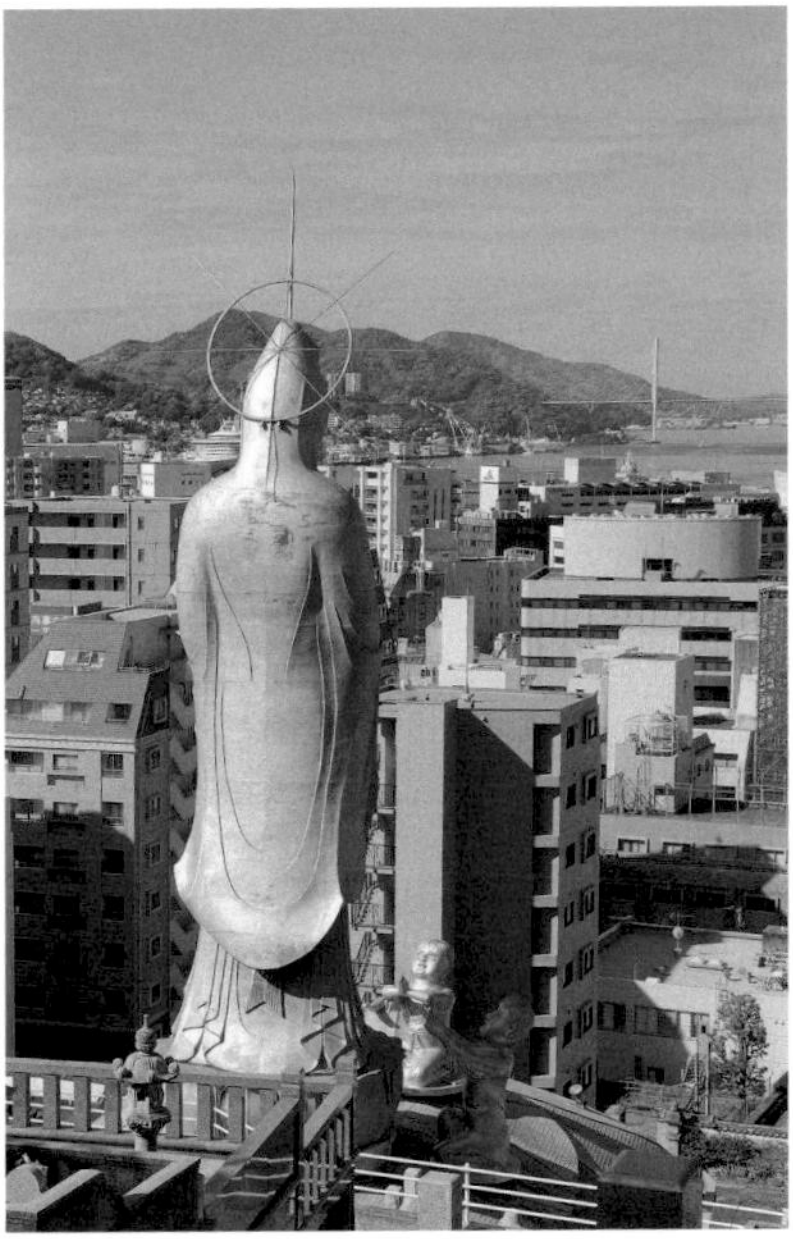

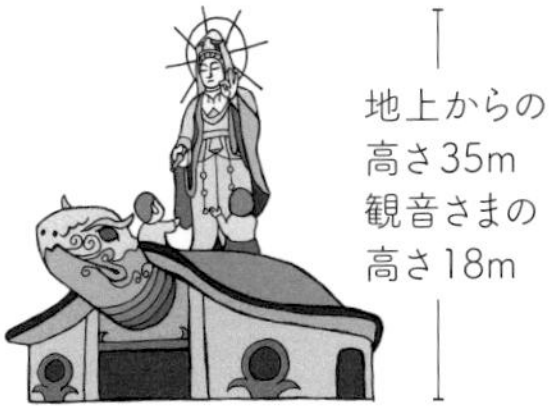

分紫山《ぶんしざん》 福済寺《ふくさいじ》

長崎県長崎市筑後町2-56
☎095-823-2663
開門時間　8:00～17:00
駐車場あり

です。建物でもあるこの台座は亀を模しています。亀の背に仏さまを立て、亡者の往生安楽を祈願したという形をそのまま建築様式化したのだそうです。

　福済寺は中国の僧侶により創建された唐寺です。悲しいことに昭和2年に国宝指定された建造物は昭和20年の原爆投下により全て焼失してしまいました。そして昭和54年に原爆被災者と戦没者慰霊、平和祈念のために再建されたのがこの亀を模した霊廟と慈母観音です。

　そうした寺院ですから慰霊殿には戦時中の写真や遺品が並び、自ずと戦争や原爆について考えさせられます。戦没者慰霊のため建てられた大仏さまは各地にありますが、福済寺ではより切実に平和を祈らずにいられません。

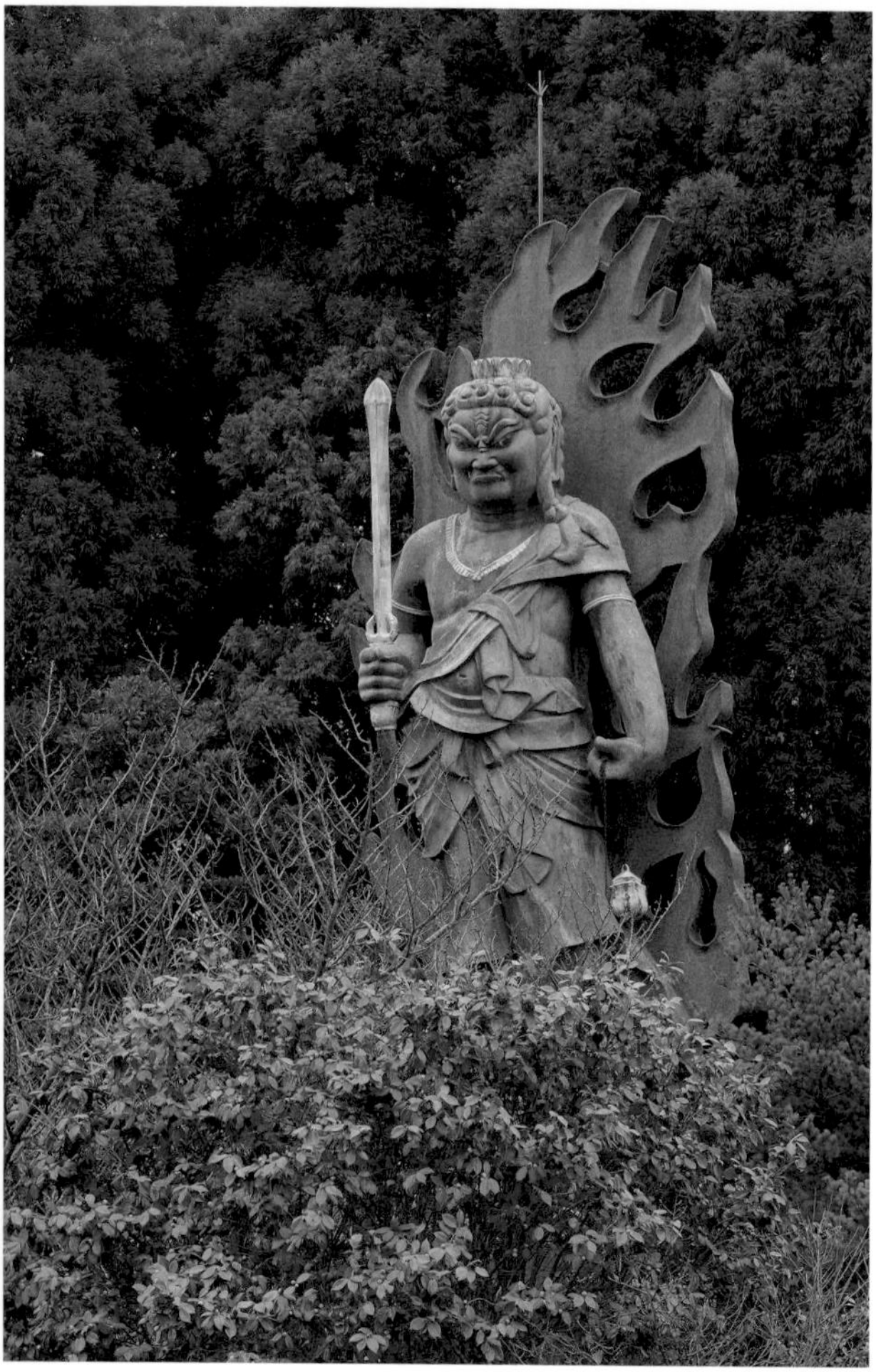

季節の花の咲く寺に立つ不動明王

西光寺《さいこうじ》 不動明王《ふどうみょうおう》

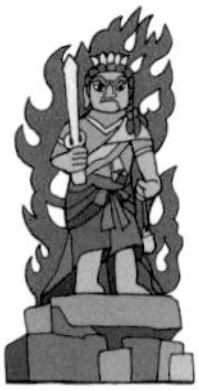

西光寺《さいこうじ》

長崎県佐世保市上柚木町3213　☎0956-46-0011

駐車場あり

西光寺は県の天然記念物である樹齢２６０年以上のオオムラザクラが有名です。他にもシダレザクラ、ウコンザクラ、市の天然記念物ノダフジなど、季節の花が順に咲き誇ります。

私はどちらかと言えば花より仏像に目が行きがちで、石造りの仁王像に惹かれましたが、本堂から道を隔てた駐車場にそれ以上に惹かれるものを見つけました。お堂の上に立つ10メートルはあろうかという不動明王像です。大きさはもちろん、カッコ良さと可愛らしさを兼ね備えたような個性的な姿にとても魅力を感じました。桜が咲く頃にゆっくり参拝したいお寺です。

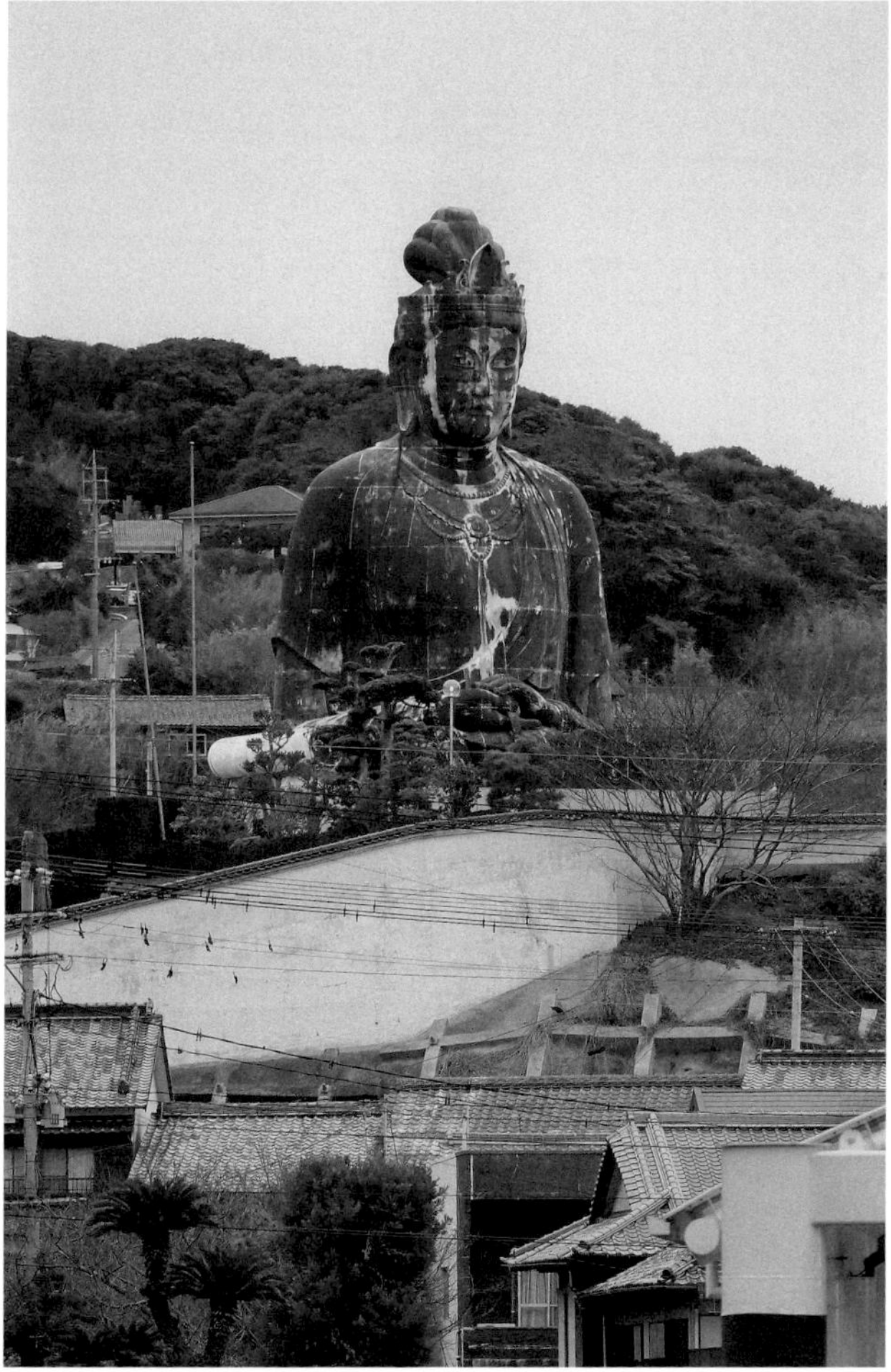

島の高台から海を見守る

生月大魚籃観音《いきつきだいぎょらんかんのん》

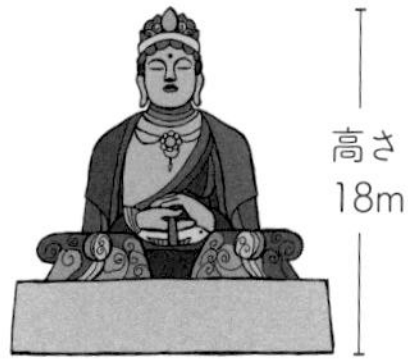

生月大魚籃観音
長崎県平戸市生月町山田免
570-1　☎0950-53-1113
駐車場あり

平戸から生月島へつづく生月大橋を渡っていると舘浦漁港を一望する高台に生月大魚籃観音が見えてきます。遠くから見ると坐像のように思えますが、近づいてみると波の形の台座から上半身が飛び出した、珍しい半身像であることがわかります。

　生月大魚籃観音は第二次世界大戦による戦没者、海難殉職者の慰霊と漁船の航海安全を祈念し、昭和55年に建立されました。両手には魚の入った籠を大事そうに持ち、美しく穏やかな表情で、今日も生月島の高台から海と人々の安全を見守っています。

column ㉞

天を突く3本の塔

針尾送信所《はりおそうしんじょ》

高さ
136m

長崎県佐世保市針尾中町382-12
☎0956-58-2718（針尾無線塔保存会）
見学時間　9:00～12:00／13:00～16:00
駐車場あり
❗：無料で見学できます。ガイド案内が必要な場合は要予約

長崎の超がつくほど有名な観光地ハウステンボスから車で10分。国道202号を南に進むと、天を突くように立つ3本の塔が車窓に現れます。

新西海橋付近から眺めると、手前の湾に浮かぶ小島にちょこんと可愛らしい灯台がのっており、奥には巨大な塔がそびえ立っています。なんとも

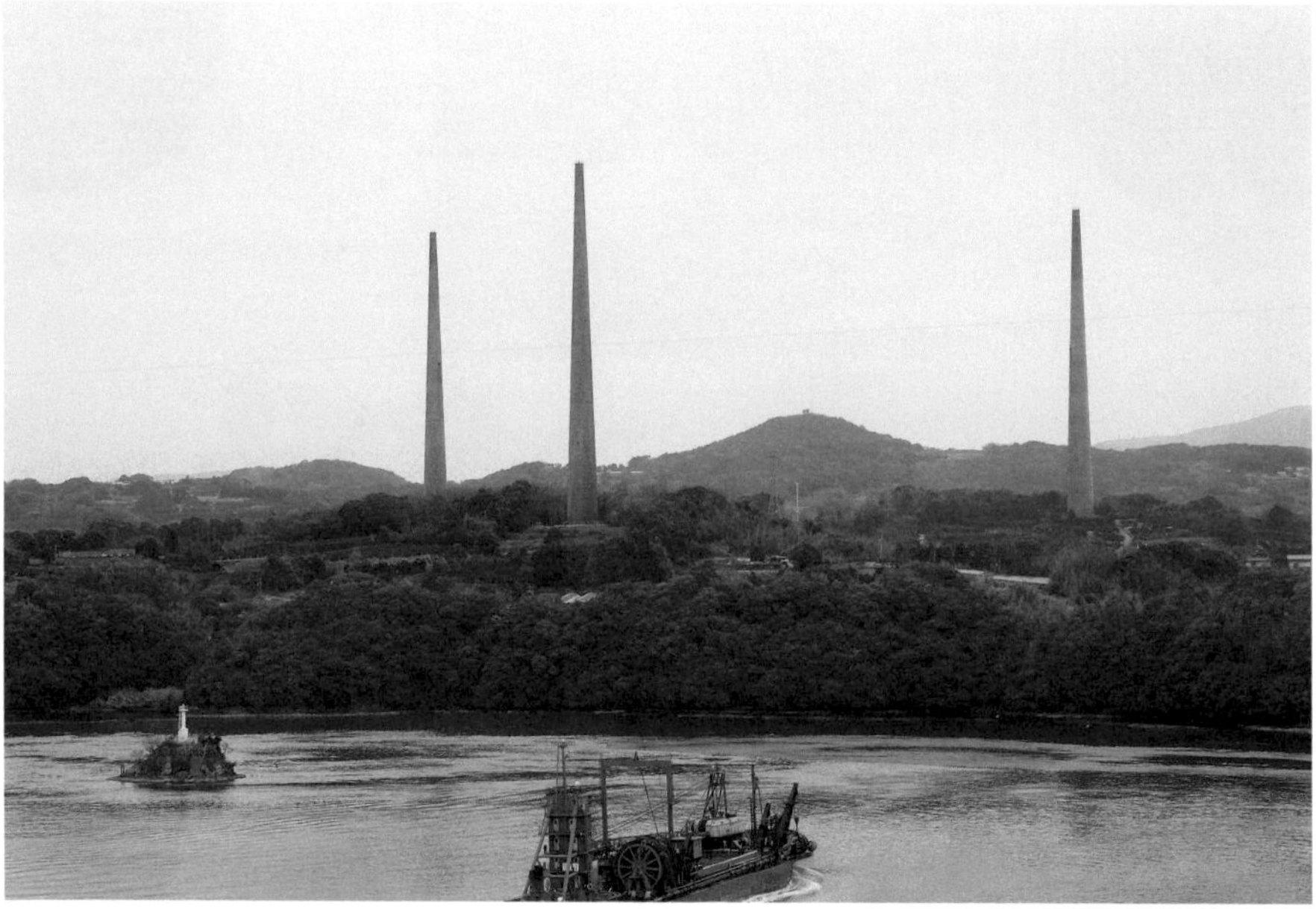

対照的なこの光景は私の心をつかんで離しません。

この3本の塔の正体は、旧日本海軍が大正7年から4年かけて建てた送信施設、針尾送信所（旧佐世保無線電信所施設）です。3基の無線塔はいずれも鉄筋コンクリート製で高さ136メートル、底部の直径が約12メートルの煙突のような構造。3基が1辺300メートルの正三角形に配置され、中心部に電信室と呼ばれる通信施設があります。

この施設は敷地内の見学が可能。しかも無線塔の1基の内部に入ることができるのです。恥ずかしながら私はこのカッコイイ風景を写真に収めるばかりで、内部見学はまだ未経験。次回は真下から首が痛くなるぐらいに見上げてみたいと思っています。

column ㉟

カッコ良すぎる展望台

玉名天望館《たまなてんぼうかん》

桃田運動公園
ももだうんどうこうえん
熊本県玉名市大倉字高田1144
駐車場あり

通常、展望台の最大の目的は展望を楽しむことにあると思います。ですが展望台自体がカッコ良すぎて「展望を楽しんでいる場合ではない」展望台が稀に存在します。熊本県玉名市の桃田運動公園内にある玉名天望館もそんな攻めてる展望台のひとつです。

玉名天望館は公園入口から見て右手奥の町を一望できる

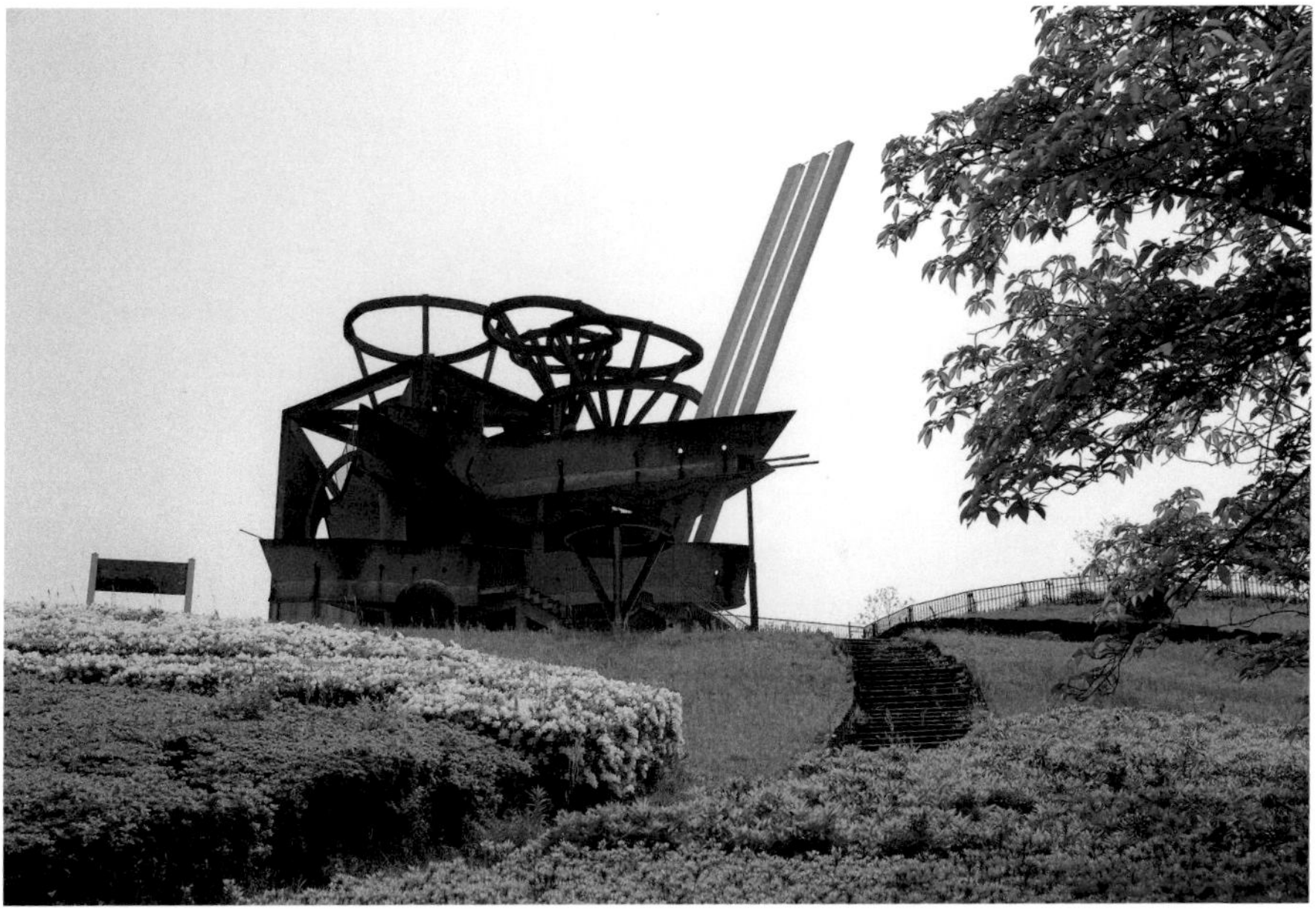

丘の上に建っています。丘の上につづく階段を登っていくと、徐々にカッコ良すぎる外観が全貌を現します。その形状を何と表現すればいいのでしょう。上部の丸い輪の部分から想像するに、まだ見ぬ地球外生命体との交信を試みる研究機関のようとでも言いましょうか。カフェなどの施設が入っているわけではなく、誰でも入れる屋外型展望台です。もちろん内部も複雑で不思議な世界感は健在です。

熊本にはこうした個性的な建築物が多くあります。「くまもとアートポリス」という魅力ある街をつくるプロジェクトによるものです。

もはや目的は展望ではなく、展望台自体でいい。玉名天望館はそう思わせるカッコ良すぎる展望台です。

自然と一体にある日本一のおびんずる様

おびんずる様《おびんずるさま》

おびんずる様はお釈迦さまの弟子で十六羅漢のひとりです。神通力、つまり超能力が強かったと伝えられます。そのためでしょうか、おびんずる様は「なでぼとけ」とも言われ、自分の体の悪いところと、おびんずる様の同じところを撫でるとよくなる、という風習が広まりました。

山鹿市の日輪寺に日本一大きなおびんずる様（大仏様）がいらっしゃいます。しかも胎内に入ることができると聞き、これはとうとうピンポイントに内臓さえも撫でて治してくださるのか！と興奮しましたが、残念ながら胎内拝観は現在できなくなっていました。ですが胎内に入れなくても、ひと目会うだけで十分、衝撃と感動があります。だって日輪寺のおびんずる様は30メートルもあるのです。しかも斜面に沿って斜めに立つ姿は自然と一体になるような独特の存在感があります。大きすぎて自分の悪いところに手が届かない、という方もご安心ください。すぐ横には坐像のおびんずる様を本尊とするお堂があり、小さなおびんずる様も安置されています。大小のおびんずる様は人類の無病息災を日々願っておられます。

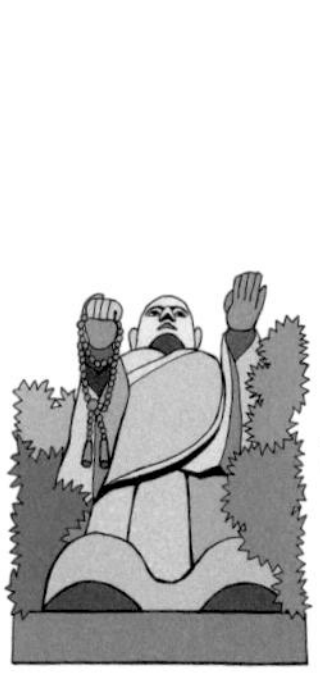

高さ30m

日輪寺
にちりんじ
熊本県山鹿市杉1607
九州自動車道菊水ICより県道16号を山鹿方面へ約20分
☎0968-43-5802
駐車場あり

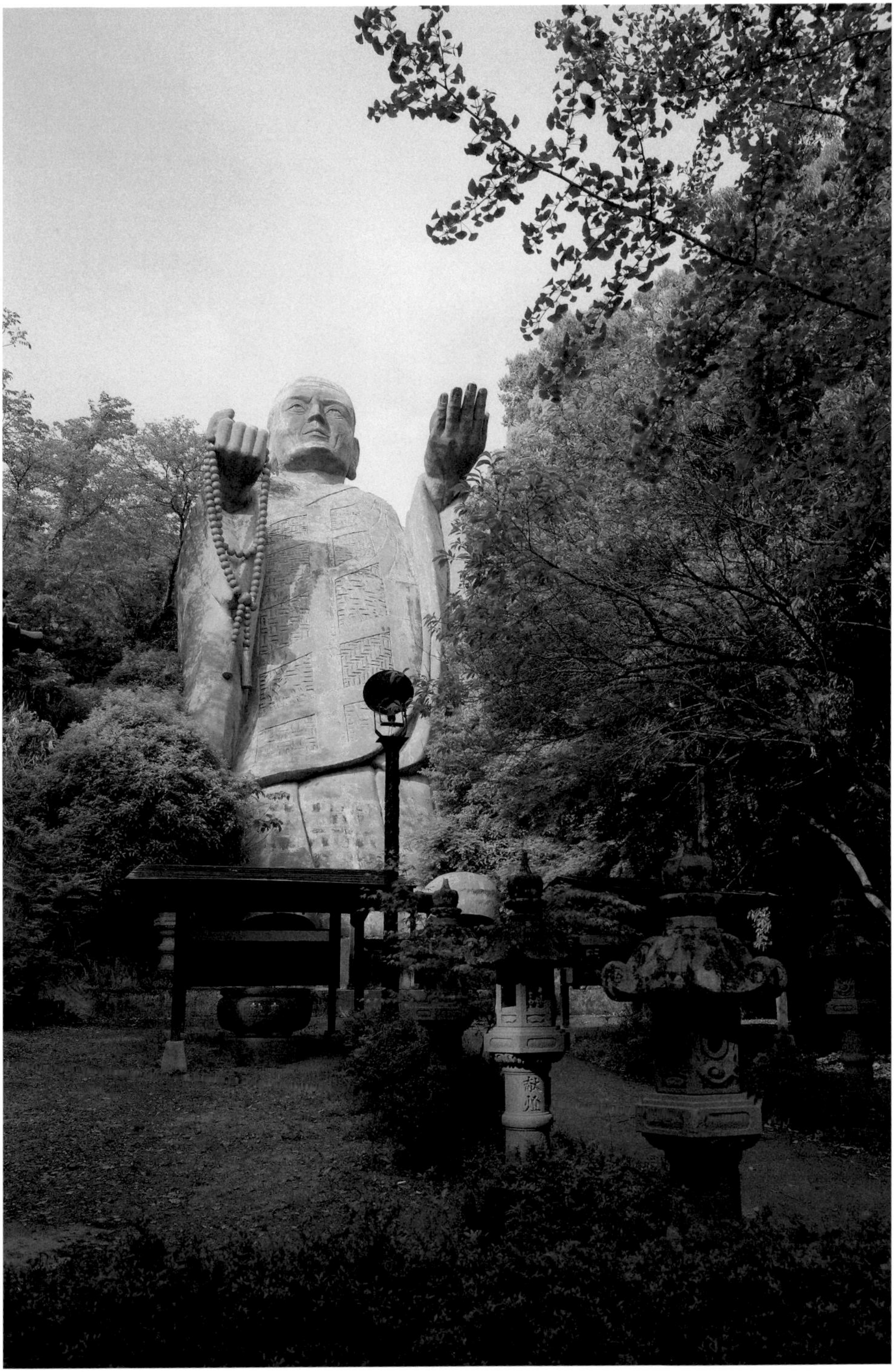
献灯

強烈な熱量で迫ってくる巨大な仏さまの壁

荒尾観音《あらおかんのん》

こんなところに巨大な仏さまがいようとは、にわかに信じられないような荒尾市の静かな住宅街。「荒尾観音」と書かれた門柱を見つけ境内に進むと、6〜7メートルある茶色の巨大な仏さまが見えてきます。閻魔大王像、風神雷神像、不動明王像などの像は全部で12尊。それらが壁をつくってずらりと並び、まるで怒号が飛び交うような強烈な熱量で迫ってくるのです。大きさもさることながら、距離が近くて見上げざるをえないことが迫力を倍増させ、怒っているようにも見える、心の奥が読み取れない仏さまたちの表情がさらなる迫力を生んでいます。近隣の住宅からもこれらの像はよく見えますから、周辺の人々も何らかの圧を感じているのではないでしょうか。間違いなく悪いことはできません。

外壁の代わりにもなっているこれらの像をつくったのは先々代のご住職。それを先代ご住職が漆喰などで補強、現ご住職が守っていらっしゃるとうかがいました。これだけ大きな像をこんなにたくさん手作りでつくる情熱は大変なものです。今後も長くありつづけてほしいと願うばかりです。

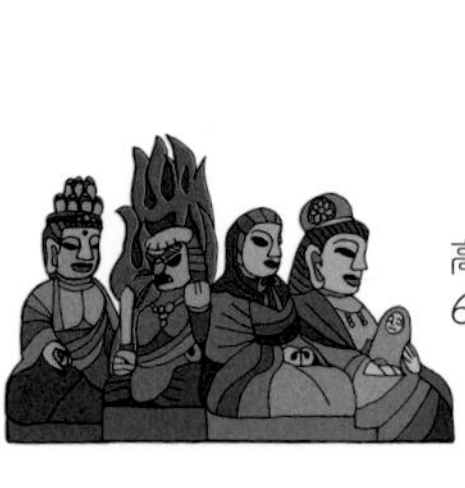

高さ
6〜7m

荒尾観音
熊本県荒尾市増永2714-5
☎0968-62-4026
駐車場あり

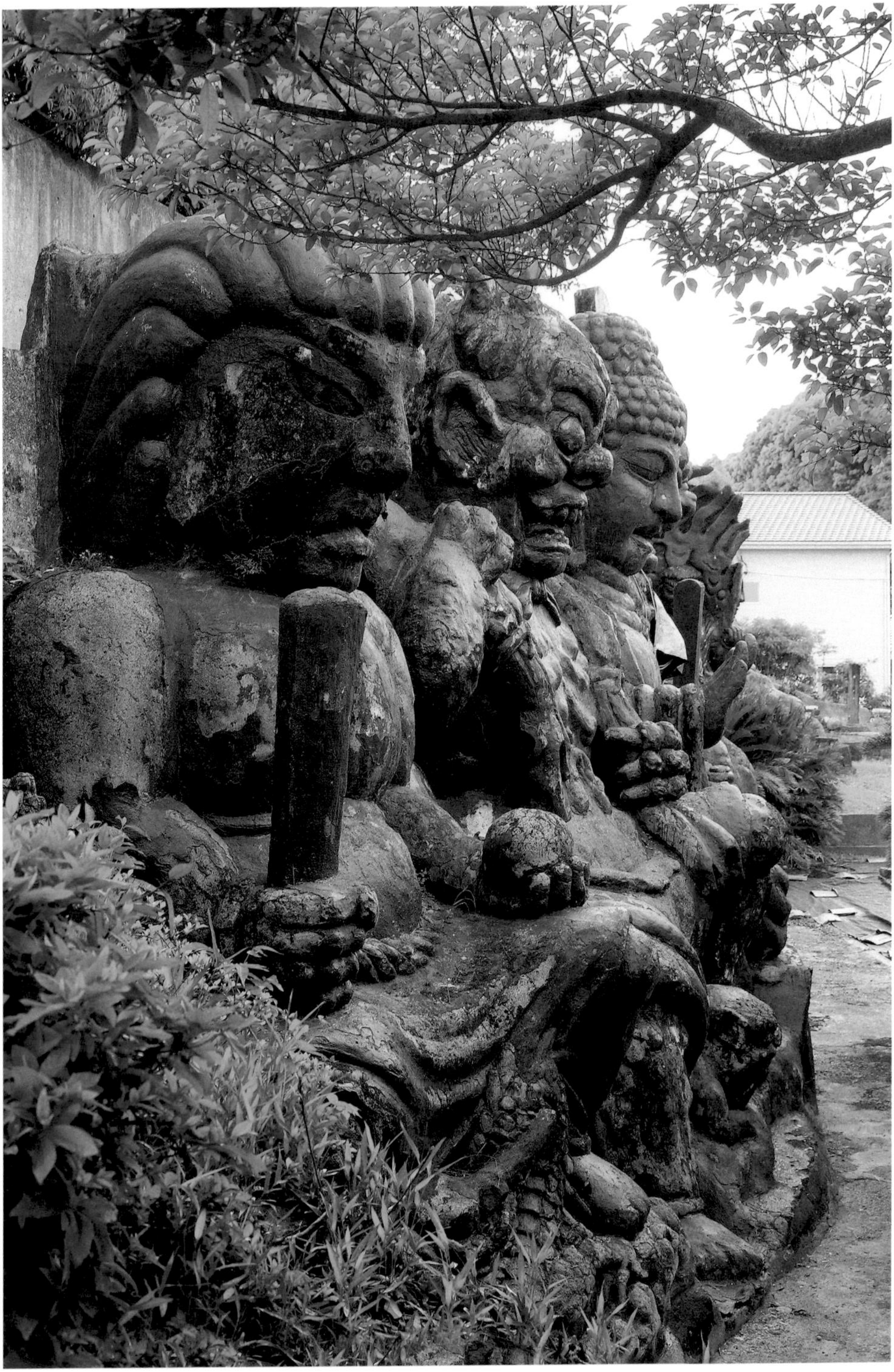

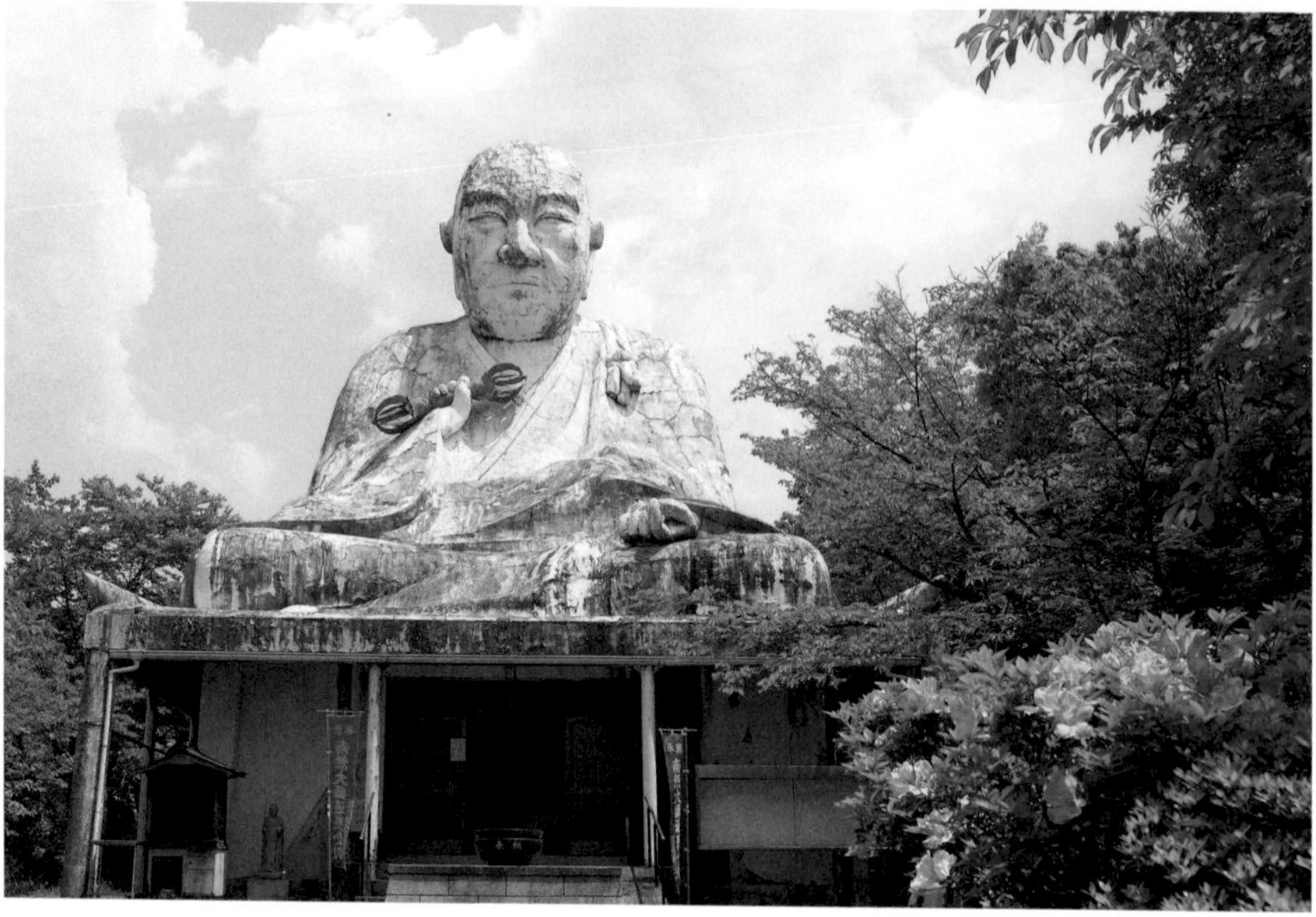

青空に映える手作りの大師像

弘法大師大仏《こうぼうたいしだいぶつ》

荒尾市の小高い丘の上に優しげなお顔の大師像があります。細い坂道を登ると見えてくる弘法大師大仏は青空に映え、木々の緑と周囲に咲く花がこれ以上ないぐらい奇麗で、私はしばらくただ大仏さまを眺めていました。

大仏さまをつくったのは慈照院初代ご住職。当初はプロの仏師による仏像が鎮座する予定でしたが、完成した仏像が小さかったため、自らの手でつくろうと決意。足場から落下するなど数々の苦労を重ね、11年後完成に至りました。大仏さまの優しげなお顔の裏にはそんな苦難に満ちた物語が隠されています。

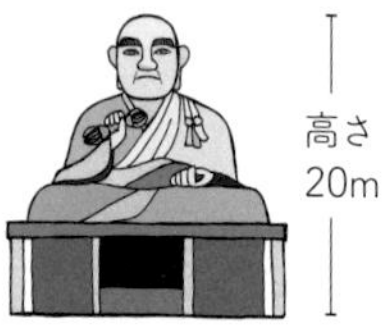

慈照院《じしょういん》
熊本県荒尾市平山2560
☎0968-68-0064
本堂入堂時間　8:00〜17:00
駐車場あり

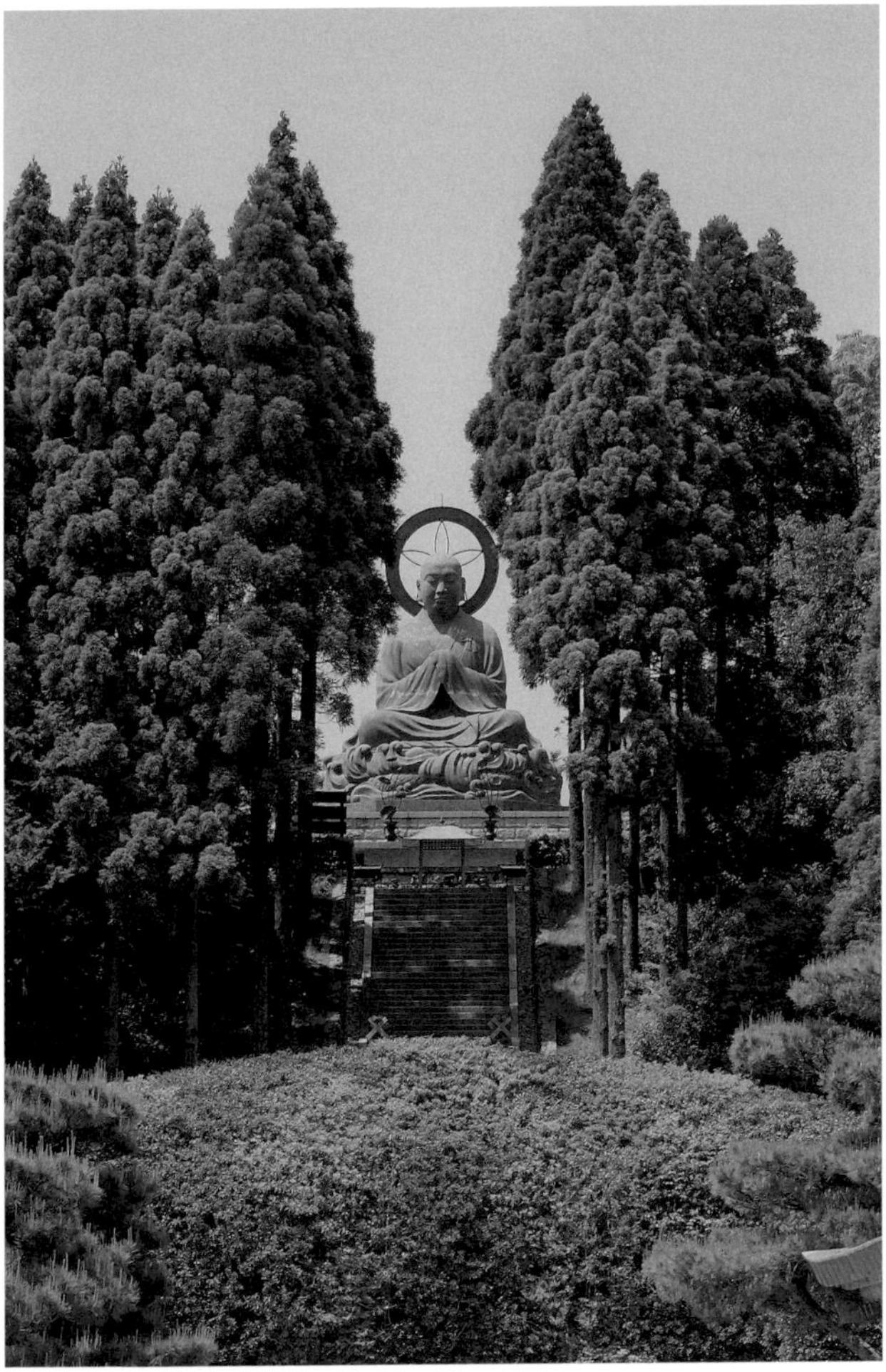

地元で生まれた皇円上人の大仏

皇円大菩薩《こうえんだいぼさつ》

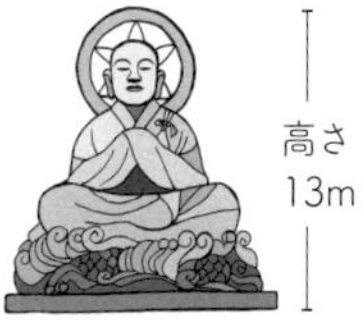

蓮華院誕生寺 奥之院《れんげいんたんじょうじ おくのいん》

熊本県玉名市築地1512-77
☎0968-74-3533
開門時間　9:00～17:00
駐車場あり

皇円上人は熊本の玉名で生まれ、浄土宗の開祖、法然上人の師にあたる高僧です。蓮華院誕生寺奥之院は皇円上人を祀るお寺で、境内は皇円大菩薩の大仏さまを中心に広がっています。

入口である心経門をくぐると参道は一直線に大仏さまへとつづきます。境内は見るべきものがたくさんありますが、とにかく参道中央にある仁王門から見る景色が壮観です。真っすぐ延びる参道と長い階段、そして階段の上には大仏さまが座っているのです。階段を登るのは息があがりますが、辿り着いた先には穏やかな表情の大仏さまと絶景の展望が待っています。

忘れられない優しすぎる笑顔

釈迦説法坐像《しゃかせっぽうざぞう》

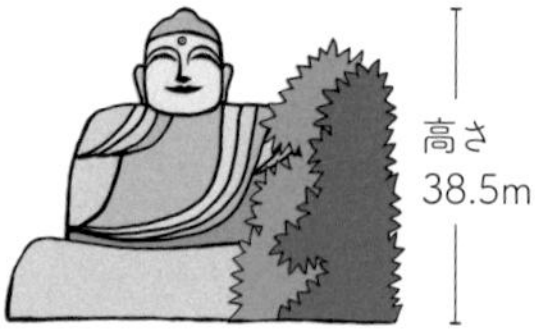

弘泉寺《こうせんじ》

熊本県玉名市山田39
☎0968-73-3821
❗：奥の院は弘泉寺本堂とは別の場所にあります。詳しい道は同寺にお尋ねください

一度この大仏さまを観たら、その優し過ぎる笑顔が脳裏に焼き付き忘れられなくなる。弘泉寺の奥の院にある釈迦説法坐像はそんなお顔をしています。私がそうでした。この大仏さまの写真を見てからずっと忘れられなかったのです。そして2年前とうとう会いに行きました。

釈迦説法坐像は田んぼを抜け、竹林を抜け、山道をしばらく歩いた山奥の突き当たりに、斜面を利用しつくられています。高さ38・5メートル、お顔だけでも約7メートル。体もちゃんとありますが夏場は草木に覆われほとんど見え

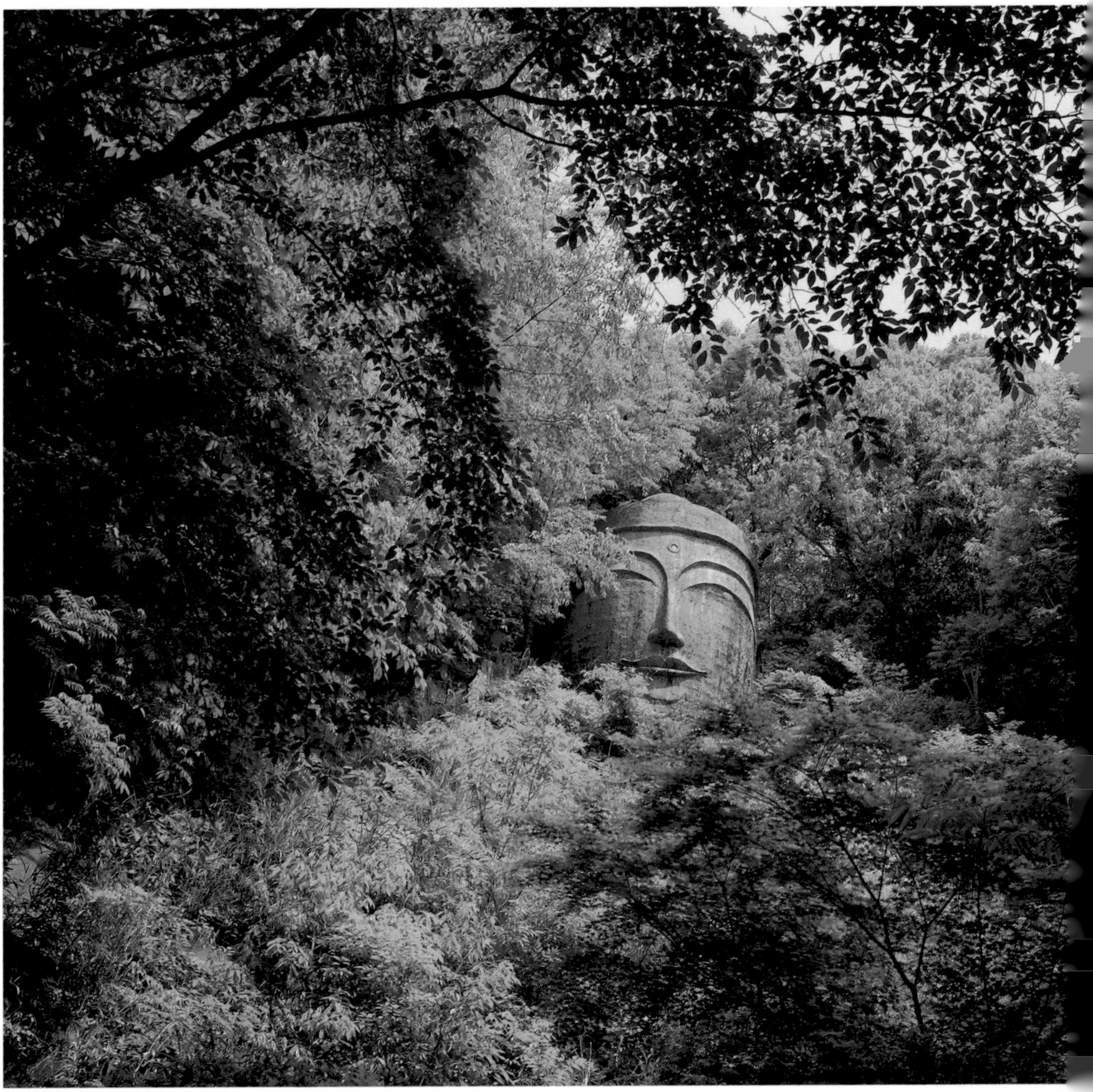

ません。緑に埋もれた姿は自然に返って行く遺跡のようでもあり、自然とともにあるのが幸せだと笑っているようにも見えました。

　大仏さまは弘泉寺初代ご住職一念さんと地元の仏師によりつくられました。一念さんは太平洋戦争で多くの友を失い、生き残った自分が何かしなければという一心で山を切り開きました。大仏さまが完成した時は10年の歳月が流れていたそうです。

　実際の大仏さまは写真で観るよりも優しげで、私はこの時のお顔がまた忘れられなくなってしまいました。

column ㊱

てんびんも回る観覧車

フラワーかんらん車

別府ラクテンチ

大分県別府市流川通り18丁目　☎0977-22-1301
営業時間　9:30〜17:00（12〜2月は10:00〜16:00）
火曜定休　　駐車場あり

大仏さまを筆頭に「巨なる」存在に惹かれる私にとって、観覧車も興味の対称のひとつです。大小合わせ国内に150あると言われる観覧車の中でもズバ抜けて個性的で、一度乗ってみたかった観覧車が別府にあります。別府を一望する高台にある「別府ラクテンチ」の「フラワーかんら

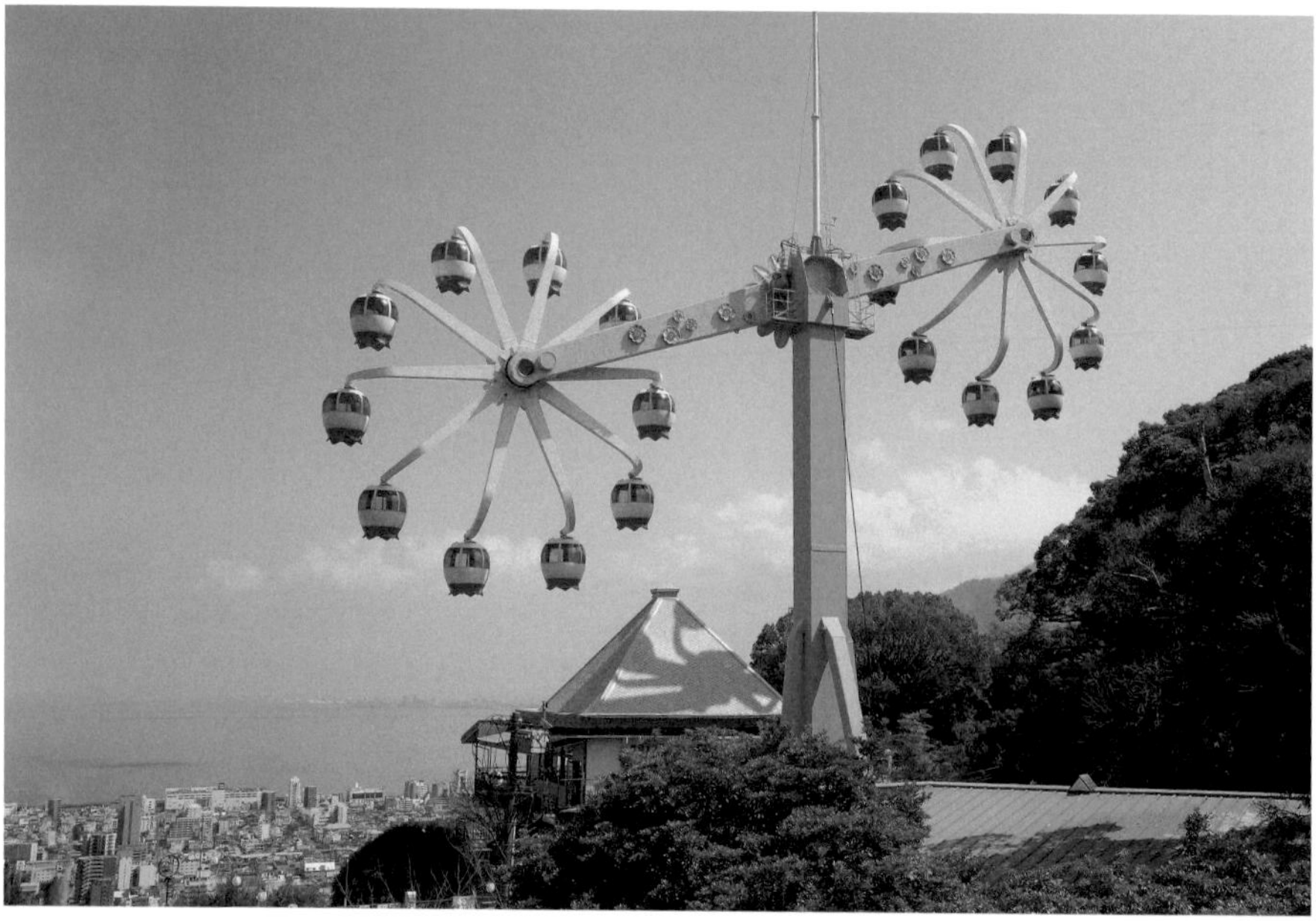

ん車」です。

「フラワーかんらん車」は二重式観覧車で日本ではここにしかありません。てんびんの両端がそれぞれ観覧車になっていて、通常は観覧車が上下にふたつある垂直状態を保っています。下のゴンドラに乗り込むとまず下の位置で一回転。そして半回転しながらてんびんごと回って観覧車の上下が入れ替わります。今度は標高240メートルの絶景を観ながら上の位置で一回転し、また半回転しながら下の位置に戻ってくるのです。

園内に行くための急勾配のケーブルカーやレトロ可愛い遊具など、ラクテンチ全体も魅力的。ちょっとスリリングなこの観覧車は乗って楽しく、回転するのを眺めるだけでもワクワクします。

column ㊲

天空へとつづく階段

グローバルタワー

大分県別府市山の手町12-1
☎0977-26-7111
営業時間　3〜11月 9:00〜21:00
　　　　　12〜2月 9:00〜19:00
駐車場あり

高さ
124.375m

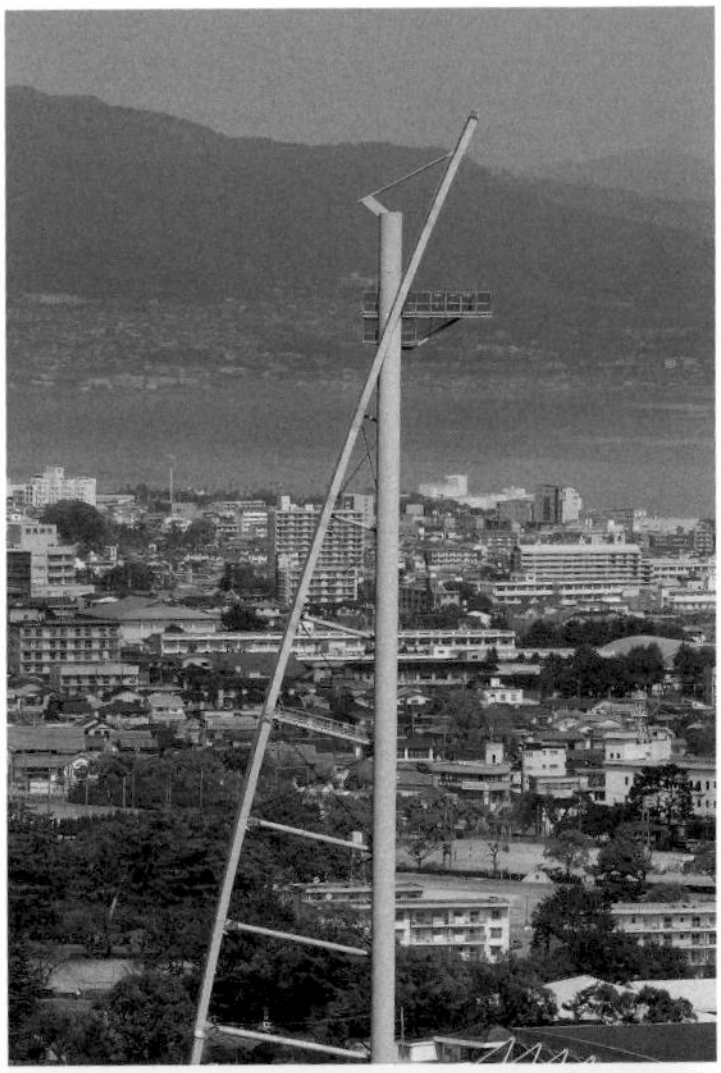

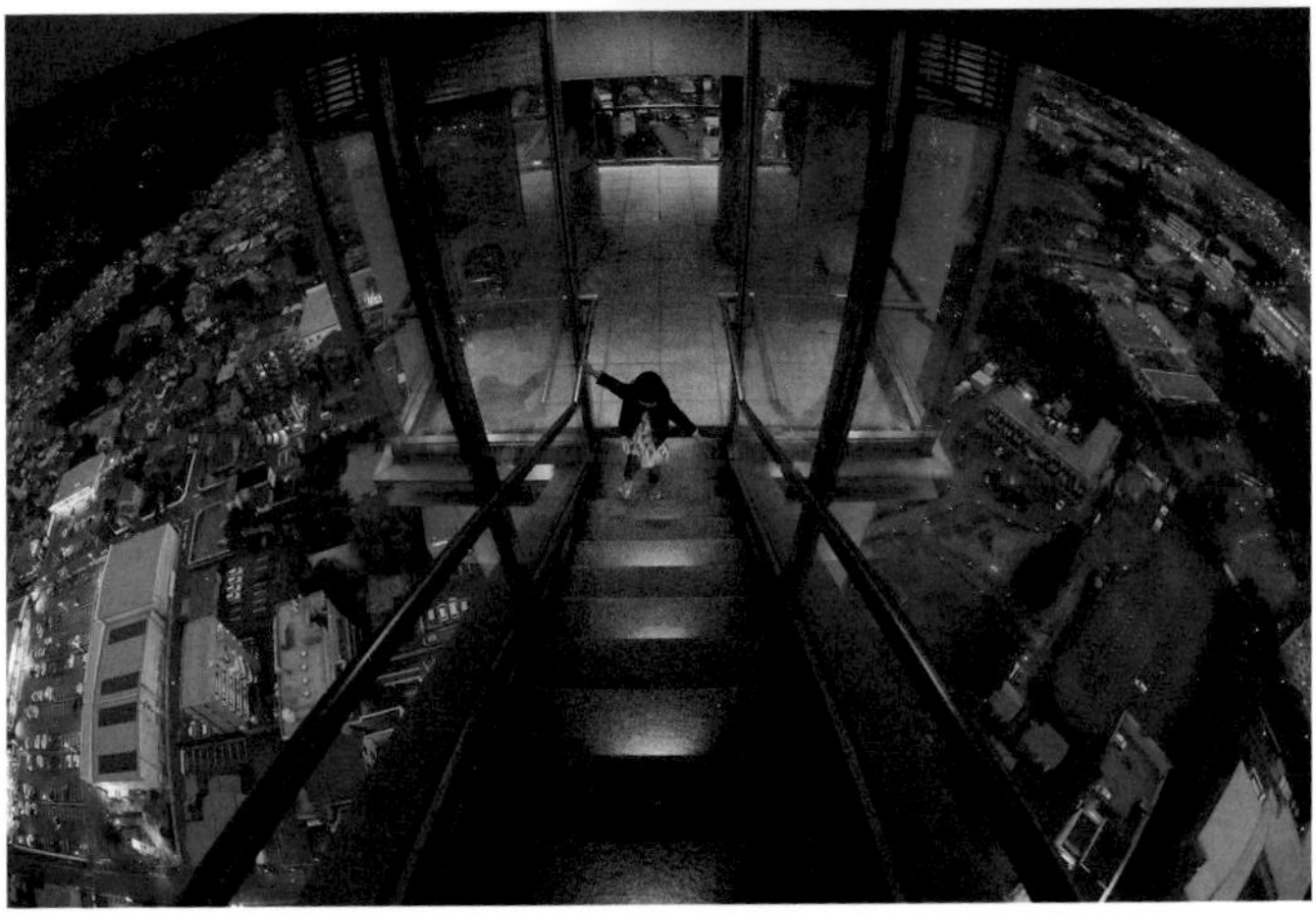

国内にタワーと名のつくものは数多くありますが、別府にあるグローバルタワーはその中でも5本の指に入る独創的なタワーと言っていいのではないでしょうか。真っすぐ伸びる支柱、ゆるやかに弧を描く支持部、突き出すようにある展望デッキ、大きくこの3つから成るシンプルな構造は一見して展望タワーとは思いません。外観からわかる通り内部にレストランなどの施設はなく、展望を楽しむことに特化したタワーです。

支柱内部のエレベーターに乗るとノンストップで地上96メートル地点に到着します。そこから地上100メートルの展望デッキへとつづく階段がまさに天空の階段！　まるで空に向かって登って行くようなのです。階段の先にある展望デッキは全面ガラス張りで壮大なパノラマが広がります。もちろん夜景も絶景です。そんな空中散歩ですから、高いところが苦手な人にとっては恐怖でしかないのかもしれません。残念ながらそういう方にのみ、おすすめできません。

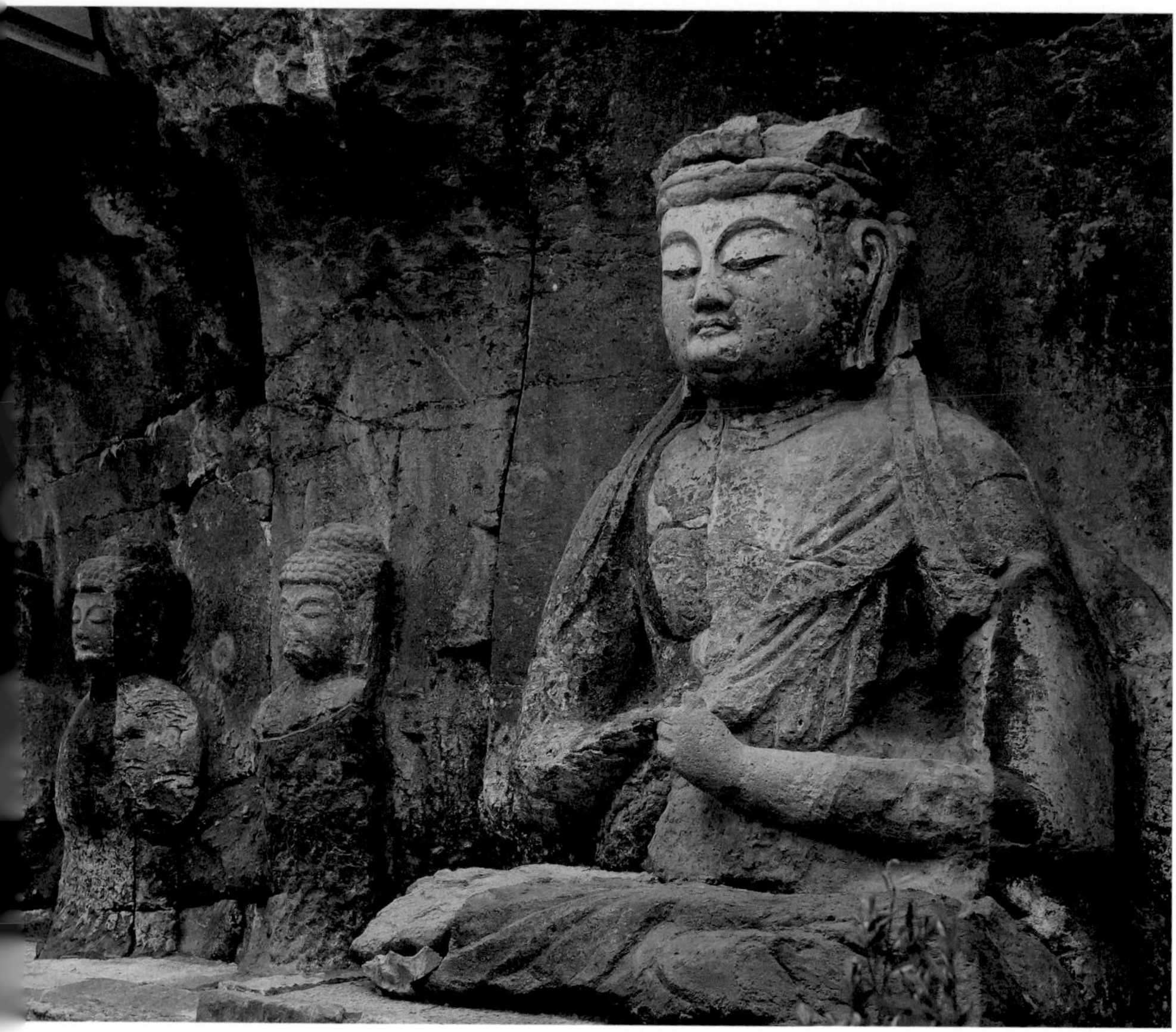

桃源郷に眠る無数の石仏

国宝臼杵石仏《こくほううすきせきぶつ》

　大分県は「温泉県」だなんて言われますが、私にとって大分は「磨崖仏県」です。磨崖仏とは自然の岩壁などに刻まれた仏さまのこと。この磨崖仏が大分には約４００体あり、これは全国の８割をしめるとも言われます。ですから大分県内を移動していると「〇〇磨崖仏」という看板を至る所で見つけ、後ろ髪を引かれまくることになるのです。その中でも大分、いえ日本を代表する磨崖仏として知られるのが国宝臼杵石仏です。

　臼杵石仏がどう凄いのか。まず単純に

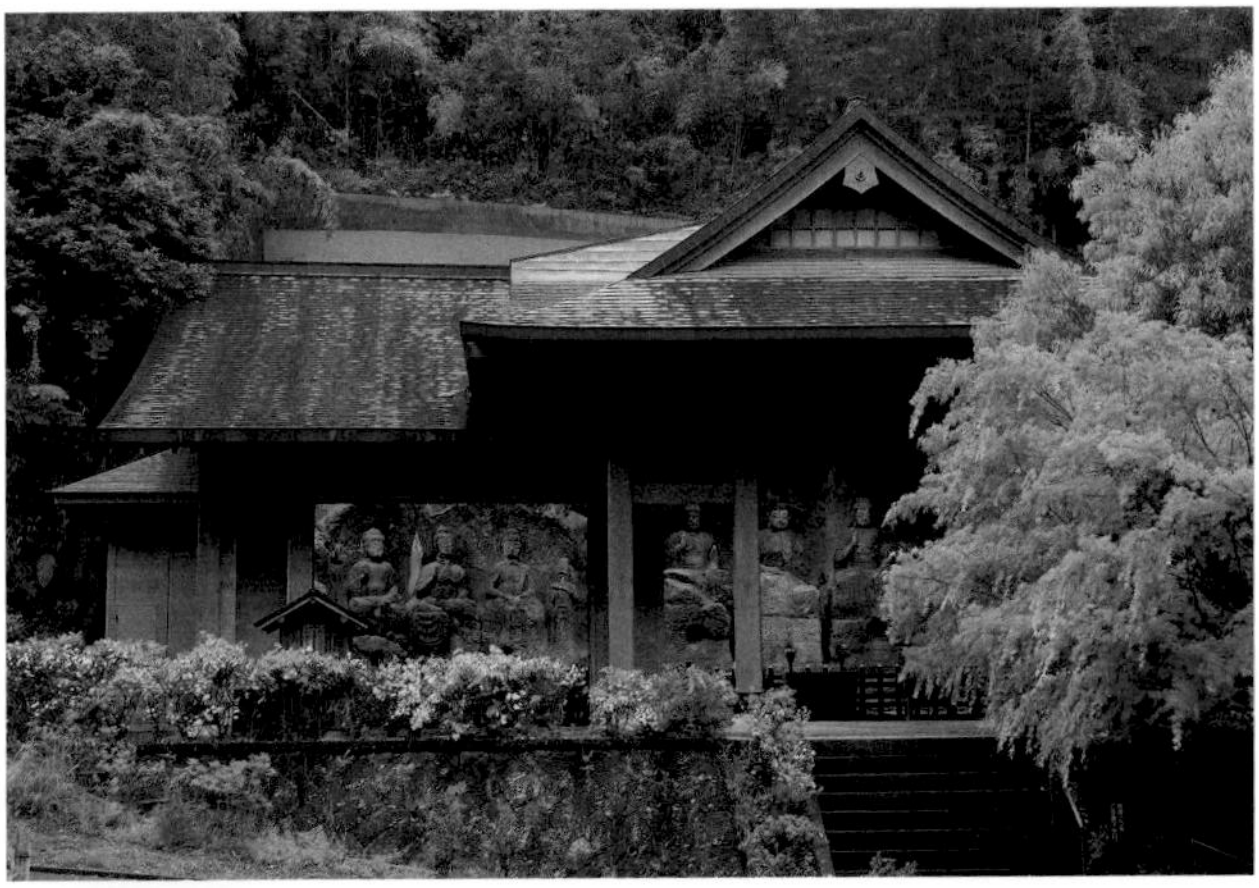

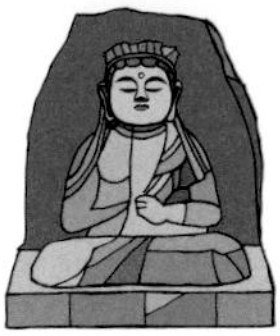

国宝臼杵石仏

大分県臼杵市深田804-1
☎0972-65-3300
拝観時間　6:00～19:00（10～3月は18:00まで）
駐車場あり

臼杵石仏の顔、古園石仏

数量が多いことがあげられます。臼杵石仏は4つのエリアに分かれていて、仏像の数は60余。これらが狭い範囲内に集まっているのが、まず凄い。つくられた時代は平安時代後期から鎌倉時代と言われていて、そんな古いものなのに色が残っているのが、また凄い。さらにこれらが傑作秀作ぞろいなのが、またまた凄い。私は専門家ではないので難しいことは言えませんが、岩肌に刻まれたというよりも、まるで独立してそこに存在するような量感があって、傑作という説明に心から大きく頷きました。

　臼杵石仏周辺の風景も俗世間と隔離された桃源郷といった感じです。私が訪れたのは雨上がりで薄い霧が立ち込めていて、まるで現代ではない別の時代に紛れ込んでしまったようでした。

石段の先に待つ優しげな不動明王

熊野磨崖仏《くまのまがいぶつ》

臼杵石仏が圧倒的な数を誇る磨崖仏群であるならば、熊野磨崖仏は圧倒的な大きさを誇る磨崖仏と言っていいでしょう。最も大きな不動明王像は約８メートル、それに次ぐ大日如来像は約６・８メートルあるのです。ですが熊野磨崖仏の魅力はその大きさだけではありません。磨崖仏のある場所まで行くプロセスがとても大事なのではないかと思います。

熊野磨崖仏への参拝路は田原山山麓にあるお寺の脇からはじまります。参拝路前半は左手に川が流れるゆるやかな登り坂。それが苔むした鳥居をくぐったところでガラリと空気が変わります。鳥居の先にあるのは鬼が一夜にして積み上げたという伝説の残る１００段の石段です。鬼が積んだとされるのはおそらく加工されていない石が乱積みされているからで、不安定な急勾配の石段を登るのはなかなか大変です。ですがだからこそ、登った先にある磨崖仏の大きさに感動し、憤怒の表情であるはずの不動明王も「よくここまで来たね」と優しく言っているように見えるのではないでしょうか。磨崖仏のある空間はとても特別なものに思えました。

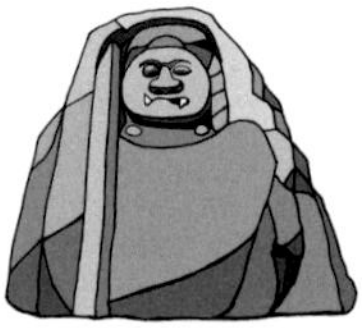

高さ
8m

熊野磨崖仏
大分県豊後高田市田染平野
☎0978-26-2070
参拝時間　4〜10月 8:00〜17:00
　　　　　11〜3月 8:00〜16:30
駐車場あり

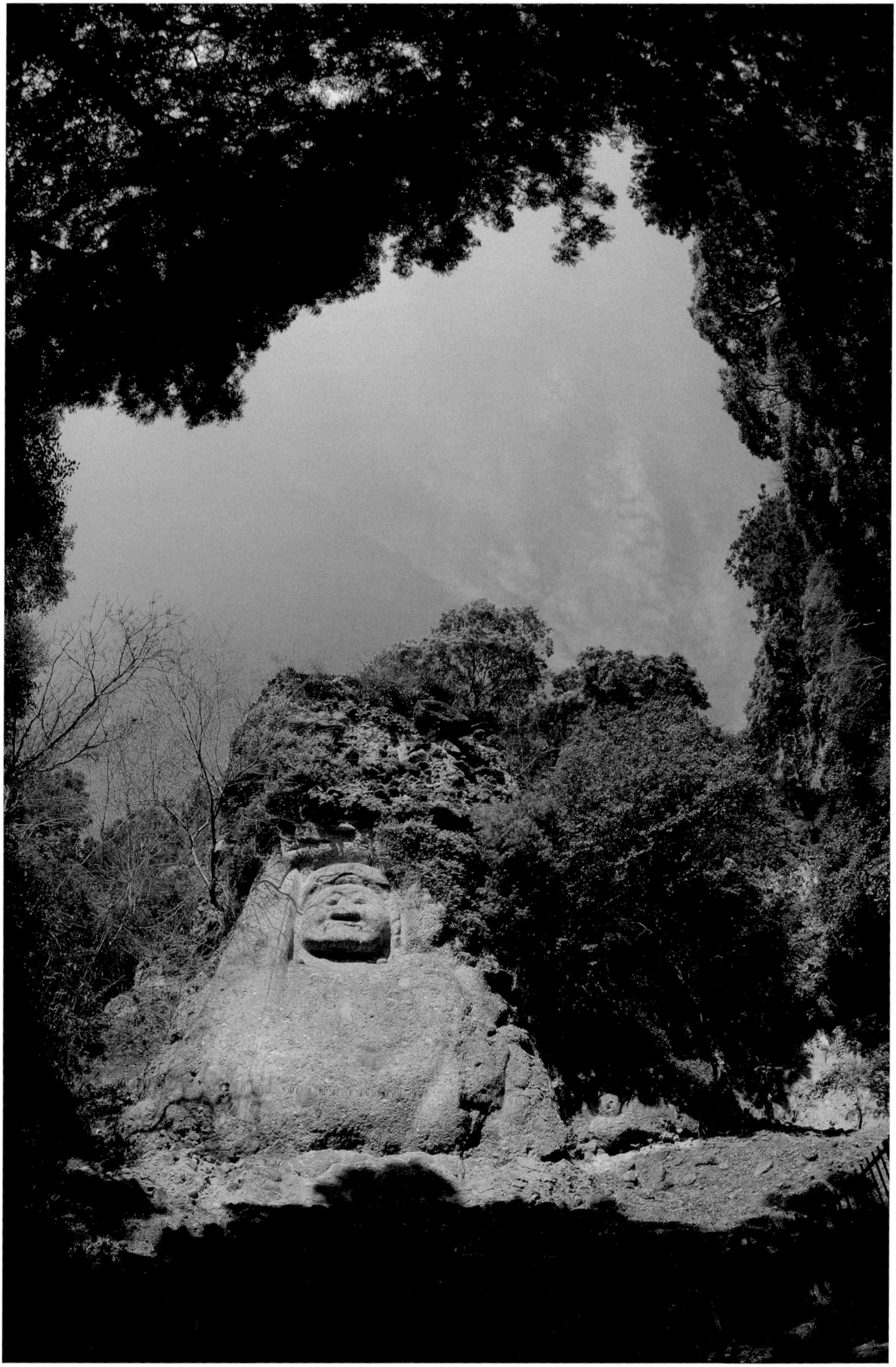

谷底の緑の中にある巨大な仏像たち

大不動明王像《だいふどうみょうおうぞう》

薬師観音像《やくしかんのんぞう》

一心寺は山に囲まれた谷底にあり、春には境内に咲く７００本の八重桜を上から見下ろすことができます。その景色は「谷底に広がる桜の雲海」と称され、毎年多くの参拝客を魅了しています。この独特の地形は、桜だけでなく大仏さまを観る上においても同じように、他とは違った見方を私たちに提供してくれます。通常であれば下から見上げるばかりの巨大な仏像を、贅沢にも高い場所から拝むことができるのです。

一心寺の境内を見下ろすと最初に目に飛び込んでくるのは、台座を含めた高さが20メートルもある真っ赤な大不動明王像です。今にも木々や建物を倒しながら前に進んで来そうなリアルな造形とカッコ良さに、ただただ見とれてしまいます。これだけではありません。少し離れた場所には高さ17メートルの金色に輝く薬師観音像も立っています。この一面緑のグラデーションが4月にはピンクに変わるのです。そしてその中に立つふたつの大きな仏さま。いつかまたその頃に参拝したいと切望しています。

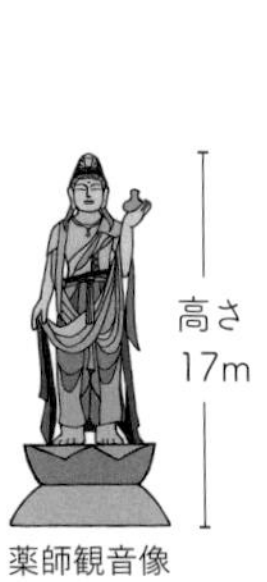

薬師観音像

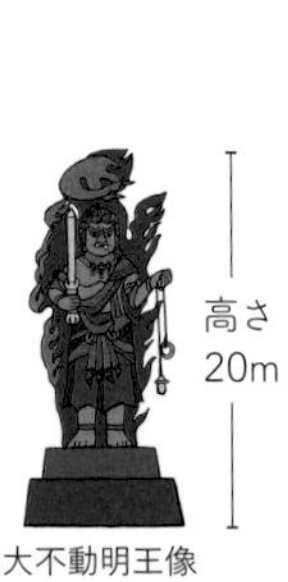

大不動明王像

一心寺《いっしんじ》
大分県大分市廻栖野1305
☎097-541-3029
駐車場あり
❗：撮影は本堂に一言お声がけしてから行ってください。

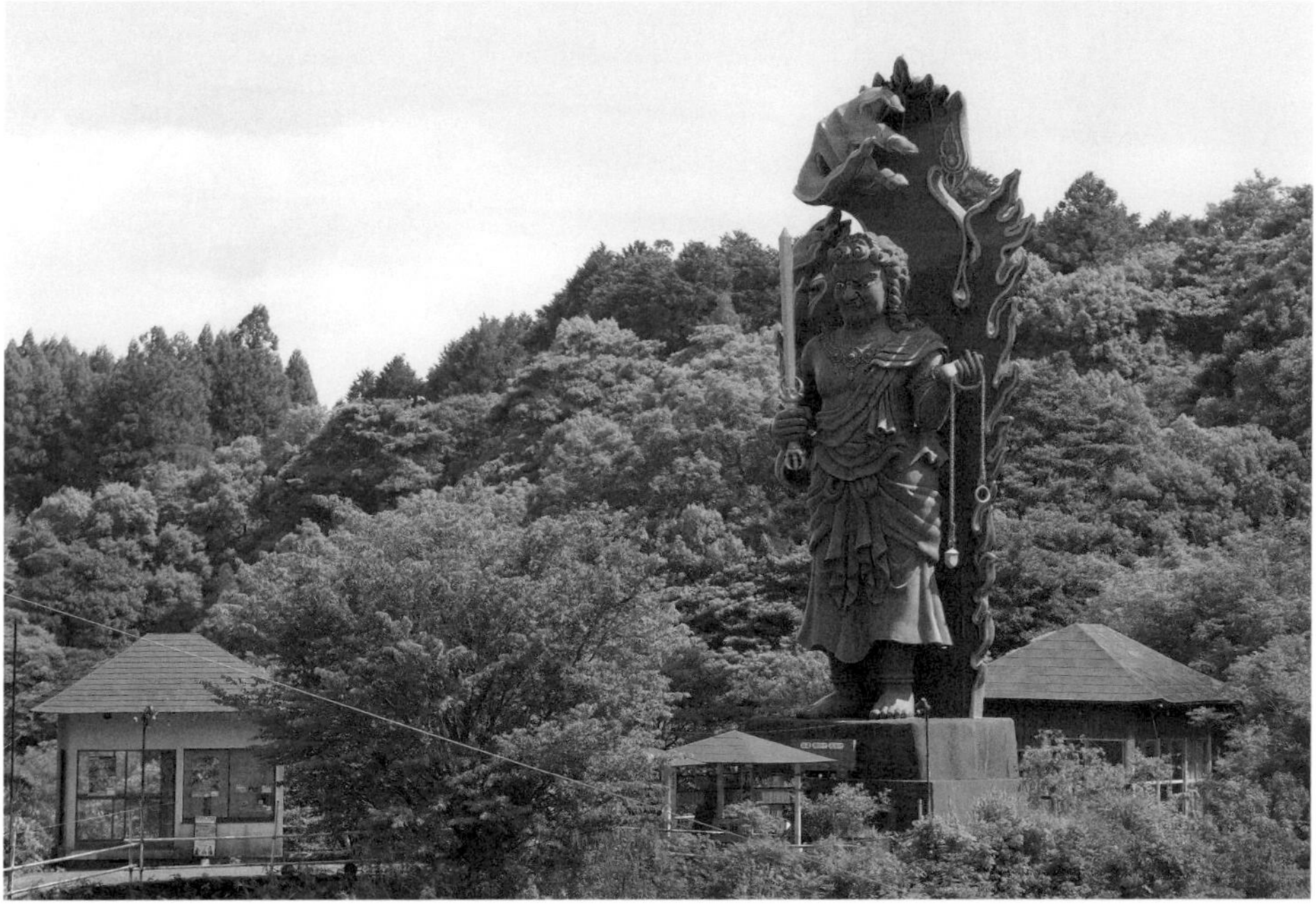

大不動明王像

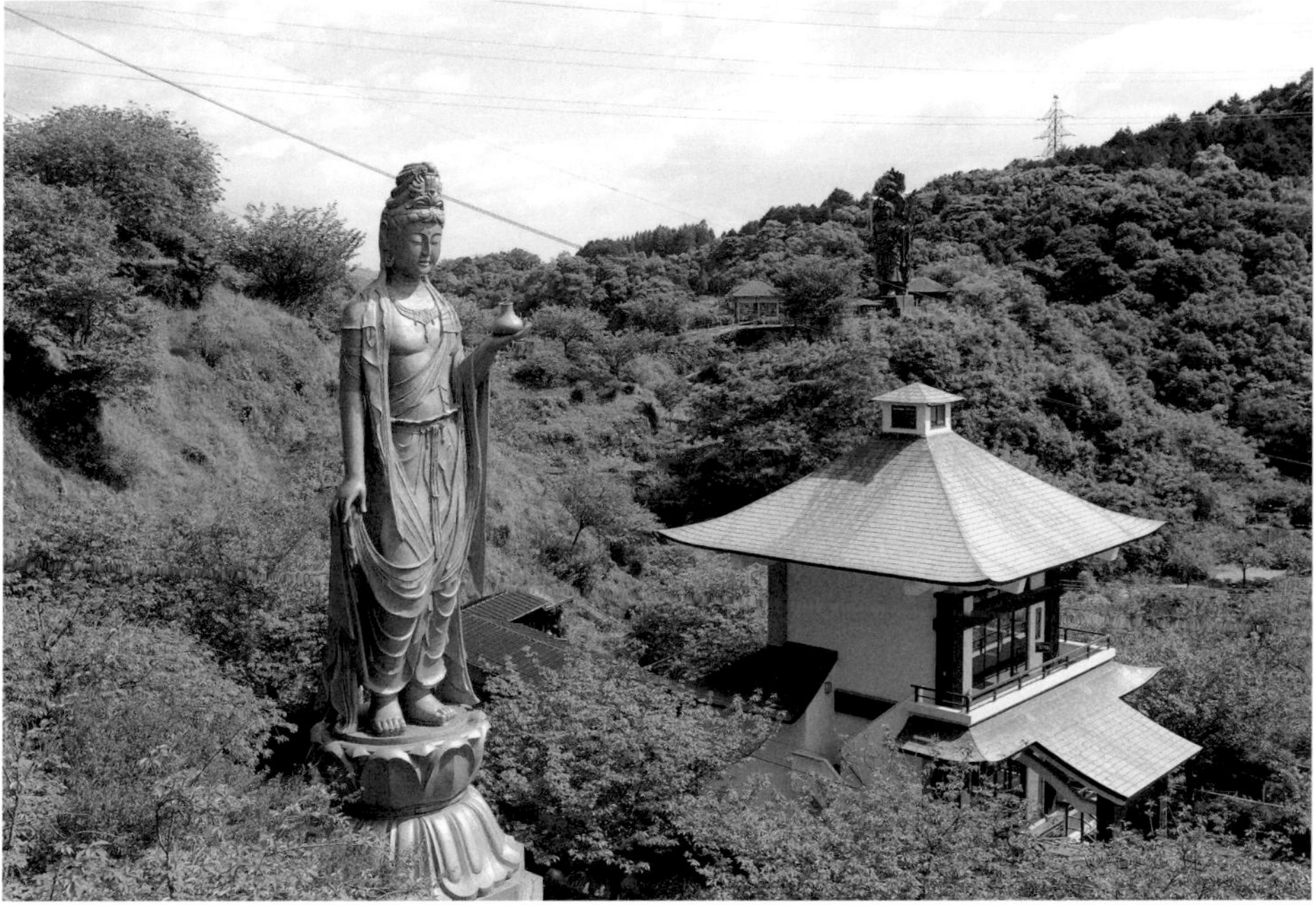

手前に薬師観音像、奥に小さく見えるのが大不動明王像

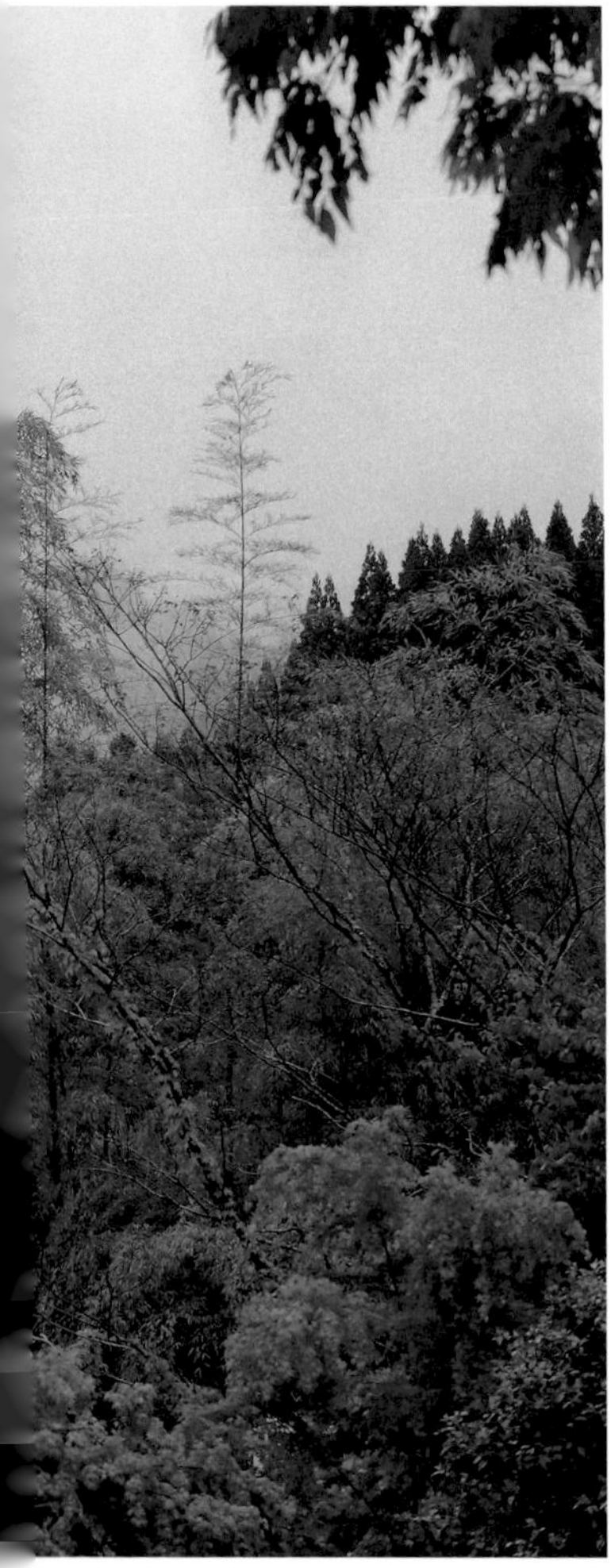

霧の中から現れた大観音

稲積昇龍大観音

いなづみしょうりゅうだいかんのん

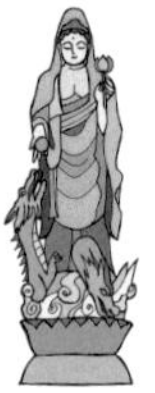

高さ22m

稲積水中鍾乳洞
いなづみすいちゅうしょうにゅうどう
大分県豊後大野市三重町大字中津留300
☎0974-26-2468
営業時間　9:00～17:00（夏季は延長営業）　年中無休
駐車場あり

私はここぞという時には必ず晴れる、自他ともに認める晴れ女です。そう思っていました、この時までは。昨年の春、九州南部の旅を計画したのです。ですが最初に晴れ間があった以外はずっと雨。稲積水中鍾乳洞に行く日も、朝から先が見えないほどの土砂降りで、私の運もとうとう尽きたと思いました。

稲積水中鍾乳洞は、たいていの鍾乳洞がそうであるように、豊かな緑と美しい水の流れる山奥にあります。雨が降りつづく山道を慎重に進み、やっと辿り着いた鍾乳洞周辺。キョロキョロと目的地を探して

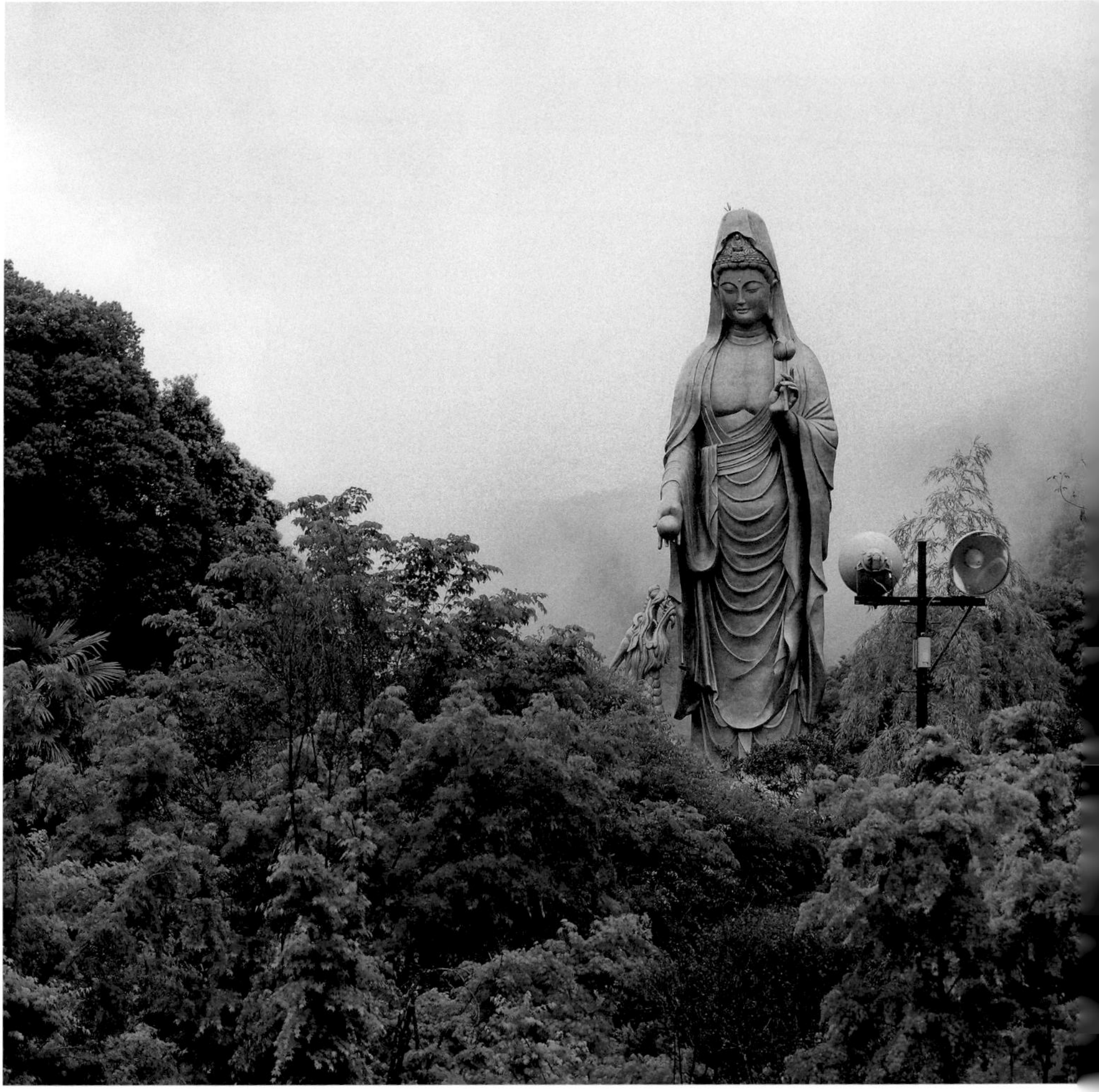

いたその時です！　前方の緑の上から金色の観音さまが飛び出して見えました。霧が立ちこめる森の中、まるで今そこに観音さまが現れ出たようです。そんなおよそ現実とは思えない光景に見とれていると、いつの間にか降っていた雨もやんでいました。

この観音さまの名は稲積昇龍大観音。稲積水中鍾乳洞の施設内に立つ高さ22メートルの大観音です。大観音とのこんな劇的な出会いはなかなかできません。結果的に私の運は尽きていなかったのだと思いました。

column ㊳

大仏＋ここに潜るべき

稲積昇龍大観音＋
稲積水中鍾乳洞《いなづみすいちゅうしょうにゅうどう》

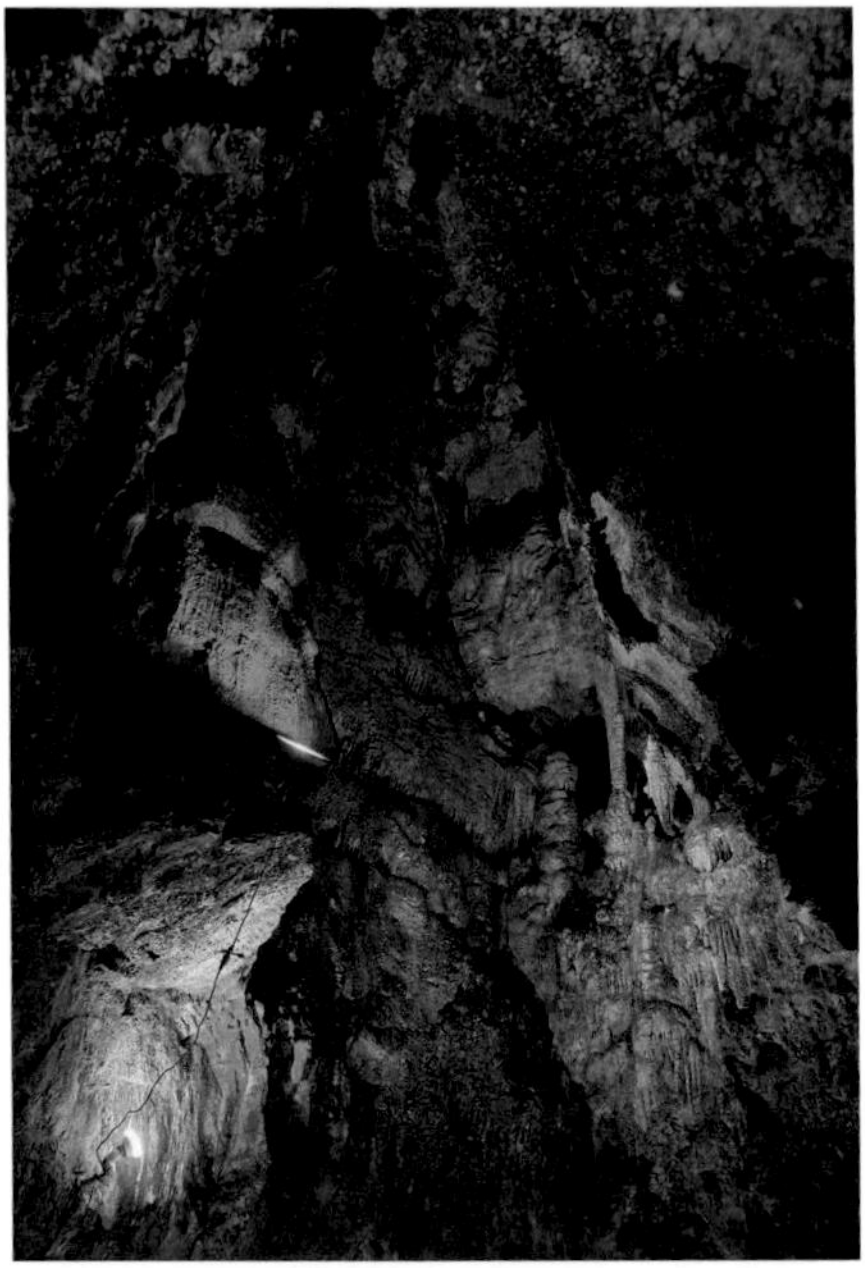

鍾乳洞内で一際大きな鍾乳石

稲積水中鍾乳洞
大分県豊後大野市三重町大字中津留300
☎0974-26-2468
営業時間　9:00～17:00　年中無休
駐車場あり

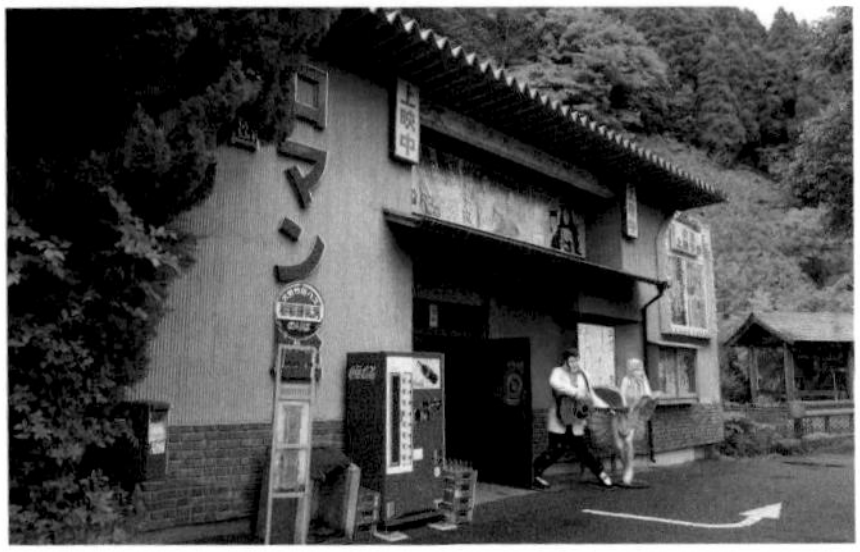

これぞ昭和なロマン座の外観

稲積水中鍾乳洞を一言でいえば「昭和レトロな懐かしさがぱんぱんに詰まった観光地」でしょうか。施設内には鍾乳洞、大観音、美術館、虹の滝など何かしらが隙間なく展開され、全てを観て回ろうとするとけっこう時間がかかります。私は大観音を真っ先に観たわけですが、施設のメインはもちろん鍾乳洞です。

稲積水中鍾乳洞は3億年前につくられ、30万年前の阿蘇山の噴火で水没し、現在の形が形成されたと考えられる地底湖が見所の鍾乳洞です。洞内はゆっくり歩けば30分ほどかかり、ライトアップや整備も行き届いていて、誰でも楽しく古代の地底探検ができるようになっています。

鍾乳洞を抜け明るい場所に出た次の瞬間「昭和の町通り」と書かれた建物に導かれ、今度は古代から近代へとタイムスリップ。タイムスリップした先には昭和の懐かしい街並みを再現した空間が広がっています。大観音とともに鍾乳洞や懐かしいレトロスポットもぜひ堪能してください。観ないのはもったいないです。

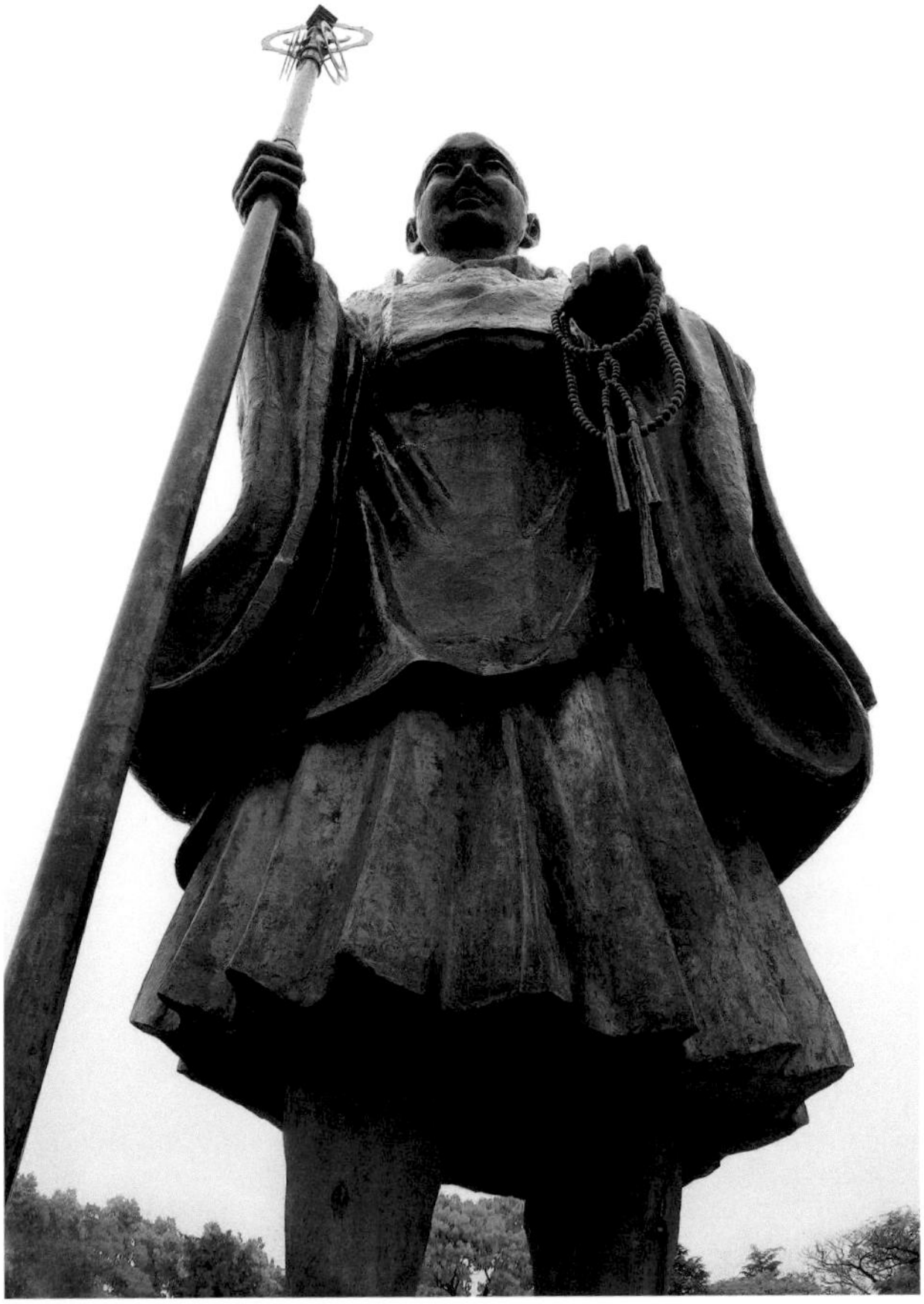

愛されるおだいっさん

今山大師銅像《いまやまだいしどうぞう》

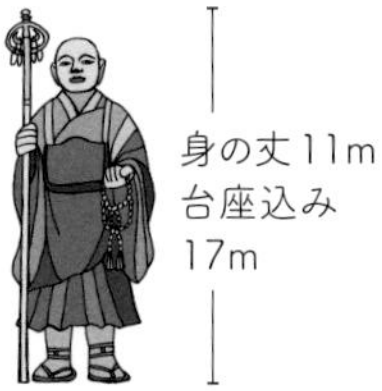

今山大師《いまやまだいし》
宮崎県延岡市山下2丁目3998
電話：0982-32-5290
駐車場あり

延岡駅から歩いて15分の今山大師寺の頂上には「お大師さん(おだいっさん)」と呼ばれる、高さ17メートルの今山大師銅像が立っています。お大師さんの台座部分、大師堂1階は四国88カ所のお砂踏みのできる写し霊場。階段を上がった2階はお大師さんのすぐ足元で足を直接撫でることができ、そこから観る景色は絶景です。

お大師さんが主役になるイベントが毎年4月に行われる今山大師祭です。その直前には沐浴と称し、お大師さんは人々の手で掃除され、奇麗になって祭礼当日を迎えます。地元の人々のおだいっさん愛を感じます。

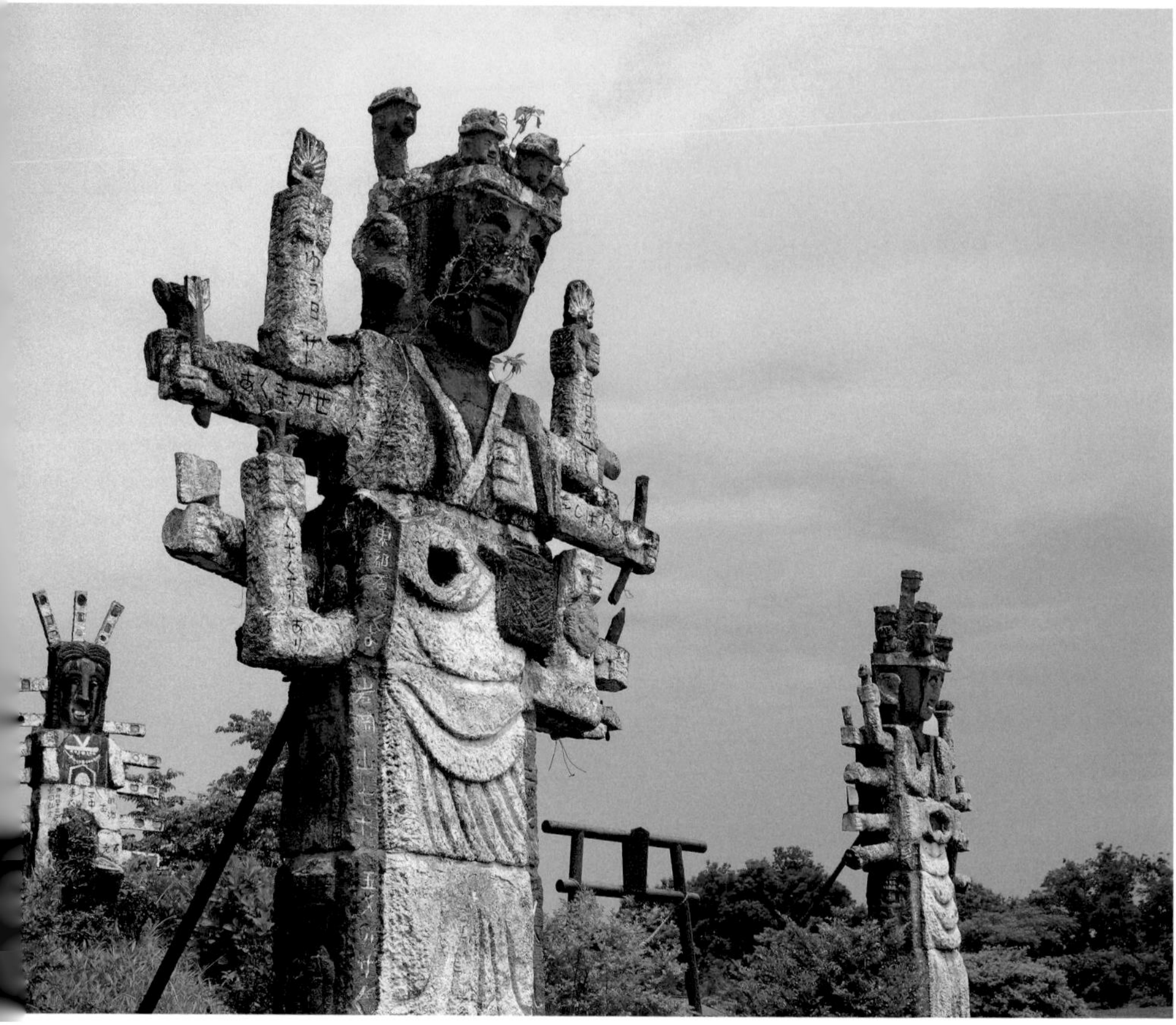

つくらずにいられない
情熱の石像群

高鍋大師《たかなべたいし》

世の中には「つくらずにはいられない人」というのが一定数存在していて、私はそういう人を無条件でリスペクトしています。宮崎県高鍋町にある高鍋大師も、そうした情熱と信仰心でつくらずにいられなかった人の創作物が敷地いっぱいに広がる、石像のテーマパークです。

小高い山の上にある高鍋大師周辺には、700体を越えるおびただしい数の石像、石仏が点在しています。大きいものは7メートルを越え、石を積み上げたカクカクした形は石仏の概念を覆します。大半

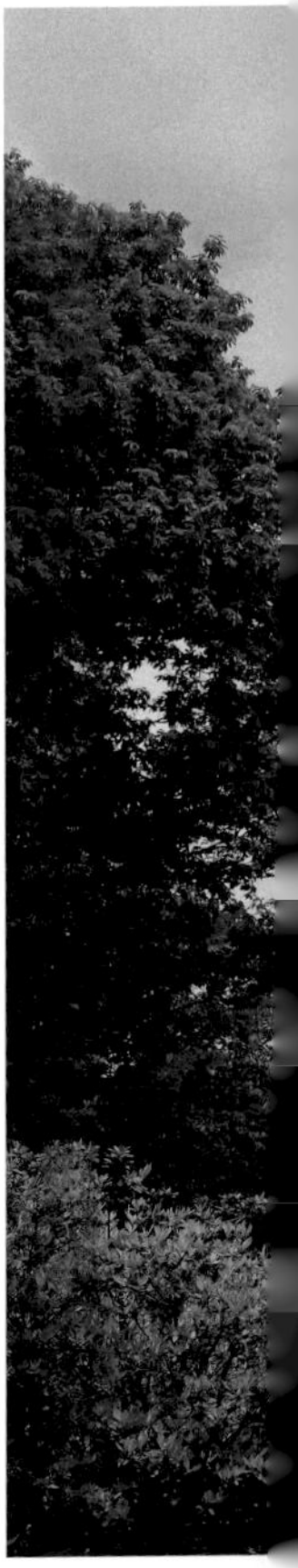

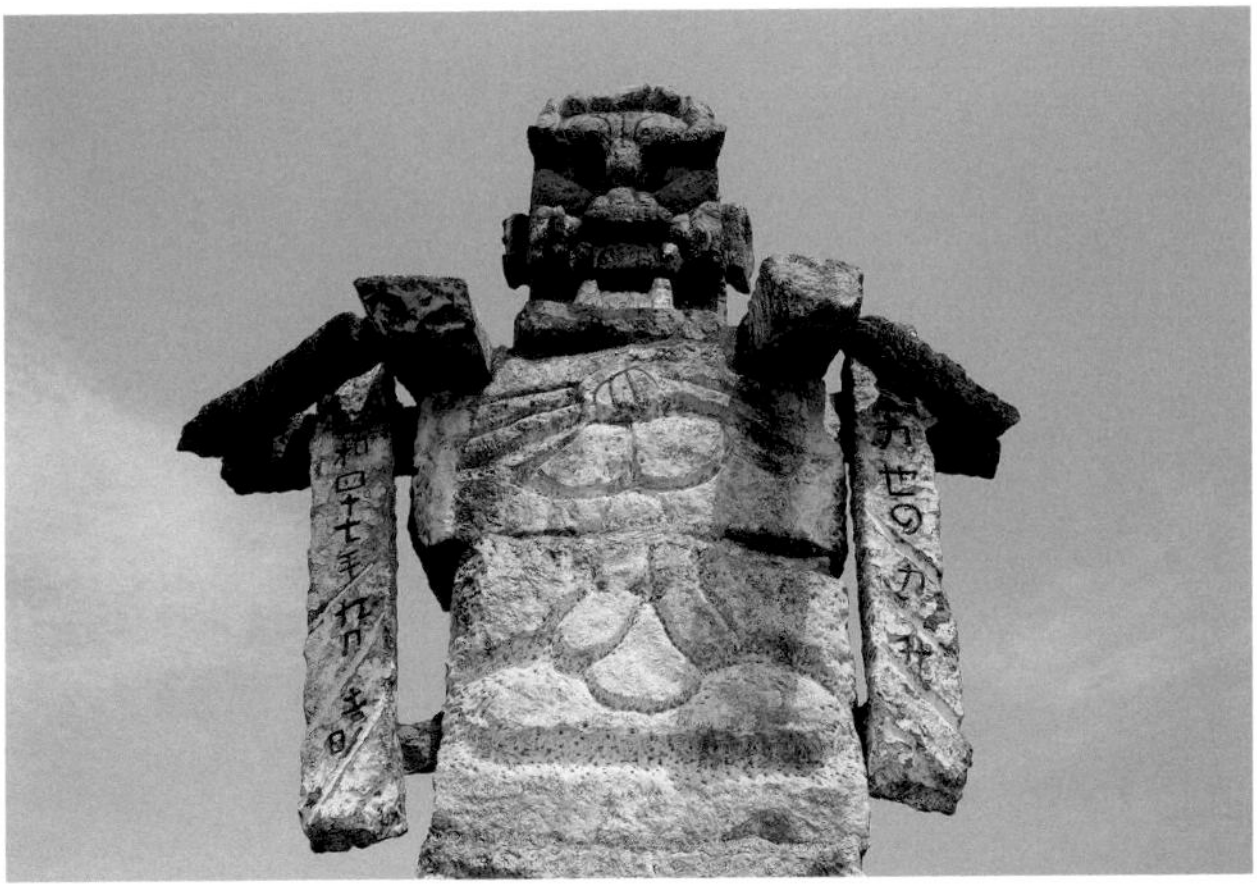

風神と思われる「カゼのカみ」岩岡弘覚84歳の作

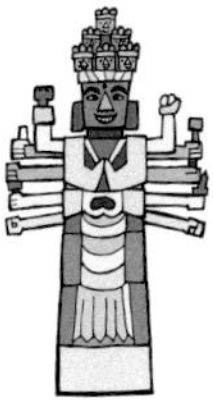

約7m

高鍋大師

宮崎県児湯郡高鍋町大字持田
☎0983-22-5588（高鍋観光協会）
見学自由
駐車場あり

は写実的とは言い難い素朴なつくり。上手くつくろうというような作意的なものは感じず、純粋な情熱が伝わります。漢字と平仮名にカタカナを混じえた可愛らしい文字が刻まれ、お顔はどれも高らかに笑っています。それを観るとこちらもつい笑顔になってしまうのです。

700体ある石像のほとんどは、岩岡弘覚という人物がつくったものです。高鍋町の古墳群に盗掘が続発していることを嘆いた岩岡さんが私財を投げ打って古墳の一角を買い求め石仏をつくったのが高鍋大師の始まり。それが昭和8年、岩岡さんが44歳の時のことで、87歳で亡くなるまでもくもくと石像をつくりつづけました。もはや超人です。

岩岡さんの亡き後も高鍋大師は地元の人々に守られ、愛されつづけています。

column 39

鹿児島に伝わる巨人伝説
弥五郎《やごろう》どん

道の駅「おおすみ弥五郎伝説の里」
みちのえきおおすみやごろうでんせつのさと
鹿児島県曽於市大隅町岩川5718-1
☎099-482-0080
「弥五郎まつり館」開館時間　9:00〜17:00
駐車場あり

鹿児島にも会いたい大仏さまはありますが実際にはなかなか行けていません。そんな中、曽於市大隅町の「弥五郎どん伝説」を知りました。

弥五郎どんが何者なのかははっきりしません。大和朝廷の時代、南九州は部族が治めていて、朝廷に抵抗した部族の首領が弥五郎どんだという説が有力です。身長が一丈六尺（4・85メートル）の大男だったと伝えられ、弥五郎どんの足跡と伝わる窪地が今も残ります。この足跡伝説はダイダラボッチを彷彿とさせますが、一丈六尺という身長はくしくもお釈迦さまと同じサイズ。このサイズから想像するに、地元にとって弥五郎どんは神か仏に近い存在なのではないでしょうか。

大隅町では毎年11月3日に「弥五郎どん祭り」が行われ、4・85メートルの弥五郎どんが町を練り歩きます。この等身大レプリカが「道の駅おおすみ弥五郎伝説の里」の施設内に展示されています。また屋外には高さ15メートルの弥五郎どん銅像もあり、両手を組んだ勇ましい姿で町を守っています。

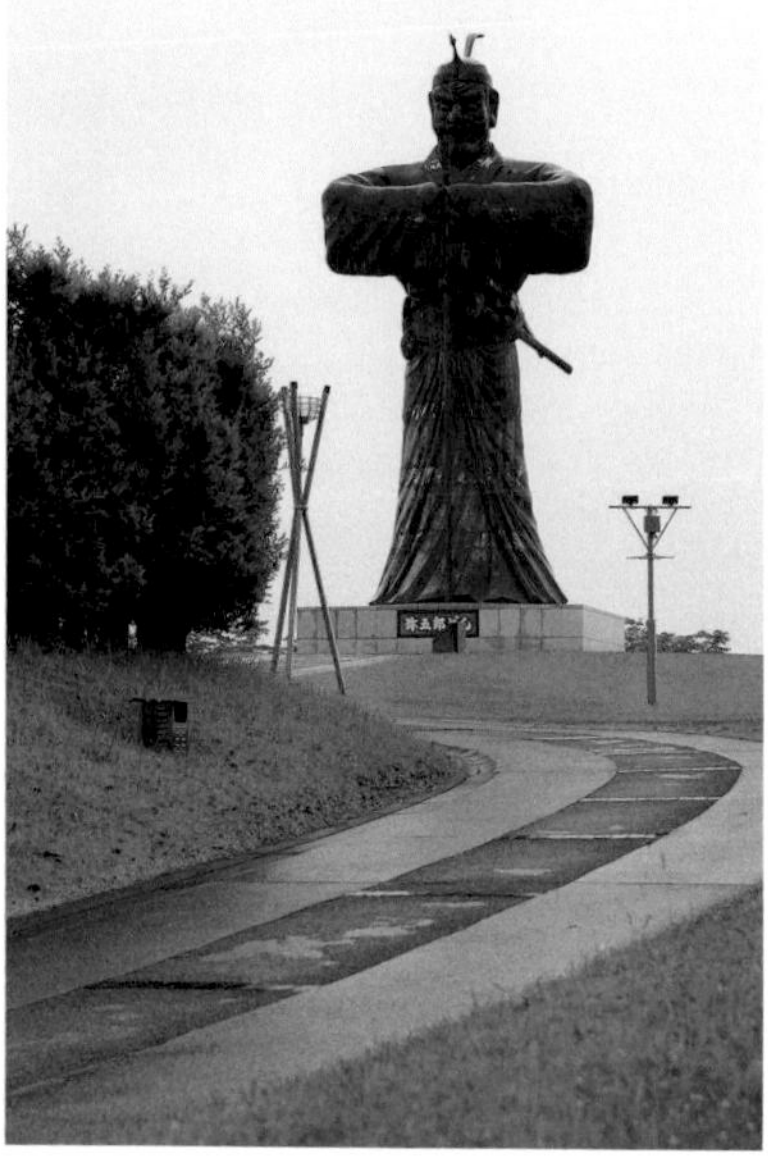

屋外にある弥五郎どん銅像。高さ15m

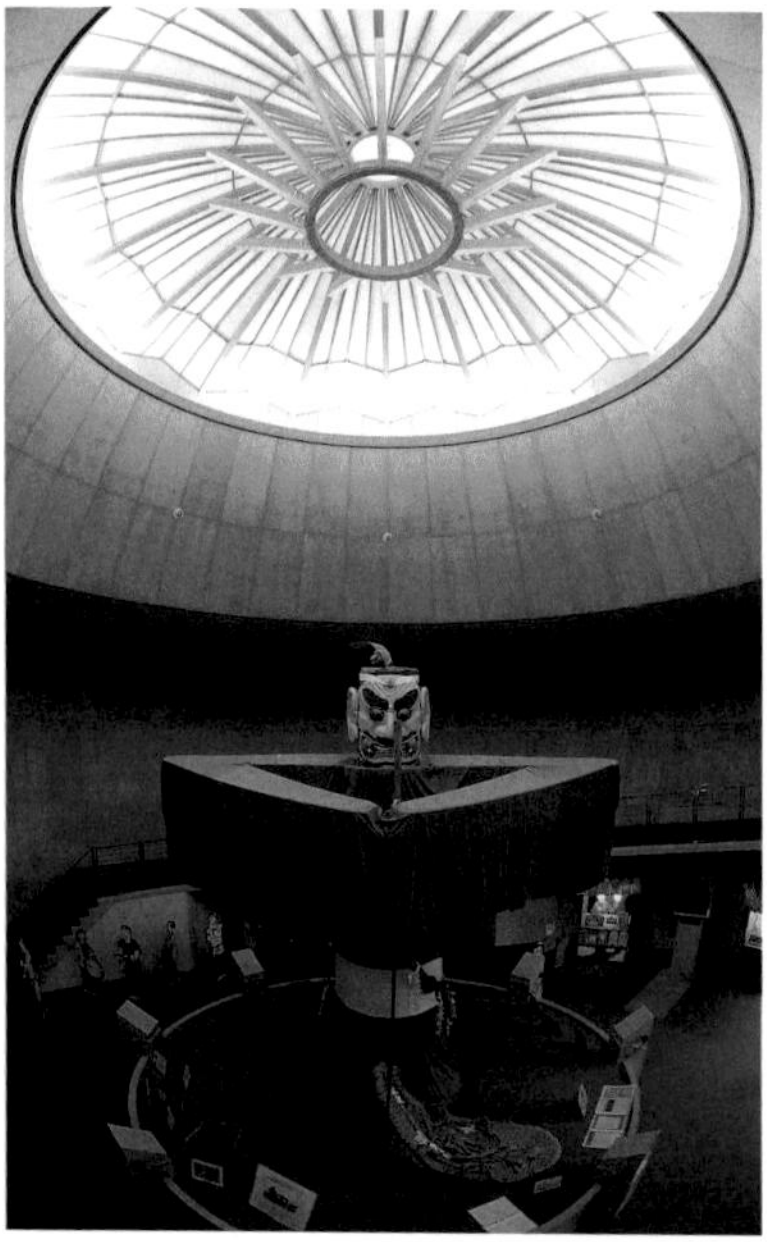

施設内の弥五郎どんレプリカ。高さ4.85m

column ㊵

カッコ良すぎる天文台

輝北天球館《きほくてんきゅうかん》

鹿児島県鹿屋市輝北町市成1660-3　☎099-485-1900
開館時間　10:00～18:00（水・木）
　　　　　10:00～20:00（金・土・日・祝）
祝祭日を除く月曜、火曜定休　駐車場あり
❗：天球館はプラネタリウムではありません。悪天候の場合は予告なく閉館することがあります

熊本のカッコ良すぎる展望台、玉名天望館（Ｐ１６３）に感銘を受けた私が、鹿児島にある同じ建築家が手がけた天文台を観たいと思うのはとても自然な流れです。

その天文台は輝北天球館といい輝北うわば公園内にあります。輝北町は星空が奇麗な町と言われます。星空を背景にカッコ良すぎる天文台のある光景はおそらく想像を越える絶景なはず。それなのに私が鹿児島に行った日は無情にも雨。悪天候では天文台は閉まっている可能性が高いのです。それでもせめて天球館の外観だけでも観たいと、高台を目指しました。天球館に近づくにしたがい霧は濃くなり、辿り着くころには10メートル先さえ見えない状況に。

そんなあたり一面真っ白な霧の中、かすかに見えて来た輝北天球館の全貌に鳥肌が立ちました。現れたのはＳＦ映画から飛び出てきたような建物。あまりに現実感がなく、もしやここは地球ではないのか？と自分の目を疑いました。

まだまだ観たい光景がたくさんあります。私の旅は永遠に終わらぬまま、きっと先に人生を終えるのでしょう。

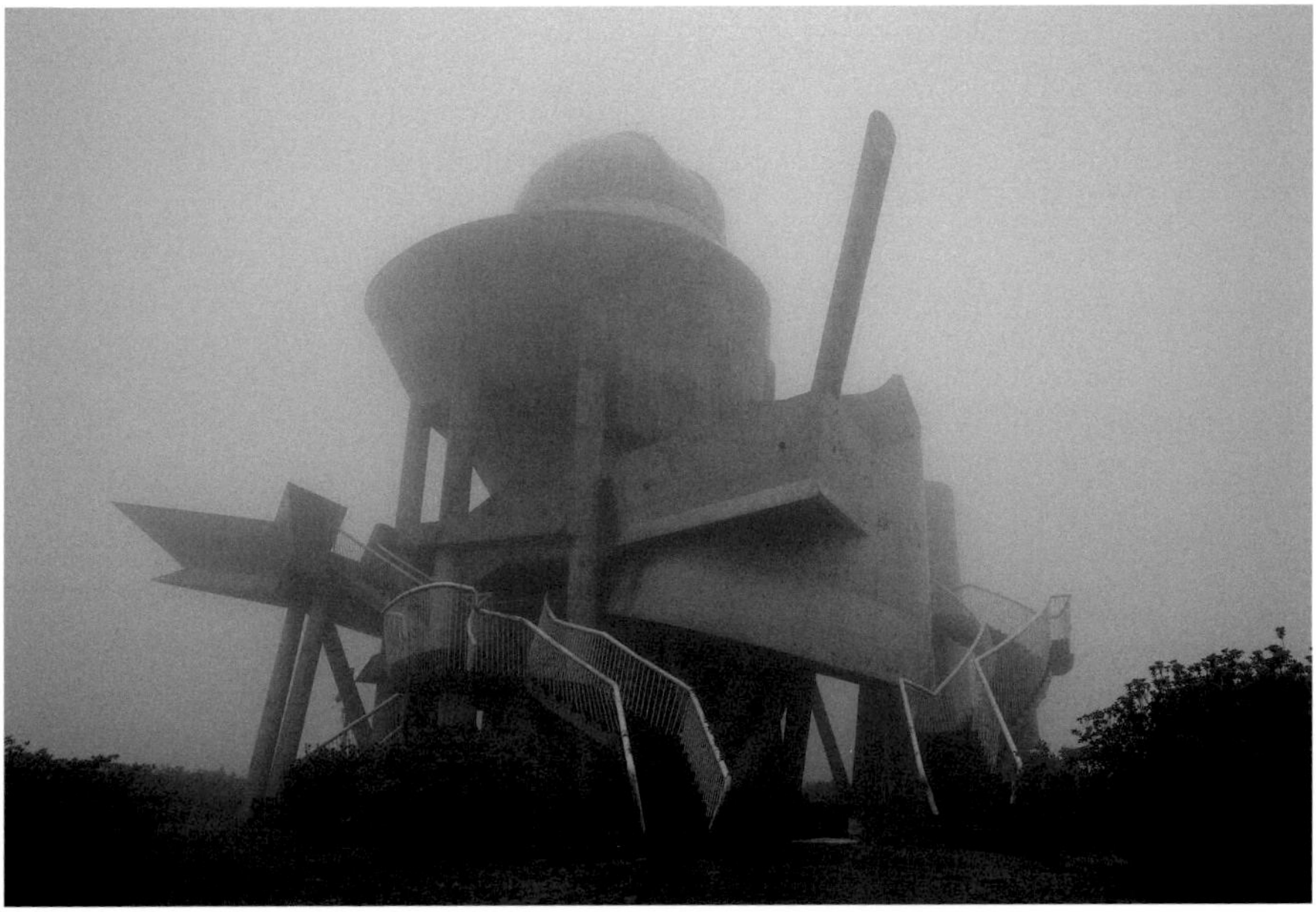

おわりに

本書は2年前に出させていただいた「夢みる巨大仏 東日本の大仏たち」の続編にあたります。そもそも私は、小脇に抱えて日本中を旅することができる大仏ガイド本がつくりたくて、書肆侃侃房に企画書（と呼べるか大いに不安ですが）を送りました。そこに同封した一覧表の大仏さまの数が多すぎたため、東日本と西日本の2冊に分けることになったのです。ですから東日本編が出来上がった時点では「まだ半分残ってる」という感覚。例えるなら、オリンピックに忘れ物をしてきたアスリートが4年後を目指すみたいな気持ち……それは大げさか。とにかく、なんだか途方もないことをはじめてしまったな、とずっと思ってきたわけです。

くしくも大仏めぐりをはじめてから10年目の今年に、その途方もないことがとうとう終わりを迎えます。明日のジョーのラストシーンみたいに真っ白に燃え尽きてしまうのかと思っていましたが、たぶんそうはなりません。お気づきでしょ

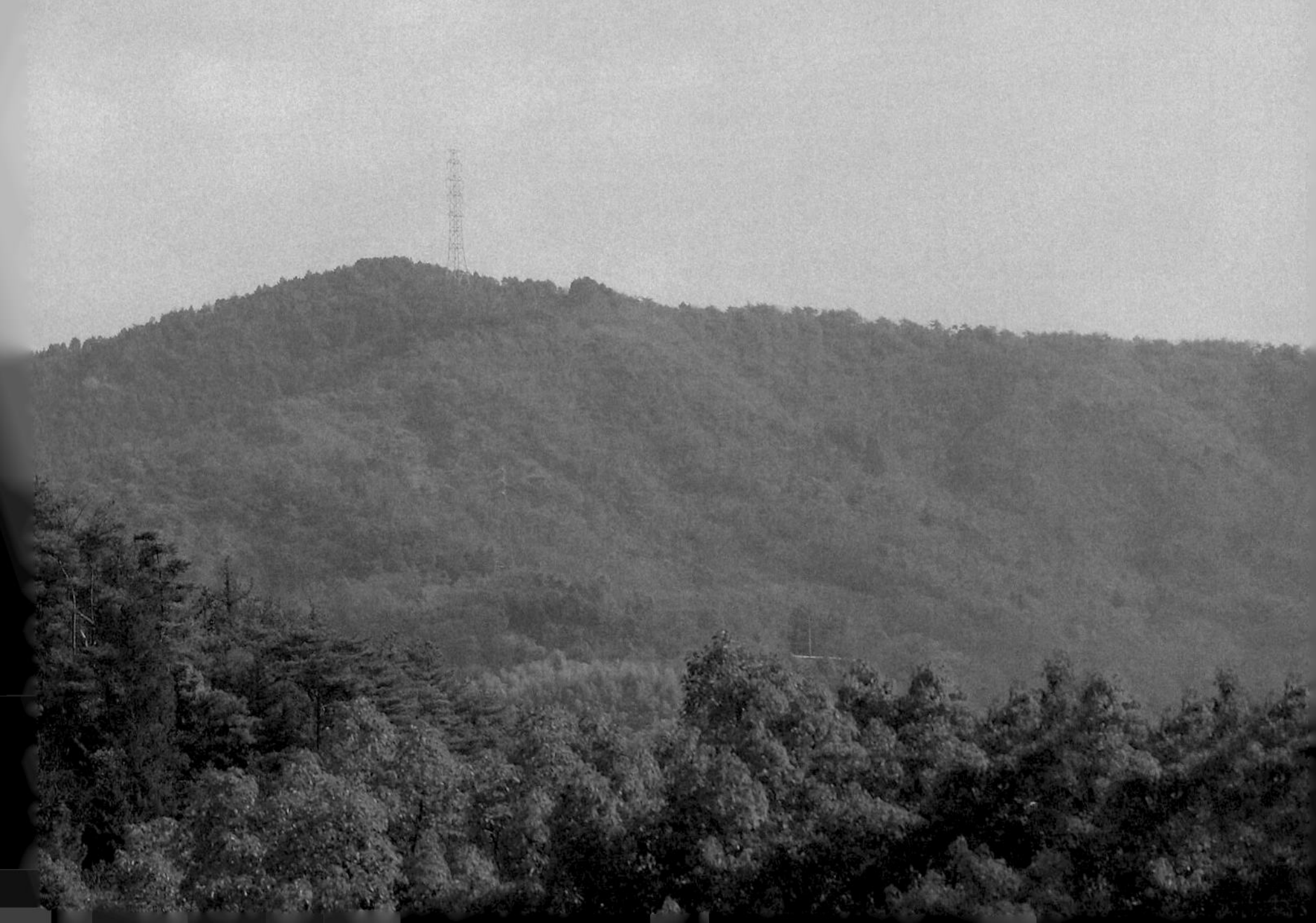

うか、本書には沖縄の大仏さまが掲載されていないことを。会えていない大仏さまはまだたくさんあるのです。大仏さまが私を待っている。気がします。旅はまだまだ終わりません。

この10年間たくさんの方にたくさんのご協力をいただきました。旅をすれば各地で親切にしていただき、それをＳＮＳやブログに投稿すればコメントをくださる皆さまがいて支えられました。本をつくるにあたってはデザイナーの大村政之さま、担当編集の池田雪さま、書肆侃侃房の皆さまにたくさんのお力添えをいただきました。掲載先の神社仏閣や各地のスポットの皆さまにも心から感謝いたします。他にも名前をあげればきりがありません。最後に家族と、この本を手に取ってくださったあなたに、心からありがとうございます。この本を小脇に抱え大仏さまに会いに行っていただけたら幸せです。

大仏写真家　半田カメラ

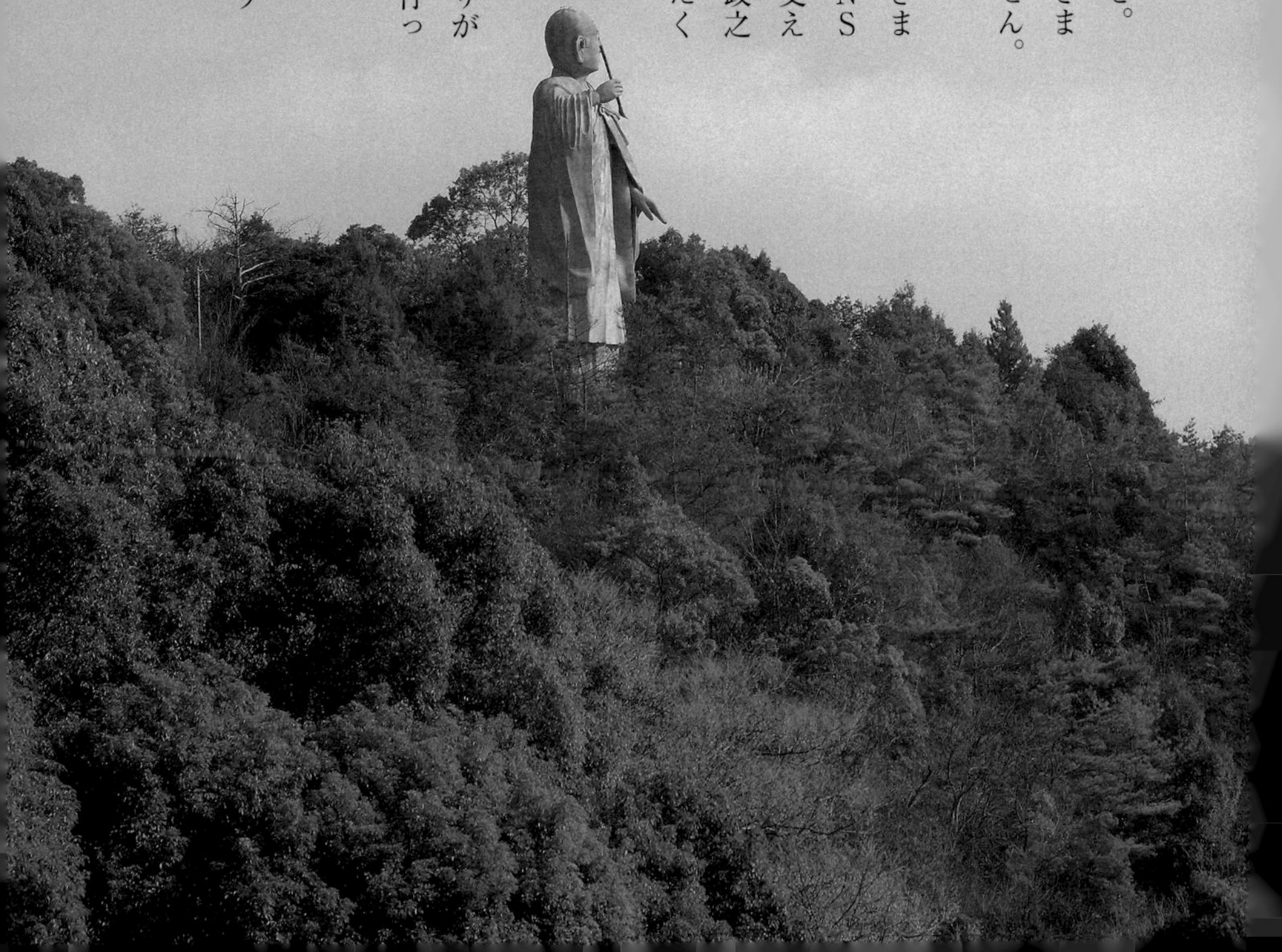

な行

は行

ま行

や行

ら行

わ行

さくいん　INDEX

📷＝コラム

著者プロフィール

半田カメラ

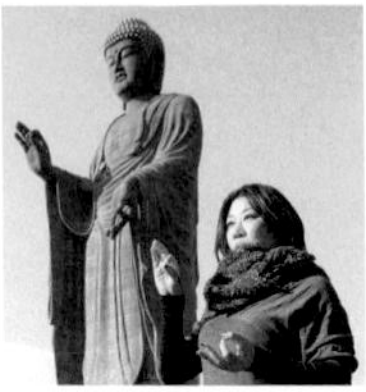

雑誌やWeb等の撮影が本業の女性カメラマン。2010年に日本一大きな大仏、牛久大仏との出会いをきっかけに大仏の魅力にハマる。それ以降、大仏写真家を名乗り国内200カ所300尊以上の大仏を撮影。2016年 牛久大仏絶景写真集「牛久大仏はそこにいる。」を牛久大仏出版より、2018年『夢みる巨大仏 東日本の大仏たち』を書肆侃侃房より上梓。浄土宗総本山知恩院の発行する「知恩」誌に大仏めぐりの連載を持つなど、大仏成分多めで活動中。

★Blog「気になったらとりあえず行ってみるブログ」https://ameblo.jp/handa-camera/
★Twitter　https://twitter.com/handa_camera
★Instagram　https://www.instagram.com/handacamera_daibutu/

◎参考文献
『巨大仏巡礼』クロスケ（扶桑社）
『九州の巨人！巨木！！と巨大仏！！！』オガワカオリ（書肆侃侃房）

◎感謝
大村政之さま、池田雪さま、書肆侃侃房のみなさま、
オガワカオリさま、半田子カメラ、夫カメラ、大仏さま

写真・イラスト：半田カメラ
ブックデザイン：大村政之（クルール）
編集：池田雪（書肆侃侃房）

※本書の情報は、2020年1月現在のものです。発行後に変更になる場合があります。

KanKanTrip Japan 6
遥かな巨大仏　西日本の大仏たち

2020年2月24日　第1版第1刷発行

著　者　半田カメラ
発行者　田島安江
発行所　株式会社 書肆侃侃房（しょしかんかんぼう）
〒810-0041 福岡市中央区大名2-8-18 天神パークビル501号
TEL 092-735-2802　FAX 092-735-2792
http://www.kankanbou.com　info@kankanbou.com

印刷・製本　アロー印刷株式会社

ISBN978-4-86385-392-8 C0026